HERAUSGEGEBEN VON GERHARD RIEMANN

RACHEL POLLACK
DER HAINDL TAROT

78 Symbole der Wandlung

Aus dem Englischen
von Clemens Wilhelm

Mit 98 Abbildungen

Droemer Knaur

Für Maeve Moynihan

CIP-Titelaufnahme der Deutschen Bibliothek

Pollack, Rachel:
Der Haindl-Tarot : 78 Symbole d. Wandlung / Rachel Pollack.
Aus d. Engl. von Clemens Wilhelm. [Hrsg. von Gerhard Riemann]. -
München ; Droemer Knaur, 1988
Erg. bildet; Haindl, Hermann: Der Haindl-Tarot
ISBN 3-426-26374-2
NE: Haindl, Hermann [Ill.]

Copyright © 1988 by Rachel Pollack
Copyright © 1988 für die Karten
by Droemersche Verlagsanstalt Th. Knaur Nachf., München
Das Werk einschließlich aller seiner Teile ist urheberrechtlich geschützt.
Jede Verwertung außerhalb der engen Grenzen des Urheberrechtsgesetzes
ist ohne Zustimmung des Verlags unzulässig und strafbar. Das gilt
insbesondere für Vervielfältigungen, Übersetzungen, Mikroverfilmungen
und die Einspeicherung und Verarbeitung in elektronischen Systemen.
Umschlaggestaltung: Graupner & Partner, München
Satzarbeiten: Appl, Wemding
Druck und Bindung: May & Co., Darmstadt
ISBN 3-426-26374-2

2 4 5 3 1

Inhalt

Einleitung — 7

DIE GROSSEN ARKANA 15

Einleitung	15
0 Der Narr	30
I Der Magier	44
II Die Hohepriesterin	56
III Die Herrscherin	66
IV Der Herrscher	77
V Der Hierophant	87
VI Die Liebenden	96
VII Der Wagen	111
VIII Die Kraft	119
IX Der Eremit	129
X Das Schicksalsrad	137
XI Die Gerechtigkeit	145
XII Der Gehängte	154
XIII Der Tod	164
XIV Die Alchemie (Die Mäßigkeit)	175
XV Der Teufel	184
XVI Der Turm	194
XVII Der Stern	202
XVIII Der Mond	211
XIX Die Sonne	222
XX Das Aeon (Das Gericht)	231
XXI Das Universum (Die Welt)	241

DIE KLEINEN ARKANA 251

Einleitung	251
Der Satz der Stäbe	260
Der Satz der Kelche	292
Der Satz der Schwerter	323
Der Satz der Steine	356

DIE HOFKARTEN 387

Einleitung	387
Stäbe – Indien	392
Kelche – Europa	411
Schwerter – Ägypten	429
Steine – Amerika	448

BEFRAGUNGEN 467

Legebilder	475
Meditation	493

Nachwort	501
Danksagung	509

Einleitung

Das Wort »Tarot« ist die französische Bezeichnung für ein Kartenspiel, das auch »Tarocchi« oder »Tarock« genannt wird. Der Ursprung des Tarot ist nicht genau bekannt. Es gibt viele Theorien hierüber, die teils profan, teils esoterisch, teils einfach legendarisch sind. Am einen Ende der Skala finden wir die Vorstellung, daß der Tarot zunächst nichts weiter war als ein Kartenspiel ohne tiefere Bedeutung, bis Okkultisten im 18. Jahrhundert phantasievolle Kommentare dazu erfanden. Am anderen Ende lesen wir von geheimen Zusammenkünften von Atlantiern, die ihre Weisheit für das finstere Zeitalter nach dem Untergang von Atlantis verschlüsseln wollten. Historisch gesichert ist, daß der Tarot erstmals in Italien Mitte des 15. Jahrhunderts auftauchte. Erstaunlicherweise werden Kartenspiele jeglicher Art in Europa erst seit dem ausgehenden 14. Jahrhundert schriftlich erwähnt. Die frühesten Spiele, die uns überliefert sind, sind die Tarot-Karten, die Bonifacio Bembo für die italienische Adelsfamilie Visconti schuf.
Der Tarot ist im Laufe seiner Geschichte bemerkenswert unverändert geblieben. Seit der Zeit Bembos besteht das Spiel aus 78 Karten (»78 Stufen der Weisheit«, wie Charles Williams sie nannte) und zwei Hauptteilen, die von den Esoterikern als die Großen und die Kleinen Arkana bezeichnet werden (»Arkanum« bedeutet »Geheimnis«). Die Großen Arkana bestehen aus 22 Trumpfkarten, die meist die Nummern 0 bis 21 tragen und mit Namen wie »Die Herrscherin« oder »Der Narr« versehen sind. Die Kleinen Arkana umfassen vier Sätze mit jeweils 14 Karten, As bis 10 sowie vier »Hofkarten«: Bube, Ritter, Königin, König.
Während der Aufbau unverändert geblieben ist, haben sich die Darstellungen auf den Karten doch erheblich verändert. Diejenigen Bilder, welche die meisten Menschen für die traditionellen oder klassischen halten, die Bilder des berühmten Marseiller Tarot, lagen schon ziemlich früh fest, nämlich im 17. Jahrhundert. Viele von ihnen unterscheiden sich ganz erheblich von den

Darstellungen Bembos. Wer mit dem Tarot vertraut ist, wird vielleicht die von Hermann Haindl geschaffenen Karten mit einigem Erstaunen betrachten, denn er hat praktisch alle Bilder vollkommen neu gestaltet. Diese Umgestaltung gehört aber durchaus zur Tradition des Tarot. Interessanterweise ist die Karte, die den älteren Spielen noch am nächsten steht, der berühmte Gehängte. Diese Karte war bei allen Neufassungen des Tarot wohl immer diejenige, die am wenigsten verändert wurde.

Viele Menschen haben esoterische Theorien über den Ursprung des Tarot vorgelegt (siehe auch die Einleitung zu den Großen Arkana). Tatsache bleibt, daß das okkulte Interesse am Tarot, soweit bekannt, erst im späten 18. Jahrhundert einsetzte, als ein Mann namens Antoine Court de Gébelin erklärte, der Tarot sei das »Buch Thoth«, eine hypothetische Sammlung altägyptischer Weisheit, die der Gott Thoth für seine Schüler schuf. In der Klassik wurde Thoth mit dem griechischen Hermes beziehungsweise dem römischen Merkur gleichgesetzt. Von Hermes hat die »Hermetik« ihren Namen, die esoterische Tradition Europas. Bei der Verknüpfung der Tarot-Trümpfe mit der Astrologie gehört der Planet (und Gott) Merkur zur Karte des Magiers. Im Anschluß an Court de Gébelin begannen verschiedene Menschen, okkulte Tarot-Spiele zu schaffen. Das bedeutendste von ihnen war das Große Etteilla-Spiel, wobei »Etteilla« die Umkehrung des Namens »Alliette« ist, wie der Künstler, der diese Karten erschaffen hat, eigentlich hieß.

Die wohl bedeutendste Entwicklung des Tarot fand Mitte des 19. Jahrhunderts statt, als der Okkultist Eliphas Lévi (dessen wirklicher Name Alphonse-Louis Constant lautete) den Tarot mit dem Kernstück der jüdischen Mystik verband, der Kabbala (das Wort bedeutet »mündliche Überlieferung«). Seit dem Mittelalter haben kabbalistische Ideen die Hermetik und die magischen Philosophien Europas befruchtet. Weil Lévi offensichtliche Übereinstimmungen zwischen der Struktur der Kabbala und derjenigen des Tarot entdeckte (siehe die Einleitung zu den Großen Arkana), gab er dem Tarot eine Richtung, die bis heute eine große Rolle spielt.

Im Jahre 1888 fand sich ein Mann namens Samuel MacGregor Mathers, der Bücher über den Tarot und die Wahrsagekunst geschrieben hatte, mit anderen zusammen, um den Hermetic Order of the Golden Dawn zu gründen. Diese Gesellschaft bestand nur wenige Jahrzehnte, jedoch wirkt ihr Einfluß bis heute fort. Sie führte Lévis Gedanken weiter und stellte komplexe Zusammenhänge zwischen dem Tarot, der Kabbala, der Astrologie und der zeremoniellen Magie her. Sie gab auch den Anstoß dazu, daß Menschen die Karte als Hilfe für Studium, Meditation und Ritual benutzten. Der Golden Dawn hielt seine Mitglieder an, auf der Basis der Lehren der Gesellschaft ihre eigenen Spiele zu entwickeln. Dieser Gedanke des eigenen Entwurfs hat vielleicht die moderne Renaissance mit buchstäblich Hunderten neuer Spiele, die sich vielfach ganz erheblich von den früheren Entwürfen unterscheiden, mit begünstigt.

Neben dem Dichter William Butler Yeats waren die beiden berühmtesten Mitglieder des Golden Dawn Arthur Edward Waite und Aleister Crowley. Beide fertigten ihre eigenen Tarot-Spiele an. Dasjenige Waites, das (nach seinem Londoner Verleger) als das Rider-Spiel bekannt ist und von Pamela Colman Smith gemalt wurde, avancierte zum beliebtesten Spiel der Welt, wohl nicht zuletzt wegen der lebendigen Bilder. Crowleys *Book of Thoth Tarot* ging mit der Übernahme esoterischer und sexueller Symbole weiter als die meisten anderen Spiele. Aus diesem Grund - und wegen der prächtigen Bilder, die Lady Frieda Harris malte - hat das »Buch Thoth« in den letzten vierzig Jahren auf viele Tarot-Künstler großen Einfluß ausgeübt. Einer von ihnen ist Hermann Haindl, der Crowley als Quelle heranzog, als er beschloß, seine eigenen Karten zu malen.

Zwar enthält der Haindl-Tarot sehr viel esoterische Information (hebräische Buchstaben, Runen, astrologische Symbole und I-Ging-Hexagramme), jedoch sollte man ihn nicht als okkultes Spiel betrachten, jedenfalls nicht im Sinne Crowleys. Es fehlen hier die genauen Details der hermetischen Symbolik, die Bezüge zu Doktrinen und Ritualen, der komplexe Gebrauch magischer, in verschlüsselter Form in die Bilder eingebauter Zeichen und Formeln. Kein okkultes Werk, wohl aber einen

geheiligten Tarot hat Hermann Haindl geschaffen, einen Tarot, der in die uralten spirituellen Traditionen vieler Kulturen zurückreicht.
Zweifellos enthält der Haindl-Tarot eine Fülle von Informationen. Sein wichtigster Vorzug ist jedoch, daß er unser Bewußtsein erweitert. Er läßt uns die Welt in einer neuen (oder vielleicht gerade in einer sehr alten) Weise erleben, als ein Gefäß, das mit spiritueller Kraft und Wahrheit erfüllt ist. Insofern es diesem Ziel dient, nimmt das Spiel in der Tat Bezug auf Crowley und andere Repräsentanten der okkulten Lehre des Tarot. Es speist sich daneben aus den Mythologien und Religionen verschiedener Völker in Europa und Nordamerika, der Völker Indiens, Chinas und Ägyptens. Es ist inspiriert von sakraler Kunst, von prähistorischen Statuen und Tempeln bis hin zur Wagnerschen Opernkunst. Nichts davon wird zur Doktrin, jedenfalls nicht im eingeschränkten Sinne einer starren Ideologie. Als Künstler versucht Haindl, ein inneres Verständnis zu wecken, statt eine Theorie zu propagieren.
Natürlich kommen in dem Spiel bestimmte Ideen zum Ausdruck. Obwohl Haindl weitgehend unbewußt gearbeitet hat – das heißt, er plante die Symbolik weniger, als daß er sie im Gemälde an die Oberfläche kommen ließ –, weisen die Bilder eine komplexe, dabei einheitliche Vision auf. Wir werden diese Vision und ihre Inhalte bei den einzelnen Karten erkunden. Vorweg können wir als zentrales Thema des Haindl-Tarot die Erneuerung der Erde nennen – nicht einfach der materiellen Ressourcen, sondern der spirituellen Erde. Jahrtausendelang haben die Menschen die Erde als Lebewesen betrachtet. In der ganzen Welt wurde sie als ein Aspekt der Großen Göttin, der Mutter des Lebens verehrt. Die Göttin ist die Erde, und sie ist auch der Himmel. Sie regiert die mythologischen Reiche des Himmels wie auch der Unterwelt gleichermaßen.
In den letzten Jahren ist uns klargeworden, daß zwei große Gefahren unsere Welt bedrohen. Die eine ist die Möglichkeit des Atomkriegs, der alles Leben in einer Feuerhölle auslöscht und dem die Finsternis des nuklearen Winters folgt. Die andere ist die Bedrohung der natürlichen Umwelt. Verschiedene Initia-

tiven wie auch beispielsweise die Partei der Grünen versuchen, die Abrüstung zu erreichen und den sauren Regen, das Abholzen der Wälder und die Zerstörung der Ozonschicht in der Atmosphäre zu stoppen. Hermann Haindl sieht dies wie viele andere als einen gleichermaßen spirituellen wie ökologischen und politischen Kampf. Für ihn liegen die Wurzeln der heutigen Gefahren in einer männlich orientierten Denkweise, die Hierarchie und Dominanz statt Zusammenarbeit und gegenseitige Achtung auf ihre Fahnen geschrieben hat. Als patriarchalische Ideologien die Göttin in Acht und Bann schlugen, wurden Frauen zu »Gebärmaschinen« – und die Erde war nur mehr ein Objekt statt einer Schöpferin, ein Objekt, das lediglich dazu da war, um vom Menschen ausgebeutet zu werden. Hermann Haindl ist kein Feminist. Der Haindl-Tarot richtet sich auch nicht gegen die Männer. Er sucht vielmehr einen Ausgleich zwischen verschiedenen Eigenschaften. Das Fundament dieses Ausgleichs ist die alte Anschauung von dem Weiblichen als primäres schöpferisches Prinzip.

Haindl hat zwar bei den Grünen mitgearbeitet, jedoch wurzelt seine heutige Einstellung auf eigenen Erfahrungen, insbesondere bei den Indianern Nordamerikas. Er bereiste mit seiner Frau Erika die Stammesgebiete der Indianer, sie wohnten bei ihnen und nahmen an ihren Ritualen teil. Sie waren nicht als neugierige Touristen gekommen. Sie wollten lernen und in sich eine wirkliche Achtung der Erde und der Wesen erwecken, die mit uns die Erde bewohnen.

Beim Haindl-Tarot werden indianische Lehren ebensowenig propagiert wie okkulte Doktrinen. Haindls amerikanische Erfahrungen sind als Einfluß im Spiel wirksam, wie dies auch für seine Reisen durch Indien und andere Länder, seine Vertiefung in die europäische Mythologie und Tradition sowie den Tarot selbst gilt. Was er geschaffen hat, ist vor allem ein sakrales Kunstwerk, das zu uns durch die Kraft seiner Bilder spricht.

In früheren Zeiten war der Symbolgehalt eines Tarot-Spiels wichtiger als die Bilder. Man interessierte sich weniger für die Qualität der künstlerischen Gestaltung als für die spezifischen Bezüge auf eine Lehre wie zum Beispiel die Kabbala oder die

Freimaurerei. Dies könnte mit ein Grund sein, warum relativ wenige professionelle Künstler Tarot-Spiele gestaltet haben. Vielleicht empfanden sie das Thema als zu speziell, auch wenn sie an esoterischen Dingen interessiert waren. In den letzten Jahren ist jedoch durch die Vielzahl neuer Spiele das Bild wieder in den Vordergrund gerückt. Beim Haindl-Tarot sind die alten Entwürfe radikal umgestaltet, jedoch steht Hermann Haindl damit nicht allein. Auch andere haben Neufassungen des Tarot vorgelegt, wobei sie neue Bilder auf der Basis ihres eigenen Erfahrungsschatzes und ihrer eigenen Glaubensvorstellungen schufen. Die kraftvollsten dieser Bilder gehen über das Persönliche hinaus und dringen auf die Ebene des Archaischen und Mythologischen vor. Dies gilt in hohem Maße für den Haindl-Tarot, vor allem für Karten wie den Wagen, den Stern oder die Hofkarten, die von religiösen Traditionen aus aller Welt abgeleitet wurden. Es sind, wie gesagt, professionelle Künstler, die sich heute mit dem Tarot befassen. Neben so berühmten Namen wie Salvador Dalí und Niki de Saint Phalle hat eine ganze Gruppe junger Künstler, insbesondere in Italien, der Heimat der Tarocchi, ihre eigenen Spiele geschaffen. Der Haindl-Tarot geht tiefer als die meisten von ihnen, denn er ist das Vermächtnis eines um spirituelle Erkenntnis ringenden Künstlers.

Die Haindl-Karten sind ausgeprägt symbolisch. Jede Karte, jedoch vor allem die Trümpfe, enthält eine ganze Symbolstruktur auf der Grundlage von Ideen und Bildern, die aus der Tradition abgeleitet sind, aber letztlich zu diesem bestimmten Spiel gehören. Weil Haindl in erster Instanz Maler ist, werden die Bedeutungen Teil der Bilder, das heißt, die Bilder werden nicht gestaltet, um nur eine Theorie auszudrücken. Viele der Karten zeichnen sich durch etwas aus, was man »Symbolökonomie« nennen könnte. Eine bestimmte Geste, ein Gegenstand oder ein Farbmuster erscheint auf den ersten Blick ganz einfach, während sie in Wirklichkeit eine ganze Palette von Gedanken zum Inhalt haben. Diese Gedanken gehen dann wieder ganz neue Beziehungen miteinander ein. Die Karte hat sie zusammengeführt. Diese Technik finden wir bei vielen der Trümpfe, insbesondere beim Narren, aber auch bei den Karten der Kleinen Arkana und den Hofkarten.

Vom Haindl-Tarot hörte ich zum erstenmal, als mich Haindls deutscher Verleger anrief, um mich zu fragen, ob ich einen Kommentar zu einem neuen Spiel schreiben wollte. Ich bat ihn, mir einige der Bilder zu schicken. Als sie kamen, überzeugten sie mich sofort durch die Schönheit des Konzepts, die kühnen Entwürfe und die Aura des Geheimnisvollen. Ich hatte erst vor kurzem etwas über die Runen geschrieben, weshalb mich auch sofort die Idee begeisterte, dieses alte System in die Großen Arkana zu integrieren. Wenig später traf ich mich das erstemal mit Hermann und Erika Haindl. Sie besuchten mich in meiner Wohnung in Amsterdam, Stapel von Bildern in den Armen; dann saßen wir stundenlang beisammen, betrachteten die Karten, sprachen über die Symbolik, entdeckten, daß wir viele gemeinsame Ideen hatten.

Bei der Interpretation dieser Karten habe ich versucht, mich möglichst genau an Haindls Angaben zu halten. Gleichzeitig habe ich auch meine eigenen Vorstellungen und Erfahrungen eingebracht, in der Hoffnung, in ihre Aussage und ihre Möglichkeiten einzudringen, um ihre Botschaft zu beschreiben. Hermann Haindl und ich gehören einem anderen kulturellen Hintergrund, einer anderen Generation, einem anderen Geschlecht an; wir haben eine andere religiöse Erziehung, ein unterschiedliches künstlerisches Betätigungsfeld. Trotzdem können wir die Welt in ähnlicher Weise erleben. Die Arbeit mit dem Haindl-Tarot hat mich sehr viel gelehrt. Ich hoffe, daß dieses Buch für viele Menschen ein Schlüssel zu diesem alten und neuen Labyrinth sein kann.

DIE GROSSEN ARKANA

Einleitung

Die Großen Arkana des Tarot bestehen aus 22 Karten. Schon die frühesten Exemplare des Spiels zeigen eine Vielfalt bunter Szenen und sehr unterschiedlicher Gestalten: Päpste und Nonnen, Gaukler und Alchemisten, mythologische Gestalten wie beispielsweise Herkules, Liebesszenen, religiöse Themen wie das Jüngste Gericht und so fort. Eine Theorie des Tarot besagt, daß die Trümpfe ursprünglich eine Galerie typischer früher Renaissance-Gestalten waren, ergänzt durch die Darstellung moralischer Tugenden und Lehren. Manche Bilder haben jedoch eine recht esoterische, ja sogar häretische Aussage zum Inhalt. Der Alchemist mag eine stereotype Gestalt gewesen sein, aber die Alchemie ist die okkulte Kunst par excellence. Die Nonne auf einigen früheren Spielen verwandelt sich in einen weiblichen Papst. Eine mittelalterliche Legende berichtet von einer Päpstin Johanna, einer Frau, die sich als Nonne verkleidet, die kirchlichen Weihen empfing und schließlich den Stuhl Petri bestieg, bis der Mob wütend über sie herfiel, als sie während einer Osterprozession ein Kind gebar. Für uns noch interessanter ist in diesem Zusammenhang, daß eine Ketzergruppe, die sich Guglielmiten nannte, gegen Ende des 13. Jahrhunderts eine Frau zum Papst wählte. Im Jahre 1300 brachte die Kirche diese Frau auf den Scheiterhaufen. Ihr Name war Maria Visconti. Einige der frühesten Tarot-Spiele – die etwa 150 Jahre später entstanden – wurden für die Familie Visconti gemalt...
Ein Herrscher ist ebenfalls eine Gestalt, die sich für ein Kartenspiel anbieten würde, das auf sozialen Typen basiert. Europa hatte das klassische Altertum wiederentdeckt, während in der

Kirche das Lateinische schon immer die Verkehrssprache war. Außerdem gab es das Vorbild des Heiligen Römischen Reiches. Schon früh entwickelte jedoch die Karte des Herrschers eine gewisse esoterische Qualität, weil er im Profil dargestellt wurde (manche Kabbalisten sagen, man könne den »Alten der Tage« nur von der Seite und nicht von vorne sehen), und seine Beine sind so überkreuzt, daß sie eine Vier bilden. Die Zahl Vier repräsentiert in der okkulten Philosophie das göttliche Gesetz und die vier Welten der Schöpfung. Von Anfang an enthielten die Spiele auch ein sehr fremdartig anmutendes Bild – einen meist an einem Fuß mit dem Kopf nach unten aufgehängten Mann, dessen anderes Bein hinter ihm überkreuzt ist, wodurch wiederum die Zahl Vier gebildet wird. Nun gibt es in Italien in der Tat eine Tradition, Verräter mit dem Kopf nach unten aufzuhängen (dies tat man zum Beispiel mit Mussolini bei Kriegsende). Der Gehängte des Tarot zeigt aber meist ein strahlendes Gesicht. Er erinnert uns eher an einen Yogi, der auf dem Kopf steht. Der heilige Petrus wurde mit dem Kopf nach unten gekreuzigt, angeblich weil er sich nicht für würdig hielt, den gleichen Tod zu sterben wie Jesus. In einer interessanten Arbeit über die *Vita Merlini,* eine aus dem 12. Jahrhundert stammende Handschrift, weist R. J. Stewart (*Merlin – Das Leben eines sagenumwobenen Magiers,* Knaur-Tb. 4190) auf eine Erzählung hin, die als der »Dreifache Tod« bekannt ist und damit endet, daß ein Mann umgekehrt an einem Fuß an einem Baum hängt, während sein Kopf in einen Fluß eingetaucht ist. Stewart betrachtet diese Erzählung als Projektion altkeltischer Wiedergeburtsrituale. Ob dies nun zu beweisen ist oder nicht – die Erzählung selbst ist jedenfalls mindestens zweihundert Jahre älter als die frühesten Tarot-Spiele.

Das kabbalistische Interesse am Tarot beruht auf der Zahl der Trümpfe – es sind und waren immer 22. Das hebräische Alphabet hat 22 Buchstaben, und dies ist die Grundlage für die mystischen Erkundungen der Kabbala (der möglicherweise älteste jüdische mystische Text, der »Sefer Jezira«, beschreibt die mystischen Qualitäten des Alphabets). Wir müssen uns jedoch darüber im klaren sein, daß es erst seit dem 19. Jahrhundert eine

kabbalistische Theorie des Tarot gibt. Auf Tausenden von Seiten kabbalistischer Schriften finden wir nicht einen Hinweis auf irgendwelche Bilder oder Karten.
Über den Ursprung der Großen Arkana gibt es viele Theorien. Interessant ist dabei, daß die meisten von ihnen sich nur mit den Trümpfen befassen, wie wenn die vier Farben der Kleinen Arkana nur ein späteres Anhängsel wären. Eine Hypothese für die Trümpfe bringt sie mit Triumphzügen in Zusammenhang (das Wort »Trumpf« ist von »Triumph« abgeleitet), mit denen bedeutende Menschen gefeiert wurden. Der Dichter Petrarca, der einige Zeit am Hof der Viscontis verbrachte, schrieb ein Gedicht mit dem Titel »I Trionfi«, in dem sechs allegorische Triumphe beschrieben werden. Die Historikerin Gertrude Moakley stellt die Hypothese auf, daß diese eventuell der Anlaß für frühe Tarot-Karten waren. Mehr esoterisch orientierte Theorien verweisen auf Bildtafeln in einem ägyptischen Tempel, 21 Stufen bei den Riten des Tantra (der indischen esoterischen Tradition), verschiedene Schritte im alchemistischen »Großen Werk« oder auch (aus jüngerer Zeit) 21 Mondpositionen in der alten chaldäischen Astrologie.
In gewissem Sinne sind alle diese Theorien richtig. Denn was heute für uns am wichtigsten ist, und dies trifft im besonderen Maße auf den Haindl-Tarot zu, ist nicht der ursprüngliche Zweck des Tarot, sondern die Bedeutungen und Qualitäten, die er im Laufe der Zeit erlangt hat. Ob er nun auf dem Tantra basiert oder nicht – Schriftsteller wie Barbara Walker haben uns die Möglichkeit gegeben, diese Verbindung herzustellen. In neuerer Zeit haben verschiedene Autoren und Maler die Bilder der Großen Arkana neu interpretiert und sie unter anderem mit der Mythologie der Mayas, Glaubensvorstellungen und sozialen Traditionen der Indianer, einem Pantheon antiker Götter und der Artussage verknüpft. All diese Einflüsse und noch einige mehr sind im Haindl-Tarot vorhanden. Es ist aber ein geschlossenes Ganzes, weil er die Traditionen – und seine eigenen direkten Erfahrungen damit – nur insofern berücksichtigt, als sie dazu dienen können, sein Spiel, seine Vision, in die fortlaufende Tradition des Tarot zu stellen.

Bei den frühesten Tarot-Spielen sind die Karten nicht numeriert. Wenn sie ursprünglich Spielkarten waren, können wir annehmen, daß sie eine gewisse Reihenfolge gehabt haben müssen. Ziemlich früh wurden jedenfalls die Namen und Zahlen schon Standard, und zwar weitgehend so, wie sie auch beim Haindl-Tarot erscheinen. Die einzigen Ausnahmen sind die Karten VIII und XI, die Haindl gemäß einer modernen Praxis vertauscht hat, die mit der einflußreichen okkulten Gruppe des Order of the Golden Dawn begann. Der Narr stellt allerdings ein gewisses Problem dar. Als Nummer 0 käme er vor der Eins. Beim Kartenspiel nimmt er jedoch keinen festen Platz ein. Manche esoterischen Kommentatoren ordnen den Narren als ersten, andere wiederum als letzten ein, wieder andere zwischen den Karten XX und XXI.

Die Reihenfolge wird dann wichtig, wenn wir die Karten mit den hebräischen Buchstaben verknüpfen. In einigen anderen verwandten esoterischen Traditionen gibt es 21 Stufen, so daß der Narr zum Pilger oder Initiierten wird. Das hebräische Alphabet jedoch umfaßt 22 Buchstaben und daher 22 Wege auf dem Baum des Lebens, so daß der Narr einen bestimmten Platz einnehmen muß. Wenn dieser Platz am Ende ist, dann gehören der erste Buchstabe des Alphabets und der erste Pfad zum Magier, der zweite zur Hohenpriesterin und so fort. Wenn wir jedoch den Narren dem ersten Buchstaben zuordnen, dann kommt der zweite zum Magier und der dritte zur Hohenpriesterin. Hermann Haindl hat sich an Aleister Crowley gehalten und den Narren dem ersten Buchstaben zugeordnet.

Es gibt grundsätzlich zwei Möglichkeiten, die Großen Arkana zu interpretieren. Die eine besteht darin, jede Karte mit den ihr eigentümlichen besonderen Qualitäten für sich zu betrachten, die andere, die Karten als Sequenz aufzufassen, die so etwas wie eine Geschichte bildet. Häufig zeigt diese Geschichte den Narren auf einer Reise durch die Karten, das heißt als inkarnierte Seele auf ihrem Lebensweg. Wenn wir die Karte als Sequenz betrachten, hängt die Bedeutung jeder einzelnen Karte nicht nur von ihrer eigenen Aussage, sondern auch von ihrem Platz ab. So stellt beispielsweise der Turm (XVI) eine Explosion dar. Diese Explosion wird häufig dahingehend interpretiert, daß sie durch den Druck ausgelöst wird, der bei Nummer XV, dem Teufel, aufgebaut wurde. Wir blicken aber auch nach vorn und sagen, die Explosion führt zur Offenheit und Erneuerung der Nummer XVII, des Sterns.

Diese Art der Interpretation würde auch mit dem Verfahren übereinstimmen, das wir bei Tarot-Befragungen anwenden. Dort kommt der Position der Karte ebenso große Bedeutung zu wie ihrer Aussage. Wenn etwa die Liebenden (VI) in der Position der »Jüngeren Vergangenheit« erscheinen, können sie etwas ganz anderes bedeuten als in der »Näheren Zukunft« und wiederum etwas anderes bei den »Hoffnungen und Ängsten«. Auch berücksichtigen wir bei einer Tarot-Befragung alle anderen Karten, um die Bedeutung einer bestimmten Karte herauszuarbeiten. In den letzten Jahren sind Tarot-Befragungen erheblich komplexer – und viel populärer – geworden als je zuvor. Es gab Zeiten, in denen ernsthafte Tarot-Schüler und -Autoren Befragungen vielfach ablehnten. Heute befassen sich einige der besten Autoren fast nur noch mit Befragungen. Es dürfte kein Zufall sein, daß sich die Interpretation der Großen Arkana als Sequenz praktisch durchgesetzt hat.

Beim Haindl-Tarot sind – wie bei den meisten wirklich wertvollen Spielen – die beiden Anschauungen miteinander verbunden. Hermann Haindl hat diese Karten als selbständige Bilder geschaffen, die jeweils einem eigenen Thema gewidmet sind. Beim Malen hat sich jedoch fast wie von selbst eine ganz bestimmte Geschichte entwickelt. Die Geschichte verbindet Historisches und Politisches mit den spirituellen Ideen des Tarot. Diesem Gedanken werden wir uns gleich noch näher zuwenden, jedoch sollten wir hier zunächst herausstellen, daß Haindl diese Geschichte nicht bewußt geplant hat. Es war auch nicht seine Absicht, eine Serie von Bildern zu schaffen, die sich Schritt für Schritt vom Narren hin zum Universum entwickeln. Die Themen und Bilder haben vielmehr eine so klare Aussage, weil sie von einem Künstler mit einer sehr klaren und zusammenhängenden Vision stammen. Hermann Haindl mußte sich nicht zurechtlegen, was er sagen wollte. Die Ideen entsprangen seinen Erfahrungen, seinen spirituellen Studien und einer tiefen Überzeugung.

Viele Interpreten der Großen Arkana teilen die Trümpfe in zwei oder mehr Gruppen ein. Diejenigen, die die Karten als zwei Hälften betrachten, sehen meist in der ersten den Blick hinaus in das äußere Leben, in der zweiten die Introspektive und die spirituelle Entwicklung. Dies ist häufig bei jungianischen Deutern der Fall. Teilweise wird auch darüber diskutiert, welche Karte der Wendepunkt ist. Am naheliegendsten ist hier das Schicksalsrad (X), das uns in der ersten Hälfte des Lebens nach oben trägt und dann, wenn wir in das mittlere Alter kommen und unsere Kräfte allmählich nachlassen, nach unten zum Tod (und, wie manche meinen, zur Reinkarnation, einer neuen Umdrehung des Rades). Der Gehängte (XII) bietet sich jedoch ebenfalls als Wendepunkt an, denn er symbolisiert die Umkehrung der früheren Werte. Aber auch Karte XI ist (als Kraft wie als Gerechtigkeit) ein Mittelpunkt, denn die Kraft symbolisiert die Bereitschaft, über das bisher Erreichte hinauszugehen, während die Gerechtigkeit die Vergangenheit und die Zukunft in ihren Waagschalen hält.

Eine andere Möglichkeit besteht darin, die Trümpfe I bis XXI in drei Siebenergruppen einzuteilen (wobei der Narr der Pilger ist, der sie alle durchwandert). Daß auch diese Einteilung sinnvoll ist, zeigt die alte Symbolik der Zahlen Drei und Sieben. Drei ist mit einer Fülle von Vorstellungen verbunden, denen wir uns bei Trumpf III, der Herrscherin, zuwenden werden. Eine der wichtigsten davon ist diejenige der drei Phasen des Mondes, nämlich erstes Viertel, Vollmond und letztes Viertel, die Jugend, Reife und Alter repräsentieren. Diese Phasen sind auf der Karte zu sehen. Die erste Siebenerreihe zeigt das Bedürfnis des jungen Menschen, die Welt kennenzulernen. Die zweite zeigt die Probleme der Reife: Selbsterkenntnis, psychologische Transformation, ein Bewußtsein für tiefere Werte. Die letzten Karten gehen in dem Maße über die individuelle Persönlichkeit hinaus, wie sich die Seele universeller Prinzipien bewußt wird. In traditionellen Kulturen sind diese Haltungen häufig mit dem Alter verknüpft, wenn die Frau, deren Fruchtbarkeit erloschen ist, und der Mann, der zu alt für die Jagd ist, sich mit Weisheitslehren befassen.

In alten Zeiten sahen die Menschen sieben »Planeten« am Himmel: Sonne, Mond, Merkur, Venus, Mars, Jupiter und Saturn. Die Sieben ist deshalb eine Zahl der Vollendung. Beim Tarot steht Karte VII (Wagen) für »Sieg«. Diese Bedeutung kehrt bei den »höheren Siebenen«, der XIV und der XXI, wieder. Das Ende einer jeden Sequenz zeigt also einen Sieg; die Seele war verschiedenen Herausforderungen begegnet und hat sie bestanden.

Auf der Tonleiter umfaßt jede Oktave sieben Töne. Der achte Ton wiederholt den ersten auf einer höheren Ebene. Deshalb bezeichnen wir gelegentlich jede Gruppe von sieben Karten als eine »Oktave«. Wir sagen auch, Karte VIII sei die »Oberschwingung« von Trumpf I oder Karte XVIII die Oberschwingung von Trumpf XI. Sehr häufig sind die Oktavkarten nämlich durch ganz bestimmte Bedeutungen miteinander verbunden. Die Kraft und der Teufel (VIII und XV) stehen beide in einer Beziehung zum Magier (I). Die Liebenden (VI) nehmen den Tod (XIII) vorweg, denn das Ich stirbt beim Sex einen »kleinen Tod«, und in der Tat umschreibt man beispielsweise in Frankreich den Orgasmus als »le petit mort«. Karte XX (Das Äon) geht wiederum über den Tod hinaus und zeigt eine Wiedergeburt an (die bei traditionellen Spielen so dargestellt wird, daß die Toten sich zum Jüngsten Gericht aus ihren Gräbern erheben, und beim Haindl-Tarot als ein Baby, das in einem kosmischen Ei zur Erde schwebt).

Wir können die Karten auch miteinander verknüpfen, indem wir Quersummen der arabischen Ziffern bilden und somit beispielsweise eine Beziehung zwischen dem Teufel (XV) und den Liebenden (VI) sehen (die Quersumme von 15 ist 6). Das Band ist die Sexualität. In ähnlicher Weise nennen wir den Eremiten (IX) eine Mondkarte, denn die Quersumme von 18 (Der Mond [XVIII]) lautet 9.

Es wird häufig versucht, die Großen Arkana mit einer bestimmten Lehre in Verbindung zu bringen – der Kabbala, der Alchemie oder dem Tantra. Alle diese Verknüpfungen können gelingen, weil die Großen Arkana nicht auf ein genaues Konzept oder auf spezielle Wertvorstellungen festgelegt sind. Die Trümpfe zeigen uns die Geschichte der Seele, die sich mit dem Leben auseinandersetzt, Bewußtsein entwickelt und schließlich zur mystischen Erleuchtung gelangt.

Am Anfang steht der Narr als der Unschuldige. Der Null-Trumpf symbolisiert einen Idealzustand, ein verlorenes Paradies. Die beiden ersten numerierten Karten, der Magier und die Hohepriesterin, stellen die beiden Pole des Daseins dar: männlich und weiblich, hell und dunkel, Aktivität und Ruhe, Bewußtes und Unbewußtes. Damit ist die Grundstruktur der Karten vorgegeben. In gewisser Weise können wir alle anderen Trümpfe als Versuche beschreiben, diese beiden Pole zusammenzubringen. Das Baby von Trumpf XX repräsentiert das neue einsgewordene Bewußtsein, während auf der letzten Karte, Nummer XXI, dargestellt ist, wie dieses Bewußtsein die Welt erlebt.

Dies ist nun das große Thema der Großen Arkana. Der Haindl-Tarot stellt, wie alle anderen, eine Inszenierung dieser alten Geschichte dar. Gleichzeitig entwickelt er jedoch eigene Themen. Sie reichen über das Individuum hinaus zum Leiden und der Erlösung der Erde selbst.

Hermann Haindl hat diese Karten »unbewußt« gemalt. Dies ist so zu verstehen, daß er die Gedanken zu jeder Karte und die traditionellen Bilder in sich aufnahm und dann zu malen begann, wobei er sich von dem inspirieren ließ, was zum Vorschein kam. Dann arbeitete er jedes Bild im Detail aus, wenn ihm klargeworden war, was die Karte »sagen wollte«. Die Karten sind deutlich strukturiert, meist um eine senkrechte Achse oder perspektivisch, wobei ein zentrales Bild im Vordergrund und die übrigen weiter weg angeordnet sind. Diese Strukturierung speist sich aus verschiedenen Quellen. Da ist zunächst Hermann Haindls Erfahrung und Können als Maler. Zum anderen hatte er bereits eigene Themen, die durch die Bilder zum Vorschein kamen. Die Großen Arkana selbst enthalten darüber hinaus eine so kraftvolle Botschaft, daß die Karten Hermann Haindl gewissermaßen führten. Mehrmals wählte er

Motive, die ihm zutreffend erschienen, bis er entdeckte, daß die Motive schon traditionell dieser bestimmten Karte zugeordnet wurden. So malte er beispielsweise das Kamel auf die Karte der Hohenpriesterin, bevor er von der Bedeutung des hebräischen Buchstabens für diese Karte (»Kamel«) erfuhr. Genauso war es bei der Hand des Schicksalsrads (X).

Vieles auf den Karten ist natürlich auch bewußt gestaltet, insbesondere die wiederkehrenden Symbole. Die Farbgebung, die Betonung der linken und rechten Seite, der Diagonalen, die Darstellung verwitterter Felsen, von Flüssen, des Männlichen und Weiblichen – all dies trägt die Ideen von einer Karte zur nächsten weiter. Die Bilder sind in hohem Maße symbolträchtig. Die Form der Schwanenflügel beim Narren, der Kristall auf der Herrscherin, die Anordnung der Federn bei der Gerechtigkeit – sie haben alle eine ganz bestimmte Bedeutung.

Hermann Haindl malte jede Karte für sich. Als er sie dann als Gruppe betrachtete, entdeckte er eine deutliche Entwicklungslinie. Nehmen Sie den Haindl-Tarot zur Hand, und legen Sie die Trümpfe, beim Narren beginnend, in einer Reihe aus. Sie sehen dann, daß auf Karte XI in der Mitte zwei Kugeln abgebildet sind, die jeweils über einer der Waagschalen schweben. Die Waagschalen selbst bilden zwei Halbkreise. Auf der nächsten Karte, dem Gehängten (XII), sehen wir in der Gestalt der Erde einen weiteren Halbkreis. Dieser Halbkreis befindet sich unten auf der Karte. Am Ende, bei Karte XXI, erkennen wir die Erde wiederum als Halbkreis, jedoch jetzt im oberen Bildteil: Die Zahl 21 ist die Umkehrung von 12. Auf Karte XXI erscheinen darüber hinaus mehrere kleinere Kreise, Planeten. Beim Narren (0) sehen wir ebenfalls Planeten, aber auch kosmische Blasen, Symbol der Spiritualität und neuen Lebens. Bei der Hohenpriesterin (II) erkennen wir eine große Lichtsphäre. Dieses Sphäre/Blase repräsentiert auch den Vollmond. Weitere kleinere Blasen erfüllen die Luft. Ein ähnliches Bild finden wir bei der Herrscherin (III).

Der Herrscher (IV) hält eine goldene Kugel. Die Idee hat feste Gestalt angenommen und dabei ihre kosmische Bedeutung verloren. Bei mehreren der folgenden Karten ist diese Idee verschwunden. Sie kehrt in subtiler Weise beim Eremiten (IX) zurück, der zu einem Licht-Halbkreis aufblickt. Die Blasen erscheinen bei Karte X wieder, wo sie das Bild wie bei der Hohenpriesterin (II) erfüllen. Bei Nummer XI finden wir, wie wir bereits gesehen haben, wiederum Voll- und Halbkreise. Die beiden Hälften, die beiden Pole des Daseins, bilden eine Einheit.

Bei Nummer XII sehen wir den Halbkreis der Erde, bei Trumpf XIII das runde Pfauenauge mit seinen Regenbogenfarben, das dem Auge Gottes bei der Herrscherin (III) ähnelt. Bei Karte XIV sind die Kreise miteinander verkettet, weil sich die Pole allmählich aufeinander zubewegen. Beim Teufel (XV) finden wir einen weiteren Halbkreis, diesmal ein dunkles Loch am unteren Rand. Auf Karte XVIII wird hieraus ein Lichtkreis im oberen Bildteil, ein Vollkreis im Vergleich zur IX ($9 \times 2 = 18$).

Karte XIX zeigt traditionell einen Knaben und ein Mädchen, die sich an den Händen halten. Hier sind zwei Kreise dargestellt, die Sonne und die Rose, die den Himmel und die Erde symbolisieren. Auf Karte XX bewegt sich das Kind in einer eierförmigen Umhüllung auf die Erde zu, und bei Trumpf XXI verbindet sich die Erde mit dem Himmel, indem sie über dem Drachen erscheint.

Die Neufassung der Großen Arkana wird manchem, der mit den traditionellen Karten vertraut ist, sehr radikal erscheinen. Sie sind es in der Tat; Hermann Haindl hat alle Bilder neu imaginiert. Dies geschah allerdings nicht in der Absicht, die Vergangenheit auszulöschen. Manche Karten enthalten subtile Bezüge zu traditionellen Symbolen, beispielsweise die Gralsembleme beim Magier (I). Bei der Beschreibung der einzelnen Karten habe ich hin und wieder auf die älteren Versionen verwiesen, denn diese Karten sind auf der Grundlage der alten Geschichte des Tarot entstanden.

Wir haben gesagt, der Haindl-Tarot habe seine eigene Geschichte. Die Themen beschreiben eine Rückkehr zu uralter Weisheit und zur Achtung vor der Natur, eine Notwendigkeit, die Erde zu erneuern, und eine Notwendigkeit, dem weiblichen Prinzip wieder zu seinem angestammten Platz zu verhelfen – im

Einleitung

täglichen Leben, in der Gesellschaft, im Kosmos. Die Herrscherin (III) zeigt uns die Frau als dynamisch und schöpferisch, als Mutter, aber auch als Denkerin.
Die Herrscherin symbolisiert die Große Mutter, die Dreifache Gottheit als Quelle des Lebens. Der junge Herrscher lehnt sie ab und etabliert sich selbst als die einzige Macht und Autorität. In historischer Sicht steht dies für die »neuen« patriarchalischen Religionen, die sich an die Stelle der viel älteren Göttinnenreligionen setzten. Wie sehr viele Menschen heute, so sieht auch Hermann Haindl unsere doppelte Gefährdung – Zerstörung der Natur und den Rüstungswettlauf – in einem Zusammenhang mit der Unterdrückung und Ablehnung des weiblichen Prinzips durch das männliche.
Der Herrscher zeigt uns den Gott Odin aus der skandinavischen Mythologie. Wir sehen ihn als jungen und arroganten Mann. Später kehrt Odin als der Gehängte wieder. Er ist ein alter Mann, eine Gestalt der Weisheit geworden. Nun kehrt er zur Erde zurück. Dies ist die große Umkehrung. Sie stellt frühere Fehler richtig und das Gleichgewicht wieder her. Dieses Bild der Umkehrung tritt erneut beim Stern auf, wo sich die Frau vornüberneigt, beim Äon, wo das Baby mit dem Kopf nach unten herabsteigt (dies erinnert auch daran, daß Babys mit dem Kopf zuerst den Schoß verlassen müssen), und beim Universum, wo die untere Hälfte der Erde dargestellt ist. Die Bewegung der oben beschriebenen kosmischen Blasen drückt das gleiche in abstrakten Bildern aus.
Auf jeder Karte sehen wir einen hebräischen Buchstaben, eine Rune und ein astrologisches Zeichen. Der hebräische Buchstabe und der astrologische Zusammenhang haben bereits Tradition. Wir haben oben gesehen, wie die 22 Buchstaben und die 22 Trümpfe zusammengehören. In ähnlicher Weise beschreiben moderne Astrologen zehn Planeten und zwölf Zeichen. Hierfür zog Hermann Haindl jeweils frühere Spiele und Kommentare zu Rate. Die Umrandung der Karten ordnet diese den vier Elementen Feuer, Wasser, Luft und Erde zu. Auch hier besteht wieder eine Beziehung zur Astrologie, denn jedes der zwölf Zeichen gehört zu einem bestimmten Element. Dies hat Haindl

analog auf die Planeten übertragen und entsprechend der Qualität der jeweiligen Karte seine eigene Wahl getroffen.
Die Verwendung der Runen ist eine Neuerung des Haindl-Tarot. Hermann Haindl hatte hierfür mehrere Gründe. Vor allen Dingen wollte er darstellen, wie der Tarot verschiedene Traditionen ausdrückt. Die Lehren widersprechen sich nicht, sondern wirken zusammen. Derselbe Gedanke veranlaßte ihn, seine Hofkarten ebenso in verschiedenen Kulturen anzusiedeln. Er entschied sich auch deshalb für die Runen, weil sie eine germanische esoterische Tradition ausdrücken, die in seinem eigenen Volk verwurzelt ist. Schließlich wollte Haindl als ein Zeichen der Hoffnung für eine Aussöhnung zwischen Deutschen und Juden die Runen den hebräischen Buchstaben zur Seite stellen.
Die Runen reichen in Deutschland, Skandinavien und England mindestens bis zum frühen Mittelalter zurück. Sie bilden ein Alphabet, genauer gesagt verschiedene Alphabete, denn sie sind von Land zu Land unterschiedlich. Wir können sie wie ganz gewöhnliche Buchstaben zum Schreiben von Wörtern benutzen (siehe die Runen-Darstellung des Wortes »Tarot« beim Vater der Kelche). Anders als bei unserem modernen Alphabet hat jeder Buchstabe darüber hinaus eine bestimmte Bedeutung. Dabei handelt es sich um ganz anschauliche Begriffe wie »Vieh«, »Besitz« oder »Mann«. Daneben weisen sie jedoch auch symbolischen und esoterischen Gehalt auf. Hierin gleichen sie den hebräischen Buchstaben, die Begriffe wie »Ochse« oder »Kopf« bezeichnen, aber ebenso esoterischen, kabbalistischen Sinn enthalten. Mehr als die hebräischen Buchstaben wurden die Runen zur Divination benutzt. Ein Runenmeister schnitt sie auf Holz oder Stein, und wenn jemand eine Frage stellte, warf der Meister die Runen in ähnlicher Weise, wie die Tarot-Karten gelegt werden. Da jede Rune magische Eigenschaften besaß, gebrauchte man sie auch als Schutz oder als Amulette, die Liebe, Kraft, Feiung oder Geld bringen sollten. Man ritzte Runen auf Schwerter, in Boote oder das Gebälk der Häuser.
Die Runen führen uns hin zur nordischen Mythologie und dem

Kult um Odin, der auch Wotan genannt wird und der Vater der germanischen Götter ist. Nach dem Mythos holte Odin die Runen aus dem dunklen Brunnen zu Füßen des Weltenbaums. Um dies tun zu können, »opferte« er sich selbst auf, indem er ein Auge hingab und neun Tage und Nächte am Weltenbaum hing. In den Gedichten erfahren wir nicht, wie er dort hing, jedoch können wir annehmen, daß er, wenn er die Runen aus dem Brunnen holte, mit dem Kopf nach unten gehangen haben muß. Dieser Augenblick im Leben Odins ist beim Haindl-Tarot ebenfalls ein zentraler Mythos. Seine traditionelle Ausprägung sehen wir beim Vater der Kelche. Beim Gehängten dagegen finden wir Hermann Haindls transformierte Version des Mythos.

Die Runen, einst ein wichtiges Element der nordeuropäischen Kultur, kamen außer Gebrauch und gerieten in Vergessenheit, bis sie zu Beginn unseres Jahrhunderts neu entdeckt wurden. Zu dieser Zeit breitete sich der Pangermanismus aus, während gleichzeitig das Interesse an dem Okkulten (einschließlich des Tarot) zunahm. Im Jahre 1902 hatte ein Schriftsteller namens Guido von List eine Art Vision der Runen. Nach einem alten Gedicht, dem »Havamal« aus der *Edda,* in dem Odin die Runen beschreibt, entwickelte von List ein Achtzehn-Runen-Alphabet. Die Idee fand Anklang, und bald entstanden Gesellschaften, die sich mit Runenwissen und -magie befaßten.

Neben seinen kulturellen Interessen brachte der Pangermanismus ultranationale, rassistische und insbesondere antisemitische Lehren hervor. Als die Nazis schließlich den Pangermanismus zu jenen furchtbaren Proportionen verzerrten, übernahmen und korrumpierten sie auch die Runen, die in den dreißiger Jahren außerordentlich populär geworden waren. Für einige der schrecklichsten Nazigruppen und -programme dienten die Runen als Symbole. Indem Hermann Haindl die Runen in den Tarot einführt, versucht er auch, sie wieder von jenem Stigma zu reinigen.

Nach dem Krieg wollte der Esoteriker Karl Spiesberger die Runen rehabilitieren, indem er das Achtzehn-Runen-Alphabet von Lists übernahm, jedoch alle rassistischen Anklänge beseitigte. Hermann Haindl hat sich zwar auch an Spiesberger orientiert, arbeitet jedoch hauptsächlich mit einem zeitgenössischen System, demjenigen seines Freundes Zoltan Szabo, Autor des *Buchs der Runen*. Szabo verwendet die achtzehnteilige Futhark-Runenreihe. Haindl hat diese entsprechend den Karten I bis XVIII, vom Magier bis zum Mond, zugeordnet. Bei den übrigen vier Karten, dem Narren, der Sonne, dem Äon und dem Universum, orientierte er sich an Spiesberger sowie den älteren Alphabeten. In Anlehnung an Szabo entdeckte er einen engen Zusammenhang zwischen den Runenbedeutungen und dem jeweiligen Sinngehalt der Karten. Nur an einer einzigen Stelle änderte er Szabos Reihenfolge, und zwar bei den Karten VIII und XI. Rune 8 erscheint auf Karte XI, Rune 11 auf Karte VIII. Allerdings sind die Trümpfe VIII und XI selbst gegenüber ihrer ursprünglichen Reihenfolge vertauscht. Haindl tat dies teilweise wegen der Bedeutung der hebräischen Buchstaben für diese Bilder. Deshalb können wir sagen, daß aus kabbalistischer Sicht die Kraft VIII und die Gerechtigkeit XI ist, während aus der Sicht der Runen die Kraft XI bleibt, die Gerechtigkeit VIII.

Bei meinen eigenen Interpretationen der Runen habe ich mich an eine Reihe von Büchern gehalten, die zu den mittelalterlichen wörtlichen Bedeutungen der einzelnen Buchstaben zurückgehen. Dies habe ich ergänzt durch Haindls Kommentare zu den Runen, die zum Teil auf Szabo und zum Teil auf seinen eigenen Beobachtungen basieren. Die Runen eröffnen ein weites Gebiet, das größtenteils noch unerforscht ist; wie alle übrigen Aspekte des Haindl-Tarot werden auch die Runen andere Menschen zu viel tieferen Erläuterungen inspirieren, als ich sie hier vorlege.

Die meisten Menschen, die mit diesen Karten arbeiten, werden sie auch befragen wollen. Ich habe für jeden Trumpf die divinatorische Bedeutung angegeben, nach der wir die Karten bei ihrem Erscheinen in einer Befragung interpretieren können. Hierbei ist eine gewisse Verschiebung der Perspektive notwendig. Die Bilder auf den Karten stellen eine universelle Spiritualität dar. Zur Divination müssen wir prüfen, wie sie Bewegungen im Leben einer Person ausdrücken können. Die Karten

werden psychologischer, persönlicher. Das Universum (XXI) beschreibt zum Beispiel das Auftreten eines neuen Bewußtseins und eine Wiederherstellung der Erde. Bei Befragungen sagen wir jedoch, daß diese Karte »Erfolg« bedeutet.
Viele Tarot-Bücher befassen sich nur mit einigen Stichworten oder in einigen wenigen Sätzen mit der divinatorischen Bedeutung einer Karte. Wir haben versucht, etwas weiter zu gehen, etwas davon anzudeuten, in welch komplexer Weise die Karten einander in Befragungen beeinflussen können. Andere Menschen werden wieder ganz neue Entdeckungen machen, nicht nur bei Befragungen, sondern auch bei der esoterischen Bedeutung der Karten. Dies ist ein Teil der Macht des Tarot. Wie wirkliche Mythen werden sie sich niemals eine endgültige, absolute Deutung abringen lassen. Hermann Haindl hat diese Bilder geschaffen. Nach seiner Anleitung habe ich sie interpretiert. Wir beide hoffen und erwarten, daß jeder, der sich in ihre Welt begibt, eine neue Bedeutung finden wird.

0
Der Narr

Der Kabbala-Buchstabe für den Narren ist Alef, der erste Buchstabe des hebräischen Alphabets. Alef bedeutet »Ochse« oder »Stier«, ein heiliges Tier in vielen Teilen der Welt. Wegen seiner gekrümmten Hörner ist der Stier ein Symbol des Mondes, und deshalb wurde der Stier auch zum männlichen Partner der Mondgottheit (siehe Die Hohepriesterin [II] und Die Herrscherin [III]). Der Stier steht für die aktive Lebensenergie.
Anders als alle europäischen Buchstaben ist Alef eigentlich stumm, ein Träger für Vokale. Das bedeutet, er symbolisiert das Geheimnis des Geistes, das sich nicht in gewöhnlichen Worten beschreiben läßt. Mit Alef beginnen die Zehn Gebote, deren erster Satz lautet: »Ich bin der Herr, Dein Gott.« »Ich bin« heißt im Hebräischen »Anokhi«. Wenn Gott sich also der Menschheit erklärt, ist der erste Buchstabe stumm, womit zum Ausdruck kommt, daß die Erkenntnis Gottes nicht in menschlichen Worten ausgesprochen werden kann.
Die Rune für den Narren ist Wunjo (Lautwert w), was »Wonne« oder »Freude« bedeutet. Der Narr ist ein lebenslustiges Kind. Die Welt aus der Sicht des Narren sehen heißt, sich des Daseins zu freuen, sich tanzend durch die Herausforderungen der Trümpfe hindurchzubewegen. Die Rune hat auch eine Bündelung von Kräften oder das Einbinden von Menschen in eine Gemeinschaft zum Inhalt. Der Narr, das Alef, ist die stumme Kraft, die all die unterschiedlichen Erfahrungen der Großen Arkana zusammenfaßt.
Der astrologische Planet des Narren, Uranus, ist der Planet des Unerwarteten, der Freude an der Überraschung, die den Narren – allzeit bereit, sich in das Unbekannte zu stürzen – durch die verschiedenen Phasen des Lebens trägt. Der silberne Rand der Karte zeigt an, daß das zugehörige Element die Luft ist. Diese bezeichnet meist das Denken, symbolisiert aber auch den Geist.

Der Narr

Obwohl die Karte eine Fülle von Symbolen und Ideen enthält, ist ihre Aussage unmittelbar. Im Vordergrund sehen wir den Narren selbst. Er steht teilweise außerhalb des Randes, wie wenn er die Welt der Trümpfe mit all ihren Herausforderungen noch nicht betreten hätte. Er trägt ein buntes Kleid, wobei ein Ärmel ganz braun ist. Außerdem ist er mit sechs Glöckchen behängt. Hinter dem Narren und etwas über ihm sehen wir den Schwan und jenseits davon sechs Planeten am Nachthimmel.
Wenn man von Archetypen spricht, denkt man meist an Erzählungen, an Träume oder an Begegnungen mit geheimnisvollen alten Männern oder seltsamen Kindsgestalten. In Wirklichkeit bezeichnet man einen Gedanken oder ein Bild gerade wegen

dessen Bedeutung für das Alltagsleben als Archetypus. Archetypen findet man nicht nur in der Mythologie, sondern auch in sozialen und kulturellen Einrichtungen.

In unzähligen Mythen und Märchen begegnet uns das Bild des Narren, des reinen Toren, der weder klug noch welterfahren ist und doch am Ende den Schatz oder die Prinzessin heimführt, weil er reinen Herzens ist und instinktiv weiß, was er in jeder Situation zu tun hat. Eigentlich jede Gesellschaft hat aber auch für richtige Narren einen Platz geschaffen. Die Haindl-Karte zeigt uns den Narren als mittelalterlichen Spaßmacher. Seine Aufgabe war es, die Menschen bei Hofe zu unterhalten, wobei er gleichzeitig das Privileg hatte, die Mächtigen zu kritisieren und Wahrheiten auszusprechen, die niemand sonst vorzubringen gewagt hätte. Durch seine Stellung als Außenseiter konnte der Hofnarr aber auch Wahrheiten *sehen,* die andere wegen ihres festen Platzes in der sozialen Hierarchie nicht sehen konnten oder wollten.

In unserer Zeit erscheint dieser Archetypus in Gestalt des Fernsehkomikers. Während sich die einen auf Klischees oder Slapstick-Effekte verlassen, gibt es andere, und es sind überraschend viele, die mit ihren Beobachtungen zum zeitgenössischen Leben und scharfen Attacken gegen die Mächtigen den Archetypus gültig repräsentieren.

Der Hofnarr/Komiker ist ein Aspekt des Narren. In vielen Kulturen tritt der Archetypus in einer fundamentaleren, vielleicht kraftvolleren Form auf, derjenigen des heiligen Clowns, der alle Regeln und gesellschaftlichen Konventionen durchbricht. Im mittelalterlichen Europa übertrug man einem, der sich durch besondere Narrheit auszeichnete (und dessen moderner Nachfahr der Faschingsprinz ist), vorübergehend das Regiment über die Auflösung der starren gesellschaftlichen Regeln. In manchen amerikanischen Kulturen durchbrach die Gesellschaft der Clowns bewußt die grundlegendsten Gesetze, indem sie nackt tanzten, während der feierlichen Zeremonien Witze rissen, die Kleidung des jeweils anderen Geschlechts trugen oder auch in der Öffentlichkeit ihren Darm entleerten. Durch ihr groteskes Verhalten erinnerten sie die Menschen daran, daß die Regeln

und Gebräuche der Gesellschaft, ja selbst die heiligen Rituale, nur Konventionen sind; wie Kleider, mit denen wir unsere Blöße decken. Die Wirklichkeit bleibt im Verborgenen – seltsam und unerkennbar. Bei Hermann Haindls Karte trägt der Hofnarr Farben, die den Lakota-Indianern Nordamerikas heilig sind.
Daß der Narr im Märchen meist als Kind auftritt, liegt vielleicht daran, daß wir mit zunehmendem Alter förmlicher und unbeweglicher werden. Beim Haindl-Tarot sehen wir einen jungen Menschen, dessen Augen voll Erstaunen über das Leben weit geöffnet, aber doch ohne emotionale Bewegung sind, denn der Narr rührt an Dinge, die tiefer gehen als gewöhnliche Gefühle. Wir sprechen von »dem« Narren, jedoch ist die Gestalt hier weder männlich noch weiblich. Die Unschuld des Narren führt uns über diese so fundamentale Trennung hinaus, und wir werden daran erinnert, daß die männliche und die weibliche Rolle kulturelle Institutionen sind.
Der Narr ist der Herold der Großen Arkana. Traditionell repräsentiert der Narr das Kind, den Suchenden auf dem Weg durchs Leben, die Seele, die sich in einen Leib inkarniert. Entsprechend sind die 21 Trümpfe die verschiedenen Herausforderungen des Lebens, die praktischen wie die spirituellen. Wie das Kind im Märchen schreitet der Narr von einer Aufgabe zur nächsten fort, bis er zur Einheit gelangt, dem endgültigen *Triumph* (Trumpf) des Universums. Der Narr trägt die Zahl Null. Dadurch steht er vor und außerhalb aller anderen Karten. Gleichzeitig drückt sich darin jene intuitive Empfindung der heiligen Clowns aus, daß wir nichts von dem sind, wofür wir uns halten. Die Wirklichkeit läßt sich niemals auf eine bestimmte Erklärung oder Philosophie reduzieren. Deshalb ist sie – nichts. Während die anderen Hofkarten mit ihrem festen Platz in der Reihe von 1 bis 21 bestimmte Zustände oder Stufen des Lebens repräsentieren, kann der Narr, die Null, alles werden. In der heutigen Zahlenschreibweise hat die Null die Gestalt eines Eies, womit ausgedrückt wird, daß alles Leben, alle Erfahrung, aus einem nicht zu erkennenden Nichts hervorgeht. Ursprünglich wurde die Null als Punkt geschrieben, um

den gleichen Gedanken auszudrücken. In der kabbalistischen Tradition beginnt die Schöpfung als Lichtpunkt aus einem Nichts, das alles Begreifen übersteigt (siehe auch Die Sonne). Die moderne Kosmologie ist in der Lage, den Werdegang des Universums über Jahrmilliarden fast bis zum Augenblick des Urknalls nachzuzeichnen. Nur – was war davor?

Der Narr symbolisiert Instinkt und Unschuld, die Empfindung, daß wir in uns etwas Reines tragen, etwas, das weit vor die Kultur zurückreicht, vor die Konditionierung, vor das Ich, sogar vor die Persönlichkeit. Wir halten uns für Individualitäten mit Wesensmerkmalen, durch die wir einzigartig unter allen anderen Menschen sind. Der Narr mit seinem offenen Gesichtsausdruck erinnert uns daran, daß all diesen äußerlichen Merkmalen eine universelle Lebensenergie jenseits des Denkens, jenseits der Individualität zugrunde liegt, die allem Leben gemeinsam ist.

Im Märchen sind es die älteren Geschwister, die berechnen und intrigieren. Ihre Rechnung geht nicht auf, weil das Leben nicht so verläuft, wie sie es sich denken. Der Narr aber plant nichts. Er (oder sie) weiß nicht, was Planen ist. Der Narr kann nur auf das Leben reagieren, wie es sich ihm darbietet.

Die heiligen Clowns verstoßen gegen alle Regeln, um uns daran zu erinnern, daß es Menschen waren, die diese Regeln schufen, die Wirklichkeit aber etwas anderes ist. Die Kultur ist für die Menschheit, was die Persönlichkeit für das Individuum ist – ein Konstrukt, dem wir jedoch so stark verhaftet sind, daß es für uns die Essenz des Lebens bedeutet. Wir gewöhnen uns so sehr an das Bild von uns selbst und halten einzelne Charakterzüge schließlich für das Wahrbild unserer individuellen Existenz. Ähnlich verhält es sich mit der Kultur: Wir verinnerlichen unsere kulturellen Prämissen in hohem Maße, wir halten sie für universelle Wahrheiten und können es uns nicht vorstellen, daß Menschen zu anderen Zeiten und an anderen Orten andere Vorstellungen hatten. Daher sind Persönlichkeit und Kultur wie Masken, die wir vor unserem Gesicht tragen. Da wir sie jedoch niemals abnehmen und unsere gesamte Umgebung eine ähnliche Maske trägt, halten wir sie für unser wahres Antlitz. Wir können das Leben aber niemals als Spiel mit festen Regeln betrachten; daran erinnert uns der Narr. Das Leben ist immer anders. Nichts Bestimmtes. Nichts.

Dies alles bedeutet natürlich nicht, daß wir den Narren als vollkommen betrachten sollen. Der Narr repräsentiert zwar Freiheit, unterliegt jedoch Beschränkungen. Wir können einen solchen Zustand nicht aufrechterhalten. In der Realität können wir nicht durch die Welt tanzen und einfach unseren Instinkt ausagieren. Es gibt Zeiten, in denen wir planen, vorausdenken, ja auch intrigieren müssen. Und ein Zweites gilt für den Narren: Er kann sich nicht selbst erkennen. Dies ist sein Paradoxon. Weil der Narr nicht von der Welt um ihn getrennt ist, kann er nicht zurücktreten und sich selbst betrachten. Deshalb können wir nicht beim Narren bleiben, sondern müssen die verschiedenen Stufen der Großen Arkana, die Stufen des Lebens, durchlaufen, wobei wir den Narren in uns als den Instinkt tragen, der uns vorantreibt, der uns daran erinnert, daß die Realität stets etwas anderes ist. Gleichzeitig lernen wir bei jedem Schritt, ein Bewußtsein für uns selbst und das Universum zu entwickeln.

In praktisch jeder Kultur finden wir den Mythos des Sündenfalls. Das menschliche Unbewußte bringt eine Erzählung über ein verlorenes Paradies hervor, in dem niemand starb, niemand litt oder stritt, niemand arbeiten oder Hunger leiden mußte. Manchmal, wie etwa in der biblischen Schöpfungsgeschichte, ist die Vertreibung aus dem Paradies die Folge eines Ungehorsams gegenüber den Göttern. Bei anderen, weniger moralistischen Kulturen geht das Paradies durch einen schlichten Fehler oder Irrtum verloren. Jemand schläft zur Unzeit ein, läßt etwas fallen oder ißt aus dem falschen Körbchen. In solchen Erzählungen spricht sich natürlich mehr aus als die Klage über die Mühsal des Lebens. Sie entspringen einem Empfinden, daß wir etwas Wahres und Vollkommenes verloren haben. Wahrscheinlich hat es in der Realität eine solche perfekte Unschuld niemals gegeben. Sehr wahrscheinlich waren die Menschen immer schon so, wie sie heute sind – ichbezogen, im Kampf mit ihresgleichen und dem Leben. Aber wenn es das Paradies niemals gab, wird dadurch nicht gleich der Mythos zur Lüge oder zum

simplen Wunschtraum. Die Wahrheit der Erzählung liegt weniger im Gedanken der Vollkommenheit als in dem Bild des Verlusts. Wir tragen in uns die Intuition, das Leben könnte anders sein – spontan, freude- und liebevoll. Wenn wir glauben, wir hätten etwas verloren, dürfen wir auch hoffen, es zurückzubekommen.
Der Tarot geht über Bedauern oder Nostalgie hinaus. Seine Lehre ist, daß der (Sünden)fall in das Bewußtsein und in die Trennung unumgänglich ist, wenn die Individualität zum Vorschein kommen soll. Tarot lehrt uns, daß wir gerade über das Bewußtsein zu einem Zustand gelangen können, in dem wir uns der unbewußten Energie des Narren bewußt werden. Am Ende der Großen Arkana, im Äon, wird die Sehnsucht nach Unschuld in Weisheit transformiert.
Bei Hermann Haindls Karte des Narren repräsentiert der verwundete Schwan den Sündenfall. In vielen Kulturen symbolisiert der Schwan Reinheit und Liebe. Die indischen Schöpfungsgottheiten Brahma und Saraswati ritten auf Schwänen. Immer wieder wird der Schwan auch mit dem Planeten Venus und damit zur Göttin der Liebe (der Herrscherin) in Beziehung gesetzt. Insbesondere erscheint der verwundete Schwan in der Gralssage, einem Mythos, der für den Tarot außerordentliche Bedeutung hat. Denn die Symbole der vier Sätze, nämlich Kelche, Stäbe, Schwerter und Steine (Scheiben), sind auch die Symbole des heiligen Grals. Wir sehen diese Symbole beim Trumpf I, dem Magier.
In der Gralserzählung schießt der unschuldige Held Parzival einen Schwan. Mit der Verwundung des Schwans verwundet jedoch Parzival auch sich selbst. Diese Erfahrung des Leidens wird zum Anlaß für seine Suche, die schließlich zur Entdeckung von Liebe und Erlösung führt.
Die Darstellung des Narren und des Schwans zeigt exemplarisch, was ich Hermann Haindls »Symbolökonomie« nennen möchte. Betrachten wir zunächst den Aufbau der Karte. Das Bild ist in mehrere Ebenen gegliedert, wobei der Narr selbst im Vordergrund steht, hinter ihm der Schwan, und im Hintergrund die Sterne und Planeten, die teilweise durch Wolken verdeckt

sind. Wenn wir den Narren als gewöhnliche Realität auffassen, dann sehen wir, daß unterhalb oder hinter dem Alltagsleben eine Ebene der animalischen Triebhaftigkeit liegt. Wir neigen nun dazu, das Tier in uns für wild und grausam zu halten, während in Wirklichkeit die Menschen gerade dann am destruktivsten sind, wenn sie sich von der animalischen Empfindungsebene lösen. Kernwaffen, Konzentrationslager und die Ausrottung von Tier- und Pflanzenarten (zur Zeit verschwindet jede Stunde eine Art) sind sämtlich die Frucht kühler Rationalität. Deshalb zeigt der Narr auf ein verwundetes Tier, um uns daran zu erinnern, daß wir den Bruch zwischen uns und unserer animalischen Existenz, zwischen uns und der Welt heilen müssen.

In der westlichen Kultur galt lange die Ansicht, hinter unserer rationalen Oberfläche schlummere ein tierischer Instinkt. Die christliche Morallehre fordert uns auf, das Tier zu überwinden, moderne Psychologen meinen, wir müßten es akzeptieren, und die Ökologen sagen, daß wir es irgendwie lieben müssen. Die Esoteriker und die Mystiker aller Religionen sprechen dagegen von einer anderen Bewußtseinsebene, einer direkten Verbindung zwischen jedem Wesen und dem Kosmos. Die Isolation ist eine Illusion, denn wir sind mit jedem Atom, mit den fernsten Sternen verbunden.

Deshalb sehen wir beim Narren den Schwan hinter diesem, den Himmel aber hinter dem Schwan.

Die mittelalterliche Theologie siedelte die Menschheit in der Mitte zwischen den Engeln und den Tieren an. Durch Abwendung von den Leidenschaften und Hinwendung zur »rechten Vernunft« konnten die Menschen sich den Engelreichen nähern. Beim Tarot ist es umgekehrt. Wir müssen das Tier in uns entdecken und uns mit ihm verbinden, um zum kosmischen Bewußtsein zu gelangen, denn nur durch die Erkundung verborgener Wahrheiten in uns selbst können wir die Wahrheit in der Schöpfung finden. Deshalb befindet sich das Tier zwischen dem Menschen und den Sternen.

Wir können die Karte auch in der Senkrechten durchgehen. Unten sehen wir eine grünbraune Masse, sie stellt die Erde dar.

Der Schwan erhebt sich aus diesem formlosen Bereich zum Himmel. Das ist die Bewegungsrichtung, in der sich die Evolution des Lebens und des Bewußtseins vollzog. Die ersten Geschöpfe bildeten sich in den Meeren und im Schlamm. Mit der Entwicklung der Tiere zu höheren Organisationsformen entwickelte sich auch das Bewußtsein, das schließlich zur Empfindung des Einsseins mit dem Himmel führte. Diese Bewegung schließt den Kreis, denn die Erde selbst hat sich aus den Trümmern explodierender Sterne gebildet.

Wir können die vertikale Entwicklungsrichtung auch als die Entwicklung des individuellen Bewußtseins deuten. Im Kindesalter wissen wir nicht, wer wir eigentlich sind. Wir sehen uns nicht getrennt von unseren Eltern und der Welt um uns. Daher finden wir auch auf der Karte die ineinanderfließenden Farben. Wenn wir heranwachsen, wird uns unsere Einmaligkeit mehr und mehr bewußt. Der Geschlechtstrieb spielt dabei eine wichtige Rolle, weil wir uns durch ihn als Wesen mit eigenen Bedürfnissen erkennen und uns von den Eltern lösen. Deshalb ist hier auch ein Tier dargestellt, das der Göttin der Liebe heilig ist. Das Tier ist jedoch verwundet, weil wir die Liebe erst dann ganz begreifen können, wenn wir die Realität des Leidens erfahren haben.

Die Wunde verläuft senkrecht. Sie zeigt nach oben (und unten) in Richtung jenes universellen Wissens. Dadurch kommt die Doppelnatur des Leidens zum Ausdruck. Während es einerseits hilft, die individuelle Persönlichkeit zu schaffen, führt es uns andererseits hin zur Menschlichkeit (der Finger des Narren berührt die Wunde) und zur Welt, wodurch wir schließlich über die Individualität hinaus zur Vereinigung mit allem Leben gelangen.

Den Zusammenhang zwischen der Wunde und dem entwickelten Bewußtsein erkennen wir am Leib des Schwans. Der Hals des Tiers ist zwar in Schmerzen verdreht, aber er bildet eine Spirale, die sich zum Himmel windet. Das Bewußtsein steigt nicht in einer geraden Linie auf, sondern in einer Spiralbewegung ähnlich den wirbelnden Tänzen der Sufi-Derwische. Der goldene Schnabel jedoch weist fast senkrecht nach oben, eine Art

Pfeil, der uns in die Richtung der Sterne und Planeten lenkt. Der linke Flügel des Schwans wölbt sich nach oben und schafft dadurch sowohl einen Rahmen, in dem wir den Himmel sehen können, als auch eine Art Treppe, wie wenn wir durch die Erfahrung von Liebe und Schmerz zum Himmel steigen könnten.

Das Gewand des Narren, anscheinend das einfache Kleid eines Spaßmachers, zeigt eine ähnlich dichte Symbolik wie der Schwan. Die rechteckigen Felder auf der Jacke symbolisieren die soziale Funktion des Hofnarren, nämlich den Herrschenden der Gesellschaft Richtung zu geben. In der esoterischen Symbolik bezeichnet das Rechteck die materielle Welt (der Kreis bezeichnet das Spirituelle, und der Kreis ist auch eine andere Schreibweise für die Null).

Der Narr ist mit sechs Glöckchen behängt. Sechs Planeten sehen wir am Himmel. Dies erinnert uns an den griechischen Mythos der Sphärenmusik, in der sich die Harmonie des Seins ausdrückt (in der Zahl Sechs haben wir auch eine Verbindung zu den Liebenden, Trumpf Nummer VI). Der Narr als der Unschuldige nimmt diese Harmonie wahr, jedoch nur intuitiv. Bevor er die Wahrheit begreifen kann, muß er in das Bewußtsein »fallen«. Drei Glöckchen sind am Hut des Narren befestigt. Hermann Haindl erläutert hierzu, daß diese das dreimalige Krähen des Hahns bezeichnen, als Petrus in seiner menschlichen Schwäche Jesus verleugnete. Aus dem weiten Ärmel ragt eine unbekleidete Hand hervor. Im Mittelalter und in der Renaissance erlebte die europäische Kultur das Erwachen des individuellen Bewußtseins aus dem großen Traum des Mythos und der Theologie. Die Bedeutung der persönlichen Erfahrung, der Eigenwert und die Unterschiedlichkeit eines jeden Menschen, die Möglichkeit des individuellen Handelns und der individuellen Verantwortlichkeit, all dies war die Grundlage vieler heutiger Ideen wie der Demokratie und der Menschenrechte. Wie wir jedoch gesehen haben, haben sie uns auch der Natur entfremdet und an den Rand der Auslöschung geführt. Deshalb berührt die bloße Hand die Wunde in der Brust des Schwans.

Die ökologischen Gefahren unserer Zeit gehen sicher zum Teil auf die westliche Anschauung zurück, daß die Menschheit von der Natur losgelöst ist oder sogar im Gegensatz zu ihr steht. Unsere Theologie hat es als gottgefällig hingestellt, wenn wir uns die Natur untertan machen, uns ihrer zu unserer Bequemlichkeit und Bereicherung bedienen. Diese Haltung hat die Wunder der Technik und Medizin hervorgebracht, aufgrund deren unzählige Menschen heute besser leben können, als es jemals möglich war. Sie hat aber auch zur hemmungslosen Zerstörung, zum Artensterben, zur Verseuchung der Gewässer und weiter Landstriche geführt. Ein einfaches »Zurück zur Natur« funktioniert aber heute nicht. Denn wir können nicht auf alles verzichten, was wir in den letzten Jahrhunderten geschaffen haben. Wie der gefallene Narr müssen wir durch die Krise hindurch, um eine Synthese herzustellen zwischen den Errungenschaften des individuellen Bewußtseins und jener Empfindung des Einsseins mit der Natur und dem Göttlichen.

Die braune Kapuze und der braune Ärmel erinnern an die christlichen Orden mit ihren Demutsgelübden, ihrem Verzicht auf Macht und Reichtum. Insbesondere ist hier eine Verbindung des Narren mit dem heiligen Franziskus zu sehen. Dieser ging wie ein Schamane oder ein Visionär in die Wildnis, wo er mit den Tieren reden lernte. Der heilige Franziskus kann als Symbol der zeitgenössischen Kultur betrachtet werden, die darum ringt, das Konzept der Individualität mit der älteren Wahrheit der Harmonie mit der Welt um uns in Einklang zu bringen. Der heilige Franziskus fühlte sich in die Wildnis getrieben, wo er sich unter dem Druck der Notwendigkeit mit den Tieren verband. Der Druck der Notwendigkeit – die Gefahr der Katastrophe – läßt im heutigen Menschen die Erkenntnis des ökologischen Eingebundenseins in die Natur reifen.

Der Mund des Narren, eine waagrechte Linie, liegt auf der gleichen Höhe wie die senkrechte Wunde des Schwans. Diese beiden Linien bilden ein Kreuz. Die Mundwinkel weisen nach unten, ein Symbol für den Fall des Narren und seine Trauer über die Wunde in ihm und in der Welt.

Das Bild des Sprechens mit den Tieren, und insbesondere mit

den Vögeln, ist ein weiterer Archetypus. Überall in der Welt finden wir Erzählungen über Menschen, die »die Sprache der Vögel« lernen. Weil Vögel fliegen, symbolisieren sie den Himmel und das »höhere« Bewußtsein. Die am Boden lebenden Tiere andererseits symbolisieren die »niedrigere« oder unbewußte Ebene. Durch das Reden mit beiden verbindet sich das menschliche Bewußtsein – denn das Reden, die Sprache, ist eine spezifisch menschliche Fähigkeit – mit beiden Ebenen. Beim Haindl-Tarot sehen wir diese Verbindung auch beim Schwan, dessen Füße in der grünbraunen Masse der Erde verschwinden und dessen Flügel sich nach oben wölbt, während die Spirale seines Halses in die Planeten hineinreicht.

Trotz seines Zusammenhangs mit dem heiligen Franziskus spricht der Narr nicht wirklich; sein Mund bleibt geschlossen. Wir können diese Symbolik unter zweierlei Gesichtspunkten betrachten. Zum einen gehört die Sprache zum Bewußtsein. Da sich der Narr in einem vorbewußten Zustand befindet, hat er noch nicht sprechen gelernt. Durch die Sprache kommt er dem Menschsein näher. In der Parzivallegende begegnet Parzival dem Gral schon sehr früh, verliert ihn jedoch, weil er nichts sagt. Die Reise durch die Großen Arkana ist eine Reise, die uns sprechen lehrt. Wir können das Schweigen aber auch als eine Art des Redens auffassen, die über Worte, über die menschliche Sprache hinausreicht in eine instinktive Kommunikation mit dem Leben. Die Sprache als Kulturleistung begrenzt unser Begriffsvermögen auf die Ideen, die derjenigen Sprache eigen sind, in der wir zufällig sprechen. Worte haben auch die Tendenz, uns auf eine rationale Erklärung des Lebens zu beschränken. Das Schweigen als ein Aspekt des Nichts enthält das Potential für alle Sprachen und darüber hinaus den Raum für Erfahrungen und Intuitionen, die in keiner Sprache ausgedrückt werden können. Denken wir an das Alef, den stummen Anfang der Gebote Gottes.

Mit seiner Rune der Freude umfaßt der Narr/die Närrin das ganze Leben einschließlich des Leidens. Er oder sie tanzt durch die Erfahrung und findet die geheime Freude im Herzen allen Daseins.

Divinatorische Bedeutung

Wenn wir bei einer Befragung dem Narren begegnen, stellen wir uns die Frage, in welcher Beziehung der komplexe Gehalt der Karte zur unmittelbaren Situation des Betreffenden steht. Der Narr weist auf eine Situation hin, in der ein Vorausplanen nicht möglich oder nicht wünschenswert ist und der Betreffende intuitiv reagieren sollte. Dies kann durchaus einmal bedeuten, einem »törichten« Impuls zu folgen, wie etwa (der Firma) zu kündigen oder in ein anderes Land zu ziehen, ohne Gewißheit zu haben, was danach sein wird. Andere werden uns vielleicht auf die Unsinnigkeit eines solchen Handelns hinweisen. Der Narr fordert aber dazu auf, den eigenen Instinkten zu folgen und nicht dem klugen Rat anderer Leute oder den Normen der Gesellschaft.

Im allgemeinen Sinne zeigt der Narr eine Zeit an, in der man impulsiv handeln und seinen Gefühlen folgen soll. Er fordert dazu auf, sich in neue Erfahrungen zu stürzen und das Vertrauen zu haben, daß alles gutgehen wird. Der Narr kann eine Zeit der Überraschungen, eine besonders interessante oder aufregende Lebensphase ankündigen. Wenn sich Möglichkeiten bieten, rät der Narr, sie zu ergreifen. Tun Sie es; zögern Sie nicht.

Der Narr legt impulsives Handeln dringend nahe. Der Narr ist jedoch nur *eine* Karte. Die Aussage einer Befragung ergibt sich jedoch erst aus dem Gesamtzusammenhang aller Karten. Wenn das Ergebnis nicht erstrebenswert erscheint und andere Karten wie beispielsweise die Alchemie (XIV) zu einem vorsichtigeren Vorgehen raten, dann ist sicherlich noch einmal zu überlegen, ob man dem Narren folgen soll.

Umgekehrt

Der umgekehrte Narr zeigt an, daß man es schwierig findet, an seine eigenen Instinkte zu glauben. Der Betreffende möchte vielleicht etwas tun, ist sich aber nicht sicher, weil es vielleicht töricht erscheint oder andere ihn auf praktische Probleme hinweisen. Der Betreffende scheut sich vielleicht, den Schritt ins Unbekannte zu wagen. Je nach der Bedeutung der anderen Karten kann der umgekehrte Narr aber auch vor Unbedachtheit warnen.

I
Der Magier

Die Zahl Eins symbolisiert traditionell das männliche Prinzip. Dies kommt von der phallischen Gestalt der Zahl, aber auch von der Vorstellung, das Maskuline sei aufrecht, direkt, kraftvoll. Die Eins bezeichnet Willensstärke und zielstrebiges Bewußtsein.

Der hebräische Buchstabe ist Bet, was »Haus« bedeutet. Als menschliche Schöpfung symbolisiert ein Haus Kultur, Zivilisation, Kreativität. Ein Haus kann uns aber auch von der Natur isolieren. Städte begannen als Ansammlungen von Häusern. Bei der Karte des Turms (XVI) werden wir das Bild des Wolkenkratzers sehen, der das Verlangen ausdrückt, die Erde zu verlassen.

Die Rune ist Fehu ≙ Fa (Lautwert f). Sie bedeutet »Vieh« und im weiteren Sinne Besitz, Reichtum. Fehu war dem Freyr heilig, einer nordischen Gottheit der sexuellen Potenz und des Friedens. Waffen waren in Freyrs Tempel verboten. Er nahm keine Opfer an. Freyr gehörte zu den Vanen, den ursprünglichen Göttern Skandinaviens. Die Vanen wurden von den Asen und ihrem Anführer Odin gestürzt. Mit diesem Umsturz werden wir uns beim Herrscher (IV) noch näher befassen.

Fehu steht für kosmisches Feuer, das männliche Prinzip der schöpferischen Kraft. In der nordischen Mythologie beginnt die Welt damit, daß Feuer Eis schmilzt. Sie endet mit den Ragnarök in den Flammen (siehe die Karten Aeon [XX] und Das Universum [XXI]).

Die nordische Schreibweise für Fehu ist Fa. Hermann Haindl hat verschiedene Wortspiele zu dieser Silbe entdeckt: Fa ist *Va*ter, *Fa*ckel, *fa*cere (lateinisch »tun«, das heißt »Handlung«) und *Pha*llus für das männliche Geschlecht.

Der astrologische Planet für den Magier ist Merkur. Merkur war der Gott der Magier, aber auch der Heiler, Schreiber, Schwindler und Diebe. Mit anderen Worten, Merkur repräsen-

Der Magier

Der Magier

tiert die geistige und magische Kraft. In seiner ägyptischen Form Thoth erfand er die Schrift und auch die Zauberei, und er soll sein Werk, das »Buch Thoth«, den ersten ägyptischen Magiern gegeben haben. Einer der ersten modernen Okkultisten, die mit dem Tarot arbeiteten, Antoine Court de Gébelin, hielt die Großen Arkana für das »Buch Thoth« selbst. Aleister Crowley benutzte den Namen als Titel für sein eigenes Tarot-Spiel, das Lady Frieda Harris zeichnete.

Als die Römer auf die germanischen Stämme trafen, identifizierten sie Odin als ihren eigenen Merkur. Damit steht der Magier sowohl für Freyr als auch den aggressiveren Gott, der ihn stürzte.

Im Mittelalter wurde Merkur der Schutzherr der Esoterik. Die magische Tradition in Europa trägt den Namen »Hermetik« nach dem legendären Magier Hermes Trismegistos, »Hermes der dreimal Größte«. Hermes ist jedoch der griechische Name für Merkur, so daß Hermes Trismegistos der Gott in Menschengestalt ist, und das Buch, das er seinen Anhängern gegeben haben soll, war das »Buch Thoth«.

Das Element für diese Karte ist die Luft. Der Magier repräsentiert die kreative Kraft des Intellekts.

Auf dieser Karte kreuzen sich mehrere Achsen. Eine senkrechte Achse verläuft von den vier Symbolen am unteren Rand zum Gesicht des Magiers über ihnen und zu einem dunklen Gesicht, das aus der Stirn des Magiers entspringt. Der Speer und das Schwert überkreuzen sich und bilden diagonale Achsen. Die Symbole repräsentieren die vier Sätze der Kleinen Arkana und die vier Elemente Feuer, Wasser, Erde, Luft.

Die Symbole sind auch rituelle Objekte für den Heiligen Gral. In traditionellen Versionen dieser Karten liegen sie auf einem Tisch vor dem Magier. Hier nehmen sie den Vordergrund der Karte ein, und sie liegen nicht getrennt, sondern vereinigen sich, wobei das männliche Schwert und der männliche Stab den weiblichen Stein (entspricht dem traditionell verwandten Symbol »Münze«) und weiblichen Kelch durchdringen.

Zur Linken des Magiers sehen wir ein Feld von Kristallen, darüber die Sonne. Zur Rechten sehen wir Augen an einem Nachthimmel. Über ihnen leuchtet der zunehmende Mond.

Nach der okkulten Anschauung ist das Universum aus Polaritäten aufgebaut: Licht und Dunkelheit, Bewußtsein und unbewußte Energie, Vernunft und Instinkt, Aktivität und Ruhe, der positive und der negative elektromagnetische Pol und natürlich männlich und weiblich. Die okkulte Anschauung ist in Wirklichkeit etwas komplexer, denn sie kennt natürlich auch die Dreigliederung von Leib, Seele und Geist und anerkennt die Tatsache, daß Formen von Materie wie etwa Sterne und Einzeller keine sexuelle Polarität haben. Vor allem aber sind die Pole idealistische Abstraktionen. In der Realität kommen sie niemals getrennt vor, sondern nur verbunden, wobei eine Seite lediglich die dominierende ist. Der Tag ist niemals ganz hell, und die Nacht ist niemals ganz dunkel.

Der Narr war ein Zwitterwesen. Er lebt aber außerhalb der normalen Erfahrung in einer Art vollkommener Unschuld. Wenn wir in die gewöhnliche Welt »fallen«, müssen wir uns mit den Gegensätzen und Widersprüchen des Lebens auseinandersetzen. Deshalb beginnen die numerierten Karten der Großen Arkana mit dem Magier und der Hohenpriesterin.

Traditionellerweise steht nun der Magier für Licht und Bewußtsein, die analytische und kreative Fähigkeit, während die Hohepriesterin (II) Dunkelheit, das Unbewußte mit seinen Attributen der Ganzheit und des Mysteriums repräsentiert. Bei den Haindl-Karten finden wir hier eine sehr subtile Zusammenführung der Polaritäten. Obwohl nämlich die Hohepriesterin eine Nachtszene zeigt, ist die Karte doch lichterfüllt. Und obwohl das Antlitz des Magiers in hellem Licht erscheint und ein ganzes Feld weißer Kristalle vorhanden ist, hat die Karte einen düsteren Charakter. Dies zeigt uns, daß der Magier, der Schöpfer, mit der dunklen Masse der Materie ringen muß, um das darin verborgene Licht freizusetzen.

In frühchristlicher Zeit bildeten die Gnostiker (»Gnosis« bedeutet »Erkenntnis«) eine esoterische Alternative zum bestehenden Christentum. Obwohl die Amtskirche letztlich den organisierten Gnostizismus ausmerzte, so wirkte doch gnostisches Gedankengut im Untergrund auf spätere Lehren wie die Kabbala und die hermetische Tradition in Europa weiter.

Die Gnostiker lehrten, daß Gott und jegliches Dasein in seiner wahren Form aus reinem Licht besteht. Dieses Licht wurde aufgespalten und in der gewaltigen Dunkelheit des materiellen Universums gefangen. In der Gnostik finden wir das Streben nach Wahrheit und den Versuch, das Licht wieder freizusetzen, so daß es zu Gott zurückkehren kann. Deshalb sehen wir in der linken unteren Ecke der Karte des Magiers eine formlose, dunkelbraune Masse, die eine grüne Farbe annimmt, während aus der Stirn des Magiers ein dunkles, unförmiges Gesicht entspringt, wie wenn das Licht in das Gefängnis der materiellen Welt zurückversetzt werden könnte.

Was kann uns diese seltsame Gestalt sagen, die aus dem Haupt des Magiers hervorgeht? Der Magier trägt eine Tiara, Symbol der bekrönenden Kraft der Vernunft. Als das Prinzip des Lichts und der Schöpfung repräsentiert der Magier das Denken, während die Hohepriesterin für die Intuition steht. Aus dieser Verstandeskrone geht aber nun jene dunkle Gestalt hervor, wie wenn der Magier seine eigenen dunklen Emotionen nicht in seine Ratio integriert hätte. Seine Gedanken können verzerrt werden, er kann die Fähigkeit verlieren, die reinen Formen des Daseins wahrzunehmen, welche hier durch die Gruppe von Kristallen symbolisiert wird, die aus dem linken Auge des Magiers ausstrahlen. Man beachte, daß dieses dunkle Antlitz in die andere Richtung blickt. Der Magier kann von der Wahrheit abfallen, vielleicht durch eine Versuchung wie etwa das Streben nach Macht statt nach Wissen oder durch die Ablenkung durch körperliche Triebe, zum Beispiel die Sexualität, die er möglicherweise schon überwunden glaubte.

Das verschwommene Gesicht weist ein narbiges Loch auf, wie wenn etwas von seiner Stirn weggerissen worden wäre. Als der Erzengel Luzifer stürzte, verlor er den Smaragd, der Licht aus seinem Antlitz in den Himmel strahlte. Der Name Luzifer bedeutet »Lichtträger«, und sein Sturz symbolisiert den gnostischen Mythos, daß die Schöpfung eine Gefangennahme ist.

Das Licht existierte als reine Kraft, als Erzengel; als es jedoch in die physische Welt eintrat, wurde es begraben, und der herrliche Luzifer wurde zu jener formlosen Masse, die wir auf der Karte sehen. In den traurigen, niedergeschlagenen Augen der Gestalt sehen wir die Empfindung des Verlusts, aber auch die Verwirrung, die die Trennung von der Wahrheit hervorruft.

Von den Ritualen und komplexen Theorien einmal abgesehen: Was strebt der hermetische Magier an, und warum strebt er es an? In den Menschen wohnt eine Sehnsucht nach Freude, ein Verlangen, über die Probleme des Lebens hinauszugelangen. Die Welt widersetzt sich jedoch unseren Bemühungen mit der Trägheit eines großen Schmutzhaufens, den ein kleines Kind wegschieben möchte. Wir werden von Hunger und Schwachheit heimgesucht, wir sind Opfer von Krankheiten, Einsamkeit und

Der Magier

schließlich des Todes. Unsere Bemühungen, uns an andere anzuschließen, werden falsch verstanden, und niemand scheint uns zu verstehen oder unser wahres Sein zu erkennen. Ja, wir können uns nicht einmal selbst erkennen, denn diese fundamentale Erkenntnis bleibt im Unbewußten verschlossen.

Wie der Wissenschaftler versucht auch der Magier, sich zum Herrn des materiellen Universums zu machen. Die vier Gegenstände im Vordergrund der Karte symbolisieren die Elemente der Schöpfung. Es sind auch die Werkzeuge, die bei magischen Ritualen verwendet werden. Nun streben viele Magier wie auch viele Wissenschaftler die Macht um ihrer selbst willen an. In der orthodoxen (das heißt nichtgnostischen) Mythologie stürzte Luzifer wegen seiner Machtgier, die ihn zur Rebellion gegen Gott aufstachelte. Der wahre Magier wie auch der wahre Wissenschaftler möchten einfach deshalb die Welt in den Griff bekommen, weil sie Gegenstand unserer Wahrnehmung ist. Der Magier sucht die Wahrheit. Er sucht ein Verständnis der inneren Natur der Wirklichkeit und schließlich die Wiedervereinigung mit dem Göttlichen, das in allem Dasein gegenwärtig ist. Denken wir an Luzifers Sturz: Wie hätte er gegen Gott aufbegehren können, wenn er sich seiner Teilhaftigkeit des Göttlichen bewußt gewesen wäre? Deshalb ist der Sündenfall (der große Fehler) nicht einfach das Verlangen nach Macht, sondern vielmehr die Trennung des Ichs vom übrigen Dasein. Deshalb möchte der Magier das Trugbild des Getrenntseins überwinden.

Wie der Narr (0), so ist auch der Magier die Repräsentation eines Archetypus. Dieser Archetypus erscheint auf der Karte als weiser alter Mann. Wir können in ihm Merlin erblicken, den Herrn der Weisheit und den Lehrer König Artus', den Ratgeber der Ritter, die den Heiligen Gral suchten (wie beispielsweise Parzival, der Narr). Der Gral selbst erscheint in Form des Kelchs auf der Karte.

Am Ende seines Lebens läßt es Merlin zu, daß die Zauberin Nimue ihn gefangensetzt, nach manchen Quellen in einer Höhle, nach anderen in einem Baum. Wir können dies in beiden Fällen als die Einschließung des Lichts in die Materie sehen. Als Prophet wußte Merlin, daß dies geschehen würde. Seine Begierde nach Nimue beraubte ihn jedoch der Kraft, sich ihr zu widersetzen. Der Verstand allein reicht nicht aus, um mit dem Leben zurechtzukommen. Wenn wir das Denken vom unbewußten Verlangen trennen, kann es uns widerfahren, daß sich all unser Wissen als nutzlos herausstellt.

Wenn uns Merlins Schwachheit unverständlich erscheint, dann kann uns die Erfahrung mit Tarot-Befragungen eines Besseren belehren. Sehr häufig stellt sich in einer Befragung heraus, daß das derzeitige Verhalten eines Menschen recht unangenehme Folgen haben wird. Dies kann in der Sitzung so deutlich zum Ausdruck kommen, daß der Betreffende dies sofort zugibt und einsieht. Trotzdem machen viele Menschen weiter wie bisher. Der Trieb ist stärker als der Verstand.

Der Magier möchte Herr seines Schicksals sein. Dies ist aber nicht nur eine Frage der Willenskraft oder des Verstandes. Er muß vielmehr das Unbewußte an die Oberfläche bringen, sich dessen Macht bewußt werden und sie in befreiende Energie umwandeln. Die gnostischen Praktiken enthielten auch sexuelle Magie, und die Gnostiker glaubten, für eine Wiedergeburt im Himmel sei eine psychologische Verschmelzung des Männlichen und des Weiblichen notwendig. Wir werden uns mit diesem Gedanken ausführlicher bei der Herrscherin (III) und den Liebenden (VI) befassen.

Bis hierher haben wir uns mit Merlins Geschichte als einer Allegorie des Denkens (Licht) befaßt, das in der Materie (Dunkelheit) gefangen ist. Es gibt jedoch noch eine andere, vielleicht ältere Interpretation, in der wieder die Thematik der Harmonie des Narren mit der Natur anklingt. Gefangen in einer Höhle: Die Höhle symbolisiert den Schoß von Mutter Erde. Gefangen in einem Baum: In den vorchristlichen europäischen Religionen wurden Bäume verehrt. Manche von ihnen, etwa die Eiche, galten als Symbole der männlichen Potenz und Zeugungskraft (und doch »gehörten« diese männlichen Bäume zur großen Göttin des Mondes und der Erde).

Die Gralsgegenstände des Magiers haben ihren Ursprung in der keltischen Mythologie. Dies gilt auch für die Sagen um König

Artus und Merlin. In seinem berühmten Buch *The White Goddess* beschreibt Robert Graves, wie die alten Kelten in Britannien ein magisches System – und eine Philosophie und Poesie – praktizierten, die sich an Bäumen orientierte. Bäume repräsentierten nicht nur die Lebenskraft, sie stellten auch eine Sprache dar, die der Magier lernte, um Gedichte für die Göttin verfassen zu können. Hier können wir den engen Zusammenhang erkennen zwischen Denken (denn Poesie ist Sprache, und Sprache ist einer Hervorbringung des Verstandes) und Natur. Merlins »Gefangensetzung« durch eine Frau wird zur Spiegelung einer tieferen Allegorie. Nimue symbolisiert die Göttin wie auch die physische Existenz, und Merlin unterwirft sich ihr, das heißt, er wird ihr in Gestalt eines Baums verbunden. Auf der Karte erscheint das Gesicht des Magiers knorrig wie die Rinde eines Baums. Wenn wir wiederum das dunkle Gesicht über ihm betrachten, sehen wir, daß es in der Tat in einen Baumstamm metamorphosiert.

Beim ersten Blick auf die Kristalle an der linken Seite der Karte denken wir zunächst an den Verstand, der aus der materiellen Welt befreit wird, denn sie erscheinen kühl und abstrakt. Immer mehr Menschen unserer Zeit beginnen jedoch, sich für die alten Heilkräfte der Kristalle zu interessieren, und bei manchen Indianerstämmen galten Kristalle als die »Gehirnzellen von Mutter Erde«.

Das dunkle Gesicht trennt die Sonne und den Mond, den Tag und die Nacht. Diese stehen für alle obengenannten Polaritäten: hell und dunkel, männlich und weiblich und so fort. Wenn der Narr ein wahrer Magier werden will, muß er diese Scheinpolarität überwinden, die durch die Ablösung des Verstandes von der Natur entstand. In der dunklen Zone unterhalb des Mondes erscheinen Augen. Sie symbolisieren vielleicht instinktives Wissen und eine Sehnsucht nach Wahrheit und Befreiung, denn sie blicken nach oben zur blockierten Sonne.

Die vier Gralssymbole beherrschen die Karte. Die Lanze und das Schwert erzeugen eine diagonale Bewegung, eine nach oben und eine nach unten. Durch die Überkreuzung bilden sich auch zwei Dreiecke, von denen eines nach oben, das andere nach unten weist, während sie sich an der Spitze berühren. Bei der Karte der Liebenden (VI) werden wir sehen, daß die beiden Dreiecke Materie und Geist bezeichnen, die Erde und den Himmel, männlich und weiblich. Gleichzeitig sind der Stab und das Schwert phallische Symbole, weshalb sie das männliche Prinzip repräsentieren, während der Kelch und die Steinscheibe für das weibliche stehen. Bei jedem Paar durchdringen sich die beiden Symbole, wodurch sie wiederum die Notwendigkeit einer Verbindung zeigen. König Artus, Merlins Schützling und Nachfolger, demonstrierte sein mystisches Recht auf die Herrschaft, indem er ein Schwert aus einem Stein herauszog.

In der christlichen Legende war der Heilige Gral der Kelch, mit dem Christi Blut aufgefangen wurde, als er am Kreuz hing. In älteren Versionen der Gralserzählung war der Gral jedoch ein Stein. In Wolfram von Eschenbachs Versepos ist der Gral ein grüner Stein – vielleicht Luzifers verlorener Smaragd. In späteren Jahrhunderten symbolisierte er die Anwesenheit des Heiligen Geistes, der das Leben in die Welt der Materie brachte. Die Christen sahen die Lanze als den Speer, der Christi Seite öffnete. Auf der Karte kann die feurige Spitze des Speers (Fehu als schöpferisches Feuer) auch für Blut stehen. Damit sind wir wieder bei dem Thema der verwundeten Natur, beim Narren (0) angelangt.

Es spricht vieles dafür, daß Kelch und Speer beziehungsweise Stab in die Zeit vor dem Christentum zurückreichen, daß der Kelch die Göttin und das Geschenk des Lebens symbolisiert, das sie über die Welt ausgegossen hat, während der Speer/Stab für ihr männliches Gegenstück steht. Dies können wir auch für Schwert und Stein (beziehungsweise »Münze«) gelten lassen.

Die vier Symbole gehören zu den Werkzeugen, mit denen der hermetische Zauberer arbeitete, wobei er anstelle der Lanze einen Stab und statt des Steins eine Scheibe oder ein Pentakel benutzte. Diese vier Gegenstände stehen aber auch für die vier Sätze der Kleinen Arkana analog den vier Elementen, aus denen die materielle Welt zusammengesetzt ist. Wir finden die vier Elemente im Tierkreis und in den vier Buchstaben des Namens Gottes im Hebräischen, im Tetragrammaton. Dieser

Name kann buchstabiert, aber nicht ausgesprochen werden und bezeichnet dadurch das Nichterkennbare, das sich nicht auf Worte oder auf Erläuterungen reduzieren läßt. Die Überlieferung lehrt uns aber auch, daß Gott mit diesen vier Buchstaben das materielle Universum schuf. Das Schwert des Geistes durchdringt die Steinscheibe der Materie.
In vielen Gralserzählungen trägt eine Jungfrau den Kelch auf einer Scheibe, während andere Jungfrauen ein Schwert und eine Lanze bringen. Wie wir bereits gesehen haben, verlangt diese Erscheinung eine Reaktion, und Parzival versagte, weil er stumm blieb. Wir können nicht erwarten, wie von selbst die einzelnen Schritte der Großen Arkana zu durchlaufen und zu einem entwickelten Bewußtsein zu gelangen. Wir müssen hierzu Anstrengungen unternehmen. Auf einer alltäglicheren Ebene sehen wir, daß die Probleme des gewöhnlichen Lebens sich nicht von selbst lösen. Wir dürfen uns nicht zurückhalten wie Parzival, sondern müssen das Leben aktiv ergreifen. Dann werden wir entdecken, daß das Leben »reagiert«, und wir werden lernen, den göttlichen Geist zu erkennen, der in der Natur und in unserem alltäglichen Dasein ebenso weht wie in den hohen Reichen des Magiers.

Divinatorische Bedeutung

Der Magier ist die Karte der Macht. Für Männer und Frauen bedeutet sie das Gefühl, daß man stark ist und sein Leben im Griff hat. Dies hat nichts mit Starrheit oder Selbstunterjochung zu tun. Gemeint ist vielmehr die Fähigkeit, sein Leben in positive Bahnen zu lenken. Magische Kraft impliziert, alte Situationen transformieren und neue hervorbringen zu können. Wenn jemand in einer Periode der Stagnation lebt, in der nichts vorwärtszugehen scheint, deutet der Magier in einer Befragung einen gewaltigen Energieschub an und die Möglichkeit, jetzt zu einem Durchbruch zu kommen.
Der Magier bedeutet Kreativität. Künstler betrachten den Magier instinktiv als ihren Schirmherrn. In der Tat beschäftig-

ten sich im 20. Jahrhundert viele Künstler bewußt mit Kabbala, Hermetik und anderen Disziplinen, die eine magische Komponente besitzen. Sie haben verstanden, daß der Kunst und der Magie eine gemeinsame Erfahrung zugrunde liegt – diejenige einer spirituellen Energie, die buchstäblich durch den Körper fließt. Musiker, Schriftsteller und andere Künstler sagen oft, sie brächten nicht selbst ihre Werke hervor. Sie fühlen sich als Werkzeug einer Kraft, die sie treibt, das Werk zu schaffen.
Diese Kreativität ist aber nicht den Künstlern vorbehalten. Der Magier kann dem Betreffenden sagen, daß er neue Projekte in Angriff nehmen oder Dinge vorantreiben kann, die er bereits begonnen hat. Die Karte steht für Imagination, die Fähigkeit, Probleme mit neuem Mut anzugehen, neue Ideen zu entwickeln.
Der Magier ist die Karte des konzentrierten Willens. Sie zeigt einen überzeugenden, dynamischen Menschen, der andere motivieren und für seine Pläne und Ideen begeistern kann. Der Magier überwindet Widerstand – nicht nur bei anderen Menschen, sondern auch bei sich selbst. Die magische Kraft transformiert Situationen. Sie reißt Hindernisse nieder.
Der Magier ist eine Karte der Weisheit. Merlins Macht entsprang teilweise seinem Wissen über Menschen und Ereignisse. Sie ist aber auch eine Karte des Dienstes am anderen. Merlin war stark, als er seine magischen Fähigkeiten für Artus und das Königreich einsetzte. Als er jedoch nur noch seine eigenen Interessen verfolgte – als er seine Pflichten Nimues wegen vernachlässigte –, verließ ihn seine Kraft, und er wurde gefangengesetzt.

Umgekehrt

Die umgekehrte Karte zeigt eine Blockierung des natürlichen Energieflusses eines Menschen. Dies kann eintreten, wenn äußere Widerstände einen Menschen an der Realisierung seines Potentials hindern. Sie kann aber auch durch einen inneren Widerstand bedingt sein. Die gewaltige Energie des Magiers braucht Raum zur Entfaltung, und wenn der Betreffende unterdrückte Ängste oder gestaute Emotionen mit sich herumträgt, kann dies den Strom der kreativen Kraft blockieren. Die gefangene Energie kann sich in körperlichen Beschwerden, in Depressionen oder Angstzuständen äußern. Das unterdrückte Material ruft jedoch nicht direkt die Beschwerden hervor, sondern es hindert den Archetypus des Magiers an seiner natürlichen Entfaltung. Zu anderen Zeiten sind dem Betreffenden alte Ängste oder tiefsitzender Kummer vielleicht viel weniger hinderlich. Weil aber der Magier eine Zeit der Kraft anzeigt, muß diese Kraft auch ungehindert fließen können.

Andererseits kann der umgekehrte Magier auch Arroganz oder den Mißbrauch persönlicher Macht zur Unterdrückung anderer anzeigen. Der Betreffende besitzt die magische Macht, Widerstand zu überwinden. Es mangelt ihm aber an Weisheit, um diese Macht zu einem guten Zweck einzusetzen.

II
Die Hohepriesterin

In der okkulten Tradition bezeichnet die Zahl Zwei das weibliche Prinzip. So wie die Eins phallisch ist, so erinnert die Zwei (oder II) an die Schamlippen.

Der hebräische Buchstabe dieser Karte, Gimel, bedeutet »Kamel«, das Tier, das wir zu Füßen der Frau kauern sehen. Als Symbol für Zeitlosigkeit und Geduld verbindet das Kamel, das seinen eigenen Wasservorrat durch die Wüste trägt, die Elemente Wasser und Erde. Dieses Kamel ist jedoch mit Licht erfüllt, das nach oben ausstrahlt und uns daran erinnert, daß auch in den tierischen Instinkten Wahrheit zu finden ist. Das Kamel blickt von uns weg, in die Vergangenheit. Die Bilder und Mythen, die aus dieser Karte sprechen, gehören zu den ältesten Erinnerungen der Menschheit.

Die Rune Uruz ≙ Ur (Lautwert u) bedeutet entweder »Auerochse« oder aber »Regen«, der auf der Karte dargestellt ist. In bezug auf den Auerochsen steht die Rune in einem Zusammenhang mit der nordischen Schöpfungsmythologie, in der eine Urkuh aus einem eisigen Salzblock die Gestalt Buris herausleckt, eines androgynen Wesens (wie der Narr). Daher symbolisiert die Rune die gestaltgebende Kraft im Universum, die der Grundenergie Form verleiht.

Im heutigen Sprachgebrauch bezeichnet die Silbe »Ur« das Vor-allem-anderen-Gewesene. Die Urmutter – wie beispielsweise die altägyptische Göttin Nut – ist die Große Mutter, die Quelle des Lebens. Sie wird meist so dargestellt, daß sie sich über die Erde beugt, wobei ihr Körper eine der Rune ähnliche Haltung einnimmt (siehe auch die »Mutter der Schwerter« und das Symbol für das Tierkreiszeichen Löwe bei der Stärke oder Kraft [VIII]). Andere »Ur«-Wörter sind Urquell, der Quell des Daseins, und Urlicht, das am Anfang der Welt leuchtete. Dies ist das Licht, das wir auf der Karte sehen.

Die Rune weist uns aber auch auf die mythischen Länder Ur,

Die Hohepriesterin

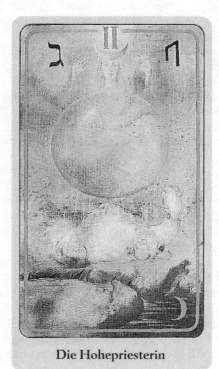

Die Hohepriesterin

Thule oder Avalon hin. Die Insel Avalon, für gewöhnliche Schiffe (das alltägliche Bewußtsein) nicht erreichbar, war der Göttin heilig und ein Ort des ewigen Lebens. Als König Artus mit seiner Wunde darniederlag, nachdem der Gral sein Königreich verlassen hatte, befahl er seinem Diener, das Königsschwert in einen See zu werfen. Diese Handlung kann die Preisgabe des Ichs symbolisieren. Nachdem der Diener dies getan hatte, erschien ein Boot mit drei Frauen, die Artus nach Avalon brachten. Wie wir gleich sehen werden, handelt es sich bei den drei Frauen um eine einzige, die Dreifache Göttin des Mondes.
Der astrologische Planet für die Hohepriesterin ist der Mond.

Das Element ist Wasser. Betrachten wir im folgenden die hierzu möglichen Assoziationen.

Traditionellerweise ist auf dieser Karte ein weiblicher Papst abgebildet oder, bei einigen modernen Spielen, eine Priesterin der Isis, der großen Göttin Ägyptens. Auf dem Haindl-Tarot erscheint ein Bild der Göttin selbst, die sich in der natürlichen Welt als der Mond, die Meere, die Nacht und die Erde manifestiert. Wir sehen sie als verklärte Frau, vor der eine Kugel schwebt. Obwohl wir die Gottheit mit Dunkelheit und Geheimnis assoziieren, ist die Karte lichterfüllt. Es steigt von dem zu ihren Füßen kauernden Kamel auf, es strahlt von ihren Handflächen aus, es ergießt sich aus einem Globus über ihrem Haupt. Neben Licht flutet auch Wasser durch das Bild. Es erfüllt die Luft mit Dunst und Blasen. Das Kleid der Hohenpriesterin scheint wie Regen auf das Kamel und das darunterliegende dunkle Land niederzugehen. Flüsse strömen in tiefen Schluchten.

Wenn wir die Hohepriesterin zum Magier hinzunehmen, haben wir ein symbolisches Bild der Polaritäten des Daseins. Der Magier steht für Handlung, die Hohepriesterin für Ruhe und Aufnahmebereitschaft. Ein Magier möchte in der Welt handeln, während eine Priesterin eine Gestalt der Hingabe und des Verständnisses ist. Als die Nummer I bezeichnete der Magier Einheit und zielstrebiges Bewußtsein, während die Nummer II Gleichgewicht und daher Gelassenheit suggeriert. Die traditionelle Hohepriesterin sitzt zwischen zwei Säulen, einer dunklen und einer hellen. Dieses Bild kehrt in subtiler Weise in dem Monddiadem über ihrer Stirn wieder, bei dem ein Horn hell und das andere dunkel ist. Wir haben bereits erwähnt, daß die Zahl II an die Vagina erinnert. Die Vagina ist die Pforte zum Dunkel des Schoßes, dem Geheimnis der Schöpfung. Sie nimmt den energetisierenden Samen auf, der die im Inneren verborgenen Eier erweckt (siehe auch das astrologische Zeichen für die Sonne). Die Bibel berichtet über die »Finsternis über der Urflut«, bis Gott einen Lichtstrahl zur Erde sandte. Die Vagina öffnet sich aber auch, um das Kind im Schoße ins Licht der Welt treten zu lassen. Die Göttin, die Mutter, ist nicht passiv, sondern »schöpferisch« im ursprünglichen Sinne des Wortes. Diesem Gedanken werden wir uns bei der Herrscherin (III) noch ausführlicher zuwenden.

Wir sollten uns darüber im klaren sein, daß wir zwar dem Magier (I) und der Hohenpriesterin (II) das männliche und das weibliche Prinzip zuordnen, diese Prinzipien aber sowohl für Frauen als auch Männer gelten. Die Seele kennt keine Grenzen, auch nicht zwischen männlich und weiblich. Zu bestimmten Zeiten des Lebens kann ein Mann mit den Aspekten der Hohenpriesterin zu tun haben, während eine Frau mit der schöpferischen Kraft des Magiers handelt. In der Alchemie und bei vielen traditionellen Tarot-Spielen wird der vollkommene Mensch als Hermaphrodit dargestellt. Dieses aus Hermes und Aphrodite zusammengesetzte Wort bezeichnet die Verbindung des männlichen Gottes der Vernunft (des Magiers) und der weiblichen Gottheit des Gefühls, Aphrodite oder Venus (die Herrscherin).

Während der Magier (I) die Entwicklung des menschlichen Bewußtseins bezeichnet, repräsentiert die Hohepriesterin (II) das göttliche Lebensprinzip. Aus dieser Sicht symbolisiert der Magier den Verstand, die Fähigkeit, Unterscheidungen zu treffen, während die Hohepriesterin für das Unbewußte, Formlose mit allen Möglichkeiten der künftigen Entwicklung steht. Sie gibt uns die Empfindung der Einheit hinter den schillernden Erscheinungsformen des Daseins. Auf unserem Planeten leben Millionen unterschiedlicher Pflanzen- und Tierarten – und doch gehören sie alle dem gleichen ökologischen System an.

Die Hohepriesterin führt uns in den präindividuellen Zustand zurück, das Gefühl, »ein Teil von allem« zu sein. Wenn wir uns ganz mit der Hohenpriesterin verbinden, können wir das Ichgefühl sogar vollständig verlieren. Hierin liegt eine Gefahr der Karte, die durch die dunklen Bäche zwischen den Felsspalten symbolisiert wird. Wie der Narr (0) zeigt die Hohepriesterin keinerlei Gefühlsregung. Gefühle sind wie das Denken Hervorbringungen der Individualität.

Viele Menschen finden es außerordentlich naiv, daß man früher den Mond verehrte oder an Zusammenhänge zwischen dem

Mond, den Meeren und den Frauen glaubte. In Wirklichkeit ist aber die Erkenntnis eines einzigen Lebensprinzips hinter all diesen Dingen eine der größten Leistungen der Menschheit. Die Meere heben und senken sich unter der Gravitationswirkung des Mondes (wie auch der Sonne, jedoch ist der Mond viel näher und deshalb von viel größerer Wirkung). Der durchschnittliche Regelzyklus der Frau dauert etwa so lange wie ein Mondzyklus.
Der Mond durchläuft drei verschiedene Phasen: Neumond, Vollmond und abnehmender Mond. Auch der weibliche Körper durchläuft drei Phasen: die Kindheit, die mit dem Einsetzen der Menstruation endet, das gebärfähige Alter und die Postmenopause, wenn die Fortpflanzungsfähigkeit erloschen ist. Beim Mann gibt es ebenso eine Zeit vor und eine nach dem zeugungsfähigen Alter, deren Grenzen jedoch weniger scharf gezogen sind als bei der Frau. Wenn darüber hinaus eine Frau schwanger wird, nimmt ihr Leib die Gestalt des vollen Mondes an. Muß man sich wundern, daß die Menschen den Mond als eine Einheit von drei Gottheiten, einer Jungfrau, einer Mutter und einer alten Frau dargestellt haben?
Viele Menschen unserer Zeit können diese Zusammenhänge wieder akzeptieren. Sie glauben vielleicht sogar, daß die Schwerkraft des Mondes in einer irgendwie naturwissenschaftlich erklärbaren Weise die Fruchtbarkeit der Frau beeinflußt. Die alten Völker sahen dies jedoch anders. Sie betrachteten den Mond, die Meere und die Frauen als dasselbe, ein Mysterium des Lebens, das sie durch Mondrituale und in Statuen schwangerer Göttinnen verehrten.
Beim Haindl-Tarot sehen wir die drei Mondphasen in subtiler Weise zusammengeführt. Die Jungfrau erscheint im Antlitz der Frau, der Vollmond in der Kugel und die alte Frau in den dunklen Wassern im unteren Teil der Karte sowie auch dem dunklen Horn des Diadems.
Das astrologische Symbol für die Hohepriesterin ist der Mond. Das Element ist das Wasser. An den Gezeiten erkennen wir den Zusammenhang zwischen beiden. Das Wasser ist formlos, und doch erhebt es sich mit Energie; es ist in ständiger Bewegung,

Die Hohepriesterin

man kann es nicht schneiden oder zerbrechen, es ist nicht mit Händen zu greifen; und doch kann es überwältigen. Es ist in jedem Augenblick ein anderes, ohne feste Oberfläche – und doch Träger eines inneren Mysteriums: Es repräsentiert das Unbewußte.

Das Unbewußte ist Energie. Wenn wir versuchen, uns von ihm abzulösen, verdorren unsere Gefühle. Deshalb strömt der lebenspendende Regen von Haar und Kleid der Frau nieder. Das Gefühl verknüpft Ideen mit Erfahrung, das Ich mit der äußeren Welt und der inneren Wahrheit. Daher verwischen der Dunst und die Blasen die Begrenzung zwischen Luft (Intellekt) und dem Land (der »wirklichen« Welt). Aber das Unbewußte ist dunkel und sogar gefährlich. Im unteren Teil der Karte sehen wir schwarzblaue Bäche, die durch tiefe Schluchten fließen. In mythologischer Sicht symbolisiert dieses Wasser den Fluß Styx, den die Seelen auf ihrem Weg von der Welt der Lebenden in das Totenreich überquerten.

Manche Menschen fühlen sich von der geheimnisvollen Stille der Hohenpriesterin sehr stark angezogen. Sie ziehen sich von anderen zurück, sie versenken sich in tiefe Meditation oder ähnliches und ziehen sich aus der Welt zurück. Die Kraft der Hohenpriesterin ist zu stark für sie: Wenn sie sich zu weit über die Felsen hinauslehnen, um einen Blick auf das Wasser werfen zu können, laufen sie Gefahr, in jenen Fluß zu stürzen, der die Persönlichkeit auslöscht. Der Tarot lehrt uns die Notwendigkeit, die Hohepriesterin mit dem Magier auszugleichen – und umgekehrt.

Wir haben nun die Göttin unter dem Gesichtspunkt des Mondes und des Wassers betrachtet, jedoch gehört auch die Erde zur Großen Mutter. Der Ackerbau hängt davon ab, daß die Erde jedes Jahr im Frühling junge Pflanzen gebiert. Über den Wachstumszyklus sind Erde und Mond miteinander verbunden. Der Mond im ersten Viertel symbolisiert den Frühling. Den Vollmond sehen wir im Sommer, den Mond des letzten Viertels in der Erntezeit. Der Winter findet seine Entsprechung in der dunklen Zeit des Neumondes. Weil Frauen und weibliche Tiere gebären können (aus den dunklen Wassern des Schoßes), können wir verstehen, warum die Menschen zu allen Zeiten die Erde als weiblich betrachtet haben. So schließt sich der Zusammenhang zwischen Mond, Meeren, Frauen und der Erde. Exemplarisch ist die Göttin als Mutter und Erde beim Tarot auf der nächsten Karte, der Herrscherin, dargestellt. Die Hohepriesterin symbolisiert den »jungfräulichen«, zurückgezogenen Aspekt.

Das Kamel sitzt unterhalb des Basis-Chakras der Frau. Die Chakras bilden die Energiezentren des Körpers, wobei die Basis das untere Ende der Wirbelsäule ist. Die Kundalini oder Lebensenergie liegt eingerollt wie eine Schlange (oder ein ruhendes Kamel) an der Bais. Durch Yoga, Meditation oder andere Übungen können wir die Kundalini-Schlange (siehe Die Herrscherin [III]) entrollen und sie durch die Chakras längs der Wirbelsäule führen. Das Chakra an der Stelle der Zirbeldrüse, traditionell als drittes Auge dargestellt, ist der Sitz der Offenbarung. Wenn die Kundalini die Ebene der Zirbeldrüse erreicht, erleben wir das Licht der Wahrheit, die Öffnung des dritten Auges. Das letzte Chakra, das Scheitel-Chakra, führt uns zu jener Einheit mit dem Göttlichen, die der Magier sucht. Auf der Karte sehen wir das Monddiadem mit seiner Polarität über dem dritten Auge. Wenn das Auge sich öffnet, werden die Gegensätze vereint. Über der Hohenpriesterin, auf dem Scheitel, leuchtet kosmische Energie. Die Licht-Stigmata in den Handflächen der Hohenpriesterin bedeuten kein Leiden wie die Wunden in den Händen Christi. Sie zeigen vielmehr die lebensspendende Energie im Unbewußten. Wir beschreiben das Unbewußte als dunkel, weil es vor uns verborgen und ein Mysterium ist. Wenn wir uns mit ihm in Beziehung setzen, brauchen wir Stille und Dunkelheit, denn das helle Licht des Tages hält uns in der Außenwelt fest. Wenn wir jedoch diese unbekannte Welt betreten, werden wir entdecken, wie das dunkle Unbewußte in unermeßlichem Licht aufstrahlt.

Die große Kugel schwebt vor der Frauengestalt. Sie verbindet das Kamel mit den höheren Chakras und vereint Himmel und Erde, worin wir die Möglichkeit der Vervollkommnung durch Zusammenführung der verschiedenen Daseinselemente sehen können. Wenn wir mit dieser Karte meditieren oder sie uns lange betrachten, sehen wir, daß die Kugel sich langsam dreht. Traditionell zeigt uns der zweite Trumpf ein Bild der Ruhe, denn die Kundalini bleibt eingerollt. Auch auf dieser Karte mit der streng vertikalen Achse, der bewegungslosen Frau und dem kauernden Kamel sehen wir Stille (man vergleiche hiermit die dynamische Bewegung des Magiers [I] mit seinen diagonalen Achsen). Aber das Unbewußte kann ebenso wie das Leben niemals bewegungslos bleiben. Langsam, ja fast majestätisch dreht sich die Kugel.

Divinatorische Bedeutung

Die Hohepriesterin bezeichnet eine Zeit, in der der Betreffende Ruhe braucht und nach innen blicken muß. Dies heißt aber nicht, daß man sich in seinem Haus verbarrikadieren und mit niemandem mehr sprechen soll. Es bedeutet vielmehr, das Leben ruhig angehen zu lassen, einmal allein etwas zu unternehmen, Zerstreuung (des Fernsehens) oder andere Ablenkungen zu meiden, sich in der Stille auf sich selbst zu besinnen. Geschäftlich oder gesellschaftlich sehr aktive Menschen fordert die Hohepriesterin auf, einen Schritt zurückzutreten und nach innen zu blicken. Nicht mehr in den Himmel stürmen zu wollen, sondern Frieden mit sich selbst zu suchen. Unter dem Einfluß der Hohenpriesterin sind Geduld und Ruhe wichtiger als Aktivität.

Im Zeichen der Hohenpriesterin erlebt man das Leben als ein geschlossenes Ganzes. Man versucht nicht, das Dasein in Teilbereiche zu zerlegen. Es ist eine Zeit der Intuition, nicht der Analyse, des Gefühls, nicht des Denkens (im Gegensatz etwa zur Gerechtigkeit [XI]). Der Betreffende erlebt möglicherweise tiefe Gefühle, die er nicht in Worte fassen kann. Ja, er will sie vielleicht gar nicht in Worte fassen. Die Hohepriesterin rät, sich im Augenblick nicht auf Selbsterklärungsversuche einzulassen. Der Betreffende braucht Zeit.

Für Menschen mit Verpflichtungen geschäftlicher, familiärer

oder anderer Art kann ein Rückzug schwierig sein. Wenn bei dem Betreffenden die Hohepriesterin auftaucht und der Befragende die entsprechende Erläuterung gibt, hört man oft die Reaktion: »Das ist recht und schön, aber im Moment geht es nicht. Ich bin viel zu beschäftigt.« Aber stimmt dies wirklich? Meistens ist zumindest ein Teil der Geschäftigkeit nur Gewohnheit. Unaufschiebbares muß natürlich erledigt werden; danach sollte man aber einmal nicht ausgehen oder gleich wieder die nächste Aktivität planen, sondern sich eine Weile zurückziehen. Auch an einem Tag hektischster Betriebsamkeit kann man versuchen, Distanz zu gewinnen, eine innere Ruhe zu entwickeln. Der Kommentar mancher Menschen hierzu, »Das klingt prima«, ist oft unehrlich. Denn der Gedanke, nichts zu tun, das innere Leben erwachen zu lassen, erschreckt sie. Die Hohepriesterin ist aber eine Karte des Friedens und der Freude.
Ein Weg, sich mit der Hohenpriesterin zu verbinden, ist die Meditation. So wie der Magier der Schutzherr der rituellen Zauberer ist, so herrscht die Hohepriesterin über die Meditation.
Als Jungfrau zeigt die Hohepriesterin keine Zeit der Liebe oder Leidenschaft an. Wenn jemand etwas über einen geliebten Menschen wissen will und die Hohepriesterin erscheint, dann heißt dies, daß der oder die Geliebte (oder der, der die Befragung durchführen läßt) Zeit für sich selbst braucht oder aber eine Bindung scheut.

Umgekehrt

Die umgekehrte Karte zeigt eine Zeit an, in der sich der Betreffende nicht von der Außenwelt zurückziehen sollte. Es ist eine Zeit des Handelns, des Zugehens auf andere Menschen. In Liebesdingen kann die umgekehrte Hohepriesterin zu einer Bindung raten, vor allem wenn sie mit den Liebenden (VI) erscheint. In beruflicher Hinsicht rät die Karte dazu, die Initiative zu ergreifen, insbesondere zusammen mit dem Narren (0) oder dem Wagen (VII).
Abhängig von den anderen Karten, kann der umgekehrte

Trumpf auch bedeuten, daß der Betreffende es schwierig findet, allein zu sein oder das Leben ruhiger angehen zu lassen – vielleicht weil er es nicht wagt oder weil andere Menschen Forderungen an ihn stellen. Die Hohepriesterin kann zu Selbsterkenntnis führen, und dies ist für viele Menschen eine bedrohliche Aussicht.

III
Die Herrscherin

Die Zahl Drei ist die Summe aus eins und zwei, den grundlegenden Polen des Daseins. Die Drei symbolisiert daher die Natur, die aus dem Zusammenwirken der beiden Pole entsteht. Sie steht auch für Geburt und Mutterschaft, denn ein kleines Kind ist die »Summe« seiner Eltern. Und schließlich ist die Drei auch die Zeit der Dreifachen Gottheit.
Der Kabbala-Buchstabe für Trumpf III ist Dalet, was »Tür« bedeutet. Die Rune ist Dorn (Lautwert d oder th), die in einer Beziehung zum Donner und dem nordischen Gott Thor steht, aber auch zu den Dornen, die einen Rosenbusch schützen (siehe die Rose bei den Liebenden [VI] und der Sonne [XIX]). Eine weitere Bedeutung ist ebenfalls Tür. Diese Vereinigung der beiden Symbolsysteme, des hebräischen Buchstabens und der Rune, wird durch die Tür verdeutlicht, die sich zu einem lichterfüllten Gemach öffnet.
Dorn ist eine Rune der ewigen Wiederkehr. Die »Wiederkehr« der Göttin ist eines der Hauptereignisse unserer Zeit. Als Dornbusch erinnert die Rune an das Märchen von Dornröschen. Auf der Karte findet sich noch eine weitere Rune, Hagal ✶, in Gestalt des Kristalls über dem Haupt der Herrscherin. Als die Rune des Wagens (VII) verbindet Hagal diese beiden Karten und zeigt dadurch an, daß die Herrscherin sowohl den Triumph des menschlichen Willens verkörpert, wie sie auch als Symbol für Mutterliebe und Sexualität steht. Hagal bedeutet »Hagelschloße«. Eine Hagelschloße ist ein gefrorener Kristall, zu einer geometrischen Struktur erstarrtes Wasser. Hagal enthielt nach alter Auffassung das Urmuster des Lebens im Universum. Im kalten Winter des Nordens beginnt das Leben alljährlich im Frühling, wenn das Eis taut und Schnee und Hagel sich in Regen verwandeln.
Der Planet der Herrscherin ist Venus, die Göttin der Liebe. Die Herrscherin steht jedoch auf einer Mondsichel, die wiederum

Die Herrscherin

Die Herrscherin

auf dem Wasser schwimmt. Durch den Mond ist die Herrscherin mit der Hohenpriesterin (II) verbunden.

Trotz der Dominanz des Wassers auf dieser Karte ist das ihr zugehörige Element Erde. Hierin liegt der Unterschied zur Hohenpriesterin, deren Element Wasser war. Während Trumpf II das unbegrenzte Potential des Lebens und des Unbewußten symbolisiert, steht die Herrscherin für die Lebenskraft, die sich in der »wirklichen« Welt der Natur, Mutterschaft, des Sexualtriebs und schließlich des individuellen Bewußtseins manifestiert.

Anders als andere Karten ist das Bild der Herrscherin nicht durch Achsen oder Ebenen gegliedert. Wir sehen eine einzige

Szene, wenn auch in zwei Teilen. Oben sendet ein bläuliches Dreieck gelbe Lichtstrahlen aus. Innerhalb des Dreiecks sehen wir konzentrische Kreise. Diese bilden ein Auge, das uns fixiert. Unterhalb des Auges sehen wir eine Frau, hinter ihr eine Pforte. Die geöffnete Tür ist mit Ornamenten und Beschlägen versehen, die wie Fischschuppen aussehen. Darüber erhebt sich ein Bogen, der an ein Kirchenportal denken läßt. Innerhalb des Bogens erscheint ein roter Fleck in einem Bogendreieck.

Die Frau steht auf der Mondsichel, die auf dem Wasser schwimmt. Ihr Gewicht ruht auf einem Bein, ein Motiv aus der griechischen und römischen Bildhauerei. Die Haltung erinnert auch an Botticellis berühmtes Gemälde, auf dem sich Venus aus dem Meer erhebt. Ihre linke Hand hält ein goldenes Zepter, das mit einem Kiefernzapfen abschließt. In der rechten hält sie eine Schlange, die sich um ihren Arm und über die Schulter schlingt, während der Kopf zu ihrer Brust züngelt. Um die Stirn trägt sie ein Lichtband, das mit drei Smaragden besetzt ist – drei wegen der Nummer des Trumpfs und für die Dreifache Göttin, wobei Grün für die Erde steht. Ein goldener Vogel fliegt zum Ohr der Frau, wie wenn er ihr die Botschaft des Himmels brächte. Durch diese Darstellung ist sie mit der Jungfrau Maria verbunden, denn der Heilige Geist kam zu Jesu Mutter in Gestalt einer Taube.

Wir haben bereits erwähnt, daß der sechsseitige Kristall über ihrem Haupt die Rune Hagal enthält. Die Farben gehen auf die Lakota-Indianer Nordamerikas zurück. Schwarz symbolisiert den Blitz, der die schwarze Nacht erhellt (durch diese Farbe ist das Hexagramm mit der Donner-Rune verbunden). Weiß steht für klares Denken und Reinheit. Rot, die Farbe des Blutes, symbolisiert Leben, Gelb die Sonne, Blau den Himmel und Grün die Erde. Licht funkelt links und rechts des Hexagramms, links, auf der Seite der Intuition und Ganzheit, etwas kräftiger. Durch die sechs Seiten und Farben ist die Karte mit den Liebenden (VI) verbunden. Sechs ist auch zwei mal drei, ein weiterer Zusammenhang mit der Hohenpriesterin.

Dunkle Kugeln schweben aus dem Gemach und steigen in die Luft auf. Sie symbolisieren die potentielle Schöpfung. Das Licht

aus dem Gemach flutet hinaus und erleuchtet die Kugeln, das Wasser und die Mondsichel. Die Frauengestalt jedoch leuchtet durch ihr eigenes inneres Licht, das warm und gelblich ist wie dasjenige der Sonne, wie die Strahlen, die von dem Dreieck über ihrem Haupt ausgehen.
Traditionell steht die Herrscherin für Venus (Aphrodite bei den Griechen), die Göttin der Liebe und Leidenschaft. Sie symbolisiert die Mutterschaft, denn auch dies ist eine Art Leidenschaft. Wie wir gesehen haben, stellt sie außerdem die Natur dar, das materielle Universum, das aus der Verbindung der polaren Gegensätze I und II (der Magier und die Hohepriesterin) zur III hervorgeht. Die Herrscherin des Haindl-Tarot verkörpert all diese Attribute. Ihre üppige Gestalt repräsentiert Sexualität, ihre Reife deutet auf Mutterschaft hin. Auch der Kristall symbolisiert Mutterschaft, denn die eine Sechseckstruktur bildende Rune Hagal wird »die Mutter der Runen« genannt. Man kann nämlich aus den Diagonalen und Seiten von Hagal alle Runen bilden. Das männliche Geschlecht ist ebenfalls auf der Karte angedeutet – das phallische Zepter, doch auch die Schlange, deren phallische und gleichzeitig geschwungene Form die Vereinigung von männlich und weiblich symbolisiert.
Wenn aber die Herrscherin hier Venus repräsentiert, verkörpert sie ebenso Psyche, die Geliebte des Eros, der uns beim nächsten Trumpf begegnen wird, dem Herrscher (IV). Im griechischen Mythos war Psyche eine Sterbliche von so großer Schönheit, daß sie Aphrodite erzürnte, die, wie die Königin in »Schneewittchen«, keine Schönere neben sich dulden wollte. Sie gab ihrem Sohn Eros den Auftrag, das Mädchen zu töten. Eros jedoch verliebte sich in Psyche. Da er nicht wagte, sich offen seiner Mutter zu widersetzen, verbarg er Psyche in einem geheimen Palast außerhalb der irdischen Welt. Als Aphrodite entdeckte, daß Psyche noch am Leben war, stellte sie ihr eine Reihe von Aufgaben, durch die sie sich würdig erweisen sollte, einen Gott zu lieben. Teilweise mit Hilfe eines Vogels (Vögel als Boten zwischen Göttern und Menschen; siehe Der Gehängte [XII]) bestand Psyche diese Prüfungen und wurde mit Eros vereint.

Die moderne Kultur hat den Namen Psyche übernommen und bezeichnet damit das zum Selbst vereinigte Geistige und Seelische. Die Gestalt der Psyche beginnt als Gegenstand des Verlangens (im heutigen Sprachgebrauch ein »Objekt«). Durch die Prüfungen entdeckt sie sich selbst als Person. Am Ende erhebt Zeus, der Göttervater, Psyche unter die Unsterblichen, so daß sie Eros gleichberechtigt gegenübersteht. Der menschliche Wille kann triumphieren, jedoch nur dann, wenn er von Liebe getragen wird. Lieben und Leiden bringt Psyche Unsterblichkeit.

Die Erzählung zeigt uns das Fortschreiten des Bewußtseins. Wir beginnen als einfache physische Geschöpfe, von Trieben geleitet. Die Widrigkeiten des Lebens bringen uns dazu, eine individuelle Persönlichkeit auszubilden. Wenn wir dabei nicht unsere Verbindung zur sexuellen Energie, zur Liebe, abreißen lassen, können wir vielleicht entdecken, daß ebendiese Energie (die Kundalini) sich in göttliche Offenbarung verwandeln kann. Die Schlange der Herrscherin ist die Kundalini, die im Unbewußten eines jeden Menschen schläft. Kundalini ist aber auch die Göttin selbst, Shakti, die ihrem Gemahl Shiva, dem Gott des Yoga, Leben spendet. Ohne Shaktis Energie, heißt es, würde Shiva unbeweglich wie ein Stein liegen. Die Kundalini ist die Shakti-Energie in jedem von uns. So lernen wir, daß die Göttin nicht eine Person, sondern göttliche Energie ist und daß diese Energie in uns ebensosehr lebt wie in Shiva. Wir können sie erahnen in der sexuellen Erregung und in Augenblicken tiefen religiösen Erlebens. Dies sind jedoch nur Ahnungen. Und in unserer Unkenntnis halten wir Sexualität und Religion für Gegensätze. Sie sind ja auch in der normalen Praxis Gegensätze, jedoch nur als die äußersten Enden der gleichen Linie. Wenn wir diese Linie entdecken und ihr nachspüren, können wir die Schlange der Göttin zum Entrollen bringen; dann werden wir wie Psyche unsere eigene Unsterblichkeit entdecken.

Wasser beherrscht das Bild, wie es auch bei der Hohenpriesterin (II) der Fall war, wenn auch hier seine unruhige Oberfläche mehr die Emotionen als die Tiefen des Unbewußten symbolisiert. Wir sehen auch ein Symbol für den Geist (den Kristall) und für die schöpferische Leistung (das Gemach). Die Herr-

scherin ist keineswegs reine Emotion – sie denkt, trifft Entscheidungen und handelt in der Welt.
Unsere männlich geprägte Kultur ordnet Männern das Denken, Frauen das Fühlen zu. Männer sind nach diesem Schema schöpferisch in Kunst und Wissenschaft, während Frauen nur im passiven Sinne schöpferisch sind, indem sie Kinder in ihrem Bauch wachsen lassen. Andere Kulturen haben erkannt, daß die Göttin in jeder Hinsicht schöpferisch ist: durch Gebären und durch Denken. Die »Gedanken-Frau« wird als die Mutter des Universums beschrieben, das sie aus ihrem Geist geschaffen hat. In diesem Sinne ist das Universum ein Gedanke, ein Traum der Göttin (siehe Das Schicksalsrad [X]). In der Kultur der Keres-Indianer bekommen schöpferische Menschen, ob Mann oder Frau, den Ehrentitel »Mutter«. Bei der nächsten Karte, dem Herrscher, werden wir uns näher mit der Frage des Schöpfertums befassen.
Das Gemach und der Eingang symbolisieren Kultur, eine Schöpfung des Intellekts. Der Portalbogen repräsentiert die Religion, eine weitere menschliche Schöpfung. Der rote Punkt (Rot ist die Farbe des Lebens) zeigt an, daß die Religion leer wird, wenn sie glaubt, die Liebe und die körperlichen Bedürfnisse und Wünsche der Menschen ausklammern zu können. Man beachte, daß die geschwungenen Linien im Dreieck an die Vulva erinnern.
Die geraden Linien der Pforte symbolisieren den Geist. Gerade Linien kommen bei Pflanzen, Tieren und Flüssen nicht vor. Man vergleiche die Pforte mit dem gewölbten Leib der Herrscherin selbst, dem Symbol der physischen Welt. Die Tatsache, daß die Menschen geschwungene Bäume zu geraden Brettern schneiden oder auf der runden Erde rechte Winkel errichten, zeigt den menschlichen Drang zur Abstraktion. Deshalb repräsentiert die Tür die Philosophie.
Der Raum ist von einem hellen Licht erfüllt. Nach dem jüdischen Mythos sandte Gott, als er Moses den Bau der Bundeslade befahl, einen Teil seines Lichts, damit es in der Bundeslade wohne. Gott nahm physische Gestalt an in der Welt wie der Heilige Gral des keltischen und christlichen Mythos. Diese Ge-

stalt wurde Schechina genannt. Die Kabbalisten nahmen den Gedanken der Schechina auf und verwandelten sie in einen weiblichen Aspekt Gottes: Die Herrscherin. Aufgrund der Bewegung des Tarot-Bilds vom Hintergrund zum Vordergrund können wir sagen, daß sich das Licht in die Frauengestalt verwandelt.

Natürlich gibt es zeitweise doch gerade Linien in der Natur, wenn zum Beispiel die Strahlen der Sonne hinter einer Wolke hervorbrechen. Dies ist ein weiterer Grund, warum Menschen manchmal die Geometrie mit der göttlichen Vernunft assoziieren. Über der Frauengestalt sendet das Dreieck Licht aus, das die gleiche Gestalt hat wie die Rune in der rechten oberen Ecke. Die Strahlen erscheinen in Dreierbündeln, der Nummer der Karte. Zwar ist der Blick des Auges aus dem Dreieck heraus auf uns gerichtet, doch scheint er uns auch durch die verschiedenen Schichten des Daseins nach innen zu ziehen bis zum Punkt des Lichts im dunklen Zentrum.

Wir haben den Kristall als Hagal beschrieben, die Rune, die den Rahmen der Welt enthält, das Urmuster der Schöpfung und damit die kosmische Harmonie. Alle diese Vorstellungen rufen ein ähnliches Bild in uns wach, den kabbalistischen Baum des Lebens, der wie folgt aussieht:

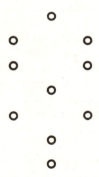

Der unterste Kreis oder Sefira symbolisiert die materielle Welt. Deshalb steht die Herrscherin unter dem Kristall.

Die Herrscherin

Als die Mutter aller Runen steht Hagal im Zusammenhang mit dem Gott Odin, der die Runen in die Welt brachte. Wir finden Odin beim Eremiten ($3 \times 3 = IX$) und beim Gehängten ($4 \times 3 = XII$). Die sechs Seiten des Hexagramms erinnern an die Liebenden ($2 \times 3 = VI$). Die Schlange hängt mit dem Teufel zusammen ($5 \times 3 = XV$) und dem Drachen des Universums ($7 \times 3 = XXI$), während die Frau auf dem Mond steht ($6 \times 3 = XVIII$). Schließlich enthält der Kristall die Farben der Jacke des Narren: 0×3. So umspannt die Herrscherin die ganzen Großen Arkana.

Wie wir gesehen haben, repräsentiert die Schlange Transformation und Erleuchtung. Die europäische Kultur, deren Basis die Bibel ist, sieht die Schlange als Ursprung des Bösen. Ein Teil dieser Anschauung geht auf das Bestreben der patriarchalischen Religion zurück, alle Aspekte der Verehrung einer Göttin zu unterdrücken; denn in der ganzen Welt war die Schlange der Göttin heilig. Schlangen symbolisierten die Wiedergeburt, da sie sich immer wieder häuten. Das Gift mancher Schlangen, etwa der Kobra, kann halluzinogene Wirkungen haben, die den Menschen göttliche Visionen bringen. Und Schlangengifte gehören zu den wichtigsten Heilmitteln.

Bei Trumpf XXI (Quersumme 3) sehen wir die göttliche Schlange, den Drachen besiegt, kann als Triumph des Bewußtseins über die unbewußte Energie gesehen werden, als Sieg der Zivilisation über die Natur. Warum aber müssen diese Dinge Gegensätze sein? Der Kampf mit dem Drachen kann auch als Darstellung eines historischen Ereignisses betrachtet werden: Die patriarchalische Macht besiegt die Göttin. Das babylonische Gegenstück des heiligen Georg, der Held Marduk, tötet das Ungeheuer Tiamat. Die offizielle Religion beschrieb diesen Sieg als den Beginn der Schöpfung. Tiamat aber war Marduks Mutter.

Eine Kultur, die die Natur als Feind betrachtet, muß auch Frauen als böse einschätzen oder als passive »Erdenmütter«, die auf Männer angewiesen sind. Natur und Intellekt geraten in Widerspruch. Man vergleiche diese Anschauung mit derjenigen der Keres, bei denen Natur und Verstand in der Gestalt der

Gedanken-Frau vereint sind. In der Haindl-Fassung der Herrscherin sehen wir Symbole der Natur, Sexualität, Mutterschaft – aber auch Entscheidungskraft, intellektuelle Kreativität und Macht. In vielen alten Kulturen verdankt der König seine Macht seinem Dienst an der Großen Mutter. Hermann Haindls Aussagen zu dieser und den folgenden Karten sind ein Schlüssel zum gesamten Tarot: »Die Herrscherin erschafft den Herrscher.«

Divinatorische Bedeutung

Die Herrscherin bedeutet Leidenschaft. Dadurch kommt zum Ausdruck, daß der Betreffende sich in einer Zeit befindet, in welcher er der Welt mit intensivem Gefühl gegenübertreten sollte. Es gibt zwei Möglichkeiten, wie sich dieses Gefühl ausdrücken kann: durch Lebensgenuß, insbesondere durch Sexualität, und zum anderen durch Mutterschaft. Bevor wir uns diesen beiden ausführlicher zuwenden, wollen wir den Zusammenhang zwischen beiden betrachten. Wir halten Sex und Mutterschaft gern für etwas Gegensätzliches. Natürlicherweise gehören sie jedoch zusammen; denn ohne Sex kann eine Frau nicht Mutter werden.
Und doch stellen wir uns Mütter, insbesondere unsere eigenen, als »rein«, als geschlechtslos vor. Diese Haltung kann zum Teil aus dem Besitzanspruch des Kindes gegenüber seiner Mutter hervorgehen und aus der kindlichen Eifersucht bei dem Gedanken, ihr Körper könnte noch für jemand anderen dasein. Solche Muster bleiben häufig bis ins Erwachsenenalter erhalten. Der andere Grund für diese asexuelle Betrachtung der Mutterschaft ist in der christlichen Kultur zu suchen, die das Mutterideal buchstäblich in der Jungfrau verkörpert. Das Christentum spaltet Frauen in zwei Marien: die Jungfrau Maria und Maria Magdalena, eine Hure.
Die Herrscherin erinnert uns daran, daß Mutterschaft und Sex zusammengehören, und das nicht bloß aus biologischen Gründen, sondern weil in beidem Erfüllung und Reife liegen. Des-

halb bezeichnet die Herrscherin bei Befragungen jemanden, der seine Sexualität bejaht, und zwar in verantwortungsvoller Weise. Dies steht im Gegensatz zum Teufel (XV), wo die Sexualität etwas Niederdrückendes und Unerfreuliches hat. Sie steht auch im gewissen Gegensatz zu den Liebenden (VI), wo die Betonung mehr auf einer Beziehung liegt. Die Herrscherin betont die persönliche sexuelle Lebensäußerung des Betreffenden.

Die Herrscherin kann sich natürlich nicht nur auf eine Frau, sondern auch auf einen Mann beziehen. In diesem Fall zeigt sie an, daß er sich in einer weiblichen, dabei aber kraftvollen Art zur Geltung bringt. Die Herrscherin kann ebenso eine leidenschaftliche Frau bedeuten, die dem Klienten wichtig ist.

Die Leidenschaften müssen nicht sexueller Art sein. Die Herrscherin kann auch die Liebe zur Natur, zum Gärtnern, zum Wandern in der freien Natur, zu jeder fröhlichen Tätigkeit anzeigen. Die Herrscherin ist ihren Freunden ebenso aus tiefem Herzen zugetan wie ihren Liebhabern.

Die Herrscherin symbolisiert Mutterschaft. Dies kann man wörtlich verstehen, daß es also für die Betreffende wichtig ist, Mutter zu sein. Bei Vätern mag es einen Hinweis auf ihr eher »mütterliches« Handeln bedeuten. Die Karte steht möglicherweise für die eigene Mutter des Klienten. Sie kann aber auch besagen, daß man Freunde bemuttert oder einen bestimmten Gedanken »hegt«.

Im Gegensatz zu den meisten anderen Spielen drückt die Herrscherin des Haindl-Tarot Kreativität aus. Sie zeigt die Fähigkeit, Ideen hervorzubringen, Dinge zu realisieren. Dieser Aspekt wird verstärkt durch andere schöpferische Karten, zum Beispiel den Magier (I).

Umgekehrt

Die umgekehrte Herrscherin weist auf blockierte Leidenschaft hin. Der Betreffende hat Schwierigkeiten, sich zu äußern. Die Blockierung kann sexueller oder emotioneller Art sein, wobei es dem Betreffenden schwerfällt, Gefühle auszudrücken. Vielleicht handelt es sich aber auch um eine Blockierung der Kreativität.

Die umgekehrte Herrscherin kann auf Probleme mit der Mutter des Betreffenden hinweisen. Er mag sie als lieblos oder distanziert empfinden. Wenn es eine Klientin ist, wird sie möglicherweise zu diesem Zeitpunkt ihres Lebens eine Distanz zu ihren eigenen Kindern fühlen. Hat sie deshalb Schuldgefühle, kann die Karte ihr zu der Erkenntnis verhelfen, daß sie diese Distanz zum jetzigen Zeitpunkt braucht. Das gleiche wird wiederum auch für eine Verstimmung der Betreffenden gegenüber ihrer eigenen Mutter zutreffen.

Anstelle von Blockierungen kann die umgekehrte Herrscherin auch anzeigen, daß jetzt nicht die Zeit für Leidenschaft und persönliche Beziehungen ist. Der Betreffende braucht vielleicht Ruhe, Distanz zu anderen. Verstärkt wird eine solche Bedeutung durch den Eremiten (IX) oder vor allem die Hohepriesterin (II).

IV
Der Herrscher

Der Herrscher trägt die Zahl Vier, die traditionell als männlich gilt. Der hebräische Buchstabe He bedeutet »Fenster«. Die Rune Ansuz (Lautwert a) steht für den Hirsch, das starke gehörnte Tier, das zu allen Zeiten die männliche Kraft versinnbildlichte. Ansuz symbolisiert auch zwei geheiligte Bilder, die in gewissem Gegensatz zueinander stehen – den Hirschkönig, Gemahl der Muttergöttin, und die Asen, die jungen Götter der nordischen Mythologie. Unter der Führung Odins stürzten die Asen die älteren Vanen. Historisch verbirgt sich dahinter der patriarchalische Sturz einer Kultur, in deren Mittelpunkt die Verehrung der Erde als Mutter stand.

Eine andere Benennung der Rune ist Ansur, was »Mund« bedeutet. Damit hängen die Gabe des Redens und die Erfindung der Sprache zusammen. Die Rune wird manchmal als Diamant gezeichnet, ein Bild, das wir beim Kristall finden. Mit seinen vier gleichen Seiten symbolisiert der Diamant die Herrschaft des Gesetzes. Er bezeichnet auch stabile Strukturen. Die Eigenschaften Sprache, Gesetz, Stabilität gehören zur positiven Seite des Herrschers als Souverän der Gesellschaft.

Das astrologische Zeichen für den Herrscher ist der Widder, das erste Zeichen des Tierkreises, das Zeichen des Frühlings und damit der Vitalität, der erneuerten Energie und sexuellen Potenz. Der Frühling hängt auch mit Attraktivität, Optimismus und Mut zusammen. Alle diese Eigenschaften gehören zur positiven Seite der jungen männlichen Götter, der Asen. Andererseits symbolisiert der Widder jedoch auch Aggression, mangelndes Feingefühl, Intoleranz, Tyrannei. Der rote Rand der Karte bezeichnet das Feuer als das Element des Herrschers. Das Element Feuer steht für Vitalität, Energie, aber auch für Aggression.

Bei der Betrachtung des Bildes fällt uns sofort auf, wie einfach und naturalistisch es im Vergleich zu den abstrakten, symbolbe-

Der Herrscher

frachteten vorangegangenen Bildern wirkt, obwohl es auch beim Herrscher Symbole wie etwa den Kristall über seinem Haupt gibt. Es gibt keine horizontalen Ebenen oder unterschiedlichen Welten. Es gibt allerdings drei Ebenen, wobei der Mann selbst im Vordergrund, hinter ihm der große Baum und im Hintergrund der Wald steht. Im Wald sehen wir Licht und grünes Laub, eine Andeutung des Frühlings. Der große Baum erscheint jedoch dunkel und sehr alt, von einer anders gearteten Kraft als der junge Wald oder der junge Mann. Weil der Herrscher unter dem Baum steht, ist sein Platz im Schatten, auch wenn er aus diesem herauszutreten scheint.
Der Baum ist Yggdrasil, der Weltenbaum des nordischen

Mythos, dessen Wurzeln tief in die geheimnisvollen Ursprünge des Lebens hineinreichen und dessen Zweige in die Sterne und darüber hinaus aufragen. Odin hing an diesem Baum, um die Runen zu empfangen (siehe Der Gehängte [XII]), jedoch ist Yggdrasil viel älter als der Anführer der Asen. Der Weltenbaum gehört zur Großen Mutter, dem ersten Lebensprinzip. Und doch symbolisiert der Baum, wie wir beim Magier gesehen haben, auch das männliche Element, denn der harte Stamm ist wie der Phallus, und die Zweige erinnern an das Geweih des Hirsches. Yggdrasil verbindet Erde und Himmel, Dunkelheit und Licht. Auf dem Bild hat Haindl aus dem Baum und dem Mann eine Einheit gemacht, denn der knorrige Stamm und die Wurzeln folgen den Umrissen der Beine und Füße des Mannes. An der linken Seite des Baums sehen wir aber auch, daß die Wurzeln wie die Beine eines Tiers geformt sind. Damit wird der Herrscher mit einer animalischen Kraft in Zusammenhang gebracht.

Alles an dem Herrscher strahlt Vitalität aus. Er steht kraftvoll da, voller Energie und Gesundheit, im Begriff, nach vorn zu schreiten. Das naturalistische Bild drückt Einfachheit aus, ein Thema, das sich in der Symbolik spiegelt. Er trägt vier Juwelen, deren rote Farbe für die feurige Energie steht. Im Gegensatz zum hexagonalen Kristall der Herrscherin (dessen heilige Farben alle Ebenen des Daseins symbolisieren) zeigt sein vierseitiger Kristall die Farben der Menschheit: Rot, Schwarz, Gelb, Weiß. Sein Zepter hat keinen Querstab wie dasjenige der Herrscherin. Als phallisches Symbol drückt es direkte und kraftvolle männliche Energie aus.

Seine goldene Kugel symbolisiert nicht nur die materielle Welt, sondern auch den Anspruch auf die numinose Energie des Goldes, wie er sich auch im Reichsapfel, einem Teil der Insignien der deutschen Kaiser, als Symbol der göttlichen Legitimation zur Herrschaft dargestellt hat.

Bei vielen Tarot-Spielen zeigt die Karte des Herrschers einen König oder Kaiser. Er steht für Gesellschaft, Gesetze, feste Strukturen. In ihrer positiven Bedeutung kommen diese Gedanken in der Rune Ansuz zum Ausdruck. Menschliche Gesetze

können die Menschen aber auch der Natur entfremden. Ursprünglich hatte Hermann Haindl das Bild eines mumienhaften alten Mannes gezeichnet, der auf einem engen Thron sitzt und die Embleme seiner Macht umklammert. Er nannte ihn Amfortas, den verwundeten Herrscher des wüsten Landes in den Gralssagen. Für Haindl symbolisierte Amfortas die Zwänge einer Gesellschaft, die von männlicher Autorität statt den natürlichen Gesetzen der Natur regiert wird. Als sich Haindl jedoch die Herrscherin betrachtete, wurde ihm klar, daß sie einen dynamischeren gleichwertigen Partner brauchte. So wurde das Bild geändert, und aus dem alten König wurde der junge Gott. Und doch ...
Der Herrscher hält sein Zepter in der rechten Hand. Er hat es aus der linken Hand der Herrscherin erhalten. Die linke Seite gibt Feingefühl und Empfindsamkeit, die rechte logisches Denken und Kraft. Der Winkel, in dem er das Zepter hält, ergibt eine aufsteigende Linie von rechts unten nach links oben; dadurch wird ein Motiv eingeführt, das in den späteren Karten noch mehrfach auftauchen wird, insbesondere beim Gehängten (XII), der Karte, auf der Odin auf dem Kopf steht, um sich mit der Mutter zu vereinigen. Psychologische Test haben gezeigt, daß sich bei den meisten Menschen beim Anblick einer Diagonale von links unten nach rechts oben (zum Beispiel das Zepter der Herrscherin beim vorigen Trumpf) eine subtile Empfindung der Gelassenheit und des Wohlbefindens einstellt. Wenn die Diagonale jedoch in der anderen Richtung verläuft, wie das Zepter des Herrschers, tritt Unruhe ein. Das Zepter der Herrscherin wurzelt auf der linken Seite, der Seite der Ganzheit. Das Zepter des Herrschers wurzelt auf der rechten Seite, derjenigen der Kraft und Zielstrebigkeit. Und doch sehen wir auf den Bildern das Zepter der Herrscherin in der Rechten, dasjenige des Herrschers in der Linken. So ergibt sich eine harmonische Kombination der Eigenschaften.
Mit der Vitalität der Karte untrennbar verbunden sind jedoch auch Untertöne von Aggression und Arroganz. Der Herrscher strebt vom Baum weg und verleugnet seine Herkunft von der Natur und dem Weiblichen. Seine Füße überschreiten den

Rand der Karte. In dieser Geste sehen wir die allbekannte Kombination aus Dynamik und Kraft: Wenn wir uns die Idole unserer Kultur ansehen – in Film und Fernsehen, in Politik und Krieg –, finden wir häufig genau jene Mischung aus Einfachheit, Zielstrebigkeit, Vitalität, sexueller Potenz, Arroganz, Selbstüberheblichkeit und Aggression. Wir sind dazu konditioniert, solche Eigenschaften zu bewundern. Es gibt Frauen, die sich zu Männern hingezogen fühlen, die sie mißhandeln, wie wenn dieser Mangel an Empfindsamkeit oder gar Güte ein Mehr an animalischer Kraft zur Folge hätte.

Bei unserer Erörterung der Herrscherin haben wir gesagt, daß sie den Herrscher »erschafft«. Das weibliche Prinzip kommt vor dem männlichen. Der Herrscher – die junge patriarchalische Religion und Gesellschaft – will dies nicht und behauptet, daß ihm allein Schöpfungskraft eigen ist. Es gibt heute viele, die glauben, daß diese Anmaßung die derzeit existierende doppelte Gefahr der nuklearen und ökologischen Verwüstung heraufbeschworen hat. Um daher den Herrscher verstehen zu können, aber auch den Werdegang unserer Kultur, müssen wir uns mit Hermann Haindls Gedanken näher befassen, daß die Herrscherin den Herrscher schafft.

Über Jahrmillionen war das Leben auf der Erde eingeschlechtlich und reproduzierte sich durch Zellteilung, wobei sich eine Mutter in zwei Töchter teilte. Die sexuelle Differenzierung – das Auftreten des männlichen Prinzips – ermöglichte eine größere Vielfalt durch die Kombination väterlicher und mütterlicher Gene. Das Männliche geht aber ursprünglich aus dem Weiblichen hervor. In der frühesten Entwicklungsphase sind alle Menschen weiblich. Ein männlicher Fötus entsteht, wenn das Y-Chromosom nach den ersten Schwangerschaftswochen Veränderungen auslöst.

Dies sind die Ergebnisse der wissenschaftlichen Forschung. Frühere menschliche Gesellschaften wußten nichts von einzelligen Organismen oder der fötalen Entwicklung, aber sie sahen, daß alle Babys, von Mensch und Tier, in ihren Müttern wuchsen und daß wir unsere erste Nahrung aus der Mutterbrust bekommen. Jahrtausendelang kam daher in den Religionen der

Fähigkeit des Weiblichen, Leben hervorzubringen, zentrale Bedeutung zu. Die frühesten figürlichen Darstellungen zeigen sämtlich Muttergestalten, meist mit breiten Hüften und mächtigen Brüsten. Die frühesten Höhlenmalereien zeigen weibliche Gestalten, die in Gruppen tanzen. Das Bild der Herrscherin beim Haindl-Tarot rehabilitiert die Frau als voll schöpferisch, kulturell (wobei die komplexe Tür ein Symbol der Kunst und Wissenschaft ist) wie auch physisch. Die patriarchalische Gesellschaft leugnet die Realität dieser alten weiblich orientierten Religion. Wir lernen in der Schule, daß die Figuren einen »Fruchtbarkeitskult« ausdrücken, wie wenn es hier nur um einen engbegrenzten Aspekt des Lebens ginge. Schöpferisch ist Dichtung, Malerei, Musik, Wissenschaft – und dies, so lehrt es uns der Geschichtsunterricht, ist Männersache.

Der Geschichtsunterricht setzt aber zu spät an. Die Archäologie zeigt, daß Frauen den Ackerbau sowie die ersten Kalender erfanden (auf der Grundlage der Mond- und Menstruationszyklen), und Frauen haben die ersten Kunstwerke hervorgebracht. In jedem populären Buch oder Fernsehbericht über die ersten Menschen werden die wichtigen Erfindungen aber immer von Männern gemacht. Es wird so dargestellt, als ob die menschliche Kultur mit den männlichen Jägern begonnen hätte, wie wenn die weiblichen Nahrungssammlerinnen nichts Wichtiges beigetragen hätten. Man hört und liest dann auch, jene Jäger hätten zu ihren »Göttern« gebetet, wiewohl es viel wahrscheinlicher ist, daß sie zu ihrer Mutter, der Erde, beteten.

Diese Verleugnungsmentalität kommt von den »jungen Göttern«, den patriarchalischen Stämmen, die die Verehrung der Göttin durch ihre männlich ausgerichtete Religion ersetzten. Dabei versuchten sie, alle bisherige menschliche Erfahrung auszulöschen und die Anschauung durchzusetzen, schöpferische Kraft sei ausschließlich ein Attribut des Mannes. In der Bibel heißt es, ein männlicher Gott habe das Universum aus dem Nichts erschaffen, und dies sei erst vor etwa 5700 Jahren geschehen. Viele Forscher sind der Ansicht, dieser Zeitraum von etwa 5000 Jahren markiere den Beginn des Patriarchats. Als die Asen Skandinavien eroberten, nahmen auch sie die alleinige Schöpferkraft für ihren Vatergott Odin in Anspruch. Odin verkörpert durch seine Entdeckung der Runen in der Tat Weisheit und Mysterium. Aber auch die Runen gehen letztlich auf die Mutter zurück. Unsere Gestalt des Herrschers will dies ableugnen. Er tritt über den Rand des Bildes, wie wenn er aus der Geschichte heraustreten möchte, wie wenn die Welt erst mit ihm begonnen hätte. Er blickt nicht zurück auf den großen Baum des Lebens.

Während uns also zum einen die naturalistische Frische der Karte anspricht, drückt sich in ihr auch die Illusion aus, daß es nichts als die sogenannte »reale Welt« gibt. Der hebräische Buchstabe He bedeutet »Fenster«. Architekturgeschichtlich leiten sich Fenster von Türen ab. Die Pforte der Herrscherin öffnete sich zum Licht des spirituellen Bewußtseins. Auf der Karte des Herrschers hat der Baum etwas von einem Fenster, das jedoch geschlossen und dunkel bleibt.

Traditionell symbolisieren die Zahl Vier und das Viereck das Gesetz, das physische Universum, die männliche Autorität. In der esoterischen Symbolik gilt das Viereck als das »Gegenteil« des Kreises, das Bild des Geistes. Der Herrscher hält eine goldene Kugel, jedoch bezeichnet dieses Attribut anders als das kosmische Potential auf den Blasen von Trumpf II und III nur seine Herrschaft über die Welt. Wie das Rheingold steht es für große Macht, aber auch für Geiz und den Wunsch nach totaler Kontrolle.

Die patriarchalische Kultur stellt Gesetze und Regeln auf. Die Menschen werden einer Lebensweise entfremdet, die sich an den Rhythmen der Natur orientiert. Wie können wir wieder zu einem Bild des Herrschers zurückfinden, der vital und lebendig ist, mit dem jungen Wald, aber auch dem alten Baum verbunden? Wir müssen das arrogante Bild des allmächtigen Gottvaters aufgeben und uns wieder auf jenes andere Bild des Mannes besinnen, der Liebhaber und Sohn der Göttin ist. Die Rune kann ja auch die Bedeutung »Hirschkönig« haben, der gehörnte Gott, wie die modernen Hexen ihn nennen, dessen potente Sexualität sich mit der Mutter verbindet, um Leben hervorzubringen. Für viele Menschen entstand der Wald im Früh-

ling aus dieser Verbindung des Hirschkönigs mit der Erde. Durch eine solche veränderte Betrachtungsweise der Männlichkeit wird ja die Bedeutung der Vaterschaft oder der Liebe, die wirkliche Väter ihren Kindern entgegenbringen, nicht geleugnet. Im Gegenteil: Väter werden dadurch in einen harmonischeren Bezug zur physischen Welt gestellt.
Wir haben gesehen, daß die Herrscherin sowohl Psyche als auch Aphrodite repräsentiert. Als Eros bezeichnet der Herrscher sowohl den Sohn der Göttin als auch ihren Liebhaber. Eros beziehungsweise Cupido, wie die Römer ihn nannten, erscheint meist als junger Mann. Gleichzeitig steht er für die Kraft der sexuellen Liebe (das Wort »Erotik« geht auf Eros zurück). Diese Liebe erhebt sich am machtvollsten im Frühling. So sind wir beim jungen Gott angelangt – nicht dem Usurpator, der sich an die Stelle der Mutter setzt, sondern dem unwiderstehlichen Bild des Verlangens, der Freude am neuen Leben.

Divinatorische Bedeutung

Bei den meisten Tarot-Spielen zeigt der Herrscher den Einfluß der Gesellschaft oder der Gesetze und sozialen Strukturen an. Diese Bedeutungen beziehen sich jedoch auf den alten Mann, der auf seinem Thron sitzt. Indem der Haindl-Tarot hier das Bild des jungen Mannes im Wald zeigt, erhält die Karte eine neue Bedeutung – diejenige der Vitalität und Energie. Sie kann eine Zeit der Neuanfänge im Leben eines Menschen, eine Energieaufwallung anzeigen. Diese Bedeutungen treffen insbesondere dann zu, wenn die Karte nach einer Zeit der Krankheit oder Depression erscheint.
Für Frauen wie für Männer kann die Karte sexuelle Potenz anzeigen, eine gewisse Triebhaftigkeit und gleichzeitig Unwiderstehlichkeit für andere. Die Bedeutungen sind zutreffend, wenn die Karte für das Selbst steht. Sie kann auch einen anderen Menschen mit diesen Eigenschaften repräsentieren. Manche Frauen denken bei dem sehr männlichen Bild automatisch an einen Liebhaber – entweder eine reale Person oder das Phanta-

siebild eines attraktiven, körperlich aufregenden, nichtintellektuellen Menschen, der einfach und direkt ist und von einer unwiderstehlichen animalischen Energie. Dieses Bild (beziehungsweise diese Phantasie) kann zwar durchaus eine Rolle spielen, jedoch sollten Frauen, bei denen der Herrscher erscheint, darüber hinaus die Möglichkeit in Betracht ziehen, daß die Karte sie selber meint – und dies sollten umgekehrt Männer auch bei der Herrscherin bedenken. Einer der Vorzüge von Tarot-Befragungen liegt darin, daß sie uns die Möglichkeit geben, uns auf verschiedene Arten zu sehen.

Wenn der Herrscher jemand anderen beschreibt, vor allem einen geliebten Menschen, wird dieser unwiderstehlich erscheinen. Er (oder sie) kann auch gefährlich sein, denn der Herrscher folgt seinen eigenen Wünschen ohne Gespür für andere. Ein Teil seines Reizes liegt in seinem enormen Selbstbewußtsein. Er kennt seine Macht und seinen Charme und zögert nicht, beides einzusetzen.

Steht der Herrscher für uns selbst, dann bedeutet er auch gewisse Gefahren: Arroganz, Empfindungslosigkeit, die Tendenz, andere durch Charme und Anziehungskraft zu manipulieren. Auf einer subtileren Ebene kann der Herrscher zudem Selbsttäuschung anzeigen: Er gibt sich vielleicht dem Gedanken hin, alles hänge von ihm ab. Wie die patriarchalischen Eroberer versuchten, die Geschichte auszulöschen, so kann der Herrscher bei einer Befragung den Wunsch anzeigen, die persönliche Geschichte auszulöschen. Dies mag bedeuten, daß man Menschen ignoriert, die einem geholfen haben. Es bedeutet vielleicht auch den Versuch, die Erfahrungen zu ignorieren, die einen zu dem gemacht haben, was man ist. Als komplementär könnte die Karte der Gerechtigkeit (XI) erscheinen, mit ihrer Forderung, das eigene Leben zu überprüfen.

Im besten Fall repräsentiert der Herrscher Energie und Verlangen.

Umgekehrt

Grundsätzlich weist zunächst jede umgekehrte Karte auf ein blockiertes Potential hin. Der Betreffende hat die Möglichkeit, Vitalität oder sexuelle Energie zu erfahren, jedoch geschieht dies aus irgendeinem Grund nicht. Wo das Problem liegt, müssen die anderen Karten zeigen.

Alternativ kann der umgekehrte Herrscher auch die Entwicklung von Sensibilität anzeigen. Der Betreffende lernt vielleicht, anderen besser zuzuhören. Die Karte kann auch Komplexität anzeigen, ein Bewußtsein für die tieferen Ursachen der Dinge.

Um die richtige Interpretation zu finden, muß man die übrigen Karten betrachten und schließlich seiner Intuition folgen.

V
Der Hierophant

Der hebräische Buchstabe für den fünften Trumpf ist Waw, was »Nagel« bedeutet, und in der Tat hat der Buchstabe eine solche Gestalt. Ein Nagel verbindet Dinge miteinander, und dies führt uns zum Kartenthema der religiösen Tradition, denn die Tradition hält eine Kultur zusammen. Durch seine phallische Gestalt bezeichnet der Nagel aber auch eine betont männliche Tradition. Die Rune Raido ≙ Rit (altenglisch »rad«; Lautwert r) bedeutet »Ritt« beziehungsweise »Rad«. Sie steht für das Ritual, ein wesentliches Element jeder Tradition. Das Ritual erfüllt verschiedene Aufgaben. Zunächst gibt es religiösen Lehren eine äußere Form. Das Ritual setzt Vorstellungen und spirituelle Erkenntnisse in Worte um, die die Menschen aussprechen, und in Handlungen, die sie ausführen können. In der jüdischen Tradition, die in dieser Karte zum Ausdruck kommt, besteht ein wesentliches Ritual darin, daß die Thora (die ersten fünf Bücher der Bibel) weggenommen und auf einen besonderen Tisch gelegt wird, wo das Gesetz verlesen wird. Bei diesem Ritual erleben die Menschen die Entfaltung der Spiritualität. In der christlichen Tradition spielt das Ritual sogar eine noch größere Rolle, insbesondere bei der Kommunion, bei der sich Brot und Wein wunderbarerweise in den Leib und das Blut Christi verwandeln.

Durch das Ritual werden die Menschen auch mit der Geschichte verbunden. Die Beschneidung der jüdischen Knaben und die Taufe der christlichen Babys erfüllt natürlich einen spirituellen Zweck, gibt den Menschen aber auch eine Tradition. Das Ritual bindet die Menschen aneinander, so daß sie eine Gemeinschaft bilden. Auch dies ist bei den Juden sehr stark ausgeprägt, wo für den Gottesdienst zehn Menschen erforderlich sind, damit ein »Minyan« oder Quorum zustande kommt. Der einzelne kann zwar auch für sich außerhalb der Synagoge beten, jedoch ist für ein »richtiges« Gebet diese Min-

Der Hierophant

destgemeinschaft der zehn erforderlich. Schließlich hilft das Ritual den Menschen auch über Krisen hinweg. Wenn jemand stirbt, fühlen sich Hinterbliebene, die sich nicht an ein Ritual oder eine religiöse Tradition halten können, häufig sehr allein gelassen oder auch schuldig, und es gelingt ihnen nicht, mit diesem Ereignis fertig zu werden. Wer seiner Trauer die Form eines Rituals geben kann, hat eher das Gefühl, alles Notwendige getan zu haben. Er kann getröstet des Toten gedenken, und das Leben geht für ihn weiter.
Das astrologische Zeichen für Trumpf V ist der Stier, das Element ist Erde. Beides steht für Manifestation, das heißt konkrete Realität. Bei den meisten Tarot-Spielen steht dieser

Trumpf in einem Bezug zur Hohenpriesterin (II). Bei manchen Spielen heißt dieser Trumpf sogar Der Hohepriester. Bei älteren Tarots ist die Nummer V der Papst und die II die Päpstin. Trumpf II bezeichnet die innere oder geheime Wahrheit, das Mysterium im Herzen der religiösen Erfahrung. Trumpf V bezeichnet die konkreten Arten, wie sich dieses Mysterium in der Welt ausdrückt – mit anderen Worten: die religiöse Tradition. In diesem Sinne spielt es kaum eine Rolle, ob sich die Karte auf die gewöhnliche etablierte Religion bezieht oder auf okkulte Lehren (wie beispielsweise beim Hierophanten im Spiel von Aleister Crowley). In jedem Fall symbolisiert das Bild spezifische Lehren, die aus der intuitiven Weisheit der Hohenpriesterin abgeleitet sind ($2 \times 5 = X$, die Zahl des jüdischen Minyan).

Der Stier ist das Symbol der männlichen Kraft und Sexualität. Wir wissen jedoch, wie solche Tiere eigentlich der Göttin als Gemahl »angehören« und ihr den Samen bringen, um sie fruchtbar und glücklich zu machen. In der Astrologie wird der Stier vom Planeten Venus beherrscht. Diese Verbindung sagt uns, daß die patriarchalische Religion, ihrem strikt männlichen Erscheinungsbild zum Trotz, ihre Kraft und Wirklichkeit aus der Herrscherin bezieht.

Wir sehen auf diesem Bild drei Generationen von Männern. Der Großvater füllt fast das gesamte Bild aus. Zu seiner Rechten tritt im Profil der Vater in das Bild ein. Unten erscheint außerhalb des Randes, aber nach innen blickend, der Hinterkopf eines Knaben mit einem Käppchen. Diese drei befinden sich in einem Raum mit einem Deckenfenster und einem weiteren Fenster zur Linken.

Die Gesichter nehmen trotz ihrer Dominanz eigentlich nur die rechten beiden Drittel des Bildes ein. Die rechte Seite bezeichnet die Dominanz des Denkens und des Intellekts in der männlichen Tradition. Die Gesichter sind aber einem Licht zugewandt, das im oberen Viertel der Karte leuchtet. Dieses Licht symbolisiert Gott, der in der patriarchalischen Tradition, ob es sich nun um diejenige der Juden, der Christen, der Moslems, der Hindus oder der Buddhisten handelt, immer der Herr des Lichts ist. Das Licht erscheint auf der linken Seite, im Dunkeln, wo es die nicht erkennbare Wahrheit des Göttlichen anzeigt. Diese Vorstellung, daß Gott alle menschlichen Begriffe übersteigt und außerhalb des materiellen Universums steht, ist einer der großartigsten Gedanken des Judentums. Das Licht fällt auf einen Schlüssel im unteren Teil des Bildes, der über den Seiten eines alten Buches in der Luft zu schweben scheint. Dieses Licht fällt auch auf die Rune R und beleuchtet teilweise die drei Gesichter.

Traditionell zeigt die Karte des Hierophanten einen Priester oder einen Papst auf einem Thron und zu seinen Füßen zwei Schüler. Die Schlüssel des Königreichs sind auf dem Thronpodest in Form eines X überkreuzt. Beim Haindl-Tarot sehen wir ebenfalls drei Gestalten, die jedoch eine Familie und nicht eine strenge Hierarchie bilden, wodurch der Gedanke zum Ausdruck kommt, daß die Tradition etwas ist, das von Generation zu Generation weitergegeben, also nicht von einer Amtskirche verwaltet wird. Wir sehen nur einen Schlüssel, der jedoch drei Zinken hat. Das Bild der überkreuzten Schlüssel ist in den gekreuzten Daumen der zum Gebet erhobenen Hände erhalten geblieben. Dieses subtile Bild, ein weiteres Beispiel für die Symbolökonomie Hermann Haindls, vermittelt die Idee der Gemeinsamkeit, des Sichzusammenschließens. Indem es die Schlüssel des heiligen Petrus ersetzt, drückt es zudem aus, daß uns das einfache Gebet mit Gott verbinden kann. Schließlich betont es auch den Vorrang der Gemeinsamkeit vor der Hierarchie.

Der Ausdruck der Gesichter, das Käppchen und in subtilerer Weise auch das Buch weisen auf das Judentum hin. Haindl wählte das Judentum für seine Karte der Tradition, weil er hier die positiven Werte der patriarchalischen Religion repräsentiert sieht und das Judentum, der »Vater« des Christentums wie des Islams (und doch ganz anders als diese beiden), in der europäischen Geschichte das Urbild des Patriarchats repräsentiert.

Der Herrscher (IV) symbolisiert die Arroganz der männlichen Religion. Auch der Hierophant ist nicht im Gleichgewicht, denn wir sehen keine Frauen; in der Tat hat das orthodoxe Judentum in seinen Ritualen keinen Platz für Frauen. Dennoch drückt sich im Hierophant große Sanftheit aus, eine Hingabe an

Gelehrsamkeit und Gebet. In der Weltmeinung gilt das Judentum als eine Kultur, die das Leiden sucht. In Wirklichkeit kann uns das Judentum gerade ein Bild des Lebens geben. Die Legende berichtet, daß sich der oberste Rabbi bei der Belagerung Jerusalems durch die Römer von seinen Schülern für tot erklären ließ, damit sie ihn in einem Sarg aus der Stadt schmuggeln konnten. Viele Kulturen (das heutige Israel wohl eingeschlossen, das in Masada den Massenselbstmord feiert) würden eine solche Flucht als feige betrachten. Der Rabbi aber wußte, daß sein Tod ebenso den Tod der Schule bedeuten würde. Sein Tod, wie heldenmütig er auch sein mochte, hätte niemandem gedient. Er mußte leben, um lehren zu können.

Das Buch und die Schlüssel davor symbolisieren die Thora, die fünf Bücher Mosis, und den »Schlüssel« zur jüdischen Kultur. Die Stiersymbolik erinnert an Moses, denn durch einen Fehler in der Bibelübersetzung glaubten die Christen, daß Moses und mithin alle Juden Hörner hatten – eine Vorstellung, die auch Michelangelos Moses belegt. Die Thora steht sowohl für den Gedanken einer schriftlichen Tradition wie auch für ein gottgegebenes Gesetz der menschlichen Ethik, wie es in den Zehn Geboten festgelegt ist. Das Buch symbolisiert die menschliche Kultur und das menschliche Wissen, denn die Schrift ermöglicht uns, diese Dinge von einer Generation zur nächsten weiterzugeben. Gleichzeitig hat das geschriebene Gesetz auch eine Schattenseite, denn es kann zu starr und von der unmittelbaren Erfahrungswelt der Menschen, insbesondere von der Natur, abgelöst sein. Das Gesetz wird absolut.

Auf dem Bild sehen wir drei Gestalten. Anders als bei der christlichen Dreifaltigkeit, deren dritte Person der Heilige Geist ist, sind es sämtlich Menschen – ein Symbol für die Tatsache, daß im Judentum die Ethik einen höheren Rang einnimmt als die Mystik. In der Bibel und in der Rabbinertradition lesen wir von Menschen (zum Beispiel Abraham), die wegen der leidenden Menschheit mit Gott rechten oder ihn sogar anklagen. Die drei Altersstufen Knabe — Erwachsener — alter Mann lassen uns an eine männliche Version der dreifachen Gottheit Mädchen — Mutter — Alte denken. Allerdings finden wir hier kei-

nen Hinweis auf einen Zusammenhang mit dem Mond oder der Erde.
Der Knabe erscheint außerhalb des Randes und blickt ins Innere. Durch die Beschneidung wird ein jüdischer Knabe in seine Tradition gestellt, jedoch wird er erst bei seinem Bar-Mizwa Mitglied der Gemeinschaft. Das Bar-Mizwa, bei dem der Dreizehnjährige vor der Thora steht und aus den Schriften liest, ist eine Initiationszeremonie. Anders als die Initiation beispielsweise in Australien oder Afrika, sind hiermit keine körperlichen Prüfungen oder furchterregenden Begegnungen mit Geistern verbunden. Es ist nichts weiter als Lerneifer erforderlich. Bis vor kurzem (und bei den orthodoxen Juden auch heute noch) waren nur Knaben zugelassen.
Die drei Zinken der Schlüssel symbolisieren ebenfalls die heilige Trinität. Jede Zinke hat ein Loch und ein herausragendes Stück, Symbole der weiblichen und männlichen Sexualität. Während die jüdische Tradition zwar den Sex hochhält (so werden die Juden am Sabbath zur geschlechtlichen Liebe angehalten), stellt sie doch Gott als rein männlich, dabei aber körperlos dar. Dadurch wird der Gedanke der göttlichen Sexualität ein esoterisches Geheimnis, das den gewöhnlichen Menschen verborgen ist und nur in Symbolen ausgedrückt wird. Der Sohar, der Grundtext der Kabbala, liest den Satz der Genesis »Männlich und weiblich schuf er sie« als »Männlich und weiblich, schuf er sie«, das heißt, Gott ist männlich und weiblich zugleich. Dieser Gedanke ist allerdings in den üblichen jüdischen Lehren nicht zu finden. In der jüdischen Sprache gibt es nicht einmal ein Wort für »Göttin«.
Und doch ist die Göttin, die Herrscherin, vorhanden – in den verschiedenen Repräsentationen der Zahl Drei, in der Sexualsymbolik des Schlüssels, im Bild des Stiers, der nicht nur zur Herrscherin (III) »gehört«, sondern auch zur Hohenpriesterin (II), denn die Hörner erinnern an die Sichelgestalt des Mondes. Als Moses die Verehrung des Goldenen Kalbes unterband, unterband er die Verehrung der Göttin. Als er das Goldene Kalb entfernte und seinem Volk die Thora gab, ersetzte er eine

(weibliche) Naturreligion durch eine (männliche) Religion des Gesetzes und des Wissens.
Auch die Nummer V des Hierophanten bringt uns zur Göttin zurück. Wir können sie in einer männlichen und in einer weiblichen Weise zerlegen: V = I + IV, also der Magier und der Herrscher. Naheliegender ist jedoch die Zerlegung in III und II, die Hohepriesterin und die Herrscherin. Fünf ist die heilige Zahl der Wicca, der Hexerei, jener Form des Göttinnenkults, der die patriarchalischen Jahrhunderte überlebt hat und in unserer Zeit wiederauftaucht.
Das heiligste Symbol der Hexen ist der Fünfzack (Drudenfuß). Wenn man einen Apfel nicht von oben nach unten, sondern von der Seite durchschneidet, sieht man in jeder Hälfte einen Fünfzack. Als Adam den Apfel von Eva annahm, nahm er das Gesetz der Herrscherin an – das größte Verbrechen für die patriarchalischen Hebräer. Der Fünfstern repräsentiert aber auch die Menschheit. Wenn man sich mit gespreizten Beinen und seitlich ausgestreckten Armen hinstellt, bildet der Körper mit dem Kopf einen fünfzackigen Stern. Deshalb ist der Fünfstern, die Zahl Fünf, die Verbindung Gottes mit den Menschen. Im Gedanken einer menschlichen Beziehung zum Göttlichen – durch Lehren, durch die Weitergabe von Traditionen von einer Generation zur nächsten – liegt der höchste Wert des Hierophanten.

Divinatorische Bedeutung

Im Hierophanten kommen verschiedene Gedanken zum Ausdruck, die jeweils in einer Befragung erscheinen können. Sie stehen im Zusammenhang mit drei miteinander zusammenhängenden Vorstellungen: Tradition, Gemeinschaft, Lehre. Die Tradition prägt einen großen Teil des üblichen Verhaltens, die Art, wie wir uns kleiden, wie wir Feiertage begehen, wie Männer und Frauen oder Eltern und Kinder miteinander umgehen. Der Hierophant kann eine Zeit im Leben eines Menschen anzeigen, in der traditionelle Muster einen starken Einfluß ausüben. Die-

ser Einfluß kann hilfreich sein, wenn er Halt in einer Krise gibt, auch auch problematisch, wenn er selbständiges Handeln verhindert. Sehr häufig drückt der Hierophant rollenkonformes Verhalten aus, so daß man nach den Erwartungen der Gesellschaft und nicht nach seinen eigenen Intentionen handelt.
Im Zusammenhang mit der Tradition zeigt die Karte den Einfluß von Institutionen. Dies können religiöse Institutionen sein, etwa die Kirche, die einen Katholiken bei Fragen wie der Geburtenkontrolle oder der Scheidung beeinflußt. Im allgemeineren Sinne kann die Karte sich auf die Gesellschaft und alle ihre Institutionen beziehen. Hierzu gehören unter anderem Organisationen wie Universitäten und Ämter oder aber soziale Einrichtungen, insbesondere die Ehe. Im Gegensatz zu den Liebenden, der nächsten Karte, zeigt der Hierophant die Stabilität und Festigkeit einer Ehe an. Dies wird meist ein positives Bild sein. Wenn ein Paar lange Zeit zusammengelebt hat, kann der Hierophant anzeigen, daß es zu einem Lebensstil gefunden hat, der beiden Halt und einen Rahmen für ihre Handlungen gibt. Im Zusammenhang mit der Ehe kann sich der Hierophant auch auf jede andere feierliche Verpflichtung beziehen.
Der Hierophant zeigt Gemeinschaft an, entweder den Einfluß der Gesellschaft als Ganzes oder einer kleineren Gruppe. Dieser Einfluß kann dem Betreffenden hilfreich oder hinderlich sein. Hat er das Gefühl, daß ihn die Gemeinschaft fördert? Oder schränkt die Haltung der Gemeinschaft seine Wahlfreiheit ein?
Im Zusammenhang mit einer Lehre finden wir beim Hierophanten die gleiche Dichotomie. Die Karte drückt den Wert des Wissens und der Bildung aus. Sie kann sich auf eine bestimmte religiöse Lehre, manchmal eine okkulte Gemeinschaft beziehen, allerdings auch auf Doktrinen. Und hier verliert sie ohne die Hohepriesterin (II) möglicherweise die innere Bedeutung, die solche Doktrinen erst wertvoll macht.

Umgekehrt

Die umgekehrte Karte kann die Probleme verstärken, aber auch anzeigen, daß der Betreffende in die entgegengesetzte Richtung geht. Der umgekehrte Hierophant kann auf gesellschaftlichen Druck hinweisen. Er mag eine Ehe oder eine längere Beziehung bezeichnen, in der die anfängliche Leidenschaft erloschen ist. Er vermag Doktrinen und Gedanken auszudrücken, die ihre Bedeutung verloren haben.

In der Regel weist jedoch der umgekehrte Hierophant darauf hin, daß der Betreffende solche Dinge ablehnt. Er kann die Weigerung anzeigen, eine leer gewordene Beziehung fortzusetzen. Dies muß nicht unbedingt eine Trennung bedeuten. Es kann auch darauf hinauslaufen, daß der Betreffende auf Veränderungen besteht oder lange unterdrückte Probleme angehen möchte.

Im allgemeinen Sinne steht der umgekehrte Hierophant für eine unorthodoxe, originelle Persönlichkeit. Dies kann manchmal auch zur Leichtgläubigkeit führen, denn ohne einen festen Standard, an dem man neue Gedanken mißt, ist der Betreffende vielleicht für alles Neue zu haben, sofern es nur aufregend und interessant ist.

Welche dieser Möglichkeiten treffen nun jeweils zu? Um dies entscheiden zu können, muß man die übrigen Karten betrachten. Wenn man einige Zeit mit den Karten gearbeitet hat, wird man entdecken, daß die Intuition zu den richtigen Bedeutungen hinführt. Man beachte aber stets, daß gleichzeitig mehrere Bedeutungen zutreffen können.

VI
Die Liebenden

Die Liebenden sind Karte Nummer VI. Am Baum des Lebens der Kabbala trägt die sechste Sefira (Kreis des Lichtes Gottes) den Namen Tiphareth, was »Schönheit« bedeutet. Tifereth ist der Kreis der Liebe, der die zentrale Position am Baum einnimmt und damit letztlich alle anderen Attribute zusammenhält.
Der hebräische Buchstabe ist Zain, was »Schwert« bedeutet. Dies erscheint für die Liebe vielleicht etwas unpassend, doch wird der Sachverhalt klarer, wenn wir in Betracht ziehen, daß auf den meisten traditionellen Versionen dieser Karte ein junger Mann dargestellt ist, der zwischen zwei Frauen wählt. Das Schwert, das etwas durchschneidet und in Teile zerlegt, symbolisiert den geistigen Akt der Unterscheidung, der sorgfältigen Trennung zwischen zwei Dingen. Eine solche Unterscheidung ist notwendig, um zwischen zwei Möglichkeiten die richtige Wahl zu treffen. Gleichzeitig sind Liebe und Sexualität diejenigen Bereiche unseres Lebens, in denen wir nicht nur verstandesmäßig wählen können. Wir müssen hier auch unserem Verlangen folgen. Das Schwert ist wie der Nagel auf der vorigen Karte ein phallisches Bild. Wir müssen uns darüber im klaren sein, daß in früheren Zeiten die meisten esoterischen Wege von Männern geschaffen wurden. Die Sexualität galt daher als männliche Angelegenheit. Selbst bei esoterischen Praktiken mit sexuellen Riten dienten die Frauen manchmal nur als Mittel, um den Mann zu erwecken und zu transformieren. Diese Blindheit gegenüber der Sexualität der Frau hat ihre Ursache in der patriarchalischen Gesellschaft im allgemeinen. Sexualität führt zur Unabhängigkeit, dies ist eines der Geheimnisse, das in der Karte ausgedrückt wird. Deshalb spricht der Herrscher also den Frauen nicht nur schöpferische und spirituelle Kraft ab, sondern bestreitet auch, daß sie eine eigenständige Sexualität besitzen. In manchen Gesellschaften, etwa im viktorianischen England, glaubten die Menschen, Frauen erduldeten den Sex ihren Männern zuliebe.

Die Liebenden

Die Einstellung gegenüber dem Geschlechtsleben der Frau hat sich weitgehend geändert. Frauen erkennen sich wieder als sexuelle Wesen. Es geschieht nicht zufällig, daß die Göttin jetzt wiederkehrt. Eine der zentralen Aussagen der Liebenden ist, daß die Sexualität zur spirituellen Erweckung führt. Die Herrscherin symbolisiert ja sowohl Vergnügen, wie sie auch als Göttin aufzufassen ist. Beim berühmten Rider-Tarot von A. E. Waite und Pamela Smith wurde aus dem jungen Mann, der eine Entscheidung fällt, ein reifes Paar, das beieinandersteht. Der Haindl-Tarot folgt dieser modernen Tradition, bei der sich die beiden als gleichberechtigte Partner verbinden.

Die Haindl-Version der Liebenden zeigt einen Speer, der auf

den Kelch weist, für das Element Feuer, während der Kelch für Wasser steht. Feuer und Wasser sind die Ursymbole für männlich und weiblich. Wie wir noch sehen werden, besteht der sechszackige Stern aus einem »Feuerdreieck« und einem »Wasserdreieck«. Daß diese beiden Elemente miteinander verbunden sind, stellt eine Beziehung her zur Alchemie wie auch zum Tantra, den altindischen Praktiken zur Erweckung der Kundalini durch sexuelles Yoga. Stern, Speer und Kelch, ja auch der Mann und die Frau verbinden diese Karte mit Trumpf XIV, der Alchemie. Beide Karten haben mit der Verbindung von Feuer und Wasser zu tun.

Die Rune für diese Karte ist Kano ≙ kan (Lautwert k). Der Name bedeutet »Fackel«, ein weiteres männliches Symbol, das in einer direkten Beziehung zu dem hier vorhandenen Bild eines Speers mit einer feurigen Spitze steht. Bei Beschreibungen von Kano findet sich »Lust« häufig als Schlüsselwort. Dabei wird jedoch stets betont, daß Lust nicht etwas Sündhaftes oder Destruktives ist, sondern vielmehr ein positiver Trieb, der zur Reproduktion und Produktivität führt. Nun ist natürlich die Erzeugung von Kindern ein sehr offensichtliches Ergebnis des sexuellen Verlangens. Aber auch andere Arten schöpferischer Handlungen entspringen der Lust. Freud beschrieb die Kunst als Sublimierung, als Kanalisierung der Sexualität. Jung betrachtete sie als Transformation, durch welche die gleiche Energie in eine genuin neue Form verwandelt wird. In gewisser Weise haben Freud und Jung hier nur eine moderne Formulierung für ein sehr altes Wissen gegeben. Die Bedeutungen von Kano beschreiben Feuer als eine eigenständige schöpferische Kraft: Der Herd kocht die Speisen und heizt das Heim, während das Schmiedefeuer es den Menschen ermöglicht, aus den Materialien der Natur Werkzeuge und schöne Dinge herzustellen.

Das Runensymbol zeigt einen sich gabelnden Zweig. Die ersten Organismen auf unserem Planeten waren Einzeller, die sich durch Teilung vermehrten, wobei jeweils zwei genaue Kopien des Originals entstanden. Dadurch erinnert die Rune an die Ursprünge des Lebens. Sie zeigt aber auch den Übergang von

solchen einfachen Formen zu getrenntgeschlechtlichen Arten. Die Rune weist auf diese Aufspaltung in männlich und weiblich, aber sie hat auch die Wiedervereinigung durch geschlechtliche Liebe zum Inhalt.
In der okkulten Tradition gilt das Geheimnis der Geschlechter als Modell für das Universum. Der Kosmos existierte ursprünglich als spirituelles Ganzes. Dann kam der »Abstieg« in die materielle Form und damit die Aufspaltung des Daseins in entgegengesetzte Pole, die sich in der männlichen und weiblichen Sexualität, aber auch in Phänomenen wie hell und dunkel und den positiven und negativen elektrischen und magnetischen Polen ausdrücken. Traditionen wie Alchemie, Tantra, Kabbala und Magie versuchen, diese beiden Pole wieder zusammenzubringen.
Die Form der Rune knüpft an Erdmysterien an. Ein gegabelter Baum spielt in der Schweiß-Zeremonie der amerikanischen Indianer eine Rolle. Bei dieser Zeremonie wird der Körper für das anschließende Ritual gereinigt. In Kano erkennen wir auch den Gabelzweig des Rutengängers. Viele Menschen halten solche Wünschelruten für Gauklertricks zum Auffinden von Wasser oder zur Weissagung der Zukunft. In Wirklichkeit dienen sie dazu, die natürliche Sensibilität eines Menschen auf die Energiemuster der Erde zu konzentrieren.
Das Tierkreiszeichen für Trumpf VI ist Zwillinge. Dieses Zeichen wird häufig als geistig orientiert beschrieben, scheinbar ein Widerspruch zu der sinnlichen Karte. Es steht aber auch für Dualität und bringt dadurch den gleichen Gedanken zum Ausdruck wie die Rune. Manche Astrologen sehen bei den Zwillingen mehr den Doppelaspekt, das körperliche Verlangen, dem die Spiritualität entgegengerichtet ist. Das Tierkreissymbol erscheint auf den ersten Blick phallisch. Es zeigt jedoch zwei Säulen, ein klassisches Symbol für die Vagina. Bei traditionellen Tarot-Spielen sitzt die Hohepriesterin zwischen zwei Säulen, ein Bild für die weibliche Pforte, aber auch für die Pforte zur Wahrheit. Die Zwillinge stehen daher in einem Zusammenhang mit der Hohenpriesterin (II), der weiblichen Urkarte, und dem Element des Wassers. Andererseits regiert Merkur über die Zwil-

linge, und Merkur ist der Planet des Magiers (I), der männlichen Urkarte (meist mit einem phallischen Stab in der Hand dargestellt) und des Elements Feuer. Die Zwillinge verbinden die beiden Pole.

Das Element für die Liebenden ist weder Feuer noch Wasser, sondern die Luft, das Element des Geistes. Natürlich ist auch die Erde vorhanden, denn vielfach wird heute noch die Sexualität als etwas »Schmutziges« empfunden. Durch unsere Sexualität sind wir mit der übrigen Natur verbunden. Wie wir gleich sehen werden, ist auf der Karte auch der uralte Gedanke angedeutet, daß die Erde selbst ein sexuelles Wesen ist.

Trumpf VI ist eine der komplexesten Karten, denn es geht um verschiedene fundamentale Problemstellungen, einschließlich der Natur des Spirituellen. Und doch ist das Bild durch seinen Gehalt an »Realität« auch einfach. Wir können es in der räumlichen Tiefe, aber auch in vertikale Spalten gegliedert betrachten. Hinsichtlich der räumlichen Tiefe beginnen wir mit den beiden Bäumen, denn diese stehen außerhalb des Randes, in der Realität der Erde verwurzelt. Es folgen die Frau und der Mann, die ihre Arme hinter dem Kelch verschränkt haben, danach beginnt das Land anzusteigen. Dahinter (und darüber) herrscht Dunkelheit, die eine Grenze zwischen der Erde und dem Himmel bildet. Am Himmel selbst sehen wir vorne den Speer, dahinter die Ziege, das Einhorn und die Rose im Sechszack. Man beachte die massiven Bäume, während die Menschen, vor allem ihre Beine, ganz leicht durchsichtig sind, die Rose gerade nur angedeutet ist und die Ziege mit dem Himmel verfließt.

In der Vertikalen sehen wir drei Spalten. Die linke besteht aus dem Baum, der Frau und der Ziege. Die rechte wird vom Baum, dem Mann und der Rose gebildet, während das aufsteigende Land, der Speer und der Kelch die Mitte einnehmen. Diese Spalten spiegeln den Baum des Lebens der Kabbala wider (siehe Abbildung im Kapitel »Die Herrscherin«). Der rechte und der linke Pfeiler des Baums repräsentieren die beiden Pole des Daseins, während der mittlere Pfeiler für die Harmonie steht, welche die beiden zusammenhält.

Das Runenthema der Zwei, die in eins zusammenfließen, taucht überall in der Karte auf. Wir sehen zwei Bäume und zwei Menschen mit jeweils zwei Symbolen über ihnen. Auch finden wir in der Mitte zwei Symbole; diese verbinden sich jedoch miteinander. Wie wir beim Magier (I) bereits gesehen haben, sind diese beiden Symbole, der Speer und der Kelch, Requisiten bei den Ritualen des Heiligen Grals. Der Kelch ist ja sogar der Gral selbst. Hermann Haindl hat ihn sehr einfach gemalt, um darzustellen, daß die spirituellen Qualitäten der Liebe nicht von der gewöhnlichen Erfahrung getrennt sind. Der Gral symbolisiert die Liebe selbst: die göttliche, die emotionale, die sexuelle Liebe.

Die Bäume erinnern uns an den Garten Eden mit seinem Baum des Lebens und dem Baum der Erkenntnis. Eden ist das Paradies (das Wort bedeutet im Hebräischen »Garten«). Viele Menschen glauben, daß Adam und Eva die Sexualität erst entdeckten, nachdem sie von der verbotenen Frucht gegessen hatten. Wenn wir jedoch den jüdischen Traditionen in diesem Punkt folgen, heißt es in den Kommentaren ausdrücklich, daß sie geschlechtliche Wesen waren. Der Sündenfall hatte zur Folge, daß sie sich ihrer Sexualität schämten, wodurch sie in die Isolierung sich selbst und Gott gegenüber gerieten. Die Karte führt uns daher zurück auf eine Betrachtung der sexuellen Liebe ohne Scham oder Feindseligkeit zwischen den Partnern, eine Betrachtung der Sexualität als ein Weg zurück zu Gott.

Wir sollten uns dabei im klaren sein, daß die Karte sich nicht nur auf heterosexuelle Beziehungen und auch nicht nur auf Paare bezieht. In vielen Kulturen praktizierten die Menschen sexuelle Riten in Gruppen, manchmal nur Männer oder nur Frauen, manchmal auch gemischt. Die Darstellung auf der Karte, die auf die biblische Tradition zurückgeht, zeigt einen Mann und eine Frau. Natürlich handelt die Karte von Problemen, die Mann und Frau betreffen, und die Art, wie sie miteinander umgehen. Dennoch bezieht sich das Grundthema der Liebenden, nämlich die Liebe, auf alle Menschen.

Die Bäume erinnern auch an eine Erzählung aus dem griechischen Mythos: Zeus und einige andere Götter verkleiden sich als Menschen, um ein älteres verheiratetes Paar zu besuchen. Obwohl die beiden nur sehr wenig besitzen, öffnen sie den Fremden ihr Haus. Zum Lohn für ihre Gastfreundschaft verwandelt Zeus sie in Bäume, so daß sie immer beisammenbleiben können. Neben der moralischen Lehre über den Wert der Großzügigkeit zeigt uns der Mythos auch ein Bild der Zusammenführung von Menschheit und Natur.

Die anschwellende Landschaft zwischen dem Mann und der Frau stellt die Erde als weiblich dar. Mit diesem Bild werden wir uns beim Gehängten (XII) noch ausführlicher befassen. Bei den Völkern der ganzen Welt findet sich die Vorstellung der Erde als Mutter, des Himmels als Vater. Dies ist nicht einfach eine abstrakte Idee. In unserer Tradition stellt man sich Religiöses gern »theologisch« vor, das heißt intellektuell und vom normalen Leben abgelöst. Bei anderen Völkern findet sich keine solche Trennung. Wenn wir die Erde und den Himmel als einem Geschlecht zugehörig betrachten, bringen wir unsere individuellen Liebesakte in eine Beziehung zu den Lebenserscheinungen in der Natur. Für die Menschen in weniger technischen Zeiten brachte der Frühling jedes Jahr eine Demonstration dieser Einheit. Wie ihr eigenes Verlangen nach dem Winter erwachte, so geschah es auch mit allem um sie herum, den Tieren in der Hitze, der Erde, die mit Knospen und Laub »schwanger« ging. Auf dem Bild sind die Bäume genauso groß wie die Menschen, ein Zeichen der Harmonie zwischen Menschheit und Natur. Ähnliches kommt auch in der Tatsache zum Ausdruck, daß die Farben des Landes mit den Farben der Menschenleiber verfließen. Sie sind halb durchsichtig und vereinigen sich so mit der Erde. Diese Transparenz drückt auch Leichtigkeit aus, die Empfindung, auf Wolken zu gehen, wie sie Verliebte haben.

Der Mann und die Frau sind etwa gleich groß, worin sich Gleichberechtigung ausdrückt. Die Frau erscheint nur eine Spur größer, ein Hinweis auf die Bedeutung des Weiblichen in der Liebe und in der Natur. Im Gegensatz zum Herrscher steht der Mann ganz ruhig, in einer graziösen, fast weiblichen Haltung. Das Haar der Frau ist üppig und reichgeschmückt. Bei vielen

Tierarten, wie etwa dem Pfau (siehe Gerechtigkeit [XI] und Tod [XIII]), balzen farbenprächtige Männchen um die Weibchen. Bei manchen menschlichen Kulturen bemalen und schmücken sich ebenfalls die Männer, jedoch ist dies heute meist Sitte der Frauen. Das Haar der Frau ähnelt hier dem verwitterten Felsen, den man auf vielen Karten findet, ein Zeichen für das Alter der menschlichen Sexualtraditionen.

Der Erdboden zeigt uns das Irdische an der Liebe. In den Menschen sehen wir die emotionale und persönliche Ebene. Über ihnen finden wir im Einhorn und der Rose die mystischen Qualitäten. Die Darstellungen werden von Ebene zu Ebene transparenter. Der Boden und die Bäume sind massiv. Die Menschen sind sowohl physisch als auch ätherisch. Die Sexualität ist die körperlichste und die am stärksten emotionale der menschlichen Erfahrungen. Das Einhorn und die Rose verfließen nicht nur mit dem Himmel, das Einhorn ist ein Kopf ohne Körper, während die Rose im Inneren des Sterns schimmert, eine rein geistige Form.

Mit seinem phallischen Horn symbolisiert das Einhorn Männlichkeit. Auf modernen Gemälden erscheint das Einhorn meist als Pferd mit einem Horn. Auf manchen älteren Bildern ist es eine Ziege, wie auch in unserem Fall. Auch die Ziege symbolisiert männliche Sexualität oder, besser gesagt, eine Art von Sexualität, die wir meist für männlich halten: eine drängende Kraft, die den Betreffenden beherrscht. Dieses Thema ist ausführlicher beim Teufel gestaltet, Trumpf XV (die Quersumme von 15 [der Teufel] ist 6: Die Liebenden [VI]!).

Die Rose symbolisiert die weichere, subtilere Sexualität, die wir meist mit Frauen assoziieren. Bei der Karte der Sonne werden wir sehen, wie die Rose traditionell das Weibliche repräsentiert. In unserer Zeit schenken sich die Menschen Rosen, um sich ihre Liebe zu zeigen. Da sie die Farbe des Blutes haben, repräsentieren Rosen nicht nur die Liebe, sondern auch das Leid. Die Menschen leiden an der Sexualität: Wir sind von ihr besessen, oder wir fühlen uns zurückgestoßen, oder der Körper brennt vor Verlangen. Tiefer geht das Leid noch, wenn ein geliebter Mensch oder die Liebe selbst stirbt.

Die Rose ist natürlich, sinnlich, wollüstig. Der Stern ist streng, eine Idee. Die Blätter an den sechs Zacken verbinden beides. In gleicher Weise ist der menschliche Geist sowohl emotional als auch philosophisch.

Der sechszackige Stern ist ein uraltes Bild. Die meisten Menschen halten ihn heute für ein Symbol des Judentums. Dieser Gedanke, der auf eine Überlieferung zurückgeht, nach der König David dieses Zeichen auf seinem Schild führte, ist in Wirklichkeit jüngeren Datums. In Europa geht das Symbol auf das Siegel Salomons zurück, ein magisch-alchemistisches Symbol, das von den Arabern übernommen wurde. Wir finden den Stern auch in Indien, vor allem beim Tantra. Beim Haindl-Tarot steht er in einem Zusammenhang mit Hagal, der Rune der Mutter.

Die beiden Dreiecke zeigen männlich und weiblich, Feuer und Wasser als kosmische Kräfte. Wenn wir die Karten genau betrachten, sehen wir, daß das nach oben weisende Dreieck golden, das nach unten weisende blau ist. Sie sind jetzt zwar abstrakte Zeichen, können aber doch vom Körper abgeleitet sein: Ein nach unten weisendes Dreieck steht für das weibliche Schamhaar, während das nach oben weisende an das aufgerichtete Glied erinnert. Mit anderen Worten, der Stern bezeichnet die sexuelle Vereinigung.

In tantrischen und gnostischen Riten dient die sexuelle Vereinigung als Mittel zur Erweckung kosmischen Verständnisses. Durch die Erregung in Verbindung mit Meditation erwacht die sexuelle Energie des Körpers, die Kundalini, steigt durch die Wirbelsäule nach oben und wird transformiert. Dies ist etwas anderes als die heidnische Praxis des sexuellen Genusses, der die Menschen mit den Zyklen der Natur verbindet. Beim Tantra versucht der Betreffende, die Natur zu transformieren. Der Mann vermeidet den Orgasmus, weil dadurch die aufgebaute Energie freigesetzt und wieder zurücksinken würde.

Die Gnostiker verbanden einen Teil dieses Gedankenguts mit christlichem Mythos. Sie bezeichneten Jehova, den eifersüchtigen Gott der Genesis, als einen falschen Gott, der das materielle Universum schuf, um den Geist in der groben Materie einzukerkern. Sie sahen die Schlange als den Helden, denn indem sie die Frau zum Baum der Erkenntnis (Gnosis) führte, ebnete sie ihr den Weg zur Befreiung.

Die moderne Archäologie und die vergleichende Religionswissenschaft liefern uns eine weitere radikale Neuinterpretation des Paradiesberichts. Merlin Stone und Joseph Campbell haben jeweils eine ältere Fassung der Geschichte vorgelegt. Hier ist es nicht der erzürnte Herr, der Menschen aus einem vor langer Zeit gewesenen Garten vertreibt, weil sie einen Apfel gegessen haben. Wir sehen hier vielmehr eine Frau (die Große Mutter), die Initiierte in ihren schon dagewesenen und allzeit fortbestehenden Paradiesgarten führt, in dem sie ihnen ihre magischen Äpfel *schenkt*.

Wie kam es zu dieser Umkehrung der Erzählung? Stone und Campbell stellen die Hypothese auf, daß die patriarchalischen Hebräer (Der Herrscher) versuchten, die alte Religion der Göttin (Die Herrscherin) zu diskreditieren. Sie unterdrückten ihre Initiationszeremonie und stellten sie anschließend auf den Kopf, indem sie die Göttin in eine ungehorsame Ehefrau verwandelten. Die Schlange wurde zum Erzbösewicht umgepolt; denn in Kanaan, wie an so vielen anderen Orten, wurde die Schlange ursprünglich als das heiligste Tier der Göttin verehrt. Auf alten Darstellungen, welche die Göttin zeigen, wie sie Früchte von ihrem Baum des ewigen Lebens reicht, windet sich die Schlange um ihre Arme und den Baum selbst.

Bei der Erörterung all dieser verschiedenen Fragestellungen der Sexualpolitik und der spirituellen Realität, der Rituale des Heiligen Grals und des Heidentums, des gnostischen Mythos und der gewöhnlichen Liebe könnte man den Eindruck bekommen, daß wir uns nur den alten Praktiken wieder zuwenden müßten, um Erleuchtung, wenn nicht gar Unsterblichkeit zu erlangen. Aber so einfach ist der Weg zum göttlichen Bewußtsein nicht beschaffen. Wenn dem so wäre, bräuchten wir kaum Bilder wie den Tarot, um den Weg zu finden. Irgend etwas in uns hindert uns daran, unsere Seele und unser Leben für die großen Wahrheiten zu öffnen, die in Mythos und Religion dargestellt sind. Die Gnostiker beschrieben den Geist als Gefangenen der Materie. Beim Haindl-Tarot sehen wir eine dunkle Grenzlinie, die Erde und Himmel voneinander trennt. Diese Grenzlinie symbolisiert die Schwierigkeit, über unsere Schwächen hinwegzukommen. Sie steht für Unwissenheit, Furcht, Isolation sowie unsere Unfähigkeit, zu lieben oder uns selbst einem anderen Menschen hinzugeben. Obwohl der Tarot dies klar erkennt, bleibt er optimistisch. So wie die Füße des Mannes und der Frau in den Boden übergehen, reichen ihre Häupter ebenso wie der Gral über die Grenzlinie hinaus. Der Gral symbolisiert sowohl einen Weg der Initiation als auch die göttliche Liebe, die uns solche Wege eröffnet. Die Anwesenheit des Grals auf der Karte der Liebenden zeigt an, daß uns menschliche Liebe in der Tat über unsere Schwächen erheben kann.

Wir haben nun verschiedene Themen in dieser komplexen Karte entdeckt. Wir können sie auf drei Ebenen zusammenfassen, die in den Körpern der beiden Menschen vereinigt sind.

1. Menschliche Liebe. Dies ist das Thema, das unserer gewöhnlichen Erfahrung am nächsten steht. Die Karte zeigt uns das Bild zweier verliebter Menschen. Ihre Arme sind überkreuzt, und sie halten das Symbol ihrer Freude. Sie gehen auf Luft, sie stehen fest und voll Sinnlichkeit zugleich. Im Gegensatz zu den herkömmlichen Assoziationen der Jugend oder Lust zeigt uns dieses moderne Bild den Wert der Liebe und des Verlangens im Leben des Menschen.

2. Spirituelle Riten. Durch die Bezüge zum Tantra, zur Gnostik und zur Alchemie führt der Tarot die grundlegende esoterische Vorstellung ein, daß die Sexualität die Schranken zwischen Materie und Geist überwindet. Sex ist diejenige Betätigung, die uns am intensivsten unsere Körperlichkeit erleben läßt, die uns am stärksten unseren Zerstreuungen entreißt, unserem Gefühl der Isoliertheit gegenüber anderen Menschen und der Welt selbst. Wegen dieser Eigenschaft kann uns die sexuelle Liebe zur spirituellen Erweckung führen.

3. Die Sexualität der Natur. Durch die sexuelle Liebe können wir etwas von jener archaischen Empfindung zurückgewinnen, daß die Welt lebendig ist und sich durch das Verlangen erneuert und zur Erfüllung gelangt. Wenn wir erkennen, daß die Götter

sexuell sind, wenn wir, wie moderne Hexen, eine Göttin oder einen Gott verehren, der sagt: »Alle Akte der Liebe und des Vergnügens sind meine Rituale«, dann werden wir auch erkennen, daß uns unser Verlangen mit dem übrigen Dasein verbindet.
Hinter all diesen Dingen verbirgt sich ein machtvoller Gedanke: Sex und Spiritualität sind keine Gegensätze, sondern in Wirklichkeit zwei Erscheinungsformen der gleichen Realität. Die meisten Menschen werden anerkennen, daß die Sexualität in unserem Leben eine ungemein wichtige Rolle spielt. Auch wenn wir durch Einfluß oder Umstände sexuell inaktiv sind, speist diese Energie unsere Aktivitäten. Sex ist eine Grundbedingung unserer Existenz. Die spirituelle Sehnsucht ist es ebenfalls. Der Tarot sieht Gott nicht als etwas Vages und Unbekanntes, das außerhalb der Welt steht. Gott beziehungsweise die Göttin erfüllt unser ganzes Dasein – auch uns selbst. Wenn wir unser eigenes Wesen und die Gesetze der Natur verstehen, werden uns unsere eigenen Handlungen, insbesondere die Liebe, zu Gott führen.

Divinatorische Bedeutung

Die Karte der Liebenden kann einfach bedeuten, daß für den Betreffenden die Liebe eine wesentliche Rolle spielt. Meistens weist sie aber auf eine bestimmte Beziehung hin, die für ihn sehr wichtig ist. In der Regel besagt die Karte, daß man an einem geliebten Menschen Halt findet. (Ich benutze hier den Ausdruck »geliebter Mensch«, um alle Arten von Liebesbeziehungen einschließlich der Ehe zu erfassen.) Die beiden Menschen haben etwas Kostbares zwischen sich aufgebaut. Durch ihre Beziehung haben sie Verständnis, Freude, vielleicht Mut gefunden – Dinge, die sie allein nicht erreicht hätten. Gemeinsam halten die beiden den Gral. Der Kelch symbolisiert die Liebe zueinander und den Sinn, den sie ihrem Leben gegeben hat.
Die Position der Karte bei einer Befragung kann bei den Lie-

benden eine wichtige Rolle spielen. Wenn sie als erste oder zentrale Karte erscheint, bedeutet dies, es geht um eine Beziehung. Erscheint sie in einer Position wie etwa den »Hoffnungen und Ängsten« beim Keltischen Kreuz, heißt dies, der Betreffende ersehnt eine solche Beziehung – oder er fürchtet sie, denn wir dürfen nicht vergessen, daß die Menschen häufig die auf der Karte dargestellte Bindung scheuen. Die Karte sagt nicht, man solle sein Selbstgefühl aufgeben. Sie verlangt vielmehr eine wahrhaftige Öffnung gegenüber einem anderen Menschen. Bei den »Hoffnungen und Ängsten« können sich die Liebenden auf eine bestimmte Person beziehen. Der Klient ist einem Menschen begegnet, mit dem er eine Beziehung eingehen möchte. Oder es hat sich eine Partnerschaft angebahnt, und der Klient hofft, sie entwickelt sich weiter.

Wenn die Karte in einer Position erscheint, die vergangene Erfahrungen anzeigt, heißt dies nicht unbedingt, eine Beziehung sei zu Ende gegangen. Sehr oft ist die Aussage die, daß eine solche Zweisamkeit im Leben des Betreffenden eine wichtige Rolle gespielt hat. Ob dies noch zutrifft oder nicht mehr, muß sich aus den anderen Karten ergeben.

Wenn die Karte in einer Position erscheint, die für andere Menschen steht, bezeichnet sie meist die Zuneigung eines geliebten Menschen. Manchmal erscheinen die Liebenden in einer Position, welche die Bedeutung der Beziehung anzeigt, während auf der Position »Umwelt« eine feindliche oder einfach zurückgezogene Gestalt (wie etwa Der Eremit) liegt. Dies weist darauf hin, daß der Partner vielleicht eine Weile allein sein muß.

Möglicherweise stehen die Liebenden für den Betreffenden allein und nicht für eine Partnerschaft. Wie andere esoterische Traditionen benutzt auch der Tarot männlich und weiblich, um verschiedene Bewußtseinszustände zu bezeichnen. Der Mann symbolisiert Verstand, Logik, Entschlußkraft und Aktivität. Die Frau repräsentiert Gefühl, Intuition, Empfindsamkeit und, beim Haindl-Tarot, Kreativität. Keine der Gestalten auf dem Bild hält den Kelch allein, sie halten ihn gemeinsam, so wie sie ihn auch gemeinsam ansehen. Die Karte lehrt uns, daß wir unsere männlichen und weiblichen Aspekte harmonisieren müssen.

Dies ist die gleiche Aussage wie bei der Rune. Bei einer Befragung bedeutet das also, der Betreffende hat diese unterschiedlichen Qualitäten in Einklang gebracht. Wir sollten uns jedoch darüber im klaren sein, daß die Karte in der überwiegenden Mehrzahl der Fälle letztendlich dennoch eine Liebesbeziehung anzeigt.

Umgekehrt

Die Liebenden in umgekehrter Position können anzeigen, daß eine Beziehung zu Ende geht. In der Regel weisen sie jedoch nur auf Schwierigkeiten in einer Zweisamkeit hin. Man streitet sich, oder man verschließt sich gegenüber dem Partner. Ob dies Vergangenheit ist oder ob es in der Gegenwart beziehungsweise in der Zukunft geschieht, kann aus der Position der Karte und den übrigen Karten ermittelt werden.

In einer Position wie zum Beispiel der »Grundlage« beim Keltischen Kreuz kann die umgekehrte Karte den Mangel an Liebe im Leben des Betreffenden anzeigen. Die Folgen dieses Mangels zeigen andere Karten. Sie können Unsicherheit oder Einsamkeitsgefühle zum Vorschein bringen. Nehmen wir einmal an, die Zentrumskarte sei der umgekehrte Magier und die Grundlage seien die umgekehrten Liebenden. Der Magier würde aussagen, daß der Betreffende sich schwach fühlt und Schwierigkeiten hat, im Leben aktiv zu sein. In diesem Fall könnten wir für die umgekehrten Liebenden zwei mögliche Bedeutungen erwarten. Erstens wäre möglicherweise das Magier-Problem akut, man hat beispielsweise zur Zeit Kummer mit einem geliebten Menschen. Die zweite Bedeutung würde auf ein längerfristiges Problem hinweisen, das auf Einsamkeit beruht. Es können natürlich auch beide Bedeutungen zugleich zutreffen. Schwierigkeiten mit einem geliebten Menschen oder Zurückweisung könnten zu tieferen Problemen führen.

Wenn wir die Karte als Metapher einer harmonischen Persönlichkeit auffassen, dann zeigt die Umkehrung einen Verlust des Gleichgewichts an. Der Betreffende ist übermäßig rational oder übermäßig emotional geworden. Er handelt ohne inneres Gespür dafür, was recht ist, oder aber sein Gefühlsleben wird bei allem so sehr beansprucht, daß er überhaupt nicht mehr handeln kann. Die anderen Karten verschaffen darüber Klarheit, in welche Richtung sich der Betreffende bewegt hat. Der Deuter kann den Betreffenden auf den Verlust der Harmonie hinweisen und ihm klarmachen, welche Eigenschaften er reaktivieren muß.

VII
Der Wagen

Die Zahl Sieben bedeutet traditionell »Sieg« oder »Triumph«. Als die Summe aus drei und vier weist sie auf eine Verbindung des Herrschers mit der Herrscherin hin. Der hebräische Buchstabe für Trumpf VII ist Chet, was »Zaun« bedeutet, insbesondere die Umzäunung eines Feldes. Das Bild läßt an Kultivierung denken, die Bändigung der Natur durch den menschlichen Geist. Wie ein Zaun aber den sicheren Bereich bezeichnet, den er umschließt, so erinnert er auch an die Welt außerhalb des Zaunes. In früheren Zeiten, als der größte Teil der Natur noch unberührt war, befanden sich die Siedlungen buchstäblich hinter Zäunen beziehungsweise Mauern, die den Menschen vor wilden Tieren wie auch menschlichen Feinden schützten. Da wir heute die Natur weitgehend »im Griff« haben, halten wir manchmal die ganze Welt für sicher, kartographiert, begreifbar. Aber wir leben immer noch innerhalb des Zaunes. Das Dasein bleibt unergründlich und geheimnisvoll, ja sogar beängstigend. Wenn etwas geschieht, das unsere festen Vorstellungen von dem, was wir »Realität« nennen, hinwegfegt, wenn wir uns einen Augenblick lang außerhalb des Zauns finden, steigt kaum gekannte, abgrundtiefe Angst auf.

Der Wagen symbolisiert traditionell den Zaun der Zivilisation, die »steuernde Intelligenz«, wie es in manchen Kommentaren heißt. Als Nummer VII repräsentiert die Karte einen Sieg des menschlichen Willens über die gewöhnlichen Probleme des Lebens. Es bleibt dann den späteren Karten, etwa dem Mond, vorbehalten, wieder über die bekannten Bereiche hinauszugehen.

Im Haindl-Tarot ist der Gedanke des Willens beibehalten, aber gleichzeitig weitergeführt, indem hier die Konfrontation der Willenskraft mit der Angst dargestellt ist. Das Selbst – die Gestalt im Boot – fährt auf dem wogenden Meer des Lebens, vom Urtier getrieben, das sich hinter der Schulter gerade außer-

Der Wagen

halb des Sichtbereichs befindet. Und doch bleibt die Gestalt gelassen, unerschüttert.

Die Rune ist Hagal (Lautwert h), das Hagelkorn, das Muster des Universums. Dies führt uns wiederum über das Thema der Zivilisation hinaus, wobei die Vorstellung beibehalten wird, daß der Wagen die Fähigkeit darstellt, im Chaos des Lebens Ordnung zu schaffen. Hagal verbindet den Wagen auch mit der Herrscherin (III) und dem Schicksalsrad (X). Hagal ist mit dem Wort »heilig« verwandt. Wenn wir die Runen beim Teufel (XV) und beim Turm (XVI) betrachten, sehen wir, daß Hagal die Verbindung dieser beiden darstellt. Da die Runen dort »Mann« beziehungsweise »Frau« bedeuten, ist Hagal androgyn. Als das

Urmuster kehrt sie zu dem Zustand zurück, als männlich und weiblich noch nicht gespalten waren. Ihre Form verbindet auch oben und unten, Himmel und Erde.

Eine Verbindung zur Herrscherin finden wir im Tierkreiszeichen Fische. Venus, der Planet der Herrscherin, ist im Zeichen der Fische »erhöht«. Wir sehen hier eine Mondsichel unterhalb von Hagal. Viele der Themen, die in diesem Trumpf angesprochen werden, tauchen üblicherweise erst beim Mond auf. Das Element ist Wasser, es symbolisiert das Leben und das Unbewußte. Bei vielen Versionen dieser Karte sieht man einen römischen Streitwagen am Ufer eines Flusses, häufig ohne Räder. Der ruhig strömende Fluß zeigt, daß der Wagenlenker Herr über seine Gefühle ist. Die fehlenden Räder deuten das solide Fundament seines Erfolgs im Leben an. Beim Haindl-Tarot ist dies alles anders. Das Bild ist kraftvoller, aber gleichzeitig auch beunruhigender.

Der Wagen ist derjenige der Trümpfe, der den meisten mythischen Gehalt hat. Er existiert in einer visionären Welt eigener Imagination und weckt tiefe Assoziationen zu Mysterium und Macht. Wir sehen ein Boot mit Rädern, das durch eine aufgewühlte See pflügt. Das Boot ist rot, die Farbe der Energie. Ein rötlicher Schein, der sich um Stirn und Kopf verdichtet, umgibt die Gestalt, die im Boot steht. Das Boot ist mit gewaltigen glänzenden Steinblöcken beladen, die tiefe Aushöhlungen aufweisen, um ihr hohes Alter anzudeuten. Dies verleiht dem Bild eine zusätzliche archaische Qualität, die Idee einer Erfahrung, die älter ist als die Zivilisation. Die Steine sind zu Blöcken behauen, ähnlich den Blöcken, aus denen die Pyramiden errichtet wurden (bei esoterischen Versionen des Wagens finden sich häufig zwei Sphingen anstelle der Pferde). Wie das Symbol des Zauns – und wie die Pyramiden selbst – repräsentieren die behauenen Steine die Herrschaft des Menschen über die Natur. Und doch haben wir hier nicht die Empfindung, die Gestalt habe die Natur in ihre Gewalt gebracht. Der mutige Sinn – und die Karte ist ein Emblem des Mutes – stellt sich der Welt mit all seiner Kraft gegenüber, sucht dabei aber mehr die Beherrschung seiner selbst als Gewalt über die Umwelt.

Der untere Teil der Steine scheint zu schmelzen und sich in Wellen zu verwandeln, während das Boot voraneilt. Dadurch verbinden sich die beiden »weiblichen« Elemente Erde und Wasser. Ähnliches drückt das Boot mit den Rädern aus, das zu Land wie auch zu Wasser fahren kann. Viele Mythologien berichten uns, das Land sei ursprünglich aus dem Wasser hervorgegangen. In der Bibel wird beschrieben, wie Gott bei der Erschaffung der Welt die Wasser voneinander schied.
Über den Steinen steht ein Mensch. Traditionell ist der Wagenlenker ein Mann (wenn auch bei einigen sehr alten Spielen eine Frau dargestellt ist), und die Karte bezeichnet die männliche Willenskraft. Wiewohl die Karte seine eigenen Erfahrungen ausdrückt, besteht Hermann Haindl doch darauf, daß die hier dargestellten Qualitäten auch für Frauen gelten. Deshalb stellte er die Gestalt androgyn dar. Bei Befragungen zeigte ich diese Karte einigen Freundinnen und bat sie um ihre Meinung. Alle hielten die Gestalt für weiblich.
Trotz der rasenden Fahrt des Bootes und des Feuers um die Gestalt steht er/sie unerschüttert, die Arme ausgebreitet, um Offenheit gegenüber dem Leben zu demonstrieren. Über und hinter dem Menschen erscheint der riesige Kopf eines mythischen Tieres, einer Mischung aus Eber und Wolf. Es stürmt aus einer großen Entfernung heran, das Maul zu einem schwarzen Loch aufgerissen. Unter dem Augenpaar ist ein zweites Augenpaar angedeutet. Das linke untere Auge ist aber der Kopf des Wagenlenkers. Ein violetter Schimmer umgibt den Kopf des Ebers. Violett ist die Farbe des Scheitel-Chakras, der am höchsten entwickelten Bewußtseinsebene (siehe auch Die Gerechtigkeit [XI] und insbesondere Der Gehängte [XII]). Man könnte meinen, diese Farbe habe mit einem finsteren Tier am allerwenigsten zu tun. Wenn wir uns aber wirklich mit unseren tiefsten Ängsten und Instinkten auseinandersetzen, entdecken wir, daß sie die Quelle der Energie sind, die in Spiritualität umgewandelt werden kann. Der Scheitel ist das siebte Chakra. Die Sieben bezeichnet den spirituellen Sieg.
Auf der rechten Seite sehen wir unterhalb von Hagal in Höhe des Tierkopfes eine Mondsichel. Bei genauerer Betrachtung

stellen wir fest, daß der volle Umfang des Mondes dargestellt ist, wobei sich im dunklen Mittelpunkt ein Stern befindet. Diese Darstellung, die vom Magier übernommen ist, erinnert an das berühmte Yin-Yang-Symbol, das den ständigen Wechsel von hell und dunkel, von Aktivität und Ruhe darstellt. Bei den meisten Tarot-Spielen hält der Wagenlenker zwei Pferde oder Sphingen zusammen, von denen eine(s) schwarz, eine(s) weiß ist.
Hermann Haindl hat den Wagen als *seine* Karte bezeichnet. Sie steht für die Empfindung, »von der Zeit gehetzt« zu werden – ein Ausdruck, den er gebrauchte, als wir uns über das Bild unterhielten. Deshalb sehen wir Geschwindigkeit auf der Karte: das nach vorn schießende Boot, vom Meer getragen, dem Symbol der Emotion des Lebens und damit der ständigen Anwesenheit des Todes. In Walt Whitmans großartigem Gedicht *Out of The Cradle, Endlessly Rocking* bittet der junge Poet das Meer, das »endgültige Wort« zu flüstern, das »über allen anderen steht«. Die Wellen antworten »mit dem leisen und köstlichen Wort Tod«.
Tief in unserem Inneren tragen wir alle das Wissen, daß wir jeden Augenblick sterben können. Die meisten von uns unterdrücken die größte Zeit ihres Lebens dieses Wissen, wie wenn wir ewig lebten. Werden wir älter, können wir dieser Einsicht immer weniger ausweichen, wie sehr wir auch versuchen, nicht daran zu denken. Hermann Haindl begegnete dieser Erkenntnis schon früh in seinem Leben. Als junger Mann mit sehr wenig politischem oder spirituellem Bewußtsein kam er im Zweiten Weltkrieg zum Militär. Er geriet in russische Gefangenschaft, wo er jahrelang nicht wußte, ob er den nächsten Tag noch erleben würde. Hermann Haindl wurde von den Aufsehern gezwungen, sein eigenes Grab zu schaufeln, und mehrmals hätten sie ihre Drohung, ihn zu töten, wahrmachen können.
Hermann Haindl erzählt diese Erlebnisse nicht, um sich in ein besonderes Licht zu stellen, und gewiß nicht deshalb, um die eigenen Greueltaten der Deutschen vor und während des Krieges zu entschuldigen. Er sieht sie einfach als eine der Quellen seines Wissens. An den Rand der Existenz geschleudert, wo alle

Normen unserer Gesellschaft außer Geltung gesetzt waren, hat er für sich ein Prinzip des Lebens erkannt. Im »erkennenden« Verstehen liegt eine Möglichkeit, unsere Ängste zu bewältigen, unsere Sterblichkeit zu akzeptieren und dieses Erkennen als Quelle der Energie zu nutzen.

Das Boot symbolisiert die Fähigkeit, die Angst zu überwinden. Durch Schiffe haben die Menschen die gefährliche See zu einer Straße und einer Nahrungsquelle gemacht. Die Kraft der See wird dadurch nicht gebrochen, aber die Menschen haben durch Schiffe die Möglichkeit, diese Kraft zu nutzen.

Das Tier betont die mythische Eigenschaft der Karte. Hervorstürzend symbolisiert es ein lange verborgenes Schreckbild, das im Augenblick der Panik an die Oberfläche kommt. Es steht für unsere tiefsten Triebe und Ängste, undefinierbar und ungebändigt, unterhalb der Bewußtheit und Sicherheit der Zivilisation. Der Rachen ist aufgerissen, um uns an die Angst vor dem Abgrund, dem Verschlungenwerden und der Dunkelheit zu erinnern.

Das Tier erscheint im Nacken. In Situationen, in denen archaische Ängste auftauchen (etwa beim Gang durch einen finsteren Wald), hat man häufig das Gefühl, daß einem etwas »im Nakken sitzt« und gerade nicht zu sehen ist. Wenn ein Schamane sich zu seiner gefährlichen Reise in das Land der Geister aufmacht, warnt ihn der Lehrer häufig davor, sich umzusehen. Er wird sagen: »Was auch immer du hinter dir hörst oder fühlst, blicke nicht über die Schulter.« Orpheus reist in das Totenreich, um Eurydike zurückzubringen. Sie darf ihm folgen, aber nur unter der Bedingung, daß er sich nicht umblickt, bis sie den Hades verlassen haben. Orpheus blickt dennoch über die Schulter und verliert Eurydike für immer. In der Sage heißt es, er sehe sich aus Ungeduld um – oder aus Angst, daß Eurydike ihm nicht folge. Vielleicht blickt er sich aber gerade deshalb um, weil er das unheimliche Gefühl nicht los wird, daß ihm etwas anderes als Eurydike folgt.

Das Tier kann die Begegnung des Schamanen mit der Furcht symbolisieren, aber es steht auch für Meisterschaft. Wenn der Reisende nämlich seine Fahrt zu Ende führt, begegnet ihm ein

Hüter, ein Geistwesen in Gestalt eines Tieres. In den alten Stammeskulturen Europas zählte jede Gemeinschaft auf den Schutz ihres Totemtiers.

Der Gedanke des archaischen Schreckens erscheint meist bei der Karte des Mondes (XVIII), das heißt einem der letzten Trümpfe. Durch das Vorziehen auf Nummer VII wird beim Haindl-Tarot die Notwendigkeit betont, die Angst anzuerkennen und zu überwinden. Traditionellerweise triumphiert der Wagen über Herausforderungen »bei Tageslicht«: wie man Karriere macht, einen Platz in der Welt findet, eine Familie gründet. Der Haindl-Wagen zeigt uns einen »nächtlichen« Triumph: Der Mensch setzt sich mit seinen tiefsten Ängsten auseinander. Dieses Thema der Auseinandersetzung ist jedoch nur die halbe Wahrheit. Die andere Hälfte, die Empfindung der Einheit mit dem Leben, die uns über die Furcht hinaushebt, finden wir beim Gehängten (XII), wo das Thema des Todes wiederkehrt. Der Wagen zeigt uns jedoch etwas sehr Reales: Um eine ganze Persönlichkeit zu werden, um unser Leben zu meistern, brauchen wir diesen schamanistischen Sieg.

Divinatorische Bedeutung

Der Wagen zeigt vor allen Dingen die Bedeutung der Willenskraft für die Auseinandersetzung mit den Problemen, die in der Befragung zutage treten. Wenn er beim Keltischen Kreuz in der Position »Selbst« erscheint, besagt dies, daß der Betreffende einen starken Willen hat, der ihm helfen wird, zu einem befriedigenden Ergebnis zu kommen. In einer schwierigen Situation kann er auch die Entschlossenheit durchzuhalten anzeigen. Die Meditation mit dieser Karte vermag die Willenskraft des Betreffenden zu stärken. Wenn mehrere Karten in der Befragung auf Schwäche hindeuten, der Wagen jedoch in einer Schlüsselposition erscheint, etwa dem »Möglichen Ergebnis«, dann lautet die Empfehlung an den Betreffenden, der Situation mit Optimismus und Festigkeit entgegenzugehen.

Gelegentlich zeigt der Wagen auch einen negativen Einfluß an.

Die Situation kann eine eher passive Einstellung verlangen, so daß man anderen die Führung überläßt oder die Ereignisse einfach hinnimmt, ohne zu versuchen, sie zu steuern. Aus den umgebenden Karten sollte hervorgehen, ob die spezifischen Eigenschaften des Wagens nützen oder uns behindern.

Der Haindl-Wagen kann darauf hinweisen, daß man von irgendeiner tiefsitzenden Angst getrieben wird; sie ist vielleicht gar nicht bewußt. Wenn das Bild jedoch eine diesbezügliche Reaktion auslöst, sollte der Betreffende vielleicht selbst erkunden, ob eine solche Angst existiert. Im Wagen steckt mehr als nur die Aufforderung, die Angst anzuerkennen: Er sagt uns, daß wir über diese Angst triumphieren können. Karte VII fordert uns auf, gleich der Gestalt im Boot, zu einer gelassenen Offenheit zu finden.

Umgekehrt

Der umgekehrte Wagen steht für fehlende Willenskraft. Er kann auf Passivität oder Schwäche hinweisen. In schwierigen Situationen mag er andeuten, daß dem Betreffenden der Wille fehlt, um durchzuhalten. Dann hat er zwei Möglichkeiten: entweder aufzugeben oder einen Weg zu finden, den Wagen aufrecht zu stellen, das heißt, die Trägheit zu überwinden. In anderen Fällen kann der umgekehrte Wagen im Zusammenhang mit den übrigen Karten die Empfehlung geben, damit aufzuhören, uns ständig zum Herrn über Ereignisse und andere Menschen machen zu wollen. Man soll den Dingen ihren Lauf lassen. Schließlich kann die umgekehrte Karte auch noch unsere Scheu zeigen, aus uns das Beste zu machen.

VIII
Die Kraft

*Andere zu meistern erfordert Kraft;
das Selbst zu meistern erfordert Stärke.*

Lao-tse

Bei den meisten traditionellen Tarot-Spielen ist die Kraft Trumpf XI, die Gerechtigkeit Trumpf VIII. Die berühmte esoterische Gesellschaft des Order of the Golden Dawn vertauschte die beiden Karten, weil sie glaubte, die Zuordnung der hebräischen Buchstaben sei sinnvoller, wenn die Kraft die Nummer VIII und die Gerechtigkeit die Nummer XI trüge. Diese Veränderung setzte sich schließlich weitgehend durch, als A. E. Waite, ehemaliges Mitglied des Golden Dawn, sich bei seinem eigenen Tarot-Spiel – dem außerordentlich populären »Rider Pack«, das Pamela Smith zeichnete – an diese Reihenfolge hielt.

Während sich einige neuere Spiele noch an Waite und den Golden Dawn halten, kehren viele wieder zum alten System zurück. Daraus ergibt sich allerdings ein erhebliches Problem für diejenigen Menschen, die den Tarot innerhalb eines strengen Systems kabbalistischer Magie benutzen wollen. Wenn wir den Tarot unter dem Gesichtspunkt betrachten, was uns jede Karte lehren kann, dann sind für die Kraft und die Gerechtigkeit *beide* Positionen gerechtfertigt. Als Nummer VIII leitet die Kraft eine neue Ebene ein. Sie kommt nach dem Sieg der VII, dem Wagen. Um diese neue und tiefere Reise antreten zu können, brauchen wir innere Kraft. Die Kraft kann als das weibliche Gegenstück zu den männlichen Qualitäten des Wagens gesehen werden. Als Nummer XI ist die Kraft die mittlere Karte der 21 Trümpfe. Deshalb wäre innere Kraft eine wesentliche Eigenschaft für den ganzen Tarot.

Als Nummer VIII würde die Gerechtigkeit den ersten Schritt über das Ich hinaus repräsentieren. Als Nummer XI stellt sie

Die Kraft

das Prinzip der Gerechtigkeit in den Mittelpunkt des Lebens eines Menschen. Offensichtlich haben beide Anordnungen etwas für sich. Die zwei Karten weisen in der Tat einen engen Zusammenhang auf. Man braucht Kraft, um die Wahrheit (Gerechtigkeit) des eigenen Lebens zu akzeptieren. Andererseits kann die Entdeckung der persönlichen Wahrheit zu einer großen Quelle der Kraft werden.

Haindl hat sich aus verschiedenen Gründen für das Golden-Dawn-System entschieden. In erster Linie wollte er die Verbindung der Kraft mit dem hebräischen Buchstaben Tet erhalten, der »Schlange« bedeutet. Der Buchstabe gehört zur Nummer und nicht zur Karte. Mit anderen Worten, die Buchstaben folgen der festen Ordnung des Alphabets. Tet wird also Trumpf VIII, der Kraft, zugeordnet.

Ebenso wichtig war die Nummer selbst. Die Kraft ist eine weibliche Karte. Sie ist ja auch ihrem grammatikalischen Geschlecht nach feminin. Wir können diese Karte als die Eigenschaft bezeichnen, die der Herrscherin (III) ihre Schöpferkraft verleiht. Bei der Karte der Herrscherin beschrieben wir sie als die Göttin Shakti. Wir haben dabei auch gesehen, daß Shakti Energie war. Die Kraft ist diese Energie.

Die Acht ist eine weibliche Zahl. Ihre Gestalt spiegelt den weiblichen Körper mit gerundeten Brüsten und Hüften sowie einer schmalen Taille. Außerdem repräsentiert ein Kreis den Vollmond, aber auch einen Teller oder einen Kelch – Symbole des Mutterschoßes (der Heilige Gral ist ein solches Symbol). Die Acht verdoppelt den Kreis. Sie zeigt die Verbindung des Mondes mit der Erde. Bei der Hohenpriesterin (II) und der Herrscherin haben wir gesehen, wie das weibliche Prinzip in beiden Planeten lebt. In manchen esoterischen Traditionen ist Sieben die Zahl der männlichen, Acht die Zahl der weiblichen magischen Kraft.

Aus einer anderen Sichtweise ist die Zahl Acht androgyn, denn sie zeigt die Null, die Zahl des Narren, zweifach. Wir können den Narren, das Nichts, als Urmutter aller Dinge sehen, jedoch nur dann, wenn wir dieses Bild als männlich und weiblich zugleich, als »Mutter« im Sinne von Quelle und Ursprung betrachten. Der hebräische Buchstabe ist, wie bereits erwähnt, Tet, was »Schlange« bedeutet. Wir haben dieses Tier schon bei der Herrscherin besprochen. Es wird beim Teufel noch einmal erscheinen. Wie die Kraft die höhere »Oktave« des Magiers ist, so ist der Teufel die Oktave der Kraft. Wir haben die Schlangenkraft der Kundalini erörtert, auch wie der Okkultist versucht, sie zum Aufsteigen zu bringen. Trumpf VIII bezeichnet diese Kraft, ebenso die Fähigkeit, sie zu beherrschen, wenn wir sie einmal erweckt haben. Auf dem Bild hält die Frau die Schlange hoch. Die Shakti-Energie ist außerordentlich groß, man darf nicht leichtfertig mit ihr umgehen. Der Betreffende braucht Kraft, um mit ihr zurechtzukommen – nicht aggressive Kraft, sondern die

Stärke des inneren Friedens und Glaubens. Auf dieser Karte sehen wir einen weiblichen Schamanen. Die Frau, mit der Schlange zu einer Einheit verschmolzen, vollzieht unter dem zunehmenden Mond ein Ritual.

Als Nummer VIII folgt die Kraft auf den Wagen. Der Wagenlenker ist ein Schamane, der sich seinen tiefsten Ängsten stellt und sie überwindet, und die Kraft wird aus diesem Sieg geboren.

Die Schlangenkraft ist keine ausschließlich indische Vorstellung. Wir finden sie in Afrika, in Nord- und Südamerika und im Nahen Osten. Viele Gelehrte glauben, Jehova sei im alten Israel ein Schlangengott gewesen, bevor er zum nichterkennbaren Schöpfer wurde. Es kann auch sein, daß beide Vorstellungen parallel nebeneinander bestanden. Die Bibel enthält eine eigenartige Passage, bei der Gott Moses anweist, in der Wüste aus Messing eine Schlangenstruktur anzufertigen.

Bei der Rune wird die Frage, ob VIII oder XI, erneut aufgeworfen. Die hier dargestellte Rune Sowelo ≙ Sig (Lautwert s), die »Sonne« bedeutet, ist eigentlich Rune Nummer XI, während die Rune für die Gerechtigkeit, Naudiz, Nummer VIII ist. Aber so wie Tet genausogut zur Kraft paßt, so passen die beiden Runen Sowelo und Naudiz gleich gut zur Kraft und zur Gerechtigkeit. Deshalb können wir sagen, daß die Kraft bezüglich des hebräischen Buchstabens Nummer VIII, bezüglich der Rune Nummer XI ist. Diese Zweigleisigkeit lehnt sich an das aus der Quantenphysik bekannte Prinzip der Komplementarität an, nach dem ein Elektron je nach den Umständen der Beobachtung ein Teilchen oder eine Welle ist.

Es erscheint zunächst eigenartig, Sowelo als die richtige Rune für die Kraft zu bezeichnen. Schließlich sehen wir auf dem Bild den Mond und nicht die Sonne. Die Kraft ist aber tatsächlich eine Sonnenkarte. Wie die Sonne gibt sie der Erde Leben, weshalb die Shakti-Kraft vor Energie brennt (siehe auch die Drachenflammen bei Trumpf XXI). Das astrologische Zeichen für die Karte, Löwe, wird von der Sonne regiert. Als höhere Oktave des Magiers strahlt die Kraft das Sonnenprinzip aus, transformiert es aber auch.

Die Kraft

Das astrologische Symbol ist Löwe. In vielen Spielen ist bei der Kraft eine Frau dargestellt, die einen Löwen mit Sanftheit bändigt. Der Löwe steht für Leidenschaft und Verlangen, das die Frau nicht unterdrückt, sondern zur Transformation bringt. Als das Zeichen des »festen Feuers« (es gibt feste, veränderliche oder kardinale Zeichen) symbolisiert der Löwe die ewige Flamme. Dadurch ist der Löwe ein sehr starkes, vertrauensvolles Zeichen. Wenn der Löwe diese Energie nicht transformiert, kann sie zu Überheblichkeit und Herrschsucht führen. Wenn man sie zum Aufsteigen bringt, wird sie eine Quelle göttlicher Inspiration.

Das Löwe-Symbol ähnelt einer Schlange. Es erinnert zudem an die ägyptische Göttin Nut, die als Nachthimmel die Erde umspannt (siehe auch die Mutter der Schwerter). Schließlich läßt sie an Ur denken, die Rune der Hohenpriesterin (II). Löwe ist ein Zeichen großen Vertrauens. Derjenige, auf den die Karte der Kraft zutrifft, ist offen, ohne Unterwürfigkeit oder Scham. So wie Nuts nackter Leib den Himmel umspannt, steht die Frau auf der Karte kraftvoll und nackt, und sie bemüht sich gar nicht, ihre Scham zu bedecken.

Dies ist keine Arroganz. Wir sehen, daß sie sich auf ein Knie niederläßt, eine Haltung der natürlichen Demut. Sie ist weder arrogant noch unterwürfig. Ihre Kraft kommt aus ihrer Einheit mit der Erde und ihrer eigenen göttlichen Energie. Verschämtheit und Un-Verschämtheit sind nur zwei Seiten des gleichen Problems, bei dem die äußere Erscheinung eine zu große Rolle spielt. Die von Selbstzweifeln geplagte Person sorgt sich um ihr Ansehen in der Welt. Soll sie stolz oder unterwürfig sein? Das ganze Problem spielt jedoch keine Rolle mehr, wenn der Betreffende das Selbst mit der Natur vereint.

Diese wahre Demut, die nichts mit Schwachheit zu tun hat, ist ein wichtiges Thema des Haindl-Tarot. Wir werden ihm erneut bei der nächsten Karte begegnen, dem Eremiten (IX), und dann in den Karten der Umkehrung: dem Gehängten (XII), dem Stern (XVII) und dem Universum (XXI).

Wie schon erwähnt wurde, zeigt das Bild eine Schamanin, die unter dem Mond ein Ritual ausführt. Sie befindet sich in einer

Waldlandschaft an einem Teich. Wenn wir Schlangen als Symbole besprochen haben, sollten wir uns darüber im klaren sein, daß für Menschen, denen die Anwesenheit spiritueller Kraft in ihrer ganzen Umgebung und in ihnen selbst Realität geworden ist, Symbole mehr sind als nur verstandesmäßige Begriffe oder hübsche Bilder. Eine lebende Schlange repräsentiert nicht nur die Kraft der Gottheit, sie ist diese Kraft. Wenn wir diese Kraft in uns selbst entdecken, stellen wir eine Identität zwischen uns und der Schlange fest. Deshalb bringt die Schamanin ihre eigene Kraft zum Aufsteigen. Der Teich ist das Unbewußte, die verborgenen Mysterien. Indem sie die Schlange in die Höhe hält, verbindet sie das Oben und das Unten, den Himmel und die Erde, das Bewußte und das Unbewußte, das Himmlische und das Unterweltliche.

Die Beine der Frau bilden die Ur-Rune, sie hält die Schlange etwa in Form der Acht. Die Kreise schließen sich jedoch nicht, denn die Schlange hält nicht ihren eigenen Schwanz im Maul. Man denkt hier mehr an eine Spirale als an einen Kreis, und dies weist auf die Eröffnung neuer Möglichkeiten hin. Wenn wir unsere eigene »Kraft« finden, weitet sich unser Leben. Wir sehen die Welt und uns selbst in neuem Licht. Dieses Thema der Schlange, die eine offene Spirale bildet, taucht beim letzten Trumpf, dem Universum, nochmals auf. Hier windet sich die Schlange in einer Spirale nach oben, einem Symbol der persönlichen Entwicklung, der persönlichen Kraft. Beim Universum windet sich der Drache in einer Spirale nach unten, das heißt, die Kraft kehrt zur Welt zurück.

Die Schlange ist grün gezeichnet, in der Farbe des neuen Lebens. Auf ihrer Bauchseite erscheint Rot, die Farbe der Energie, aus der sich dieses Leben speist. Wir sehen das Rot an drei wichtigen Stellen: wo das Schwanzende das Wasser noch berührt, wo die Frau die Schlange faßt und hinter dem Körper der Frau. Rot läßt in diesem Zusammenhang auch an den Salamander denken, jenen legendären Lurch, der im Feuer lebt. Er symbolisiert die göttliche Flamme.

Die Art, wie die Frau das Tier festhält, erinnert an das alte Bild einer Schlange, die sich um einen Stab windet. Dies ist das Zei-

chen des Heilers, bekannt als der Stab Asklepios' (Äskulapstab), der griechische Gott der Heiler. Asklepios war der Sohn Apollons, des Sonnengottes.
Die Schlange blickt nach links, zur Seite des Unbewußten. Die Frau blickt nach rechts. Es ist die Aufgabe der Schamanin, ja, aller Menschen, die Kraft in das Bewußtsein zu bringen. Die Entdeckung der Kraft ist der erste Schritt dazu. Der Schamane ist ein Heiler, er reist nicht zum Vergnügen in das Jenseits. Die Schamanin auf dem Bild hält die Schlange nicht für sich hoch, als Heilerin dient sie vielmehr der Gemeinschaft. Dies ist einer der Gründe, warum sie die Energie anzapfen kann, ohne überwältigt zu werden: Sie tut es nicht nur für sich allein.
Als Schamanin ist die Frau auf der Kraft ein Aspekt des Magiers. Erinnern wir uns, daß die Kraft die höhere Oktave des Magiers darstellt. Allerdings wiederholt Trumpf VIII nicht einfach Trumpf I: Die zweite Ebene ergänzt die erste. Sie zeigt den weiblichen Pol zur männlichen Primärenergie des Magiers. Wir sehen dies an den Bildern und an den Themen, aber auch an den Zahlen. Die Eins ist so grundsätzlich männlich, wie die Acht weiblich ist.
Beim Haindl-Tarot bedeutet die Kraft weit mehr als die weibliche Version des Magiers. Sie verkörpert die Quelle der Kraft des Magiers, seine Shakti. Durch rituelle Magie, Meditation, Yoga, Visualisierungen oder andere Übungen verbindet sich der Suchende mit der fundamentalen Lebensenergie des Universums. So wird er Magier, Schamanin, der/die zwischen den Welten reisen und Rituale ausführen, heilen, ja sogar die materielle Welt transformieren kann. Die Magie geht jedoch nicht von einer Person aus, wenn wir uns diese im üblichen Sinne als ein Wesen vorstellen, das vom Universum getrennt und unterschieden ist. Wir bekommen eine bessere Vorstellung davon, wie Magie wirkt, wenn wir uns einen Menschen als Pendler zwischen der geistigen und der physischen Welt vorstellen. Es gibt eine christliche Definition, nach der die Menschen in der Mitte zwischen den Engeln (Heiligenrealität) und den Tieren (physische Realität) stehen. Die meisten von uns verschließen sich dieser großen Kraft. Wir tun dies automatisch zu unserem eige-

nen Schutz. Ohne Wissen und einen geschulten Willen (den Wagen) würde die Energie uns überwältigen. Die Gestalt des Goetheschen Zauberlehrlings ist eine Allegorie für diese Gefahr. Der Magier (I) ist jemand, der die Energie erschlossen hat und weiß, wie er sie einsetzen kann. Die Energie selbst, die Shakti, wird in der Karte Kraft (VIII) dargestellt.

Auf dem Bild steht ein Fuß der Frau fest auf dem Land, während der andere das Wasser berührt. Die Schwanzspitze der Schlange bleibt im Teich, die Frau in Verbindung mit dem Unbewußten. Gleichzeitig zeigt ihr sicherer Stand, daß sie auch dem Handeln verpflichtet ist.

Die Frau hat grauweißes Haar, sie steht unter alten Bäumen. Wie bei vielen anderen Karten finden wir hier Symbole, die auf ein hohes Alter hinweisen und uns daran erinnern, daß der Tarot in uralter Weisheit wurzelt. Die geheiligten Traditionen reichen weit zurück. Sie bleiben wahr, weil sie in den Realitäten der Natur wurzeln. Und doch ist die Frau jung, und junges Grün sprießt rings um das Wasser. Weil die alten Wege aus der psychischen Realität stammen, verlieren sie niemals ihre Aktualität. Wenn wir die Kraft in uns fühlen, werden wir alt und jung zugleich.

Divinatorische Bedeutung

Bei Befragungen zielt die Karte insbesondere auf die persönliche Eigenschaft der inneren Stärke. Es ist eine Karte der Liebe und Güte. Die/der Betreffende steht dem Leben insgesamt wie auch spezifischen Situationen mit einer positiven Einstellung gegenüber. Sie oder er versteht sich zu behaupten, aber ohne Aggression. »Die Kraft« kann dies tun, weil sie sich selbst gegenüber bejahend eingestellt ist. Sie ist in Harmonie mit sich selbst und daher auch mit den Dingen, die um sie herum geschehen. Viele der positiven Eigenschaften des Tierkreiszeichens Löwe gelten auch für die Karte Kraft.

Allerdings muß auf einen Unterschied zwischen dem Tierkreiszeichen und der Tarot-Karte hingewiesen werden. Ist jemand im

Zeichen des Löwen geboren, bleiben die Eigenschaften dieses Zeichens während seines ganzen Lebens bestehen. Wie sie sich äußern, kann sich im Laufe der Jahre ändern, doch bleiben die Grundqualitäten unverändert. Eine Tarot-Befragung liefert eine Momentaufnahme. Viele Menschen haben darauf hingewiesen, daß der Tarot ein »Buch der Wandlungen« ist – wie das I Ging. Er zeigt, wie das Leben ständig von einem Zustand in den anderen übergeht, wie sich die äußeren Umstände ändern und wie andere Menschen dies fördern oder hemmen. Deshalb gibt die Karte Kraft keine absolute Beschreibung einer Person. Sie besagt, daß der Betreffende zu diesem Zeitpunkt stark und voll Selbstvertrauen ist, er kann anderen und der Welt Liebe geben. Wenn die Karte in einer langfristigen Position wie beispielsweise der »Grundlage« beim Keltischen Kreuz erscheint, bedeutet sie, daß die Kraft in dieser Phase des Lebens als ein relativ beständiger Zustand zu werten ist. Erscheint sie an einem kurzfristigeren Platz, etwa der »Näheren Zukunft«, rät sie, die Kraft zu nutzen, solange sie vorhanden ist.

Die Kraft kann mit der Zähmung der inneren Leidenschaften zu tun haben. Wenn der Betreffende mit einem Problem zu kämpfen hatte, insbesondere mit Zuständen wie Zorn, Depression, Obsession oder Sucht, weist die Kraft auf die Überwindung all dessen und die Möglichkeit einer baldigen Befreiung hin. Die Kraft steht für die Fähigkeit, weiterzumachen und sich nicht unterkriegen zu lassen. Sie paßt daher gut zum Wagen, der ebenfalls Durchhaltewillen anzeigt. Gemeinsam könnten die beiden Karten besagen, daß der Betreffende aus einer festen Entscheidung Kraft zu schöpfen vermag.

All diese positiven Eigenschaften werden möglich, wenn wir entdecken, daß wir nicht vom Universum abgeschnitten und nur auf unsere eigenen begrenzten Energiereserven angewiesen sind. Als Ratschlagskarte empfiehlt uns der Trumpf Kraft, das egozentrische Beharren auf »meiner Kraft«, »meiner Stärke« aufzugeben. Wir müssen uns vielmehr der Energie öffnen, die uns umhüllt und alles durchdringt. Diese Bedeutung wird verstärkt durch den Gehängten (XII), den Stern (XVII) oder das As der Kelche.

Umgekehrt

Man fühlt sich von seinen Kräften abgeschnitten. Er fühlt sich schwach, überfordert, ausgebrannt. Äußere Situationen oder die eigenen Gefühle werden zuviel für ihn. Die übrigen Karten können einen Hinweis geben, ob das Problem lang- oder kurzfristig ist. In jedem Fall muß zunächst die Schwäche erkannt und anschließend ein Programm zur Wiederherstellung entwickelt werden. Wenn die Karte auf ein gesundheitliches Problem hinweist, können Diät und Ruhe hilfreich sein. Wird man von emotionellen Problemen überwältigt, muß man Distanz zu ihnen gewinnen, die eigenen Grenzen erkennen und Schuldgefühle überwinden.

Die umgekehrte Karte zeigt eine Person, die von der hier dargestellten grenzenlosen Energie abgeschnitten ist. Sie muß mehr Zutrauen zum Leben haben. Meditation, T'ai-chi oder Entspannungsübungen können bei der Gesundung helfen.

Manchmal fühlen wir uns auch schwach, weil wir uns schwach fühlen wollen. Wenn man eine Verantwortung trägt, die man ablehnt, kann Schwäche ein willkommener Entschuldigungsgrund sein. Der Befragende sollte diese Möglichkeit insbesondere dann ins Auge fassen, falls die umgekehrte Kraft in der Position der »Hoffnungen und Ängste« erscheint. Hinter der Furcht vor Schwäche kann sich der Wunsch nach Schwäche verbergen. Sofern dies der Fall sein könnte, muß sich der Betreffende fragen: »Was nutzt es mir, wenn ich schwach bin? Würde mir dies Privilegien bringen oder das Recht, an andere Ansprüche zu stellen?« Schließlich aber auch: »Kann ich es mir erlauben, etwas aus Kraft zu fordern anstatt aus Schwäche?«

IX
Der Eremit

Als Nummer IX (= 3 × 3) steht der Eremit in einem Zusammenhang mit der Herrscherin, und in der Tat finden wir die Mutterrune Hagal in der Laterne. Neun ist eine Mondzahl, eine geheiligte Zahl der Wicca (Hexenkunst). Wenn wir an Sonnenqualitäten wie Aktivität und Weltzugewandtheit denken und an Mondqualitäten wie Zurückgezogenheit und Kontemplation, sehen wir, daß der Eremit tatsächlich zum Mond gehört. Neun ist auch die höhere Oktave der Zwei, der Hohenpriesterin. Wie die Kraft dem Magier den weiblichen Pol hinzufügte, so fügt der Eremit den tiefen Instinkten der Hohenpriesterin die männlichen Qualitäten des intellektuellen Wissens hinzu. Die Hohepriesterin verfügt über kollektives Wissen, aber auf einer Ebene, die sich nicht rational ausdrücken läßt. Der Eremit zeigt die ersten Anfänge einer Bewußtheit, die die innere Weisheit der Hohenpriesterin in das Licht des Bewußtseins heben kann. Traditionellerweise bezeichnet der Eremit einen weisen Lehrer, der sich von der Gesellschaft zurückgezogen hat, um Weisheit zu erlangen, jetzt aber das Licht des Wissens zur Führung anderer emporhält.

Der hebräische Buchstabe Jod bedeutet »Hand«. Die Hand des Eremiten trägt das Licht und den Stab. Die Hand (genauer gesagt: der Daumen) trennt uns von den Tieren, weil wir mit unseren Händen Werkzeuge halten und dadurch Kultur hervorbringen können. Viele unserer menschlichen Werkzeuge haben zu einer Ausbeutung und Zerstörung der Natur geführt. Die Werkzeuge des Eremiten stehen jedoch im Dienste der Harmonie und spirituellen Führung. Jod ist auch der erste Buchstabe des hebräischen Namens Gottes (in lateinischer Schrift JHWH – siehe auch die Kleinen Arkana). Er symbolisiert den Anfang der Weisheit und Gottes heilende Gnade. Wir erlangen also Heilung und Weisheit durch Meditation mit dieser warmen und frohen Karte.

Der Eremit

Die Rune Eisaz ≙ Is (Lautwert i) bedeutet »Eis«. Diese schwierige Rune steht traditionell für Trägheit und Abkühlung. Im Falle des Eremiten werden hieraus allerdings positive Eigenschaften. Zu den Mondqualitäten gehört auch die Kühle, im Gegensatz zur Hitzewirkung der Sonne. Eisaz bezeichnet das Selbst, im Englischen »I«. Außerdem enthält auch das Wort »Licht« das Wörtchen »ich«. Der Eremit trachtet nicht danach, sein Ichbewußtsein in der Natur aufzulösen. Im Gegenteil, er verläßt die Gesellschaft, um gerade das wahre Ich zu entdecken. I bezeichnet auch die Zahl Eins, also die Einheit, den konzentrierten Willen, den Magier. In Goethes *Faust* heißt es im Hexenalphabet: »Und neun ist eins.« Die neunte Rune ist I. Sie erinnert an den Stab des Eremiten. Der Stab ist jedoch nach unten gebogen, ein Symbol der Demut. Die gerade Rune läßt auch an die menschliche Wirbelsäule denken und damit die Kundalini, die über die Wirbelsäule zum Kopf aufsteigt.

Das astrologische Symbol der Karte, Jungfrau, ist auch ein Aspekt der Hohenpriesterin. Dies deutet wiederum den Rückzug an, denn die Jungfrau steht nicht nur für sexuelle Unschuld, sondern auch für die bewußte Entscheidung, sexuelle Beziehungen zu vermeiden. Während das Tierkreiszeichen Jungfrau zum Mond im ersten Viertel gehört, haben einige neuere Tarot-Spiele diese Karte mit dem Mond im letzten Viertel verbunden, indem sie den Eremiten durch die »Alte« austauschten. Die Alte ist eine weise Frau, eine Lehrerin und Heilerin. Da sie jenseits des fruchtbaren Alters ist, ist sie zu einem quasijungfräulichen Zustand zurückgekehrt. Wegen ihrer Erfahrung bezeichnet sie auch eine höhere Bewußtseinsebene, wie wir dies bereits bei der Zahl Neun als einer höheren Oktave der Zwei gesehen haben.

Die Eulen, die das Bild bevölkern, gehen auf eine andere Erfahrung zurück. Viele amerikanische Indianer betrachten Eulen als Bringer von Träumen. Beim Tarot beziehen sich nun Eulen auf den Mond und damit auf den Eremiten. In der Tat können wir den Eremiten als Traumdeuter sehen und seine Weisheit als jenes tiefere Verständnis, das der Kenntnis der Wege entspringt, auf denen sich das Unbewußte ausdrückt.

Das Bild zeigt einen von Vogelwesen umgebenen Mann auf einem Berggipfel. Eine große Eule, die uns an den Schwan auf der Karte des Narren erinnert, breitet ihre Flügel über seinem Kopf aus. Wie wir bereits festgestellt haben, symbolisieren Vögel den Geist. In der Mythologie fungieren sie als Boten zwischen Göttern und den Menschen. Der Held, der »die Sprache der Vögel« lernt, hat die Gabe der Prophezeiung erlangt, eine Weisheit, die dem normalen Wahrnehmungsvermögen versagt ist. Die europäische Tradition verbindet mit Eulen eine doppelte Symbolik: Einerseits bringen sie Gelehrsamkeit und Weisheit. Andererseits galten Eulen wie schwarze Katzen als Diener des Teufels, als »Haustiere« von Hexen. Die Furcht vor Eulen rührt daher, daß sie nachts jagen und damit eine Verkörperung der Angst der Menschen vor der Dunkelheit sind. Der Eremit hält seine Laterne hoch, um den Eulen und den dunklen Wolken Licht zu bringen. Die menschliche Weisheit kann die Natur erleuchten. Sie legt die dunklen Ängste des Aberglaubens frei. Die wahre Weisheit wird jedoch nicht alle Mythologie und alle spirituellen Lehren über Bord werfen. Sie wird vielmehr Licht auf dem Weg durch den Irrgarten der Glaubensvorstellungen hin zum Kern des Mysteriums und der Wahrheit sein.

Außer Vögeln erscheinen auch Gnomen um den Eremiten. Sie scheinen aus dem Felsen hervorzugehen; der Felsen selbst enthält die ungefähre Andeutung eines Gesichts, wie wenn er sich noch in einem früheren Entwicklungsstadium befände. Die Gnomen symbolisieren die Kräfte von Elementargeistern, die in der Natur leben. Viele Kulturen haben die ganze Natur als Lebewesen begriffen, von Geist erfüllt, ohne starren Unterschied zwischen organisch und anorganisch. Wir können die Gnomen auch als Symbole für frühere Phasen der menschlichen Evolution sehen, als sich der Mensch noch nicht von der Natur losgelöst hatte. Durch die Hervorbringung von Kultur und Individualität haben wir diese notwendige Ablösung vollzogen. Unsere heutige Aufgabe ist es, zur Harmonie zu gelangen. Dies bedeutet natürlich nicht, daß wir wieder mit dem Felsen verschmelzen müssen, sondern ganz einfach die Herstellung einer konstruktiven Beziehung zu unserer Welt.

Der gekrümmte Stab in der rechten Hand des Eremiten symbolisiert diese Beziehung. Mit dem Stab sind verschiedene Assoziationen verknüpft. Als Hirtenstab weist er auf die Verpflichtung der Menschheit hin, die Welt um uns zu pflegen und zu bewahren, wie ein Schäfer seine Herde beschützt. Als Bischofsstab erinnert er uns daran, daß sich der Eremit von der Gesellschaft lösen kann, um zu Weisheit zu gelangen, schließlich aber als Lehrer zurückkehren muß. Ein Stock mit einem gekrümmten Ende spielt auch beim Sonnentanz, einem alljährlichen Ritual der Indianer, eine Rolle. Der Sonnentanz kann erst beginnen, wenn die Tänzer einen gekrümmten Stab gefunden haben, wie ihn der Eremit hält.

Der Stab steigt in einer geraden Linie auf und biegt dann wieder nach unten um. Dies sagt uns, daß wir Weisheit erlangen, ja sogar Kontrolle über den Gang unseres Lebens, aber letztlich doch zur Erde zurückkehren müssen. So verkünden es unsere Religionen: »Asche zu Asche, Staub zu Staub.« Ist es wirklich eine so schreckliche Vorstellung, aus der Natur zu kommen und zur Natur zurückzukehren? Der Stock besagt auch etwas über die Beziehung der Menschheit zum Göttlichen. Die Krümmung steht für wahre Demut, das Wissen, daß wir sterben müssen. Wenn wir dies aber akzeptieren, können wir Gott fröhlich verehren und wie der Eremit unsere Arme der Anwesenheit Gottes in allem Seienden öffnen.

Außer dem Hirtenstab finden sich auf der Karte noch zwei weitere Sinnbilder der menschlichen Kultur: die Laterne und das stilisierte Auge in dem Dreieck im linken Teil der Karte. Die Laterne symbolisiert menschliches Wissen und die Lehren, durch die dieses Wissen von einer Generation zur nächsten weitergegeben wird.

Ein Auge in einem Dreieck ist ein altes Symbol Gottes. Eine ähnliche Form sahen wir über der Herrscherin (III). Amerikaner denken vielleicht an das Symbol auf der Rückseite der Dollarnote: ein Auge in einer Pyramide. In diesen Dingen äußern sich in der Tat menschliche Vorstellungen von Gott. Als Lehrer arbeitet der Eremit mit solchen Bildern. Wahre Bilder führen uns aber durch die äußere Form zu jener Spiritualität hin, die den Menschen diese Form eingab.

Wirkliche Eremiten haben sich zu allen Zeiten von der menschlichen Gesellschaft zurückgezogen, um über kulturspezifische Vorstellungen hinaus zu einer persönlichen Beziehung zu Gott zu gelangen. In Indien finden wir die alte Tradition des Yoga, im mittelalterlichen Europa Berichte über Eremiten in Wäldern und Wüsten, auf Berggipfeln und in Höhlen.

Die Karte weist eine mythische Komponente auf, wie sie einem Bringer und Deuter von Träumen angemessen ist. Neben den geheimnisvollen Gnomen finden wir das helle Licht um das Haupt des Eremiten. Weil es elliptisch statt rund ist, wird es nicht von einem Himmelskörper stammen. Es stimmt vielmehr mit dem Lichtkörper der Laterne überein. Wir können es das Licht der Weisheit oder der göttlichen Gnade nennen. Beide Lichtbezirke sind von einem Regenbogen umgeben, wobei jedoch der obere heller strahlt. Das Bild des Regenbogens wird noch kraftvoller beim Gehängten (XII) wiederkehren.

Wir haben angenommen, der Eremit befinde sich auf einem Berggipfel. Dies steht im Einklang mit der Vorstellung, daß Menschen den Pfad der Erleuchtung emporklimmen. Wir sagen, wir »erheben« uns zu einer »höheren« Wahrheit. In der religiösen Symbolik steht vielfach die Erde für die physische Beschränkung, der Himmel für die spirituelle Befreiung. Wir können uns den Eremiten aber auch in einer Höhle vorstellen, wobei das von oben kommende Licht, das Tageslicht, durch eine Öffnung in der Decke hereinflutet. Wirkliche Eremiten ziehen sich häufig in unterirdische Räume zurück. Denken wir auch daran, daß Menschen einst tief im Inneren der Erde, beispielsweise im französischen Lascaux, ihre Rituale vollzogen und großartige Kunstwerke schufen. In eine Höhle zu gehen bedeutet, sich wieder in den Schoß der Mutter zu begeben. Wenn das Ich das Tageslicht verläßt und in die Dunkelheit eintritt, muß es die Empfindung des Getrenntseins von der Welt aufgeben. In der Höhle werden wir Teil des Ganzen.

Deshalb können wir unseren Eremiten auf zweierlei Art betrachten. Wir sehen ihn einerseits nach oben gehend, wo er Weisheit, Erleuchtung und Wissen erlangt, das ihn zum Lehrer befähigt. Wir können uns aber auch vorstellen, daß er nach unten geht und zur Einheit mit der Herrscherin (III) und ihren ewigen Lebensrhythmen gelangt.

Divinatorische Bedeutung

Der Eremit signalisiert den Rückzug von äußeren Aktivitäten aus irgendeinem persönlichen Grund. In der Regel ist damit nicht etwas so Dramatisches wie das Erklimmen eines Berges oder das Leben in einer Höhle gemeint. Die meisten von uns könnten so etwas gar nicht tun, selbst wenn sie es wollten. Der

Eremit zeigt einen psychologischen Rückzug an, eine verstärkte Beschäftigung mit sich selbst oder einem »höheren« spirituellen Zweck. Durch den Gedanken der fehlenden Bindungen ist der Eremit mit der Hohenpriesterin (III) verbunden. Er entwickelt allerdings in stärkerem Maße geistige Aktivität. Statt in der Stille zu sitzen, arbeitet er an sich selbst.

Als Lehrer wird der Eremit sich schließlich wieder seiner Umwelt zuwenden; gegenwärtig braucht er allerdings Zeit für sich selbst. Gelegentlich kann der Eremit tatsächlich einen Lehrer oder eine andere weise Gestalt wie beispielsweise einen Therapeuten anzeigen. Diese Bedeutung würde etwa zutreffen, wenn die Karte in einer Position erscheint, die für andere Menschen steht. Bei den »Hoffnungen und Ängsten« könnte sie auf den Wunsch nach einem Lehrer weisen. In aller Regel wird sie aber den Wunsch ausdrücken, allein gelassen zu werden.

Als eine Gestalt, die ihren eigenen Weg gegangen ist und Weisheit erlangt hat, symbolisiert der Eremit Selbständigkeit, die Fähigkeit, eigenständig und ohne Anlehnung an andere zu handeln. Er kann auch Selbstentwicklung bedeuten: mehr Weisheit, Selbsterkenntnis und die Förderung neuer Fähigkeiten und Begabungen. Wenn das Bild des Eremiten beim Klienten Angst vor Einsamkeit auslöst, sollte er sein Augenmerk auf die positiven Seiten des Alleinseins lenken.

Wegen der Eulen und der geheimnisvollen Qualität dieser Version des Eremiten kann die Karte auch kraftvolle Träume anzeigen. Sie mag für Sie ein Hinweis sein, die Träume zu deuten, über ihren Sinn nachzudenken, sie mit Ihrer Imagination zu erkunden und herauszufinden, welche Gefühlsbewegungen sie auslösen.

Umgekehrt

Der umgekehrte Eremit bedeutet vor allen Dingen Gesellschaft mit anderen. Die Karte kann eine Empfehlung darstellen, daß jetzt nicht die Zeit zum Rückzug ist. Machen Sie Besuche, holen Sie sich Rat oder Unterstützung von Freunden. Unternehmen Sie etwas mit anderen Menschen.

In der Position der »Hoffnungen und Ängste« kann die umgekehrte Karte Angst vor Einsamkeit oder das Gefühl eigener Schwächen anzeigen, so daß man es sich nicht zutraut, alleine irgend etwas erreichen zu können.

Beim Haindl-Tarot kann der umgekehrte Eremit verwirrende Träume bedeuten. Diese Bedeutung wird allerdings nicht sehr oft zutreffen. Tarot-Deuter sollten mit Auslegungen (für sich selbst wie auch für andere), die eine psychische Störung zum Inhalt haben, sehr zurückhaltend sein.

Der Eremit zeigt einen alten Mann, das Symbol, das Wesen des Erwachsenen. Aufrecht vermag die Karte daher Reife anzuzeigen. Umgekehrt kann sie für den Wunsch stehen, nicht erwachsen werden zu müssen, Peter Pan zu spielen, anstatt dem Pfad des Eremiten zur Weisheit zu folgen.

X
Das Schicksalsrad

Die Zehn beendet eine Sequenz von Zahlen und leitet eine neue ein. Deshalb zeigt Trumpf X ein umlaufendes Rad. Das Bild symbolisiert eine Auseinandersetzung mit dem Leben, denn das Rad war seit jeher ein Sinnbild des Schicksals – einmal oben, einmal unten, sich immer ändernd, stets mit unerwarteten Erfahrungen aufwartend.
Der hebräische Buchstabe Kaf bedeutet »Handfläche«. Die Handlesekunst war zu allen Zeiten ein besonders beliebtes Verfahren der Zukunftsdeutung. Haindl kannte den hebräischen Buchstaben nicht, als er in die Mitte des Bildes eine geöffnete Hand malte.
Die Rune Jeran oder Ger (Lautwert j) bedeutet »Jahr«. Das zweite große Thema, das beim umlaufenden Rad angesprochen wird, ist dasjenige des Jahres, des grundlegenden Kreislaufs der Geburt (Frühling), Blüte (Sommer), des Dahinwelkens (Herbst) und des Todes (Winter), dem eine neue Geburt folgt. Die Menschen sahen und sehen das Rad des Jahres als einen Hinweis, daß alles Leben einem solchen Muster folgt, daß nach dem Tod eine Wiedergeburt und nach der Zerstörung eine neue Erschaffung folgt.
Die Astrologie lehrt uns, daß die Erde einen Zyklus von zirka 24 000 Jahren durchläuft, wobei sie sich jeweils 2000 Jahre in einem bestimmten Tierkreiszeichen befindet. Dies ist keine Theorie, sondern eine für astrologische Überlegungen herangezogene astronomische Tatsache. Jedes gute Buch über Astrologie gibt hierüber genauer Auskunft. Wenn man heute soviel über das Zeitalter des Wassermanns spricht, dann hat dies damit zu tun, daß die 2000 Jahre der Fische-Ära zu Ende gehen und das Zeitalter des Wassermanns beginnt.
Viele Menschen betrachten dieses 24 000 Jahre dauernde Weltenjahr als einen Zyklus der Harmonie und Zerstörung. In den ersten 12 000 Jahren dreht sich nämlich das Rad aufwärts, das

Das Schicksalsrad

Leben weitet sich aus, wird fröhlich und kreativ. Wenn sich das Rad nach unten dreht, kommt Disharmonie auf, die in einer Zeit der Gewalt, des Chaos und des Leidens endet. Wie befinden uns heute in der letzten Phase dieses Zyklus, dem Zeitalter der Zerstörung. Ohne Zweifel sind die letzten Jahrhunderte geprägt von Krieg, Völkermord, Todesfabriken und heute dem Zusammenbruch der natürlichen Umwelt. Wenn wir aber diese letzte Phase erreicht haben, können wir auch hoffen, daß der Zyklus zu Ende geht.

Noch sind wir mit schrecklichen Gefahren konfrontiert. Noch sehen wir Gewalt und Haß in der ganzen Welt. Und doch gibt es in den letzten Jahren auch Zeichen der Hoffnung. Das wach-

sende Umweltbewußtsein, die Abrüstungsbestrebungen, die Befreiungsbewegungen, die Ächtung von Rassismus und Krieg, die Wiedererweckung geheiligter Traditionen bei Völkern wie den Indianern, die Wiederkehr der Göttin im menschlichen Bewußtsein – all dies weist auf die Drehung des Rades hin.
Während ich dies niederschreibe, haben die Vereinigten Staaten und die Sowjetunion zum erstenmal in der Geschichte die Vernichtung einer ganzen Kategorie von Raketen vereinbart.
Ob solche Ereignisse eine wirkliche Veränderung in der Welt signalisieren, können wir jetzt noch nicht wissen. Die Idee des umlaufenden Rades hat das Geheimnis der Zeit wie auch desjenigen seiner Zyklen zum Inhalt. Als Sterbliche können wir die Folgen von Ereignissen erst erkennen, nachdem sie eingetreten sind. Wenn wir Tarot-Befragungen durchführen, vermögen wir oft die wirkliche Bedeutung bestimmter Situationen nicht herauszufinden, bis sie sich deutlich in eine Richtung entwickeln. So müssen wir warten und dafür kämpfen, daß die Gefahren, die unsere Welt bedrohen, glücklich enden. Es besteht aber Anlaß zu berechtigter Hoffnung.
Dem Schicksalsrad ist der Planet Jupiter zugeordnet. Als größter Planet unseres Systems repräsentiert Jupiter Expansion und Wohlstand, positive Ideen für die Wende des Weltenjahres. Die Karte enthält noch eine andere Gottheit, Fortuna, die römische Götting des Glücks. Hinter ihr steht (folgt man der Tarot-Interpretin Barbara Walker) die ältere Gestalt der Fortuna, der Wenderin des Jahres. Das zugehörige Element ist Feuer, die Lebensenergie, die das Rad antreibt.
Das Bild zeigt das Rad vor einem Hintergrund von Sternen, die den Kosmos symbolisieren. Außerhalb des Rades befinden sich drei Gesichter. Unten sehen wir Mutter Erde, den Blick nach oben gerichtet. Oben links erscheint Zeus (Jupiter), der Göttervater. Blitze (Zeus' energetisierende Kraft) zucken vor ihm. Oben rechts sehen wir ein Kind, androgyn wie der Narr. Das Kind symbolisiert die Menschheit. Das Gesicht ist alt und welk. Es repräsentiert unsere Vorfahren. Wir sind Kinder, und wie Kinder müssen wir mit jeder neuen Umdrehung des Rades, mit jeder neuen Generation, alles wieder neu lernen. Wir sind aber

auch alte Seelen, die schon viele Inkarnationen durchlaufen haben. Das Kind symbolisiert nicht nur die Menschheit insgesamt, sondern auch jeden einzelnen Menschen. Frau und Mann repräsentieren unsere eigenen Mütter und Väter, aber auch Gaia, die Erde, und Zeus, den Himmel.

Das Rad wird von sechs Speichen gehalten. Das buddhistische »Rad des Seins«, ein Symbol des Universums, hat auch sechs Speichen, ebenso das Rad einer keltischen Gottesstatue, die Donnerkeile trägt und dadurch zu einer Jupitergestalt wird. Die Speichen bilden die Figur der Rune Hagal, wodurch eine Beziehung zur Herrscherin besteht. Wenn wir die Trümpfe in Siebenerreihen untereinander auslegen, kommt das Rad als die höhere Oktave unter der Herrscherin zu liegen. Die Speichen sind durch die transparente Hand sichtbar. Aus der Radnabe in der Mitte der Handfläche quillt ein Lichttropfen.

Jeder der sechs Sektoren des Rades enthält ein Bild. Von unten rechts sehen wir im Gegenuhrzeigersinn Pilze, eine Schlange, ein Einhorn, ein Auge, einen Saurier und einen Farbfleck. Außerhalb des Rades erscheinen kosmische Blasen, die unten dunkelblau, oben golden sind.

Das Rad des Schicksals war die erste Karte, die Hermann Haindl malte, als er mit der Arbeit an diesem Tarot-Spiel begann. Vielleicht drückt sich hierin seine Dankbarkeit gegenüber der Drehung des Rades aus, das ihm die Zeit für ein so großes Projekt gab. Die Pilze ähneln der ersten Zeichnung, die Hermann als Kind anfertigte, inspiriert von Kinderbüchern mit ihren Darstellungen aus der Feenwelt. Die Pilze symbolisieren das Glück (»Glückspilz«), ein passendes Bild für diese Karte. Der Verzehr haluzinogener Pilze gehört seit alters in vielen Kulturen zum religiösen Brauchtum, weil damit Türen geöffnet werden können, die für ein normales Bewußtsein verschlossen bleiben.

Die Schlange symbolisiert die tiefere Wahrheit in der Märchenwelt. Die Schlange verbindet die Zentrumskarte (X) mit dem letzten Trumpf, dem Universum (XXI), sowie mit der Herrscherin (III), der Kraft (VIII) und dem Teufel (XV). Bei vielen Spielen haben das Rad und die Welt (das Universum) starke Ähnlichkeit, denn den endgültigen Triumph erreicht zu haben

bedeutet, die ewige Wahrheit im Zentrum des umlaufenden Rades erkannt zu haben. Die Schlange erscheint häufig auf traditionellen Versionen des Rades, auf denen sie als Symbol des Todes nach unten weist. Beim Haindl-Tarot windet sich die Schlange zum Zeichen der Wiedergeburt nach oben, wobei die Festlegung auf »oben und unten« sich freilich vom Thema des Schicksalsrades her auflöst.
Das Einhorn ist auch auf den Liebenden (VI) oder dem Mond (XVIII) zu sehen. Unsere Kultur hat keine Hemmungen, mächtige Symbole zu Comic-strip-Gestalten zu verniedlichen. Und doch symbolisiert das weiße Einhorn Reinheit und Aufrichtigkeit. Es symbolisiert auch den Geist, der sich über das Rad erhebt. Das Auge im nächsten Sektor des Rades ist alt und steht für die Zeit. Das Rad dreht sich und ruft dadurch das Dahineilen der Zeit im Leben eines Menschen hervor. Die Seele und die Welt aber sind alt und durchlaufen viele Zyklen. Das Auge fordert uns auf, dem Schicksal »ins Auge zu sehen«, es nicht bloß hinzunehmen. Bei der Besprechung dieser Karte erzählte mir Haindl von einem alten Bericht, nach dem einst der ganze Mensch für das Universum geöffnet war. Heute sind nur noch die Augen willens, die Außenwelt aufzunehmen. Für die meisten von uns bleibt das dritte Auge, das Zentrum der spirituellen Wahrnehmung, geschlossen.
Der Saurier, der ebenfalls in die Welt der Comics Eingang gefunden hat, erinnert an das Einhorn. Es ist das Phantasiebild eines Geschöpfs, das wirklich gelebt hat. Er symbolisiert all diejenigen Dinge, die in der forteilenden Zeit untergehen. Sie werden in unserem Geist zu Bildern.
Im letzten Sektor sehen wir nur einen dunklen Fleck, der vielleicht die Sterblichkeit oder einfach nur die Unordentlichkeit des Lebens symbolisiert.
Tropfen verschmutzten, öligen Wassers laufen links nach unten und rechts nach oben, wodurch sich eine Drehung im Gegenuhrzeigersinn ergibt – in der Richtung der Befreiung. (Daß man eine Schraube im Uhrzeigersinn festzieht und im Gegenuhrzeigersinn löst, entspricht im Grunde nur einer sehr alten esoterischen Tradition.)

Das Gesicht oben, der Vater, blickt mit solcher Intensität, daß es sogar Blitze schleudert. Der Vater repräsentiert die aktive Einstellung zum Leben, bei der Macht und Engagement eine wichtige Rolle spielen. Unten blickt die Mutter mit zeitloser Ruhe aus der Dunkelheit nach oben und sieht einfach dem umlaufenden Rad zu. Im Christentum heißt es, daß wir uns für eine künftige Existenz vorbereiten müssen. Der Buddhismus lehrt uns, wie wir uns vom Rad des Karma befreien können. Alltagsleben und Natur existieren aber in unserer Realität, auch wenn sie letztlich ein Traum sein sollten. Mit Karten wie der Gerechtigkeit (XI) und dem Gehängten (XII) sagt uns der Tarot, daß wir uns vom Karma befreien können, ohne uns von der Welt zu lösen. Freiheit heißt Selbsterkenntnis und Wahlmöglichkeit, aber nicht unbedingt Losgelöstheit.

Die Sterne um die Mutter drücken Entfernung und Alter aus. Sie erinnern uns an das Schicksal, denn die Astrologie entspringt dem menschlichen Wunsch, das eigene Schicksal aus den Mustern des Universums abzulesen. In gewisser Weise ziehen wir die Sterne auf unsere Ebene herab, wenn wir sie nur als Objekte der Astrologie oder als Konstellationen sehen, die nach der menschlichen Mythologie geformt sind. Bei den Sternen über dem Gesicht sehen wir keine Muster, keine Bilder.

Das Zentrum des Rades bleibt in Ruhe. Deshalb lehren die Mystiker, daß man sich auf das Zentrum des Lebens und nicht auf den ständigen Wechsel konzentrieren soll. Im Zentrum der Karte sehen wir die Hand. Der Lichtfleck in der Mitte verheißt Freude, wenn wir uns dem Leben öffnen.

Während die herkömmliche Handlesekunst und Astrologie das Schicksal als vorbestimmt erscheinen lassen, betont die moderne Einstellung zu diesen beiden Künsten und zum Tarot den freien Willen. Die in unseren Handflächen oder in unserem Horoskop angezeigten möglichen Ereignisse treten nur dann ein, wenn wir in einer bestimmten Weise handeln beziehungsweise nicht handeln. Die offene Hand bedeutet die Annahme dessen, was das Leben bringt. Sie symbolisiert aber auch, daß man sein Leben in die Hand nimmt, sich ihm nicht verweigert, sondern etwas daraus macht.

Wir müssen aber mehr als nur unser eigenes Schicksal in die Hand nehmen. Auch das Schicksal der Erde hängt von uns ab. Wir müssen dafür sorgen, daß sich das Rad weiterdreht, indem wir dem Leben eine Chance geben.

Divinatorische Bedeutung

Das Schicksalsrad weist auf veränderte Umstände oder ein unerwartetes Ereignis hin. Das Rad des Lebens dreht sich zum Besseren oder zum Schlechteren des Betreffenden, und er muß sich mit der neuen Situation auseinandersetzen. Die übrigen Karten können einen Hinweis geben, wie am besten vorzugehen ist.
Wenn Karten erscheinen, die eine mächtige Person darstellen (wie Herrscherin oder Herrscher), können sie anzeigen, daß die Veränderung hauptsächlich durch das Handeln einer anderen Person bewirkt wird. Mit einer solchen Interpretation sollten wir jedoch vorsichtig sein. Zum einen kann eine solche wörtliche Deutung dazu führen, daß die Menschen ängstlich alle ihre Bekannten prüfen. Zum anderen müssen wir bedenken, daß sich *alle* Karten auf den Klienten selbst beziehen können.
Das Bild des traditionellen Schicksalsrads implizierte immer eine gewisse Machtlosigkeit. Das Bild des Haindl-Tarot, bei dem eine Hand durch das Rad hindurchgreift, ja gewissermaßen »in die Speichen greift«, erinnert daran, daß man auch Herr seines eigenen Lebens sein kann. In seiner tiefsten Bedeutung kann das Schicksalsrad bei einer Befragung auf einen Menschen hinweisen, der sein eigenes Schicksal in die Hand nimmt. Wenn die Karten oder das persönliche Gefühl des Betreffenden besagen, er habe sich bisher treiben lassen, dann verkündet das Rad, daß jetzt die Zeit ist, dasjenige zu ergreifen, was das Leben für einen bereithält, um damit zu arbeiten.

Umgekehrt

Die umgekehrte Karte kann anzeigen, daß sich das Rad nicht dreht. Eine bestehende Situation wird wahrscheinlich noch eine Weile weiterbestehen. Häufiger aber zeigt das umgekehrte Rad die Schwierigkeit an, sich an eingetretene Veränderungen anzupassen.

Die mittelalterliche Idee des Schicksalsrads (die Grundlage der Tarot-Karte) hatte einen mächtigen König zum Inhalt, der von einem widrigen Schicksal zerschmettert wurde. Aus diesem Grund beschreiben manche Kommentatoren das aufrechte Rad als eine katastrophale Wendung der Ereignisse, das umgekehrte Rad als vorteilhaft. In der Praxis habe ich es hilfreicher gefunden, die Frage der persönlichen Haltung zu untersuchen: Bei der aufrechten Karte tendiert der Betreffende dazu, sich anzupassen. Bei der umgekehrten Karte sträubt er sich. Die offene Hand ballt sich zur Faust.

Viele Tarot-Deuter halten das Schicksalsrad für eine schwierige Karte. Zum einen kann sie sich, da Tarot-Befragungen in die Zukunft wie in die Vergangenheit reichen, auf eine Veränderung beziehen, die noch nicht eingetreten ist. Zum anderen zeigt sie Handlungen und Ereignisse, die von außen auf den Klienten einwirken. Die meisten Karten beschreiben den Klienten selbst – sein Verhalten, seine Wünsche, seinen Hintergrund, seine Handlungen und so fort. Das Schicksalsrad jedoch weist über den Betreffenden hinaus auf Ereignisse, die von anderen verursacht werden, oder einfach auf das Leben selbst.

XI
Die Gerechtigkeit

Die Zahl Elf weist auf eine Verbindung des Magiers mit der Hohenpriesterin hin (1+1=2). Trumpf XI trägt den hebräischen Buchstaben Lamed, was »Ochsenziemer« oder »Peitsche« bedeutet. Die spirituelle Gerechtigkeit peitscht uns zur Entwicklung. Wenn wir einmal erkannt haben, daß wir die Folgen unseres Tuns zu tragen haben, achten wir mehr darauf, was wir tun. Wir lernen, in unserem Leben Verantwortung zu tragen, und dies führt dazu, daß wir unser Leben zum Vorteil für uns und die Welt einrichten.

Die Rune Naudiz ≙ Not (Lautwert n) bedeutet »Notwendigkeit«. Für die spirituelle Gerechtigkeit spielen moralische Kriterien keine Rolle. Ereignisse treten nicht ein, weil sie es sollten, sondern weil sie es als Konsequenz unserer eigenen Handlungen und der Bedingungen des Lebens müssen. Die Notwendigkeit hat also damit zu tun, daß man auf gegebene Situationen in der einzig möglichen Art reagiert. Es sind hiermit auch Situationen oder Umstände gemeint, die wir nicht beeinflussen oder steuern können. Ereignisse wie Krankheit (unsere eigene oder diejenige anderer), Tod und soziale Umwälzungen stellen insofern Zwänge dar, als wir lernen müssen, mit ihnen in der bestmöglichen Weise umzugehen.

Damit ist nicht gesagt, daß die Freiheit des Willens eingeschränkt oder es dem Menschen nicht möglich ist, über sein eigenes Leben zu verfügen. Ein Teil der Herausforderung des Lebens – und dieses Trumpfs – liegt in der Auseinandersetzung mit Schwierigkeiten. Wie wir noch sehen werden, ist die Bedeutung der Gerechtigkeit in der Waage zu suchen, dem Gleichgewicht von Innerem und Äußerem, von Notwendigkeit und freiem Willen.

Die Gestalt der Rune ähnelt einem Schwert. Bei traditionellen Tarot-Spielen hält die Gerechtigkeit ein Schwert und eine Waage. Das Schwert repräsentiert die Fähigkeit, vernünftig zu

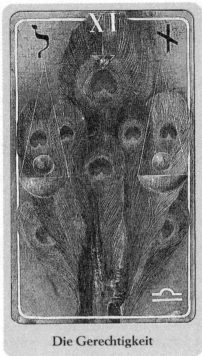

Die Gerechtigkeit

denken und Entscheidungen zu treffen. Es steht auch für das Handeln, denn die Gerechtigkeit bedeutet nicht nur Selbsterkenntnis: Sie verlangt auch, daß wir nach dieser Erkenntnis handeln.

Das astrologische Zeichen für Gerechtigkeit ist die Waage. Das Element Luft steht für Intellekt und Denkvermögen; um die innere Wahrheit unseres Lebens zu entdecken, müssen wir denken und analysieren. Vor einiger Zeit wurde die Anschauung Mode, daß die Menschen zuviel denken, man müsse deshalb seinen Gefühlen vertrauen. Der Tarot lehrt uns, daß Intellekt und Emotion keine Gegensätze sind. Eine zutreffende Analyse einer beliebigen Situation wird sich auf eine ehrliche Einschätzung der Gefühle stützen. Sie wird sich jedoch nicht damit begnügen, sondern diese Gefühle und die ihnen zugrunde liegenden Ereignisse prüfen. Wir müssen intellektuelle Spielchen meiden, nicht aber den Intellekt.

Beim Haindl-Tarot nimmt der Trumpf Gerechtigkeit die elfte Position ein. Dies ist, wie wir bei der Kraft gesehen haben, eine Veränderung gegenüber der älteren Tradition. Wenn wir die Sonderstellung des Narren gegenüber den anderen Trümpfen berücksichtigen, dann erscheint die Gerechtigkeit genau in der Mitte der Großen Arkana, das heißt, es kommen zehn Karten vor ihr und zehn nach ihr. Die Aussage der Gerechtigkeit ist, daß wir mit unserem Leben ins reine kommen, daß alles ins Lot kommt. Wenn wir unsere früheren Erfahrungen verstehen, machen wir uns frei für die Schaffung einer neuen Zukunft. Die Gerechtigkeit erfordert einerseits Kontemplation, andererseits Aktivität, denn die Zukunft verlangt von uns Entscheidungen.

Die Waage bringt auch die Wechselwirkungen zwischen uns und der Welt ins Gleichgewicht. Einerseits müssen wir die äußeren Einflüsse auf unser Leben anerkennen – andere Menschen, beispielsweise die Eltern, unsere Partner, die Kinder, die Lehrer –, aber auch diejenigen Dinge, die in der Rune Nandiz (Notwendigkeit) erhalten sind: Naturereignisse, soziale Bedingungen, politische Ereignisse und so fort. Andererseits stellen wir das Gleichgewicht der Waage mit unseren eigenen Handlungen und Entscheidungen her.

Es mag vielleicht etwas extrem erscheinen, wenn wir die ganze Welt in die eine Waagschale und uns selbst in die andere legen. Aber wie sonst könnten wir verstehen, was uns bis zum jetzigen Augenblick geformt hat? Die Gerechtigkeit verlangt von uns, Verantwortung für alles zu übernehmen, was uns zustößt. Das Gleichgewicht zwischen sich selbst und der Welt herzustellen heißt, Freiheit zu erlangen.

Alles an der Haindl-Darstellung der Gerechtigkeit erinnert an das Thema Gleichgewicht. Wir sehen eigentlich zwei getrennte Bilder des Gleichgewichts, die Waage im Vordergrund und die Pfauenfedern im Hintergrund. Die Waage ist ein abstraktes Bild. Wer oder was sie hält, ist nicht sichtbar; sie erscheint starr,

und die kosmischen Bälle schweben über den Waagschalen. Dadurch wird ausgedrückt, daß die Gerechtigkeit im Universum grundsätzlich als vollkommenes Prinzip vorhanden ist. Letztlich halten sich der Kosmos und jedes Wesen in ihm das Gleichgewicht. Das Gleichgewicht der Federn dagegen ist in einem viel empfindlicheren Zustand. Zunächst erscheinen sie symmetrisch, wobei sich zwei große Federn in der Mitte und Federn in gleicher Zahl und Anordnung zu beiden Seiten befinden. Ein Windhauch würde jedoch genügen, um sie durcheinanderzubringen. In der Welt der alltäglichen Erfahrung scheint die Gerechtigkeit oft in weiter Ferne passiv zu verharren. In einem Teil der Welt gibt es Dürre, im anderen Überschwemmungen. Menschen werden grausam unterdrückt, in Konzentrationslagern oder durch Apartheid. Fremde Eroberer rotten ganze Kulturen und Völker aus, wie in Nord- und Südamerika geschehen. Im persönlichen Bereich sterben gute Menschen an qualvollen Krankheiten, während grausame und selbstsüchtige Menschen in Gesundheit ein hohes Alter erreichen.
Und doch ist tief in uns die Überzeugung verankert, daß es eine Gerechtigkeit gibt. Deshalb sehen wir zwei Bilder: die unveränderliche Abstraktion und die zerbrechliche Realität. Diese Dualität müssen wir ins Gleichgewicht bringen.
Betrachten wir uns die beiden Bilder etwas näher. Die Waage hängt an einem nach unten weisenden Wasserdreieck. In seiner Mitte sehen wir eine Kugel. Auf der einen Seite können wir Silber, auf der anderen Gold entdecken. Die Kugel bildet eine Art Yin-Yang-Symbol ähnlich dem Mond und dem Stern beim Wagen (VII). Dies erinnert uns daran, daß die Idee der Dualität, die überall in der Karte so deutlich zum Ausdruck kommt, eine Fiktion ist, denn das Leben ändert sich unaufhörlich, wobei alle Aspekte ineinander übergehen und auseinander hervorgehen. Durch eine solche Erkenntnis wird der Gedanke eines vollkommenen Augenblicks sinnvoll, in dem sich das Leben in einem Schwebezustand befindet und wir die Vergangenheit und die Zukunft, die äußere Welt und uns selbst so sehen können, wie wenn sie in getrennten Waagschalen im Gleichgewicht wären.

Die Waagschalen hängen an Drähten, die zwei Feuerdreiecke bilden. In deren Mitte finden wir oberhalb ein Wasserdreieck. Beide bilden, wenn wir sie uns vereint vorstellen, einen sechszackigen Stern. Die Federn in ihrer Gesamtheit sind zusammenhängend in Form eines sechszackigen Sterns angeordnet. Diese zweifache Form des Sterns – getrennt und vereint – führt uns vor Augen, daß sich in der Natur alles vermischt, wir jedoch in der abstrakten Betrachtungsweise die Möglichkeit, ja sogar die Notwendigkeit finden, die Elemente als isolierte Kräfte zu sehen, um ein besseres Verständnis zu erlangen.

Der Gedanke der Dualität setzt sich bei den beiden Waagschalen fort. Die silberne links repräsentiert den Mond (das Yin-Prinzip oder Prinzip der Hohenpriesterin), während die goldene Schale rechts die Sonne (Yang oder Der Magier) symbolisiert. Über beiden Schalen schwebt eine Kugel, deren Durchsichtigkeit Klarheit und Losgelöstheit versinnbildlicht. Wir müssen durch die äußeren Umstände unseres Lebens zur inneren Bedeutung und zu den Ursachen der Ereignisse »durchblicken«. Die Gerechtigkeit birgt die Möglichkeit des klaren Erkennens. Um unser Leben betrachten zu können, müssen wir von Zeit zu Zeit auf Distanz dazu gehen. Dieser Gedanke der Distanzierung verleiht der Vorstellung, das Erscheinen der Gerechtigkeit sei ein besonderer Augenblick, neue Bedeutung. Wir können unser Leben allerdings nicht ständig aus einer Haltung der Distanz führen. Diese Einstellung wäre ebenso unausgewogen, als würden wir überhaupt nie über unser Leben nachdenken.

Wenn für klare Erkenntnis eine kühle Analyse notwendig ist, so ist auch dies nur die halbe Wahrheit, eine Seite der Waage. Die Pfauenfedern weisen jeweils ein Auge auf, und über jeder der beiden Kugeln erscheint ein Pfauenauge. Sie repräsentieren den »Blick« für unsere Gefühle. Wenn wir uns aufrichtig mit unseren Gefühlen auseinandersetzen, werden wir an ihnen häufig die Wahrheit unserer Erlebnisse erkennen. Die Tarot-Schriftstellerin Mary Greer hat aufgezeigt, wie wir den Tarot für diesen Zweck einsetzen können.

Die Waagschalen hängen an Silberdrähten, die an einem silbernen Querbalken befestigt sind. Wie der silberne Rand um die Karte symbolisiert das Metall das Denken. Weil Drähte und Balken zu Spiralen gedreht sind, symbolisieren sie die Evolution. Wenn wir die Klarheit der Gerechtigkeit erlangen, bleiben wir nicht einfach, wer wir sind, sondern erheben uns auf eine höhere Ebene. Die Lehren vieler Kulturen sagen uns, daß für die wahre spirituelle Gerechtigkeit viele Leben notwendig sind.

Die Federn stammen vom Pfau, der in Indien ein Symbol für Reinkarnation und Karma ist (die christliche Symbolik des Pfaus: siehe Der Tod, S. 164ff.). Wir haben die Karte Gerechtigkeit primär als eine Bewertung dieses Lebens betrachtet. Für ein umfassendes Verständnis ist es notwendig, daß wir alle Erfahrungen ins Gleichgewicht bringen – einschließlich derjenigen der früheren Leben. Die vollkommene Gerechtigkeit sieht letzten Endes die ganze Geschichte des Universums in jedem einzelnen Augenblick. In der buddhistischen Lehre heißt es, daß Gautama Erleuchtung erlangte und damit Befreiung, als er sich an jeden Augenblick aller seiner früheren Leben erinnerte, das heißt, als er alle diese Augenblicke deutlich vor sich sah.

Die Federn sind als sechszackiger Stern angeordnet. Sie erscheinen aber auch in drei mehr oder weniger senkrechten Säulen; diese symbolisieren die verschiedenen Aspekte des Lebens, die durch das Prinzip der Gerechtigkeit zusammengeführt werden. Bei den Liebenden haben wir gesehen, wie der Baum des Lebens der Kabbala drei Pfeiler bildet. Die äußeren Pfeiler symbolisieren entgegengesetzte Kräfte im Universum – Zusammenziehung und Ausdehnung, Unbarmherzigkeit und Gnade. Der mittlere Pfeiler gleicht die beiden Seiten aus und verhindert, daß der Kosmos zerrissen wird.

Es sind acht Federn vorhanden. Die Zahl erinnert uns an die traditionelle Position der Karte. Durch die Verschiebung an die elfte Stelle sind die früheren Assoziationen nicht sämtlich ausgelöscht. Wir können den Trumpf Gerechtigkeit nach wie vor als die Oberschwingung des Magiers betrachten. $VIII = 4 \times 2$, das ist die Transformation der äußeren Gesetze und Machtbefugnisse des Herrschers durch die innere Wahrheit der Hohen-

Die Gerechtigkeit

priesterin. Wenn wir uns die Großen Arkana in drei Siebenerreihen vorstellen, dann liegt die Gerechtigkeit als Nummer XI direkt unter dem Herrscher. Anders ausgedrückt, sie nimmt die vierte Position in der zweiten Reihe ein. Auch als die Elf ist die Karte daher 4×2. Die Acht-Elf-Dualität bei der Gerechtigkeit ist eigentlich ein Scheinproblem, in Wirklichkeit nimmt die Karte beide Positionen ein.

Obwohl die Federn viele Farben haben, sind Violett und Indigo vorherrschend. Als die Farben der beiden höchsten Chakras zeigen sie die evolutionäre Eigenschaft der Gerechtigkeit an. Diese beiden Chakras sind der Scheitel (für die spirituelle Offenheit) und das dritte Auge (für das erwachte Verständnis).

Die Federn bilden auf der Karte nicht den prächtigen Schwanzschmuck eines Pfaus, sondern sind in einem Baumstamm verankert. Zu beiden Seiten sehen wir den oberen Teil eines Steins aufragen, ein Hinweis auf die Erdmasse. Dies erinnert daran, daß der Geist nicht getrennt von der Natur existiert. Gleichzeitig bildet der Baumstamm einen Kontrast zu den helleren Farben der Federn und den durchsichtigen Kugeln. Wir sehen im Baum ein höhlenartiges Loch. Dies alles erinnert uns an die Trennlinie auf der Karte der Liebenden (VI), die zwischen unserem physikalischen Wissen von der Welt und der spirituellen Wahrheit gezogen ist. Wir sehen nur den oberen Teil der Steine; dies weist uns darauf hin, daß uns ein großer Teil des Universums verborgen ist. Wenn Gerechtigkeit volle Selbsterkenntnis bedeutet, dann bringen die meisten von uns ihr Leben in Unwissenheit zu.

Das Bild gibt uns jedoch Hoffnung, diese Unwissenheit überwinden zu können. Der Baumstamm und die beiden Steine liegen hinter dem silbernen Rand, die Federn überdecken ihn jedoch. Durch intensive Beschäftigung mit spirituellen Praktiken und die Entschlossenheit, die Wahrheit zu sehen, können wir diesen vollkommenen Augenblick erreichen.

Divinatorische Bedeutung

Die Aussagen der Gerechtigkeit betreffen primär den Gedanken der Bewußtheit. Wenn wir in einer Befragung diese Karte bekommen, fordert sie uns auf, unser Leben zu überprüfen, etwas ins Gleichgewicht zu bringen. Damit kann eine allgemeine Bilanz gemeint sein, das heißt eine Überprüfung, was wir bisher aus unserem Leben gemacht haben und welche Entscheidungen uns noch bevorstehen. Es kann aber auch die Bewertung einer ganz bestimmten Situation notwendig sein. Hat jemand beispielsweise Schwierigkeiten in einer Beziehung, befragt die Karten und erhält den Trumpf Gerechtigkeit, dann wird es notwendig sein, die Entwicklung der Partnerschaft zu betrachten – wer was tat, wie die Beteiligten in bestimmten Situationen und Krisen handelten, welche emotionalen Lasten sie aus früheren Bindungen mitgebracht haben. All dies wird gegen die Entscheidungen aufgewogen, die in der Zukunft anstehen.

Für eine aufrichtige Beurteilung ist auch emotionale Aufrichtigkeit erforderlich. Man muß seine Empfindungen gegenüber der Situation so offen wie möglich erleben. Dann kann man entdecken, wer man wirklich ist. Versuchen Sie, bewußt zu verfolgen, was Sie selbst und die anderen Beteiligten tun. Wenn jemand Sie erzürnt, achten Sie darauf, wie und warum er Sie provoziert hat. Überlegen Sie sich aber auch, weshalb Sie mit Zorn reagiert haben, wenn Sie sich auch anders hätten verhalten können. Durch solche Bewertungen gelangen wir zur Freiheit. Statt mit konditionierten Reaktionen zu handeln, statt uns dem Glauben hinzugeben, daß wir nicht anders können, lernen wir durch den Trumpf Gerechtigkeit, unseren freien Willen zu gebrauchen.

Wenn Gerechtigkeit mit Schwerter-Karten erscheint, insbesondere dem As, betont sie den analytischen Verstand. Das As der Schwerter ist das Schwert der Wahrheit, das die Illusionen durchschneidet. Was wir dabei entdecken, wägen und analysieren wir, wobei wir uns selbst gegenüber so ehrlich wie möglich sind. Die Gerechtigkeit ist, wie mir eine befreundete Therapeutin sagte, »unerbittlich«.

Weil das Bild das Gleichgewicht betont, verlangt die Haindl-

Version der Gerechtigkeit von uns, die Situation ausgewogen zu betrachten und nicht von einem Extrem ins andere zu fallen. Dies gilt vor allem dann, wenn die Karte zusammen mit der Alchemie (XIV) erscheint. Das Bild ist jedoch mehr als nur eine Empfehlung. Durch Meditation kann es uns helfen, dieses Gleichgewicht zu erreichen, so daß wir eine Situation oder das Leben überhaupt besser bewältigen können, wenn wir uns von emotionalen Extremen befreien.

In bestimmten Situationen mag der Titel der Karte allein mehr Gewicht haben als das Bild: Die Gerechtigkeit kann einfach auf einen gerechten Ausgang hindeuten. Dies könnte beispielsweise bei juristischen Angelegenheiten von Bedeutung sein.

Umgekehrt

Die umgekehrte Gerechtigkeit zeigt, daß die Eigenschaften der Karte blockiert oder abgelehnt werden. Der Betreffende versucht nicht, abzuwägen oder zu analysieren. Er versteift sich darauf, daß er ungerecht behandelt wird, oder er fällt ins Gegenextrem und meint, gerade er allein sei an allem schuld. Beides sind verzerrte Sichtweisen, beides verstellt den Blick darauf, was wirklich geschehen ist.

Die umgekehrte Gerechtigkeit warnt den Befragenden davor, gewohnheitsmäßig zu handeln. Halten Sie inne, überlegen Sie, was Sie und warum Sie etwas tun. Was wollen Sie wirklich? Können Sie dies von der Situation erhoffen? Was müssen Sie tun, um ein gewünschtes Ergebnis eintreten zu lassen?

Die umgekehrte Karte warnt Sie vor einem Ungleichgewicht oder vor Unfairneß. Wenn sie in einer Position erscheint, die mit anderen Menschen zu tun hat, kann sie auch deren Verhalten als unfair oder überzogen kennzeichnen.

Wenn die umgekehrte Gerechtigkeit in einer Position erscheint, die Ihre »Hoffnungen und Ängste« anzeigt, vermag sie auf die Angst vor einer ungerechten Behandlung hinzuweisen. Sie kann aber auch die Hoffnung anzeigen, daß man um jene aufrichtige Bewertung herumkommt, welche die aufrechte Karte zeigt.

XII
Der Gehängte

Die Zahl Zwölf fügt die männliche und die weibliche Polarität zusammen. Als 12 besteht sie aus den Ziffern 1 (Magier) und 2 (Hohepriesterin); 12 = 3 (Herrscherin) × 4 (Herrscher); 12 ist die Umkehrung von 21, dem letzten Trumpf; die Umkehrung ist eines der Hauptthemen des Gehängten. Bei vielen traditionellen Tarot-Spielen nimmt die tanzende Frau auf der Welt (Trumpf XXI) aufrecht die gleiche Haltung ein wie der umgekehrte Gehängte. Auf dem Wege des Narren zur Weisheit bezeichnet der Gehängte die fundamentale Phase des Opfers und der Umkehr. Er opfert das Verlangen des Herrschers, die Erde zu beherrschen, und er kehrt seine früheren Glaubensvorstellungen um. Der Gehängte gibt auf, was andere für wichtig halten: Erfolg, Macht, Stolz, das Empfinden des Ich, gegenüber dem übrigen Universum einmalig, einzigartig und getrennt zu sein. Er erlangt Verständnis, Frieden, Einheit mit der Erde, Lebensfreude. Der hebräische Buchstabe Mem bedeutet »Meere« und im allgemeineren Sinne das Element Wasser. Das Wasser ist auch das Element, welches die Umrandung anzeigt, während der Planet Neptun nach dem römischen Gott des Meeres benannt ist. Auf dem Bild sehen wir bis auf die Andeutung durch den Regenbogen kein Wasser. Es ist auch auf den ältesten Darstellungen des Gehängten nicht zu finden, während ihn einige neuere Spiele über dem Meer oder einem Teich zeigen. Dennoch gehört das Wasser, ein Symbol der Auflösung, zu den tiefsten Bedeutungen der Karte. Das Ich geht in Auflösung über, die Trennung gegenüber dem Leben wird aufgelöst.
Der Narr hat die dem Wasser zugehörige Empfindung des Einsseins mit allen Dingen. Der Narr weiß, daß er »nichts« ist, er repräsentiert kein festgelegtes Verhaltensmuster; wir können aber unsere ursprüngliche Unschuld nicht behalten, und deshalb bauen wir uns eine Persönlichkeit auf, eine äußere Form, die es uns erlaubt, im täglichen Leben zu bestehen. Beim Wagen

Der Gehängte

Der Gehängte

(VII) sahen wir die Kraft dieser Persönlichkeit – den konzentrierten Willen, die Beherrschung der Furcht, die Fähigkeit, sich mit dem Todgeweihtsein auseinanderzusetzen. Dort sahen wir das Selbst über das Meer des Unbewußten fahren, vom Boot des Intellekts und des Willens beschützt. Beim Gehängten jedoch unterwirft sich das Selbst dem Unbewußten. Statt Trennung finden wir Einheit, statt Urangst finden wir Frieden. Wenn nun das Wasser so wichtig ist, warum sehen wir dann einen Berg statt des Meeres? Die Antwort ist, daß die Unterwerfung möglich wird, wenn wir uns mit der Erde verbinden. Wir können die Illusion einer Beherrschung der Welt aufgeben, weil wir wissen, daß wir allem Leben angehören.

Die Rune ist Tyr oder Teiwaz (Lautwert t). Der meist als Kriegsgott bekannte Tyr war auch der Gott des Rechts. Beides wird bei dem kopfstehenden Gehängten umgekehrt. Der aggressive Impuls weicht dem Einssein. Die Naturgesetze treten an die Stelle der Menschengesetze (man beachte, daß der Körper das internationale Friedenszeichen bildet, ebenso auch die Rune für den Turm [XVI]). Beim Herrscher (IV) und dem Hierophanten (V) haben wir gesehen, wie Gesetzesvorschriften von den Naturrhythmen isoliert sein können. Hier kehren wir zu diesen Rhythmen zurück. Das Wort Teiwaz steht in einem linguistischen Zusammenhang mit Zeus, dem Himmelsgott der Griechen. Beim Gehängten werden Himmel und Erde vereint. Tyr repräsentiert auch spirituelle Disziplin. Der Gehängte opfert sich im buchstäblichen Sinne selbst. Dieses Thema wird bei der »wahren« Gottheit der Karten, Odin, exemplarisch ausgestaltet. Die Form der Rune ähnelt dem Speer, der Odin (wie Christus) am Weltenbaum hängend verwundete. Sie ähnelt auch dem Baum selbst.

Das Element der Karte, das Wasser, haben wir bereits angesprochen. Für die Astrologen ist Neptun der Planet der Inspiration, des spirituellen Lichts, das aus den dunklen Wassern des Unbewußten aufsteigt. Odin erlangte die Runen, indem er sich selbst in dem dunklen Brunnen am Fuße des Weltenbaums opferte. In der *Älteren Edda* spricht Odin:

> Ich weiß, daß ich hing am windigen Baum
> Neun lange Nächte,
> Vom Speer verwundet, dem Odin geweiht,
> Mir selber ich selbst ...
> Da neigt' ich mich nieder,
> Nahm die Runen auf, nahm sie schreiend auf,
> Fiel nieder zur Erde.

In gewissem Sinne führen alle vorangegangenen Karten zum Gehängten hin. Wie wichtig es ist, daß das Männliche das Weibliche anerkennt, die Menschheit zur Erde zurückkehrt und man im Einklang mit der Natur lebt – all diese Themen kom-

men im Bild des Gehängten exemplarisch zum Ausdruck. Hermann Haindl sagte mir, er hätte das Bild als junger Mann nicht in dieser Weise malen können. Er hätte sich dem Gedanken der Unterwerfung stärker widersetzt. Unterwerfung heißt aber nicht Resignation und schon gar nicht Niederlage; sie bedeutet etwas Grundlegendes: Der Weg für die Menschheit und für den einzelnen liegt im Zusammenschluß, nicht in der Trennung.
Drehen wir das Bild um. Es scheint nun, als ob die Gestalt fliegt, gen Himmel fährt. In der Grabeskirche in Jerusalem spiegelt die Darstellung Christi über dem Grabmal genau die Weltentänzerin auf der traditionellen Version von Trumpf XXI wider. Die ausgestreckten Arme des Gehängten in der Haindl-Version machen auch eine ähnliche Aussage wie die offenen Arme des Eremiten. Die wahre Unterwerfung bringt Ekstase und Macht. Er unterwirft sich nicht einer eifersüchtigen Gottheit, die Gehorsam fordert, sondern dem Leben.
Diese Karte ist der zweite Teil der Trilogie Wagen, Gehängter und Stern: sieben, zwölf, siebzehn. Als Mittelpunkt ist der Gehängte von den beiden anderen jeweils um die Zahl Fünf getrennt, die, wie wir gesehen haben, ein Symbol der spirituellen Lehre (Der Hierophant [V]) und der Göttin (das Pentagramm) ist. Der Wagen steht für die Beherrschung des Lebens. Mit seinen Machtassoziationen erinnert der Wagen an Schamanismus. Hier, beim Gehängten, sehen wir Odin, der häufig als der archetypische Schamane beschrieben wird. Odin, der junge Gott, der vom Baum wegschritt, kehrt hier aber zu Erda, der Erde, zurück. Beim Stern (XVII) sehen wir dann, wie sich Erda (Gaia) erneuert. – Diese drei Trümpfe des Haindl-Tarot allein verfügen schon über einen hohen Aussagewert.
Das Bild ist um eine senkrechte Achse und in drei Tiefenebenen organisiert. Die Achse bildet der Gehängte selbst; über ihm befinden sich der Ast und das Venussymbol, unter ihm die Erdhügel. Die Arme sind nach außen und unten gestreckt und passen sich der Krümmung des Hügels an. Auch der Regenbogen schmiegt sich an diese Krümmung. Gleichzeitig verbindet sich die Linie der Bäume hinter den Hügeln mit der Hangneigung links zu einer Diagonalen, die links entspringt und nach rechts

ansteigt – in der Richtung der Harmonie bei der Herrscherin (III).
Das Haar des Gehängten scheint sich wie die Wurzeln eines Baums mit der Erde zu verbinden. Er hängt nicht nur an einem Ast, sondern ist zum Baum selbst geworden. Wir haben diesen Odin/Zeus bereits mit der jugendlichen Version beim Herrscher (IV) verglichen. Dort verleugnete der Himmelsgott seine Erdenherkunft, indem er den Baum verließ, der ein Abbild seines Körpers war. Hier kehrt er zurück und läßt seinen Körper ein Abbild eines Baums werden. Dieses Bild erinnert auch an den dunklen, baumähnlichen Schatten des Magiers. Der Konflikt dort – zwischen Bewußtsein und der Einheit mit der Natur – wird hier durch die bewußte Hingabe des Gehängten aufgelöst. Ein Licht-Stigma erscheint in der rechten Hand, der Seite des Bewußtseins, während die linke dunkel bleibt.
Die drei Ebenen beginnen vorn mit dem Gehängten, dem Ast und dem Hügel. Dahinter sehen wir zwei Erdwälle zu beiden Seiten des Hügels und die Linie der Bäume. Dahinter wiederum sehen wir am Himmel den Mond, die Vögel und den Regenbogen. Der Regenbogen geht jedoch durch alle Ebenen hindurch und färbt die Bäume und den Mann, aber nicht den Hügel. In Irland erscheinen die Regenbögen in scharfer farblicher Abgrenzung. Während eines Aufenthalts dort entdeckte Haindl, daß die Anordnung der Farben genau zu den Chakras paßt. Beim Yoga-System strahlt jedes der sieben Chakras eine bestimmte Farbe ab, vom Rot an der Wurzel, der Basis der Wirbelsäule, zum Violett des Scheitels. Die Reihenfolge dieser Farben entspricht nun derjenigen des Regenbogens, doch nur wenn der Körper umgedreht ist – wie beim Gehängten oder der Yoga-Haltung, bei der man auf dem Kopf steht.
Die Landschaft stellt den Leib der Göttin dar, die auf dem Rücken liegt. Die beiden seitlichen Hügel sind ihre Brüste, der mittlere Hügel ihr schwangerer Leib, und die Büsche am unteren Bildrand deuten sogar das Schamhaar an. Dies mag manchen Menschen obszön oder sogar blasphemisch erscheinen. Wir alle sind in einer Kultur aufgewachsen, die nur einen transzendenten Gott kennt, der von der Welt abgelöst ist. Dieser Gott ist ein

eifersüchtiger Gott, der es nicht erlaubt, daß man sich Bilder schafft. In anderen Kulturen haben die Menschen jedoch genau dies getan. An Orten wie auf Kreta oder auf Malta wurden Tempel so gebaut, daß sie sich in ein Abbild des weiblichen Körpers in der Natur einfügten. Zwillingsberge waren als die Brüste der Göttin heilig. Höhlen wurden zu Stätten des Rituals, weil sie einen Eingang zu ihrem Schoß bilden. Denn wenn die Erde die Mutter ist, ein Lebewesen, können wir dann nicht erwarten, ihre wirkliche Gestalt zu sehen? Und sollte diese Gestalt nicht die Orte ihrer geheiligten Kraft bezeichnen?
Auf dem Trumpf sehen wir nicht Erdas Haupt. Statt dessen finden wir Odin. Er hängt an einem Symbol der Herrscherin. Auf der einen Seite leuchtet die Mondsichel, die für die Hohepriesterin steht, die Göttin des Mysteriums. Auf der anderen Seite erscheinen Odins Zwillingsraben Hugin und Munin (Denken und Erinnerung). Nach dem Mythos flogen diese beiden Vögel durch die Welt, um ihrem Herrn Neuigkeiten zu bringen. Raben stehen aber auch für den Tod. Deshalb sind die Neuigkeiten, die sie bringen, Nachrichten über die »andere Welt«. Manche Historiker glauben, die Odin-Verehrung (oder der Asenkult) gehe auf eine ältere schamanistische Tradition zurück. Die Schamanen konnten aber die Lebenden heilen, weil sie im Land der Toten reisten. Odin und die Vögel schauen voraus auf die nächste Karte, den Tod (XIII).
Die schwarzen Raben passen zu dem schwarzen »Schamhaar« im unteren Teil der Karte, wodurch eine Verbindung zwischen Erde und Himmel hergestellt wird. Odin, der Himmelsgott, schenkt sich der Erde. Die Lakota-Indianer betrachten Schwarz als die Farbe der Inspiration, denn wie Neptuns Wasser repräsentiert es die Dunkelheit, die dem Licht weicht. Es gibt hier eigentlich drei Reiche, die mit der Dreifachen Gottheit verbunden sind: den Himmel (die Jungfrau), die Erde (die Mutter) und die Unterwelt (die Alte). In den patriarchalischen Traditionen gehörten der Himmel und die Unterwelt (der Tod) zu den männlichen Gottheiten, während die Erde weiblich blieb. Selbst unter dem Monotheismus sprechen wir noch von »Mutter Erde«. Durch Odins Unterwerfung werden diese drei eins.

Im Mythos heißt es, Odin habe sich freiwillig selbst geopfert. Von seinem eigenen Speer durchbohrt, hängt er am Baum. Man könnte zwar meinen, dies beziehe sich auf Christus, doch sind die meisten Historiker der Ansicht, Odins Opfertod sei älter als das Eindringen des Christentums in den germanischen und skandinavischen Bereich.

Wir können in dieser Erzählung auch gewisse Zusammenhänge zwischen den Runen und dem Tarot finden. In der *Edda* beschreibt Odin eine zwölfte Rune:

> Ein Zwölftes kann ich, wo am Zweige hängt,
> Vom Strang erstickt, ein Toter,
> Wie ich ritze das Runenzeichen,
> So kommt der Mann und spricht mit mir.

Künstler und Erzähler stellen Odin häufig als wandernden Zauberer dar, der einen Schlapphut mit breiter Krempe trägt, die ein Auge bedeckt. Dies erinnert an das traditionelle Bild des Tarot-Magiers, einen Zauberer, der einen Hut mit einer Krempe trägt, die das Unendlichkeitszeichen bildet.

Als Herrscher entfernte sich Odin von der Natur und der Geschichte. Jetzt kehrt er zurück, doch ist der Weg zurück mit Leiden verbunden. Im Mythos ist er nicht nur mit einer schmerzhaften Wunde aufgehängt, sondern er muß auch Mimir, dem Gott der Quelle der Weisheit, ein Auge opfern. Er hat nach außen geblickt; um innere Weisheit zu erlangen, muß er ein Auge weggeben.

Der Gehängte des Haindl-Tarot zeigt keine solche Agonie, nur eine friedliche Umkehrung. Wir haben aber bereits beim verwundeten Schwan des Narren ein Bild des Leidens gesehen. Der alte Mann auf dieser Karte, der sich von dem jungen, arroganten Herrscher so sehr unterscheidet, symbolisiert das Alter der Menschheit mit ihrer Geschichte des Schmerzes, der Dummheit und der Zerstörung, aber auch der Weisheit.

In der patriarchalischen Tradition Skandinaviens opfert Odin *sich selbst*. Der männliche Gott erkennt keine äußere Macht an. Der Haindl-Tarot kehrt dies um. Odin schenkt sich Erda. Indem er zur Erde zurückkehrt, zeigt er uns, wie die Menschheit wieder zur Harmonie mit der natürlichen Welt gelangt. Er wird kein unschuldiger Kind-Narr. Er wird vielmehr ein Sucher der Wahrheit. Der Weltenbaum Yggdrasil trägt nicht nur die physische Erde, die in der nordischen Kosmologie als mittlere Erde bezeichnet wird. Sie trägt die neun Welten, die von Asgard, dem Heim der Götter, bis Helheim reichen, der Welt der Toten. Die »Ökologie« des Gehängten trägt der Tatsache Rechnung, daß wir als spirituelle Wesen in allen diesen Welten leben, nicht nur der mittleren, sondern auch oben und unten.

Divinatorische Bedeutung

In den Bedeutungen des Gehängten drückt sich vor allem ein Verbundensein aus. Wir sind uns der grundlegenden Realitäten in unserem Leben so sicher, daß uns »nichts erschüttert«. Damit kann ein Verbundensein mit der Natur, mit einem moralischen Prinzip oder mit einem wichtigen Lebensziel gemeint sein. Die Karte kann aber auch auf ein tiefes spirituelles Bewußtsein hinweisen.
Das Bild des Baums vermittelt das Verbundensein mit etwas Größerem als den alltäglichen Problemen. Wenn man sich durch starke äußere Einflüsse in der Gefahr sieht, den Boden unter den Füßen zu verlieren, kann eine Meditation mit dem Bild des Gehängten wieder festen Halt geben. Stellen Sie sich Ihren Körper buchstäblich an einem Baum vor, dessen Wurzeln tief in der Erde verankert sind und dessen Äste in den Sternenhimmel hineinreichen. Wie schwach Sie sich als einzelner auch fühlen mögen – das Verbundensein mit diesem Baum macht Sie unerschütterlich. Im Rahmen der Meditation können Sie auch versuchen, mit ausgestreckten Armen auf einem Bein zu stehen. Ziel dieser Meditation ist es, sich selbst als Teil von etwas Größerem zu empfinden. Dies bedeutet nicht, die Individualität aufzugeben. Der Gehängte bleibt er selbst. Für mich selbst war er oft eine große Hilfe, wenn ich mich schwach fühlte oder unter dem einem übermäßigen Einfluß von Menschen oder

Situationen stand. Wenn der Gehängte bei einer Befragung erscheint, besagt er, daß man ein solches Verbundensein suchen muß oder ein derartiges Gefühl bereits vorhanden ist, das Ihnen Selbstvertrauen und Frieden gibt.

Der Gehängte steht für Unabhängigkeit. Er zeigt eine Person, die nicht für sozialen Druck, modische Ideen oder Manipulation anfällig ist. Er sagt Ihnen, daß Sie nicht gegen die Meinungen anderer Leute oder gegen Anforderungen ankämpfen müssen, die an Sie gestellt werden. Seien Sie sich darüber im klaren, daß die Leute tun können, was sie wollen – es wird Sie nicht erschüttern. Die Karte rät Ihnen, Ihre eigene Stärke zu erkennen.

Zusammen mit dem Narren (0) empfiehlt der Gehängte Aktivität. Mit verschiedenen anderen Karten, beispielsweise der Hohenpriesterin, könnte er Ruhe anzeigen, ein Warten auf den geeigneten Augenblick. Aber auch bei diesem Warten kann es notwendig sein, das Drängen anderer Menschen zu ignorieren, etwas zu tun und eine Entscheidung zu fällen.

Manche Menschen sehen den Gehängten eher negativ. Sie beschreiben ihn als ein »In-der-Luft-Hängen«, eine Verzögerung irgendeiner Art oder eine psychologische Blockierung. Manche legen auch den Schwerpunkt auf die Vorstellung des Opfers. Was muß man aufgeben, um seine Ziele zu erreichen? Muß man etwas Reales opfern, zum Beispiel einen Arbeitsplatz, der zuviel Zeit und Energie raubt? Oder muß man eine starre Haltung aufgeben, die einen daran hindert, auf eine veränderte Situation angemessen zu reagieren? Diese letztere Bedeutung könnte stark im Vordergrund stehen, wenn die Karte zusammen mit dem Schicksalsrad (X) erscheint. In meiner persönlichen Praxis habe ich allerdings festgestellt, daß man dem Gedanken des Verbundenseins die größte Aufmerksamkeit schenken sollte.

Umgekehrt

Der umgekehrte Gehängte weist auf einen Menschen hin, der zu stark von äußeren Ideen beeinflußt ist. Dies kann sich auf eine bestimmte Person oder bestimmte Menschen beziehen, die an den Klienten Ansprüche stellen. Es kann aber auch einen Konformitätsdruck anzeigen. Nehmen wir an, Sie möchten etwas Unorthodoxes oder »Skandalöses« tun. Der umgekehrte Gehängte zeigt dann an, daß Sie wegen gesellschaftlicher Bedenken zögern. Vielleicht sorgen Sie sich, was die Leute sagen könnten. Oder Sie fürchten, sich zum Narren zu machen. Denken Sie dann daran, daß die umgekehrte Karte den Mann aufrecht zeigt, also »normal« - die Karte aufrecht zu drehen heißt, sich selbst auf den Kopf zu stellen.

Wenn die Karte besagt, daß man etwas opfern muß, um einen Stillstand zu überwinden, dann bedeutet die Umkehrung, man möge jetzt nicht vom bewährten Weg abgehen. Betrachten Sie Ihr Leben und prüfen Sie, ob es etwas gibt, das Sie nicht aufgeben wollen. Wenn Sie für jemand anderen eine Befragung durchführen, bitten Sie den Betreffenden, diese Möglichkeit zu prüfen.

In seiner allgemeinen Bedeutung steht der umgekehrte Gehängte für einen Menschen, der wegen seiner derzeitigen Situation im Leben keinen Sinn sieht. Wenn sich der Betreffende isoliert oder schwach fühlt, empfiehlt die Karte, nach jener tieferen Bedeutung zu suchen. Das Bild drückt aus, daß die Zeit gekommen ist, zum Baum zurückzukehren.

XIII
Der Tod

Seit die Tarot-Karten Nummern tragen, ist der Tod die Nummer XIII. In unserer Kultur ist die Dreizehn eine Unglückszahl und deshalb für eine unangenehme Karte angemessen. Woher kommt eigentlich dieser Ruf der Dreizehn? In einem früheren Buch habe ich verschiedene Gründe angegeben: Die Dreizehn »ruiniert« die Vollkommenheit der Zwölf, einer Zahl, die in der ganzen Welt als heilig gilt. Judas Ischariot war der dreizehnte Apostel beim Letzten Abendmahl. Es gibt jedoch noch einen anderen Grund für das Stigma der Dreizehn. Der Mondkalender umfaßt dreizehn Monate (die Wörter »Monat« und »Menstruation« hängen mit dem Mond zusammen). Der Mondkalender gehört zu den Frauen und zur Dreifachen Göttin des Mondes, der großen Feindin der patriarchalischen Religion. Als der »Herrscher« die alten Monate durch einen Sonnenkalender ersetzte, der willkürlich in zwölf ungleiche Monate eingeteilt wurde, geschah dies zum Teil auch deshalb, um den Einfluß der Frauen zu brechen. Aber die physischen Tatsachen bleiben dessenungeachtet erhalten, sind sie doch die Umsetzung spiritueller Wahrheiten auf die materielle Ebene.

Der hebräische Buchstabe ist Nun. Einige Kommentatoren geben als Bedeutung »Adler«, »Schlange«, »Skorpion« an, Tiere, die mit der Transformation und dadurch dem Tod zu tun haben. Nach einer traditionelleren Anschauung wird Nun als »Fisch« definiert. Im Zusammenhang mit dem Laichen der Fische bedeutet Nun auch »sprießen«, »wachsen«, mit anderen Worten: neues Leben. Viele Menschen nehmen diese Gedanken – die Verknüpfung neuen Lebens mit dem Tod – als Hinweis, daß der Tod nicht das Ende von allem bedeutet, sondern nur ein Vorspiel zu einem neuen Dasein entweder in der »anderen Welt« oder durch Reinkarnation in einen neuen Leib. Die Karte des Todes lehrt jedoch etwas Tieferes als die Beschwichtigung, der Tod sei »gar nicht so schlimm«. Der Tod ist für ein

Der Tod

neues Leben notwendig. Wenn die alten Pflanzen im Herbst und Winter nicht sterben und im Boden zerfallen, können die neuen Knospen im Frühjahr nicht sprießen. Ohne den Tod gäbe es keine Veränderung. In der Gesellschaft ermöglicht es der Tod einer neuen Generation, mit neuen Ideen, neuer Energie, neuer Hoffnung und neuem Idealismus anzutreten.

Die Rune Berkanan ≙ Bar (Lautwert b) bedeutet »Birkengöttin«. Der Aspekt, der hier jedoch im Zusammenhang mit dem Tod stark in den Vordergrund tritt, ist derjenige der »schrecklichen Mutter«. Wir haben bis jetzt die beiden ersten Gesichter der Göttin gesehen, nämlich bei der Hohenpriesterin (II) die Jungfrau und bei der Herrscherin (III) die Mutter. Die Rune

bringt uns die Alte. Der allmonatliche »Tod« des Mondes verband sich mit der Lektion der Jahreszeiten, um unsere Vorfahren die Notwendigkeit des Todes zu lehren.
Nach Ansicht der Historiker war bei den alten Germanen der Kult der Birkengöttin mit einem Menschenopfer verbunden, dem möglicherweise der König zum Opfer fiel, der mit dem alten Jahr identifiziert wurde. In der Tat finden wir in der ganzen Welt Hinweise auf Opferungen im Zusammenhang mit einem Göttinnenkult, die auf dem Glauben beruhen, die Göttin des Landes fordere Blut, um neues Leben befruchten zu können, so wie auch die Erde totes pflanzliches Material als Dünger brauche.
In den letzten Jahren haben feministische Autorinnen diese Praxis neu interpretiert. Sie nehmen an, ursprünglich hätten Frauen ihr Menstruationsblut der Erde »angeboten«, um dadurch die Mondzyklen mit dem Land zu verbinden. Als sich die Männer der Religion bemächtigten, drehten sie den Sachverhalt um. Sie beschrieben die Mutter als monströs und blutdürstig. Sie erklärten die Menstruation als unrein. Nach Joseph Campbell lehrte Zarathustra, daß alles Übel im Universum mit der Menstruation begann. Die Bibel verlangt von den Frauen eine rituelle Reinigung nach ihrer Periode. Heute noch meinen abergläubische Juden, ein einziger Tropfen Menstruationsblut könne eine Pflanze töten. Während die patriarchalischen Bilderstürmer die Frauen von spirituellen Praktiken ausschlossen, behielten sie andererseits den Gedanken des Blutopfers bei, um die Ernte gedeihen zu lassen. Sie ersetzten nur den natürlichen Blutfluß der Frauen durch rituelle Morde...
Diese Interpretation ist allerdings weitgehend theoretisch. Wir sollten auch nicht vergessen, daß in früheren Zeiten der Tod im Leben der Menschen alltäglich war, und die Göttin nur als Gestalt der Geburt und nicht auch des Todes zu sehen ist zu einseitig. Was auch immer der Ursprung der Menschenopfer sein mag – wir brauchen eine Möglichkeit, die Realität und Notwendigkeit des Todes anzuerkennen, ohne uns von dieser Einsicht überwältigen zu lassen.
Die Rune bedeutet zudem »Barke« oder »Boot«, aber auch

»Bahre«. Die Bahre, auf der ein Leichnam liegt, wurde oft als Boot betrachtet, und die Wikinger benutzten teilweise brennende Boote als Totenschiffe. Die Menschen vieler Kulturen haben sich den Übergang der toten Seelen in das Jenseits als Reise in Booten entweder über einen Fluß oder über das Meer vorgestellt. Die Griechen glaubten, daß Charon (der auf der Karte im Boot steht) die Seelen zum Hades brachte. Die Ägypter beschrieben den Tod als eine Fahrt über das Wasser und begruben ihre Könige teilweise in wirklichen Booten. Als im ägyptischen Mythos die Götter Set wegen des Mordes an seinem Bruder Osiris verdammen, verwandeln sie ihn in ein Boot, das Osiris in die Unterwelt trägt.

Das Bild des Bootes gehört zur Geburt wie zum Tod. Die Wiege des Babys symbolisierte ursprünglich ein Boot. Die Lebensspanne eines Menschen reicht »von der Wiege bis zur Bahre«. Eine andere Schreibweise der Rune ist Bar, was an »gebar«, »gebären« erinnert. Das Meer steht für Formlosigkeit, Auflösung, Mysterium. Wir kommen aus dem Mysterium, und wir kehren in es zurück. Trotz der vielen hilfreichen Erklärungen in den Mythologien der Welt weiß wirklich niemand genau, woher eine individuelle Seele kommt, die in einem Körper Gestalt annimmt. Niemand weiß auch genau, was nach dem Tod geschieht. Wir gelangen aus dem Meer des Nichts in den Schoß unserer Mütter, erhalten einen Menschenleib; der Körper altert und stirbt, und so kehren wir wieder zurück.

Das astrologische Zeichen für die Karte Tod ist Skorpion. Weil der Stachel des Skorpions tötet, steht dieses Tierkreiszeichen in einem Zusammenhang mit dem Tod. Skorpion regiert aber auch die Geschlechtsorgane. Auch hier sehen wir wiederum die Verknüpfung zwischen Tod und Zeugung. Diese Verknüpfung besagt jedoch noch etwas anderes. Das Zeichen des Skorpions steht ja auch für sexuelle Anziehungskraft, die häufig dunkel und zerstörerisch ist. Dies weist darauf hin, daß uns der Tod mit einer fast sexuellen Macht fasziniert. Viele Menschen fühlen sich zur Destruktion getrieben oder in eine sexuelle Obsession, die letztlich ihre Freiheit zerstört. Freud kam zu der Überzeugung, daß Thanatos (der Todestrieb) die Seele neben Eros

(Lebenstrieb) beherrscht. – Ein Teil der Herausforderung des Trumpfs XIII liegt darin, daß wir die Realität des Todes anerkennen müssen und uns gleichzeitig dem Leben verpflichten.
Die meisten Zeichen des Tierkreises weisen nur ein einziges Bild auf, zum Beispiel der Stier. Dem Skorpion ordnet jedoch die esoterische Astrologie einen Adler und einen Phönix zu. Damit wird ausgedrückt, daß spirituelle und sexuelle Energie dasselbe sind. Wir haben uns mit diesem Gedanken bereits bei den Liebenden beschäftigt. Hier sollten wir beachten, daß der Tod die höhere Oktave von Trumpf VI ist und die Angst vor dem Tod zu einer Angst vor dem Sex führen kann. Zu Shakespeares Zeiten und später noch bezeichneten die Menschen in England den Orgasmus als »Sterben« oder »den kleinen Tod«. Beim Sex ergeben wir uns. Wenn sich das Ich gegen die Angst vor dem Tod abschirmen will, erscheint jede Unterwerfung als Bedrohung. Wir »überwinden« den Tod jedoch am besten dadurch, daß wir ihn akzeptieren.
Das Element für den Tod ist das Wasser. In gewissem Sinne gehören alle Elemente zum Tod. Einige theologische Autoren haben die Theorie aufgestellt, daß die vier Elemente auf die vier Arten der Behandlung von Leichnamen zurückgehen: Wasser bedeutet die Bestattung auf See, Feuer die Verbrennung der Toten, die Luft hat mit ihrer Aufbahrung unter freiem Himmel zu tun, wo sie von Aasvögeln verzehrt werden (was in Tibet noch praktiziert wird), Erde schließlich bedeutet die Erdbestattung.
Der Tod ist uns Menschen unbegreiflich. Die Einheit von Raum und Zeit wird aufgehoben. Hermann Haindl hat versucht, diese komplizierten Zusammenhänge durch die perspektivischen Verzerrungen auszudrücken. So erscheint beispielsweise der Ast des Baums im Hintergrund. Das Blatt, das von ihm abfällt, befindet sich jedoch im Vordergrund, wo es die Sense aufhält. Der Vogel scheint durch seine Größe ganz vorn zu sein, insbesondere im Verhältnis zur Sense, die ganz klein wirkt. Und doch erhebt sich die knöcherne Hand vor dem Schnabel des Vogels.
Trotz dieser Verzerrungen haben wir die Empfindung einer

abgestuften Perspektive. Mit jeder Ebene sehen wir einen größeren Teil von einem Ganzen: Zuerst kommt der Arm des Skeletts, dann der Kopf des Vogels, schließlich die vollständige Gestalt des Fährmanns. Während wir aber einerseits den ganzen Charon sehen können, erkennen wir andererseits keine Einzelheiten, nur eine eingehüllte Gestalt in einem schwarzen Boot: Wenn wir einem einzelnen Todesfall gegenüberstehen, sehen wir eine konkrete Realität; wollen wir den Tod in der Gesamtheit seiner Bedeutung betrachten, stoßen wir auf ein Mysterium.

Die Bäume und das Gras repräsentieren das Pflanzenreich, die Knochen die Mineralien, die Vögel das Tierreich und der Fährmann die Menschen – sie sind Sinnbilder für die materielle Welt. Die Tatsache, daß eine mythologische Gestalt die Menschheit symbolisiert, erinnert daran, daß wir, anders als die übrige Natur, in verschiedenen Welten gleichzeitig beheimatet sind: der physischen, der gedanklichen und der spirituellen Welt. Wir sollten uns auch erinnern, daß sich die Menschen auf Schamanen, lebende Mitglieder ihrer Gemeinschaft, verließen, die sie in die andere Welt führten, lange bevor der mythologische Führer auftauchte.

Betrachten wir uns die Symbole im einzelnen. Der Ast des Baums erinnert an den Gehängten. Die willige Unterwerfung, die Trumpf XII versinnbildlicht, läßt uns den Tod ohne Angst akzeptieren. Ein abgestorbenes Blatt fällt vom Baum, doch wachsen schon neue Knospen nach.

Die Sichel gehört zur traditionellen Symbolik von Trumpf XIII. Die meisten Versionen dieser Karte zeigen ein Skelett, das Köpfe, meist gekrönte, abschlägt, zudem Köpfe und Füße, die aus dem Boden wachsen. Das Bild entstammt einer mittelalterlichen Lektion, daß nämlich auch gekrönte Häupter sterben müssen. Hermann Haindl wollte mit der Sense nicht etwas Ominöses ausdrücken, sondern vielmehr, daß das Ende unseres Lebens seine symbolische Wiedergabe im Schneiden des reifen Korns findet, wenn die Garben geschnitten und in die Scheunen gebracht werden: das Korn als Nahrung und Saatgut für das nächste Jahr. Auf diesen Zusammenhang im Jahreszyklus deutet auch die Knochenhand, die aus Schilf herauskommt, aus Schilf, das in Ägypten auch als die Haare der Mutter Erde bezeichnet wird. Ein Grund, warum die Existenz des Todes im Leben für uns wichtig sein kann, liegt in seiner Aufforderung, aus unserem Leben etwas zu machen. Menschen, die schwere Krankheiten oder Unfälle überstanden haben, sehen in dem geschenkten neuen Leben eine zweite Chance, Dinge zu tun, die sie aufgeschoben oder die sie bisher nicht zu tun gewagt haben.

Die Sense bzw. Sichel bringt uns als Metapher für den zunehmenden Mond zurück zur Göttin. Die Sichel ist eines der ältesten Werkzeuge der Menschheit. Als Archäologen prähistorische Sicheln fanden, hielten sie diese für Waffen, die von Kriegern gehandhabt wurden. Als sie sie untersuchten, stellte sich heraus, daß es Erntewerkzeuge waren, die von Frauen benutzt und deshalb wie der Mond gestaltet waren.

Die Verbindung eines Skeletts mit dem Tod ist so offensichtlich wie traditionell. Die meisten Menschen kennen allerdings nicht die Bedeutung des Skeletts bei den schamanistischen Traditionen. Wenn ein Mensch stirbt, verfällt das Fleisch relativ schnell, während das Skelett scheinbar für immer erhalten bleibt. Deshalb steht das Skelett für die Ewigkeit oder jenen Teil des Selbst, der nicht sterben kann. Für die Schamanen ist dies keine intellektuelle Vorstellung. Junge Schamanen müssen sich strengen halluzinatorischen Initiationen unterziehen. Häufig umfassen diese Halluzinationen Angriffe von Geistern, die den Körper des Schamanen schinden, ihn lebendig kochen, ja sogar zerhacken, um das äußere Fleisch wegzunehmen und den Initianden zu skelettieren. Aus den Knochen kann sich dann ein neuer Leib entwickeln, der stärker und mit magischen Kräften begabt ist und andere zu heilen vermag. Wenn der Schamane diese schreckliche Prozedur des Todes und der Wiedergeburt überlebt hat, kann er gefahrlos zwischen den Lebenden und den Toten verkehren.

Der Todesvogel beherrscht die Karte. Seine Verbindung über die Pfauenfedern mit der Gerechtigkeit (XI) erinnert uns an die traditionelle Vorstellung, daß wir beim Tode unser unausgegli-

chenes Karma mit uns nehmen und dieses Karma uns in ein neues Leben führt, bei dem wir die Chance haben, die Waage ins Gleichgewicht zu bringen. Die Verknüpfung mahnt uns ebenso, den Tod ausgewogen, aber auch aufrichtig zu betrachten. Die Farben des Vogelhalses ähneln den Farben, die bei der Vermischung von Öl und Wasser entstehen. Der Tod bringt verschiedene Energien zusammen: die Zerstörung der alten und die Geburt der neuen.
Das Auge des Todesvogels nimmt den Mittelpunkt der Karte ein. Seine Form und seine Farben erinnern an das Auge in dem Dreieck über der Herrscherin (III). Es bedeutet, im Hinblick auf den Tod der Wahrheit ins Auge zu sehen.
Im frühen Christentum war der Pfau das Symbol für die Auferstehung Christi. Die Menschen in der Antike glaubten, der Körper des Pfaus verfalle bei seinem Tod nicht, sein Fleisch sei unverweslich. Wenn sich der Pfau mausert, verliert er sein schönes Federkleid nur, um ein neues nachwachsen zu lassen.
Andere Kulturen stellten die Seele als Vogel dar. Die Ägypter beschrieben drei spirituelle Aspekte eines Menschen, von denen zwei Vögel waren. Der dritte, Ka, bezeichnete die Lebenskraft, die den Körper beseelt. Nach Mircea Eliade hatte Ka keine bestimmte Form. Das Ba dagegen (das gleiche Wort wie für die Rune) bezeichnete die Seele, das heißt den Kern eines Menschen. Die Ägypter sahen ihn als Vogel. Der andere Vogel, das Akh, symbolisierte das göttliche Potential des Menschen. Das Wort Akh bedeutet »glänzend«, »ruhmreich«, und wenn ein Mensch stirbt, kann er ein Akhu werden, ein »göttliches Wesen«. Eliade schreibt, daß nach den ältesten Texten nur der Pharao ein Ba hatte oder ein Akhu werden konnte. Bei späteren Papyri ist dieser Gedanke auf alle Ägypter erweitert.
Bis hierher haben wir die Karte unter dem Gesichtspunkt der Bedeutung des Todes in der Natur und für unser eigenes Leben betrachtet. Trumpf XIII hat aber noch einen anderen Sinngehalt, der nichts mit dem physischen Tod zu tun hat. Diese andere Bedeutung ist bei Befragungen sogar die häufigere: Der Tod bezieht sich nämlich darauf, daß man etwas aufgibt, etwas sterben läßt, um in seinem Leben Raum für neue Möglichkeiten

zu schaffen. Sehr häufig klammern sich die Menschen an alte Gewohnheiten oder Verhaltensmuster, wenn diese längst nicht mehr sinnvoll sind. Das Ich ist oft sehr konservativ und hält stets lieber am Bekannten fest. Ein Bruch mit alten Gewohnheiten ist wie ein Tod. Wie der physische Tod Raum für neue Menschen schafft, so schafft ein »psychologischer Tod« Raum für neue Möglichkeiten.

Manche Menschen, denen dieser Gedanke vertraut ist, betrachten das Bild des Todes sehr positiv. Letztlich ist er ja auch eine sehr positive Erfahrung. Wir sollten uns nur davor hüten, über diesem Wissen die wirkliche Macht des Todes zu vergessen. »Der Tod des alten Selbst«, sagt man leichthin. So einfach ist dies aber nicht immer. Menschen, die sich einer Therapie unterziehen, erkennen ihre destruktiven Verhaltensmuster manchmal schon sehr früh. Es ist ihnen klar, daß sie nichts daran hindert, diese alten unsinnigen Muster aufzugeben. Und doch dauert es manchmal Jahre, bis sie dieses alte Selbst wirklich sterben lassen.

Damit wir sowohl dem psychologischen sowie auch dem physischen Tod gelassen entgegensehen können, müssen wir zuerst wie der Gehängte das Gefühl des Verbundenseins mit allem Leben entwickeln. Wenn wir unsere Trennung von der übrigen Welt überwinden, dann sehen wir unsere individuelle Existenz nicht mehr so absolut. In psychologischer Hinsicht bedeutet dies, daß wir, wenn wir das Leben rings um uns erkennen, uns nicht mehr so stark an die Vergangenheit klammern. Wir brauchen auch den Narren, nämlich für den Mut, den Tod zu akzeptieren und abzuwarten, was folgt. Diese Freude am Wechsel ist eine der großen Tugenden des Narren. Und närrisch ist es in der Tat, etwas Bekanntes für eine ungewisse Zukunft einzutauschen.

Der Tod

Divinatorische Bedeutung

Die Karte des Todes hat bei Befragungen nur höchst selten etwas mit dem physischen Tod zu tun, und schon gar nichts mit dem Klischee des Tarot-Deuters, der mit verdüstertem Blick sagt: »Sie haben nur noch sechs Monate zu leben.« Wir können es verstehen, wenn Filmregisseure und Krimiautoren gerne mit dem Tarot arbeiten und dann fast unvermeidlich die Karte des Todes benutzen. Dies trägt aber leider dazu bei, daß Menschen erschrecken, wenn diese Karte bei ihren eigenen Befragungen auftaucht. Aber seien Sie beruhigt: Der Tod in Ihrer Befragung sagt weder eine tödliche Krankheit noch einen bevorstehenden Flugzeugabsturz voraus ...

Bevor wir uns mit den üblichen Bedeutungen befassen, können wir kurz erörtern, wann die Karte tatsächlich in einem Zusammenhang mit einem physischen Tod stehen kann. Dies ist zum Beispiel in Situationen der Fall, in denen die Tatsache des Todes im Leben eines Menschen eine große Rolle spielt. Ein Verwandter ist vor kurzem gestorben: Die Karte des Todes kann auf die Bedeutung dieses Ereignisses hinweisen. Ein Mensch hat eine Todesphobie: Die Karte wird diese Angst anzeigen – nicht den Tod selbst. Trumpf XIII vermag daher die Wichtigkeit des Todes im Leben einer Person zu diesem Zeitpunkt herauszustellen – aber nur wenn diese Wichtigkeit offensichtlich und genau definiert ist.

In der Regel steht der Tod bei einer Befragung jedoch für ein psychologisches »Loslassen«. Er zeigt an, daß ein Muster oder ein Abschnitt im Leben eines Menschen zu Ende gegangen ist und der Betreffende ihn sterben lassen muß. Dies kann durchaus schmerzhaft sein, insbesondere wenn etwas Bestimmtes damit gemeint ist, etwa das Ende einer Beziehung; der »Tod« wird aber letztlich für den Betreffenden von Vorteil sein. Es wird Energie freigesetzt. Neue Möglichkeiten eröffnen sich. Diese Bedeutung wird beispielsweise durch das Aeon (XX), das As der Stäbe, das As der Kelche oder den Magier (I) untermauert.

Umgekehrt

Der Betreffende wehrt sich gegen eine notwendige Veränderung. Er klammert sich an alte Verhaltensmuster oder alte Situationen, die nicht mehr gültig sind. Sein Leben kann sich bereits geändert haben, aber er will dies nicht anerkennen. Der umgekehrte Tod kann Stagnation oder Trägheit anzeigen. Neue Möglichkeiten warten auf diesen Menschen, aber solange er den Tod nicht akzeptiert, wird es für ihn schwierig sein, neue Möglichkeiten überhaupt zu erkennen, geschweige denn zu nutzen.

Der umgekehrte Tod kann auch den Schmerz anzeigen, der beim Verzicht auf etwas eintritt. Die Befragung gibt die Gelegenheit, den Schmerz ins Auge zu fassen und zu versuchen, damit zurechtzukommen. Der Befragende vermag Hilfestellung zu geben, indem er mit dem Betreffenden darüber spricht und mit ihm erkundet, welchen spezifischen Widerstand die Karte anzeigen könnte. Wenn andere Karten den Gedanken eines neuen Lebens betonen, kann der Befragende dem Betreffenden helfen, dies zu erkennen.

XIV
Die Alchemie
(Die Mäßigkeit)

Als Nummer XIV stellt die Alchemie (oder Mäßigkeit, um der Karte den traditionellen Namen zu geben) den zweiten der drei Siege dar. Der Narr hat auf seiner Reise durch die Großen Arkana sein Leben bei der Gerechtigkeit (XI) beurteilt, sich beim Gehängten (XII) mit der Natur verbunden und sich der Realität des Todes (XIII) gestellt. Bei der Karte der Alchemie werden die entgegengesetzten Energien des Lebens – hell und dunkel, aktiv und rezeptiv, männlich und weiblich – zusammengeführt. Eine der großen Traditionen zur Erlangung dieser Einheit ist die Alchemie, und deshalb erhält die Karte deren Namen sowie eine Fülle ihrer Symbole.
Der hebräische Buchstabe heißt Samek, was »Zeltpflock« bedeutet. Da das Hebräische auf eine Zeit zurückgeht, in der die Menschen in Zelten lebten, ist unter dem »Zeltpflock« heute das Fundament eines Hauses zu verstehen. Die praktische Seite des Trumpfs – Extreme zu vermeiden, den Mittelweg zu wählen – bildet ein solides Fundament für unser tägliches Leben.
Der Name »Alchemie« für diese Karte geht auf Aleister Crowley zurück. Bei seiner eigenen Beschreibung nennt Crowley Samek das »Elixier« oder den »Stein der Weisen« der Alchemisten. Wir haben beim Magier gesehen, wie Wolfram von Eschenbach den Gral als einen Stein beschrieb. Auch er setzte ihn mit dem Stein der Weisen gleich. Die Alchemisten versuchten, unedle Metalle in Gold zu verwandeln; zu diesem Zweck führten sie mit verschiedenen Stoffen physikalische Experimente durch. Studien von C. G. Jung und anderen haben gezeigt, daß die Alchemisten eine psychische Transformation anstrebten und dabei Metalle als Symbole für sich selbst gebrauchten. Mit »unedel« war also die gewöhnliche menschliche Existenz gemeint, die von Krankheit, »unedlen« Bedürfnissen und anderen Schwächen geplagt ist. Durch die Entdeckung

Die Alchemie

des Steins der Weisen – der okkulten Geheimnisse des Lebens – wollten sie sich selbst in Gold verwandeln, in erleuchtete Wesen, die Gott unmittelbar erkennen können. Etwas ganz Ähnliches beabsichtigt der Tarot. Bei traditionellen Tarot-Spielen zeigt der letzte Trumpf, die Welt, häufig einen Hermaphroditen, der die Einheit der beiden Prinzipien symbolisiert, die zuvor als Mann und Frau dargestellt waren. Das Bild des Hermaphroditen geht direkt auf die Alchemie zurück, die ihren vollkommenen Menschen manchmal als halb männlich und halb weiblich darstellte. Beim Haindl-Tarot sehen wir den gleichen Gedanken in den Gesichtern zu beiden Seiten der Diagonale.

Die Rune Laguz ≙ Laf (Lautwert l) bedeutet »Wasser«. Als das formlose Meer enthält es das Potential des Lebens. Symbolisch geht es Hagal voraus, denn Hagal muß sich als Eiskristall aus dem Wasser verfestigen (wenn auch Hagal wieder zu Wasser schmilzt). Wegen des Zusammenhangs der psychischen Kräfte mit dem Unbewußten bedeutet Laguz auch »psychisch«. Manche Kommentatoren beschreiben Laguz als die Rune der Initiation. Wir können die Alchemie als eine mittelalterliche Form der uralten Initiationsmysterien betrachten, die es in der ganzen Welt gibt. Laguz steht ebenso für »Liebe« und »Polarität«, die Themen, die wir bei den Liebenden (VI) gefunden haben. Von der Rune heißt es, sie führe Pole zusammen, bringe Mann und Frau zusammen. Diese Themen gehören zum Trumpf Alchemie, denn die Liebe ist das »Elixier«, das die entgegengesetzten Pole vereinigt.

Das astrologische Zeichen für Trumpf XIV ist Schütze. Auch hier finden wir wiederum das Thema der Dualität, denn die Trennungslinie im Symbol, das Kreuz, trennt die »niedrigeren« menschlichen Eigenschaften von den »höheren«. Eine Grundbedeutung des Ausdrucks »Polarität« hat mit der menschlichen Erfahrung zweier Triebe zu tun, eines kreativen und eines destruktiven. Ein Pfeil kann beides symbolisieren. Als Waffe bringt er Zerstörung, während er im übertragenen Sinne den Verstand repräsentiert, der ohne Umwege auf die Wahrheit zueilt. Die Alchemisten glaubten an niedrigere und höhere Qualitäten. Sie wollten den niedrigeren oder bösen Teil des Körpers ausbrennen, um den höheren zu befreien. In der alchemistischen Kunst gibt es Bilder, auf denen der Suchende in einem riesigen Kessel sitzt.

Das Element ist Feuer, wiederum aufgrund der alchemistischen Idee, daß man die schwache sterbliche Form ausbrennen müsse, um das unsterbliche Selbst in Freiheit zu setzen. Für die Alchemisten lag die Polarität aber auch in Feuer und Wasser, und sie versuchten, beides zusammenzubringen. Der sechszackige Stern und der Hermaphrodit repräsentierten eine solche Vereinigung. Auf der Karte finden wir die beiden Elemente im Rand (Feuer) und der Rune (Wasser).

Auf den ersten Blick erscheint das Bild sehr komplex – in Wirklichkeit ist es eines der einfachsten. Eine gerade Linie steigt in der Richtung der Harmonie von links unten nach rechts oben auf. Beim Gehängten (XII) ergab sich eine ähnliche Diagonale aus der Krümmung des Hügels und der Silhouette der Bäume – das heißt aus der Natur. Diese Linie jedoch ist gerade, und die Gegenstände an beiden Seiten sind symbolischer Natur. Dies verleiht der Karte eine geistige Qualität. Die dynamische Geradheit der Linie drückt wie der Pfeil des Schützen Macht und Zielstrebigkeit aus.

Die Diagonale teilt das Bild nicht in zwei genau gleiche Teile. Am unteren Rand beginnt die Linie etwas von der Ecke entfernt. Dadurch erhält die linke Seite, die Seite der Herrscherin, ein leichtes Übergewicht gegenüber der rechten. Die fehlende Perfektion bewahrt uns auch vor der totalen Abstraktion und führt uns näher an die Natur. Die Diagonale trennt auf der Karte Blau von Rot, Wasser von Feuer. Der Pfeil rechts unten ist ein Ursymbol des Feuers, denn Schütze ist ein Feuerzeichen. Die verketteten Kreise links oben stehen für Wasser. Dieses Motiv findet sich in der Abdeckung eines der heiligsten Brunnen Europas, dem Brunnen am Fuß des Glastonbury-Tor in England, dem physischen Ort des mythologischen Avalon. In christlichen Zeiten entstand der Mythos, daß Joseph von Arimathia in Glastonbury an Land ging, als er den Heiligen Gral nach England brachte.

Der Gral erscheint hier sogar zweimal auf dem Bild. Ein roter Gral leuchtet in der blauen Hälfte, ein blauer in der roten, wodurch ein Energieaustausch zustande kommt. Die beiden Kelche stammen von der traditionellen Darstellung der Karte als Mäßigkeit, auf der ein Engel Wasser von einem Kelch in den anderen gießt. So kommen wir zu der Vorstellung einer Vermischung der Elemente. Bei dem Ausdruck »Alchemie« denkt man zunächst an etwas sehr Kompliziertes; wir können aber die Karte auch so auffassen, daß sie uns die Vereinigung von Eigenschaften lehrt, die wir uns normalerweise als getrennt vorstellen: Arbeit und Spiel, Verstand und Gefühl, männlich und weiblich und so fort.

Alchemie bedeutet aber auch Messung, das heißt Wissenschaft,

denn jedes wissenschaftliche Experiment hängt von genauen Messungen ab. Die beiden gleichen Kelche sind Maßsymbole. Dies gilt auch für die Linie, die genau so gezeichnet ist, daß sie das Bild in zwei Teile teilt.
Die Kreise verleihen der linken Seite die Qualität der Spiritualität. Auf der rechten Seite sehen wir einen Kreis, der Sonne und Mond umschließt. Die rote Sonne verwandelt sich in den silberblauen Mond, ein Bild der materiellen Welt, die sich zwischen Tag und Nacht bewegt. Den Hintergrund der rechten Seite bildet verwittertes Felsgestein, ein Symbol des Alters. Auf der (linken) blauen Seite sehen wir altersloses Licht, wiederum eine Qualität des Geistes. Traditionellerweise gilt bei den Esoterikern die linke Seite als dunkel, als Feind des Lichts und des Geistes. »Schwarze« Magie wird manchmal »der linke Weg« genannt. Die linke ist aber auch die weibliche Seite. In einem babylonischen Gedicht heißt es: »Laßt meine Göttin zu meiner Linken stehen! Laßt meinen Gott zu meiner Rechten stehen!« In Indien bedeutet der Ausdruck »linker Weg« den Weg der Göttin. Überall beim Haindl-Tarot sehen wir die Polaritäten umgekehrt: Sowohl die Hohepriesterin (II) als auch die Herrscherin (III) sind Karten des Lichts.
Auf beiden Seiten, jedoch insbesondere auf der linken, durchdringt das Licht die Gegenstände und läßt sie diffus erscheinen. Erinnern wir uns hier an die gnostische Vorstellung, das Licht sei in der Materie »gefangen«. Die Alchemie versucht, das Licht durch Transformation des physischen Körpers zu befreien. Dies ist ein sehr alter Gedanke, der sogar sehr viel älter ist als die Alchemie selbst. Der Alchemist in dem riesigen Kessel ist ein Nachfahr des Schamanen, der von Geistern bei lebendigem Leibe »gekocht« wird. Daher sehen wir auch den uralten Felsen. Der Gedanke der Transformation ist aber auch aktuell, denn er beschreibt nicht bloß eine Idee, sondern eine Erfahrung. Die Alchemie fordert uns auf, unser Leben zu transformieren, unser Verhalten zu ändern, damit wir das Licht in uns befreien können. Der große Kabbalist Isaac Luria lehrte, daß diese Befreiung die moralische Pflicht eines jeden Menschen ist.
Sonne und Mond repräsentieren die sich wandelnde Natur; die

diagonal gegenüberliegende Gruppe von Bildern zeigt spirituelle Perfektion. Die verschiedenen Kreise und Wirbel verbinden Gold und Silber, die spirituelle Sonne und den spirituellen Mond der Alchemie. Bei einigen traditionellen Versionen der Mäßigkeit gießt der Engel Wasser zwischen einem goldenen und einem silbernen Kelch hin und her. Gold und Silber sehen wir auch in den Gegenständen unterhalb des Kreises: sieben silberne Trauben, ein Viereck aus goldenem Obst und eine fünfblättrige Blume aus Gold und Silber. In den Kreisen selbst sehen wir Blau zur Linken und Violett zur Rechten. Violett ist die Farbe des Scheitel-Chakras; das Violett ist jedoch getrübt, denn die obere Hälfte wird von einer Wolke verdunkelt. Wie der Magier (I), bei dem ein dunkles undeutliches Gesicht aus der Stirn aufsteigt, erinnert uns das Bild daran, daß wir unseren Leib nicht verlassen können. Das Teufelsgesicht wohnt in der Wolke. Der Teufel steht für die sexuelle Lebensenergie. Wenn wir dies ableugnen oder hierin etwa Niedriges oder Böses sehen, dann wird die Energie korrumpiert und lockt uns vom spirituellen Licht weg auf einen Pfad der Dunkelheit.

Auf der anderen Seite der Diagonale finden wir die Widerspiegelung des Teufels, den Engel. Beim Tarot waren diese beiden immer verbunden, indem der Engel der Mäßigkeit Trumpf XIV und der Teufel Trumpf XV war. Beim Haindl-Tarot wird der Zusammenhang explizit dargestellt. Der Engel symbolisiert hier jenes »höhere« Selbst, das die Alchemisten anstrebten. Um eine solche Vervollkommnung zu erreichen, versuchen manche Menschen, alles sexuelle Verlangen, alle »böse« Versuchung zu unterdrücken.

Der Teufel erscheint hier als Frau, während der Engel ein Mann ist. Wegen ihrer Angst vor Frauen (und ihrer eigenen Sexualität) beschrieben mittelalterliche Theologen Engel – wie Gott – als männlich, aber ohne Körper.

Der Teufel und der Engel blicken einander nicht an. Allerdings funkeln rote Augen im blauen Gesicht des Teufels, während der Engel blaue Augen hat. Der wahre Alchemist, der die verschiedenen Seiten seines eigenen Wesens vereinigen und nicht trennen will, wird versuchen, den Gedanken von gut und böse, männlich und weiblich zu überwinden. Deshalb finden wir bei

der alchemistischen Kunst das Bild des gekrönten Hermaphroditen, der »alchemistischen Hochzeit«. In der kabbalistischen Literatur schließlich wird Gott als androgyn beschrieben.
Unterhalb des Engels und des Teufels finden wir ein weiteres Paar, einen Clown und einen Schädel. Der Clown oder Narr bezeichnet das Leben, der Schädel den Tod, und diese beiden blicken sich an. Ja, ihre Gesichter verbinden sich sogar – im Gegensatz zu den beiden Gestalten oben, welche die Diagonale nicht berühren. Wenn wir genauer hinsehen, entdecken wir, daß im Bereich der beiden Köpfe im Mittelpunkt der Karte die ansonsten gerade Diagonale geringfügig nach beiden Seiten vorspringt. Der Clown wie der Schädel sind androgyn. Beide schließen die beiden Seiten der Karte in ihrer Symbolik ein. Das blaue Gesicht des Clowns weist Flecken von roter Schminke auf. Im Haar des Clowns sehen wir ein nach oben weisendes Feuerdreieck, im Kopfputz des Schädels ein Wasserdreieck. Am weißen Hut des Clowns sind sechs silberne Glöckchen befestigt, eine Erinnerung an den Narren (O) mit seinen sechs Glöckchen, aber auch an die Liebenden (VI). Der Tod trägt den Kopfputz einer Braut. Wie wir bei der vorigen Karte gesehen haben, sind Tod und Leben miteinander verbunden, in der Natur »verheiratet«. Der Alchemist muß diese Tatsache anerkennen, um mit dem »Großen Werk« der Vereinigung beginnen zu können.

Divinatorische Bedeutung

Die Karte der Alchemie umspannt einen sehr großen Themenkreis, nicht zuletzt natürlich die Theorie und Praxis der Alchemie selbst. Als gewöhnliche Menschen, die wir keine Alchemisten sind, sondern Botschaften für uns selbst entdecken wollen, wenn die Karte erscheint, können wir uns dem Gedanken des Messens und Zusammenführens zuwenden.
Messen ist eine Tätigkeit, die große Sorgfalt erfordert. Deshalb hat sie auch mit Vorsicht zu tun. Trumpf XIV fordert uns auf, uns mit Bedacht zu bewegen, zu überlegen, bevor wir handeln,

die Situation zu überdenken, bevor wir uns festlegen oder Entscheidungen fällen. Der Gedanke des Messens hat zum Inhalt, daß man sich die Folgen vor Augen halten muß, statt wie der Narr aus der Intuition zu handeln. Den Sinngehalt des Messens verdeutlicht ja schon der traditionelle Name der Karte: Wer *gemessenen* Schrittes geht, wer an*gemessen* reagiert, wer Augen*maß* hat, zeigt Mäßigkeit. Traditionell fordert die Karte bei einer Befragung den Betreffenden auf, Extreme zu vermeiden, insbesondere von einem Extrem ins andere zu fallen. Wenn man von einer Sache sehr angetan ist, sollte man darauf achten, daß nicht durch einen Rückschlag oder eine Enttäuschung die Begeisterung in das Gegenteil umschlägt. Ein Beispiel: Jemand ist in seiner Arbeit mit einem Projekt befaßt. Er glaubt, etwas Großartiges entwickelt zu haben, das Beste, was es bisher auf seinem Gebiet gab. Als er zur Hälfte fertig ist, zeigt er es seinem Chef, der sehr kühl reagiert. Dadurch gerät er sofort in tiefe Depression, hält sein Projekt für völlig verfehlt und kann kaum weiterarbeiten. Die Alchemie warnt uns vor solchen extremen Umschwüngen. Wer sich zu weit in einer positiven Richtung voranwagt, riskiert einen Umschwung ins Negative.

Manche Menschen mögen die Alchemie (oder Mäßigkeit) nicht. Sie finden sie reizlos und glauben, man opfere durch Mäßigung nur das Hohe, um das Niedrige zu vermeiden. Die Alchemie meint aber mehr als eine ausgleichende Maßnahme oder einen Kompromiß. Trumpf XIV meint einen Sieg, keine Pattsituation. Die Alchemie bedeutet in Wirklichkeit, sein Leben in die Hand zu nehmen. Sie bedeutet, nach seiner bewußten Entscheidung zu handeln, statt sich optimistischen oder verzweifelten Stimmungen hinzugeben.

Das Thema des Zusammenführens ergibt sich aus den beiden Kelchen. Das Bild fordert uns auf, die verschiedenen Elemente in unserem Leben zu vereinigen. Wenn sich ein Mensch in einer bestimmten Situation zwischen zwei Extremen hin und her gerissen fühlt, erinnert die Alchemie an die Möglichkeit, die beiden zusammenzubringen. Manch einer empfindet sein ganzes Leben als gespalten. Die Alchemie rät, diese unterschiedlichen Aspekte zu verbinden.

Umgekehrt

Die umgekehrte Alchemie bedeutet bei einer Befragung den Hang zu Extremen. Insbesondere in Verbindung mit dem Narren (0) oder anderen Karten, die mit Spontaneität zu tun haben, kann die umgekehrte Alchemie eine Empfehlung sein: Jetzt nicht vorsichtig oder zaghaft sein! Versuchen Sie nicht, alles schon vorher zu wissen, weil dies nicht geht. Handeln Sie jetzt.

In der Regel warnt die Alchemie vor exzessivem Verhalten. Diese Warnung wird verstärkt durch Karten, die einen Zusammenbruch, ein Leid oder irgendeine Niederlage anzeigen. Sie mahnt zur Vorsicht. Sie sollten vielleicht mit ihren Kräften haushalten oder ein vorsichtigeres Vorgehen wählen, entweder im Hinblick auf eine Situation oder auf andere Menschen. Im Extremfall zeigt die umgekehrte Karte eine Person, welche die Kontrolle über sich selbst verloren hat. Der Betreffende sollte vielleicht daran arbeiten, die Alchemie wieder aufrecht zu stellen.

XV
Der Teufel

Der Teufel ist Trumpf XV. Die Quersumme von 15 ist 6 (Die Liebenden), einer von verschiedenen Hinweisen darauf, daß die Karte, jedenfalls teilweise, mit Sexualität zu tun hat. Die Eins und die Fünf zeigen auch Verbindungen zum Magier sowie zum Hierophanten an. Wie der Magier (I) und die Kraft (VIII) leitet die Karte einen neuen Zyklus ein. Sie führt uns in dunkle Bereiche unseres Selbst, die bisher unerforscht waren. Der Hierophant (V) steht für religiöse und moralische Lehren. Diese Lehren weisen uns einen Weg, dem wir folgen sollten, um ein gutes Leben zu führen. Der Weg ist sicher, denn er entstammt der Tradition. Viele Generationen sind ihn vor uns gegangen. Der Teufel zeigt einen gefährlicheren Weg, denjenigen der »dunklen« Seite der verborgenen Wünsche.

Durch diesen dunklen Weg der Erkundung ist die Karte mit dem Trumpf der Alchemie (XIV) verbunden. Die Alchemisten beschrieben einen bestimmten Prozeß als »nigredo«, ein Wort, das mit »Schwärze« zu tun hat. Es handelte sich hierbei um die Zerlegung einer Grundsubstanz, um diese zu reinigen. In der Psychologie kommt es häufig zu einer »Reinigung«, wenn lange unterdrückte Wünsche freigesetzt werden, insbesondere solche sexueller Art. Die freigesetzte Energie eröffnet im Leben des Betreffenden neue Möglichkeiten. Die Gefahr bei diesem Prozeß ist, daß das Nigredo zu einem Zusammenbruch führen kann, wenn der Betreffende dafür noch nicht stabil genug ist. Die Karte der Alchemie steht unter anderem für Stabilität. Dies ist der Grund, warum der Sieg der Vierzehn dem Suchen der Fünfzehn vorausgeht.

Traditionellerweise bezeichnet der Teufel *nicht* die Erkundung des Selbst, sondern vielmehr verschiedene Formen der Knechtschaft. Hierzu gehört insbesondere die Illusion. Wenn der Tarot als Ganzes Wahrheit repräsentiert, dann ist es sinnvoll, daß eine Karte des »Bösen« die Illusion symbolisiert.

Der Teufel

Der Teufel

Der hebräische Buchstabe ist Ajin, was »Auge« bedeutet. Manche Menschen interpretieren dies als Oberflächlichkeit, das heißt, man achtet mehr auf die äußere Erscheinung der Dinge als auf die innere Wahrheit. Der Gesichtssinn, der traditionell als wichtigster Sinn gilt (Erkenntnis hat damit zu tun, daß man etwas »einsieht«), steht stellvertretend für alle physischen Sinne. Dies bringt uns auf den Gedanken des Materialismus, derjenigen Doktrin, nach der nur das existiert, was wir physisch wahrnehmen und messen können. Das Auge aber läßt sich täuschen, wie jeder Künstler weiß. Der Materialismus gilt als die Haupttäuschung des Teufels.
Zu den Sinnen gehört die Sinnlichkeit. Wenn eine Kultur den

Körper und die Natur als böse betrachtet, als das Gegenteil von Spiritualität, dann wird eine »animalische« Einstellung zum Leben zur Sündhaftigkeit. Nun gibt es sicher Menschen, die Sklaven des Teufels der Sinnenlust werden. Die meisten Menschen sind irgendwann einmal in ihrem Leben einem anderen sexuell oder erotisch verfallen. Manche Menschen schlittern ihr ganzes Leben lang in dieser Weise von einer Obsession zur anderen. Andere Arten einer einseitigen Sinnlichkeit sind Völlerei und manche Arten der Drogen- und Trunksucht. Zu den Bedeutungen des Teufels gehört daher erstens die Täuschung, insbesondere der Materialismus, und zweitens der Drang zur Befriedigung der sinnlichen Gelüste ohne Rücksicht auf andere Erwägungen.

Diese verschiedenen Bedeutungen leiten sich von der Interpretation des Ajin, des Auges, als physischer Gesichtssinn her. Beim Haindl-Tarot gibt es jedoch ein drittes Auge, den Sitz des geistigen Schauens. Dies entspricht unserem ersten Gedanken, daß nämlich der Pfad der Sinnlichkeit zu einer spirituellen Erweckung führen kann. Das tantrische Yoga und die Gnosis gehören zu den esoterischen Traditionen, die mit Hilfe sexueller Riten die Kundalini zu erwecken versuchen. Wir haben uns diesem Gedanken bereits bei den Liebenden (VI) zugewandt, und bei der Herrscherin (III) haben wir gesehen, daß die Schlange die Kundalini selbst symbolisiert.

Ajin deutet auf einen Zusammenhang dieser Karte mit dem Narren (0), und zwar deshalb, weil Ajin wie Alef ein stummer Buchstabe, ein Träger für Vokale ist. Stummheit weist auf Geheimnis hin und damit auf esoterische Doktrinen und Praktiken. Diejenigen, die sexuelle Riten pflegen, tun dies in der Regel im geheimen, da die Gesellschaft ihre Praktiken meist als Orgien ansieht. Die christliche Kirche hat die heidnische sexuelle Magie als Teufelsverehrung interpretiert (obwohl auch einige frühe Christen sexuelle Riten praktizierten). Diese Einstellung ist heute noch vorhanden, wenn innerhalb und außerhalb der Kirche Wicca mit Satanismus verwechselt wird, während die beiden Dinge nichts miteinander zu tun haben. Natürlich müssen wir uns darüber im klaren sein, daß es Men-

schen gibt, die sich unter dem Deckmantel der esoterischen Übung sexuellen Ausschweifungen hingeben. Während sie den Pfad der Erleuchtung predigen, überlassen sie sich in Wirklichkeit den Illusionen der totalen sinnlichen Befriedigung.
Auf der individuellen Ebene kann die Stummheit des Teufels, des Ajin, auf geheime Wünsche hinweisen. Dies mögen sexuelle Wünsche sein, aber auch die Sehnsucht nach einem anderen Leben oder nach mehr sinnlicher Glut in einem Leben, das nach außen hin vielleicht langweilig erscheint. Häufig kennen wir unsere eigenen Wünsche nicht. Durch Gewohnheit, Angst oder soziale Konditionierung sind sie unserer bewußten Erkenntnis entzogen. Um die vollkommene Erkenntnis zu erlangen, die in den späteren Trümpfen dargestellt wird, müssen wir die dunklen Bereiche unseres Selbst erforschen. Der Teufel erregt verborgene Leidenschaften – und transformiert sie dadurch.
Die Rune für Trumpf XV, Algiz ≙ Man, lehrt uns Weiteres über den Zusammenhang zwischen dem Teufel und dem Heidentum. Die Rune bedeutet »Elch«, eine Variante des gehörnten Gottes, den wir beim Herrscher (IV) besprachen.
Als die Kirche in Europa ihre Macht entfaltete, verdammte sie alle Lehren der alten Religionen als böse. Die alten Götter verzerrte sie zu Dämonen und Monstren. Der gehörnte Gott wurde zu einer Satansgestalt. Etwas ganz Ähnliches war ja in Rom geschehen. Einer der alten Naturgötter war Pan, der als aufrecht tanzender, flötenspielender Bock dargestellt wurde. Seine Musik verführte vermutlich seine Anhänger dazu, alle gesellschaftlichen Zwänge abzuschütteln und die geheimsten Wünsche an die Oberfläche kommen zu lassen. Die Kirche gab Pan einen neuen Namen – Satan, der Böse. Bis auf den heutigen Tag stellt man sich den Teufel als halb Mensch, halb Ziegenbock vor, und in der Tat findet sich auf den meisten Tarot-Darstellungen des Teufels ein Bild Pans.
Die Rune hat auch die Bedeutung »Mensch«. Wenn wir alle unerfreulichen Wünsche, Ängste und Obsessionen auf übernatürliche Wesen projizieren, lernen wir niemals, mit ihnen in unserem Leben umzugehen. Um die Energie zu transformieren

– wir sehen unten auf dem Bild ein dunkles Loch, oben einen Kristall –, müssen wir sie als menschlich akzeptieren, als Teil von uns selbst. Dies gilt sogar für ganze Kulturen.
Traditionell bedeutet die Rune Algiz Schutz, insbesondere vor Feinden. Nach Ansicht einiger Historiker schützten sich die alten Germanen vor dem bösen Blick (wiederum Ajin), indem sie drei Finger ausstreckten. Andere Kommentatoren behaupten, die Anhänger des gehörnten Gottes erhoben drei Finger als geheimes Erkennungszeichen (wiederum Geheimnisse), als die Kirche das Heidentum in den Untergrund zwang. In einer ähnlichen Situation gaben sich die frühen Christen einander zu erkennen, indem sie das Zeichen des Fisches in den Staub zeichneten (mit der Geburt Christi begann das Zeitalter der Fische).
Durch ein Erlebnis, das ich vor einigen Jahren hatte, sind für mich die Rune und der Ziegenbock in einer ganz besonderen Weise miteinander verknüpft. Zu der Zeit, als ich mich für die Runen zu interessieren begann, unternahm ich mit meiner Freundin während eines Urlaubs auf Madeira eine Wanderung in den Bergen. Nach einer alten Tradition ritzte ich die Rune Algiz auf die Innenseite meines Gürtels und auf einen krummen Stock, den ich im Wald gefunden hatte. Am ersten Tag begegnete mir auf Schritt und Tritt diese Rune. An einer Stelle fand ich zwei Zweige, die vom Baum herabgefallen und so übereinander zu liegen gekommen waren, daß sie die Figur miteinander bildeten. Ein andermal sah ich etwas, das wie Algiz-Markierungen auf einem Stein aussah. Als ich ihn aufhob, entdeckte ich, daß die Markierungen feine Linien von Staubkörnern waren, die sich genau in dieser Weise abgelagert hatten.
Zwei Tage später unternahmen wir eine Wanderung, die uns über die Gipfel der höchsten Berge der Insel führte. Auf dem Weg zurück legte sich Nebel über den Weg, so daß die Sicht nur mehr wenige Meter betrug. Wir kamen vom Weg ab und stellten schließlich fest, daß wir in die falsche Richtung gingen. Wir versuchten, die aufkommende Panik zu unterdrücken (das Wort »Panik« ist von »Pan« abgeleitet), und eilten zurück. Bald wußten wir jedoch auch nicht mehr, wohin wir zurückeilten, wäh-

rend der Pfad immer rutschiger und steiler wurde, während wir links und rechts von uns den Abgrund ahnten. Gerade als es uns zur Gewißheit zu werden drohte, daß wir wieder auf dem falschen Weg waren, tauchte eine Ziege aus dem Nebel auf und begann, vor uns herzulaufen. Sooft wir stehenblieben, um Atem zu schöpfen, blieb auch das Tier stehen. Wenn wir weitergingen, setzte auch die Ziege ihren Weg fort und führte uns weiter. Kaum hatten wir zu guter Letzt das kleine Haus entdeckt, das uns das Ende des Weges anzeigte, verschwand die Ziege wie ein Spuk im Nebel.

Das astrologische Zeichen für den Teufel ist der Widder. Man verbindet dieses Zeichen manchmal mit einem starken Sexualtrieb. Gleichzeitig ist aber auch Christus im Zeichen des Widders geboren. Der Teufel und der Messias haben mehr miteinander zu tun, als man glaubt. Das Element ist die Erde, das materielle Universum.

Das Bild ist ein weiteres Beispiel für einen Aufbau in mehreren Ebenen. Im Vordergrund sehen wir eine Schlange, die sich zu einem umgekehrten S erhebt. Direkt hinter ihr taucht die Ziege auf. Hinter beiden wiederum sehen wir eine Felswand. Am Fuß der Wand öffnet sich ein Loch. Weiter oben sieht man Löcher im Gestein mit einem blauen Hintergrund. Hermann Haindl sagt hierzu, daß dieses Blau nicht der Himmel ist.

Das Bild ist auch um eine Diagonale angeordnet, die in der Richtung der Unruhe von unten rechts nach oben links verläuft. Diese Linie ist nicht so offensichtlich zu erkennen wie bei einigen anderen Karten. Sie verläuft von der Schlange in der Ecke über den Kopf der Ziege bis zum Kristall. Dieser Kristall, der den aggressiven Instinkt des Teufels transformiert, bricht die Diagonale.

Durch sein drittes Auge ist der Teufel mit der Herrscherin (III) verbunden, ebenso durch seine drei Hörner (das dritte entspringt aus dem Kristall). Das dritte Auge bildet mit den zwei anderen ein Feuerdreieck, das Symbol des Geistes und der transformierenden Energie. Das dritte Auge blickt aus einem Steindiadem heraus, das mit Juwelen besetzt ist. Die drei Hörner haben drei, vier und sieben Windungen, womit angedeutet wird, daß die Kombination der Herrscherin (III) und des Herrschers (IV) den siegreichen Willen des Wagens (VII) hervorbringt. Die Windungen verlaufen nach oben, in der Richtung der Materie, die sich zu einem spirituellen Bewußtsein ihrer selbst aufschwingt. Das Haar der Ziege dagegen kräuselt sich nach unten, eine Rückkehr zum Physischen. Bei vielen Völkern repräsentiert das Haar die Kraft eines Menschen, sei es die sexuelle oder die spirituelle. In dem biblischen Bericht über Simson lesen wir, daß Gott ihm befahl, sein Haar nicht zu schneiden. Die Einhaltung dieses Gebots war das Merkmal, daß er sich dem Dienst Gottes gewidmet hatte. Auf unserem Bild symbolisieren alle Windungen – der Hörner, des Haars und der Schlange – die Kundalini, die sich entrollt und über die Wirbelsäule zum Kopf aufsteigt.

Bei der Herrscherin (III) haben wir bereits die universelle Symbolik der Schlange, ihre Verbindungen mit Göttinnen, ihre androgyne Bedeutung und ihre Symbolik der Wiedergeburt durch die Fähigkeit der Häutung angedeutet. Wegen ihres Gifts repräsentiert die Schlange auch das Böse; weil sie im verborgenen dahingleitet, gilt sie als listig. Manche Arten von Schlangengift können jedoch auch Visionen hervorrufen, wie man sie mit dem Peyote-Kaktus erzeugen kann. Deshalb ordnet man der Schlange diese komplexe Fülle von Bedeutungen zu, wie es für den Teufel auch angemessen ist.

Auf dem Bild sieht man die Zähne der Schlange schimmern. Verbotene Wünsche, insbesondere sexueller Art, sind ebenso verführerisch wie potentiell zerstörerisch. Die schimmernden Zähne haben aber auch einfach mit Licht zu tun, einem Thema, das beim dritten Auge und mit dem Kristall ganz deutlich angesprochen wird. Auch um das Maul der Ziege sehen wir Spuren von gelbem Licht. Dies ist das Paradoxon des Teufels. Das Verlangen kann zerstören, aber auch befreien. Der Name »Luzifer« bedeutet »Lichtträger«. In Umkehrung der biblischen Mythologie bezeichneten die Gnostiker Luzifer als den Guten und Jahwe als den Bösen.

Schlange und Ziege begegnen sich im Zentrum der Karte, wobei die Schlange vor der Ziege angeordnet ist. Die Art, wie

sich die beiden Gestalten einander zuwenden, miteinander in Verbindung treten, erinnert an das Bild des Narren, der die Wunde in der Brust des Schwans berührt. Der christliche Gedanke der Erbsünde besagt, daß die physische Welt (die Ziege) an der Sünde von Adam und Eva (der Schlange) krankt. Die Welt der Materie und insbesondere die Menschen tragen den Makel des Bösen, vor allem des sexuellen Bösen, denn die geschlechtliche Fortpflanzung ist es, welche die Erbsünde von den Eltern auf die Kinder überträgt. Aus diesem Grund beschreibt der Mythos die Mutter Christi als Jungfrau. Wegen dieses Makels, so die christliche Anschauung, sind alle unsere Bemühungen fruchtlos, solange wir nicht Christus nachfolgen, der ohne Geschlechtsverkehr empfangen wurde.
Der Tarot erkennt nun das Böse in der Welt an. Im 20. Jahrhundert haben wir seine Anwesenheit auf unserem Planeten zu deutlich erfahren, als daß wir die Vorstellung einer heilen Welt weiter aufrechterhalten könnten. Der Tarot leugnet auch nicht die Gefahr eines bloßen Auslebens seiner Wünsche. Trotzdem weist er uns darauf hin, daß wir uns nicht einfach retten können, indem wir uns auf eine höhere Autorität stützen. Der Tarot ist nicht religionsfeindlich. Er betont jedoch nachdrücklich die Erlösung durch den Leib *und* durch die Seele. Er sagt uns auch, daß wir das »Böse« in uns ebenso wie das Gute, alle unsere Eigenschaften, anerkennen und jeden Aspekt von uns selbst erkunden müssen – jedoch mit dem Ziel, die Energie zu transformieren. Die Erfahrung verborgener Gedanken und Wünsche ist sinnlos, wenn sie zum destruktiven Handeln oder zu der Furcht führt, etwas Schreckliches über unsere geheimsten Gefühle zu entdecken.
Die Karte des Teufels zeigt eine Reise. Sie beginnt in dem dunklen Loch, in dem die Schlange haust. Sie führt über die Schlange, das Symbol des Unbewußten, zur Ziege, dem Symbol des Körpers und der physischen Welt. Sie endet aber im reinen Licht des Kristalls.

Divinatorische Bedeutung

Beim traditionellen Tarot zeigt der Teufel bedrückende Situationen, häufig gestörte Beziehungen; gleichzeitig gibt er einen Hinweis auf Täuschungen, wobei es sich sehr häufig um die Ansicht handelt, eine Situation sei hoffnungslos, ein Mensch habe keine Wahl mehr. Beim Haindl-Tarot liegt der Nachdruck mehr auf dem Gedanken der Versuchung und der Sinnlichkeit. Der Teufel besagt, daß dem Betreffenden etwas Erregendes, aber möglicherweise Gefährliches oder Verbotenes begegnen wird. Es kann sich um eine Gelegenheit handeln, etwas Bestimmtes zu tun. Wenn der Teufel in einer Befragung erscheint, die mit einer neuen Beziehung in Zusammenhang steht, weist dies darauf hin, daß die Partnerschaft sehr aufregend, aber schwierig, möglicherweise gefährlich sein könnte. Die Probleme können von emotionalen Problemen zwischen den Betroffenen herrühren. Sie mögen auch dadurch entstehen, daß die Beziehung schlummernde Gefühle oder unbewußte Triebe des Betreffenden wachruft. Manchmal fühlt sich ein Mensch jahrelang unglücklich oder unzufrieden, weiß aber nicht genau, warum. Dann ereignet sich plötzlich etwas (vielleicht eine neue Liebe), und all die Leidenschaften erwachen. Wenn der Betreffende nicht darauf vorbereitet ist, sich mit diesen Leidenschaften auseinanderzusetzen, können sie zu Kummer oder Instabilität führen.

Bei den meisten Befragungen wird die Bedeutung des Teufels jedoch nicht so dramatisch sein. Er kann zum Beispiel auf irgendeine Art von Versuchung hinweisen. Wenn ein Bezug zu einer anderen Person naheliegt (etwa wenn der Teufel auf einer Position wie »Einflüsse durch andere« erscheint), dann heißt dies, daß diese Person ebenso attraktiv wie möglicherweise gefährlich ist.

Im Hinblick auf die Sinnlichkeit kann der Teufel ein Hinweis auf eine Zeit im Leben eines Menschen sein, in welcher der sinnliche Genuß eine wichtige Rolle spielt. Es mag um Sexualität gehen, aber auch um ein allgemeineres Bedürfnis, sich zu vergnügen.

Wenn wir dem spirituellen Pfad folgen wollen, der beim Teufel angedeutet wird, müssen wir auch unsere dunklen Gefühle erkunden, die wir normalerweise unterdrücken. Der Teufel mahnt jedoch auch zur Vorsicht. Es kann sein, daß tiefste Gefühle aufgewühlt werden, deren Gewalt der Betreffende unterschätzt.

Umgekehrt

Bei traditionellen Spielen bedeutet der umgekehrte Teufel, daß man sich aus einer bedrückenden Situation befreit. Er weist auf die Überwindung von Täuschungen, insbesondere der Illusion der Hilflosigkeit. Wenn jedoch der Haindl-Trumpf primär Versuchung bedeutet, dann zeigt die umgekehrte Karte Widerstandskraft gegen eine Versuchung an. Vielleicht schlägt der Betreffende ein Angebot aus, oder er läßt sich irgendeine Möglichkeit entgehen.

Der umgekehrte Teufel sagt dem Befragenden, es sei jetzt nicht an der Zeit, sich überwiegend sinnlichen Genüssen hinzugeben. Irgendeine geistige Tätigkeit kann wichtiger sein – oder harte Arbeit –, er zeigt auch an, daß man in einer bestimmten Situation das Wohl anderer über sein eigenes Vergnügen stellen sollte.

Die umgekehrte Karte kann darüber hinaus eine Angst vor den eigenen Trieben symbolisieren. Sie weist möglicherweise auf einen Menschen hin, der sich gegen etwas zur Wehr setzt, das er nicht an die Oberfläche kommen lassen möchte, weil es zu viele verschüttete Emotionen freisetzen würde. Seinerzeit glaubten die Menschen, sie müßten den Teufel in sich bedingungslos bekämpfen. Alle »bösen« Versuchungen mußten unterdrückt werden. In neuerer Zeit neigen die Menschen der Ansicht zu, man dürfe seine Triebe auf keinen Fall unterdrücken; andernfalls wird man unbefriedigt, frustriert oder neurotisch. Die eine wie die andere Einstellung ist jedoch in unserem Leben wenig hilfreich. Der Tarot kann uns helfen, bei jeder Situation die Möglichkeiten und Gefahren zu erkennen. Wie wir uns dann verhalten, ist unsere Entscheidung.

XVI
Der Turm

Der Turm ist Trumpf XVI. Die Quersumme der arabischen Ziffer 16 ist 7 (Der Wagen). Trumpf VII zeigt die Fähigkeit des menschlichen Willens, die gefährlichen Gewalten der Natur (wie auch seine eigenen Ängste) zu meistern. Beim Turm sehen wir die Gefahren des außer Kontrolle geratenen menschlichen Willens, der die Natur mit einer Unvernunft knechtet, die zur Auslöschung der Menschheit führen kann. Der Wagen war getrieben von Zeit und Sterblichkeit. Der Turm ist auf Arroganz gebaut.

Der hebräische Buchstabe Pe bedeutet »Mund«, im übertragenen Sinne auch »Sprache«, »Kommunikation«. In diesem Fall ist Ironie im Spiel: Der Turm von Babel symbolisiert gerade die fehlende Kommunikation, Sprache als ein Mittel, die Menschen voneinander zu trennen, statt sie zusammenzubringen. Es gibt allerdings auch eine esoterische Sichtweise des Turms, bei der der Blitz Offenbarung und nicht Zerstörung bedeutet. Die blitzartige Erkenntnis der Wahrheit zerstört nur die Illusionen. In diesem Sinne ist unter »Sprache« die direkte Kommunikation Gottes mit den Menschen zu verstehen. An die Stelle des alttestamentlichen Babel tritt der neutestamentliche Pfingstbericht, nach dem der Geist über die Apostel kam und diese »in Zungen redeten«, also in vielen verschiedenen Sprachen – genau wie beim Turmbau zu Babel. Beim Pfingstereignis war es jedoch gerade so, daß jeder den anderen verstand. Die Barrieren waren niedergerissen.

Die Rune ist Yr oder Ir. Sie faßt die Aussage der Karte bündig zusammen: Wir sind auf einen Irrweg geraten. Wenn die Rune des Teufels für den Mann stand, steht diese Rune für die Frau. Mit dem phallischen Turm und dem astrologischen Zeichen des Mars, das auch das männliche Geschlecht bezeichnet, ist die Energie der Karte jedoch primär männlich. Wir können die Rune einfach als Umkehrung des Teufels betrachten. Der Teufel

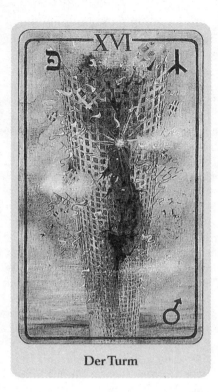

Der Turm

symbolisiert traditionell Unterdrückung. Der Turm kann auch eine heftige Freisetzung unterdrückter Energie bedeuten. Wenn eine unerträgliche Lage lange Zeit anhält, wird sich der Druck zu einer gefährlichen Sprengkraft aufstauen. Übertragen auf die Psyche eines Menschen, kann die Folge ein Wutausbruch sein; eine politische Situation langer Unterdrückung hat möglicherweise eine Revolution zur Folge; oder es treten ökologische Katastrophen ein, die durch jahrelange Vergewaltigung der Natur verursacht sind.

Die Rune hat eine ganz besondere Bedeutung: Sie ist das Symbol der internationalen Friedensbewegung. Da die Karte an den Rüstungswettlauf wie auch die kaum noch überschaubare Technologie erinnert, stellt die Rune einen gewissen Gegensatz zum Turm dar. In diesem Sinne ist der Aspekt Weiblichkeit durchaus angebracht. Die Abrüstung hat mit Werten zu tun, die traditionell mit Frauen assoziiert werden: Sorge um die Kinder, Friedenssehnsucht, eine Beziehung zur Erde. Menschen, die gegen Kernwaffen demonstrieren, werden vielfach als irrational, idealistisch, feige – und unmännlich geschmäht. Diese Rune ist uns bereits begegnet, und zwar in der Körperhaltung des Gehängten (XII), der sein Bewußtsein zur Mutter zurückwendet.

Der astrologische Planet ist Mars, der nach dem Gott des Krieges und der Aggression benannt wurde. Mars wird im Widder verstärkt, wodurch sich erneut eine Beziehung zwischen dem Turm und dem Teufel (XV) ergibt. Mars hat destruktive Eigenschaften; er gilt als der Gott, der Strukturen und Traditionen niederreißt. Auf dem Bild sehen wir ein Bauwerk, das buchstäblich aufgerissen wird. Der Turm selbst steht aber für die Zerstörung der Tradition. In vielen Gesellschaften hat die Einführung »moderner« Technologie zu einem Bruch mit den alten Sitten geführt, wodurch Menschen entwurzelt und destabilisiert wurden. Eine weitere Folge ist die Zerstörung der Natur.

Wie bereits gesagt wurde, steht das Mars-Symbol auch für den Mann, wie das Venus-Symbol Liebe und die Frau symbolisiert. In früheren Zeiten galten Kriegführung und Eroberung als die würdigsten Tätigkeiten der Männer. Diese Einstellung ist auch heute noch anzutreffen. Und doch haben die Frauen im Krieg jedesmal mindestens ebensosehr gelitten wie die Männer. Heute, wo selbst »regionale« Kriege ganze Völkerschaften betreffen und ein Weltkrieg mit großer Sicherheit das Ende allen Lebens bedeuten würde, ist die weitere Verherrlichung des Kriegshandwerks nicht weniger wahnwitzig als das unbeirrbare Festhalten an bestimmten industriellen Praktiken, wenn wir überall um uns die Schäden deutlich sehen können.

Das Element des Turms ist – natürlich – das Feuer.

Trumpf XVI ist, wohl wegen der Dramatik seiner Aussage, einer der einfachsten der Großen Arkana. Wir sehen einen wolkenkratzerähnlichen Turm, dessen Fundament und Dach nicht mehr auf dem Bild zu sehen sind. Die Flaggen vieler Nationen wehen aus seinen Fenstern. Eine Explosion hat den Turm aufgerissen. Wir wissen nicht, ob sie im Inneren stattgefunden hat, weil irgend etwas außer Kontrolle geraten ist, oder ob sie äußerlich verursacht wurde, etwa durch einen Blitz. Die Explosion läßt eine Dunkelheit im Innern erkennen, während ein Brand wütet und Rauch aufquillt. Am unteren Bildrand geht die Sonne auf, während sich hinter den Wolken und dem Turm ein blauer Himmel öffnet.

Der Turm symbolisiert eine arrogante Technologie, die ihrem Siegeszug über die Natur immer mehr und immer gewaltigere Denkmäler setzen will. Wolkenkratzer stehen stellvertretend für diese Haltung, denn sie trennen die Menschheit von der Erde. Sie repräsentieren exemplarisch den Drang unserer Zivilisation, sich von der Natur abzusondern, so zu tun, als ob wir unabhängig von Pflanzen und Tieren leben könnten, die uns doch nähren. In vielen Wolkenkratzern kann man nicht einmal die Fenster öffnen. In manchen Orten beeinflussen Wolkenkratzer sogar die Witterung, indem sie als Windkanäle wirken.

Wo Menschen die Harmonie mit der Natur anstrebten, entstanden im Siedlungskörper der Städte und Dörfer Plätze und Nischen, wo die Menschen miteinander in Kontakt kamen; die lebendigen Räume in historischen Dörfern und Städten weisen dieses lebendige weibliche Element auf, während Hochhäuser nur leere Öde erzeugen, keine »Räume«; Hochhäuser als Symbole für eine männlich dominierte Zerstörung unseres sozialen Zusammenlebens.

Der Turm symbolisiert mehr als nur Wolkenkratzer. Er steht zum Beispiel auch für die Kernenergie. Während ich dies schreibe, etwa zwei Jahre nach Tschernobyl, können die Menschen in Europa wegen der radioaktiven Verseuchung bestimmte Nahrungsmittel immer noch nicht essen. An manchen Stellen wird das Grundwasser noch jahrzehntelang kontaminiert sein. Der Turm steht auch für die Raumfahrtprogramme, die ebenfalls ein Beispiel dafür sind, wie der Mensch sich von der Erde loslösen möchte. Die Explosion könnte hier auf die Raumfähre Challenger hinweisen – oder auf die Pläne, den Weltraum zu einer Spielwiese der Militärs zu machen.

Die Illusion des Getrenntseins führt zu einem Bruch mit der Realität. Was wollen wir eigentlich noch atmen, wenn wir die Regenwälder abholzen und die Gewässer vergiften, so daß es keine Bäume oder Algen mehr gibt, die Sauerstoff erzeugen? Und was erhoffen sich diejenigen Menschen, die am Rüstungswettlauf glänzend verdienen und vielleicht in ihren Bunkern einen Krieg überstehen würden, von einem Leben im nuklearen Winter? So könnte die Liste des technologischen Wahnsinns beliebig fortgesetzt werden.

Im Inneren des Turms sehen wir Dunkelheit und Feuer. Bei der Hohenpriesterin (II) bezeichnete Dunkelheit Geheimnis, Ganzheit, die Ursprünge des Lebens. Hier bedeutet sie Angst und die Aspekte unseres Selbst, die wir verborgen halten. Das Feuer mit seinen gelben Lichtspitzen am Ende der roten Säulen sieht aus wie die Klauen eines Ungeheuers, das den Turm von innen her aufreißt. Beim Teufel (XV) sprachen wir über den Gedanken der Erforschung geheimer Wünsche. Hierzu gehörte auch der Zerstörungstrieb, der gegen uns selbst und gegen andere gerichtet ist. Beim Turm sehen wir die Gefahr, die uns droht, wenn wir die Dunkelheit in uns nicht erkennen. Durch die Technologie bekommen wir immer mehr Macht. Oft fehlt uns jedoch die Selbsterkenntnis, um sie klug einsetzen zu können.

Das Bild zeigt uns eine moderne Version des Turms von Babel. Die Menschen möchten miteinander reden, können jedoch nicht. Der Grund sind Sprach- und Kulturbarrieren, aber auch Selbstüberheblichkeit. Alle möchten reden, und niemand kann mehr zuhören. Die Menschen stecken Fahnen aus, um sich in der Welt bemerkbar zu machen. In dem runden Turm blickt jedoch jeder nach draußen. Niemand kann den anderen mehr sehen. In einer überfüllten Welt bleiben die Menschen isoliert.

Im Pfingstereignis sehen wir das Gegenteil von Isolation. Die Menschen verstehen einander. Dies geschieht durch einen göttlichen Blitz. Die Offenbarung wirft alle unsere begrenzten Anschauungen der Welt über den Haufen. Sie triumphiert über den Verstand, weil sie uns direkten Zugang zu einer Wahrheit verschafft, die uns normalerweise verborgen ist. Nicht ohne

Grund nimmt die Karte in der letzten Siebenerreihe den gleichen Platz ein wie die Hohepriesterin (II) in der ersten Reihe. Spirituelle Erfahrung läßt den Menschen seine eigene Irrationalität erkennen, jedoch in einer kreativen, lebenspendenden Weise. Die Ekstase bricht etwas in uns auf und führt zu Harmonie und Liebe. Wenn wir jedoch dieses Etwas leugnen und uns für völlig rational halten, wollen, dann wird die Dunkelheit bedrohlich, und die Macht in uns wird zu einem Teufel, der sich mit seinen Klauen gewaltsam Auslaß verschafft.
Trotz der Düsterheit dieser Karte bleibt der Tarot optimistisch. Der Sonnenaufgang und der blaue Himmel hinter den Wolken lassen Hoffnung erkennen und leiten über zur nächsten Karte, dem Stern, bei dem Gaia, die Mutter Erde, die Kraft des Lebens erneuert.

Divinatorische Bedeutung

Der Turm bedeutet in der Regel eine Umwälzung oder »Explosion«. Dies kann sich auf einen Streit oder auf unerfreuliche Ereignisse beziehen, insbesondere sofern diese plötzlich eintreten. Manchmal zeigt der Turm einen Zusammenbruch eines Plans oder einer bestehenden Situation an, besonders dann, wenn dieser Zusammenbruch durch inneren Druck bedingt ist. Erscheint der Turm zusammen mit dem Schicksalsrad (X) - vor allem mit dem Turm als Ergebnis -, könnten diese beiden Karten eine schwierige Wende der Ereignisse anzeigen. Die Haindl-Version des Turms wird auf irgendeine längere Aktivität oder ein bestimmtes Vorgehen in einer spezifischen Situation hinweisen. Der Betreffende hält trotz klarer Alarmzeichen stur an seinem Kurs fest. Wenn er seine Haltung nicht ändert, kann es zu einer Explosion oder einer anderen Katastrophe kommen.
Bei alldem ist der Turm als Warnung zu verstehen. Der Druck steigt. Der Betreffende muß eine Möglichkeit finden, diesen Druck abzubauen, bevor der Turm explodiert. Bei einer Partnerschaft kann es darum gehen, seit langem bestehende Probleme offen anzusprechen, die man zu ignorieren versucht hat. Wenn

der Turm sich auf eine gefährliche Vorgehensweise bezieht, muß der Betreffende eine Möglichkeit finden, diese zu ändern. Nicht selten geben Karten zumindest einen Hinweis auf eine Alternative. Vor allem beim Turm ist es ratsam, sich die anderen Karten genau anzusehen.

Wenn der Turm ein bereits eingetretenes Ereignis anspricht, müssen wir sehen, wie wir das Beste aus der Situation machen können. Der Turm hat auch eine befreiende Wirkung. Das Turm-Ereignis ist unerfreulich, aber es kann die Menschen aus bedrückenden Situationen erlösen oder neue Möglichkeiten eröffnen. Wenn zwei Menschen nicht mehr miteinander reden, dann vermag der Turm einen lange unterdrückten Ärger freizusetzen. Durch den Turm können Neuigkeiten, Nachrichten oder ein Ereignis angesprochen werden, die den Betreffenden die Dinge in einem neuen Licht, vollständiger sehen lassen.

Wenn auf den Turm Karten der Erneuerung folgen, dann hat das Erlebnis Blockierungen des Betreffenden im Umgang mit sich selbst oder mit anderen Menschen beseitigt. Falls Karten der Analyse, etwa der Trumpf Gerechtigkeit (XI), auf den Turm folgen, so muß er sich mit dem Erlebnis auseinandersetzen. Erscheinen Tod (XIII) oder andere Karten des Loslassens nach dem Turm, dann hat der Befragende wohl anzuerkennen, daß eine bestimmte Situation definitiv beendet ist und es keinen Sinn hat, sich an sie zu klammern, in ihr verhaftet zu bleiben.

Umgekehrt

Beim umgekehrten Trumpf sind die Erschütterungen und Stürme weniger schwerwiegend. Die Erfahrung ist ähnlich, aber schwächer, und sie wirkt sich weniger einschneidend auf das Leben des Betreffenden aus. Der aufrechte Turm fegt alte Verhaltensmuster beiseite und zerbricht alte Strukturen im Leben einer Person. Dies können Strukturen in der Arbeit, in der Familie oder in einer Liebesbeziehung sein. Bei der umgekehrten Karte werden die Strukturen in Teilbereichen neu geordnet, insgesamt aber nicht entscheidend verändert.

Wegen dieser ausbleibenden Änderung kann der umgekehrte Turm manchmal Unterdrückung anzeigen. Die Menschen versuchen, sich vor Zorn zu schützen. Statt den Turm Probleme freilegen oder Starre beseitigen zu lassen, halten sie ihre Emotionen nieder. Wenn die anderen Karten anzeigen, daß die schwierige Zeit vorübergeht und der Betreffende zu Harmonie oder einer kreativeren Energie gefunden hat, dann war der umgekehrte Turm wahrscheinlich eine kleinere Störung. Wenn die anderen Karten jedoch den Fortbestand eines schwierigen oder schmerzhaften Zustands anzeigen, dann ist es für den Betreffenden vielleicht notwendig, bestimmte Dinge zum Vorschein kommen zu lassen.

XVII
Der Stern

Die Quersumme von 17 ist 8, und die beiden Karten Stern (XVII) und Kraft (VIII) haben vieles gemeinsam. Die Offenheit der Kraft, der Glaube an die Zukunft – diese Eigenschaften erfüllen auch den höheren Trumpf.

Der hebräische Buchstabe für den Stern ist Zade, was »Angelhaken« bedeutet. Das Bild läßt an einen Fisch denken, der aus dem Meer gezogen wird. Wie nun das Meer die formlose Energie des Unbewußten repräsentiert, so symbolisiert der Fisch die Energie, die Gestalt annimmt. Der Angelhaken versinnbildlicht den Geist, der in die Mysterien der Hohenpriesterin (II) eintritt und Ideen, Konzepte, künstlerische Schönheit hervorbringt.

Die Rune ist Ehwaz ≙ Eibe (Lautwert e). Dies bedeutet wörtlich »Pferd«, ein Tier, das bei den Indogermanen zwischen Indien und Skandinavien als heilig galt. Die Rune wurde häufig mit Sleipnir gleichgesetzt, dem Pferd, auf dem Odin zwischen den Welten ritt. Ehwaz ist daher eine Rune, welche die verschiedenen Daseinsebenen integriert.

Man beachte, daß die Rune die Umkehrung der Rune »Notwendigkeit« für die Gerechtigkeit (XI) ist. Die Notwendigkeit zeigte das Prinzip der Zusammenziehung oder Strenge im universellen Gesetz. Hier sehen wir das Prinzip der Expansion, der Freude und des neuen Wachstums. Ehwaz ist eine Rune des Vertrauens und der Loyalität. Sie fordert uns auf, an die Erde und die Hoffnung auf Erneuerung zu glauben. Was ehern ist, ist ewig.

Das astrologische Zeichen für den Stern ist Wassermann, einer der vier Fixpunkte des Tierkreises. Das Symbol geht auf die ägyptische Hieroglyphe für Wasser zurück. Man könnte daher erwarten, das Element für den Wassermann und damit für die Karte sei Wasser. In Wirklichkeit ist es, wie der silberne Rand zeigt, Luft. Die Erklärung hierfür finden wir, wenn wir erneut das Zeichen betrachten, das Wellen zeigt – vom Wind bewegtes

Der Stern

Wasser. Dies steht für das Denken, das Ideen aus den Tiefen des Unbewußten hervorbringt. Wassermann ist das Zeichen der Visionäre, Lehrer und Erfinder. Wassermann ist auch das Zeichen des Neuen Zeitalters, der nächsten zweitausend Jahre. Deshalb paßt es sehr gut zur Karte der Erneuerung.
Neben dem Turm (XVI) gehört auch der Stern zu den einfachsten Bildern des Haindl-Tarot. Und doch enthält er gerade wegen seiner Einfachheit eine der stärksten Aussagen des Spiels. Im Grunde gehören Turm und Stern zusammen. Während nämlich der Turm die Gefahren zeigt, die unsere Erde bedrohen, gibt uns der Stern den Glauben, daß wir in irgendeiner Weise zum Grundprinzip der Achtung vor der Natur

zurückkehren werden und diese Rückkehr durch einen Prozeß der Reinigung führen wird.

Das Bild zeigt eine Frau, die ihr Haar wäscht. Sie sitzt vornübergeneigt am Fuße eines kahlen Felsens, wo sich ein Bach in einen Teich ergießt. Das Haar der Frau geht in das Wasser über, was sowohl an die Hohepriesterin (II) erinnert, aus deren Haar ein Lichtregen wird, wie auch an den Gehängten (XII), dessen Haar wie Wurzeln in den Hügel wächst. Ja, der Felsen scheint sogar durch das Haar der Frau hindurch, so daß sie ein Teil des Hügels wird. Unten an der Haarkaskade und oben im Bereich der Kopfhaut sehen wir eine Spur Rot, als ob die Frau Blut aus einer Wunde auswüsche. Wir sehen dieses Rot im Wasser, wenn auch nur angedeutet und mit Braun vermischt, als handele es sich um eine alte Wunde, die nur gereinigt werden muß. Wie der Fluß auf der Karte der Hohenpriesterin (II) ist das Wasser dunkel und undurchdringlich. Unten rechts sehen wir jedoch helle Farben, die an den Pfau bei der Gerechtigkeit (XI) und beim Todesvogel (XIII) erinnern.

Der Felsen ist alt und verwittert, insbesondere im rechten unteren Teil. Wir sehen hier keine Blumen, Gras oder Bäume, sondern nur die Urformen der Erde: Wasser und Gestein. Die Löcher im Felsen gehen in die Löcher im Kleid der Frau über, das so kahl wie der Hügel ist. Auf das Alter des Kleides weist der zerfranste Saum hin, aber auch die Tatsache, daß es schmucklos und ohne persönlichen Stil ist. Es bildet nur eine schützende Hülle für die Frau.

Die Diagonale, der Hügel und der Rücken der Frau, läuft in Richtung der Erregung, entgegengesetzt zur Diagonale des Gehängten (XII). Dennoch vermittelt das Bild eine wunderbare Empfindung der Ruhe. Dies ist auf seine Schlichtheit und auf die demütige Geste der Frau zurückzuführen, die sich vornüberneigt, um ihr Haar zu reinigen. Das Bild nimmt die kraftvolle Energie der Diagonale auf und kehrt sie um.

Über der Frau leuchtet eine Gruppe aus sieben kleinen Sternen und einem Doppelstern. Insgesamt sind es neun (Der Eremit [IX]) oder acht (Die Kraft [VIII]), wenn wir den Doppelstern nur einmal zählen. Im Ring der sieben Sterne finden wir zarte

Andeutungen der Regenbogenfarben. Vom Gehängten (XII) wissen wir, daß diese Farben auch von den Chakras ausstrahlen, woraus sich ein Zusammenhang zwischen dem Himmel und den einzelnen Menschen ergibt. Der große Stern in der Mitte besteht aus zwei sich überlagernden Sternen. Der Fünfstern ist, wie wir wissen, der Stern der Göttin. Er repräsentiert auch den menschlichen Körper. Mit der Spitze nach oben dominiert der Kopf, der Sitz des Verstandes; mit der Spitze nach unten dominieren die Genitalien, der Sitz der Leidenschaften. Hier sehen wir beide vereint, wobei ersterer im Vordergrund steht. Ein weißes Licht strahlt aus dem Zentrum des Doppelsterns. Die sieben kleinen Sterne erinnern an den Wagen (VII), die zehn Zacken an das Schicksalsrad (X). Die Summe der Zahlen dieser beiden Trümpfe lautet XVII (Der Stern)!

Beim Turm (XVI) wurde dargestellt, wie die menschliche Anmaßung zur Katastrophe führt. Hier sehen wir ein Bild der Demut. Demut heißt nicht, wir fühlten uns minderwertig oder schwach. Sie bedeutet nicht, daß wir uns einer religiösen Institution oder einer herrschenden Klasse unterwerfen. Eine solche »Demut« nährt nur, wie Hermann Haindl sagt, die Arroganz anderer Menschen. Worauf es ankommt, ist, daß wir uns einfach als Teil der Natur erkennen. Die Frau auf dem Bild neigt ihr Haupt nicht vor irgendeiner weltlichen oder geistlichen Autorität. Sie neigt sich nach vorne – schlicht um ihr Haar zu waschen.

Das Wasser fließt wohl »über das Bild hinaus« in einen Fluß oder zum Meer. Wassermann ist ein Zeichen der Einheit unter den Völkern. Wir bewegen uns auf ein neues Zeitalter zu, und wir sehen, wie sich die getrennten Menschheitsströme aufeinander zubewegen. Dies erkennen wir beispielsweise an den weltweiten Nachrichtenverbindungen, am Einsatz für die Menschenrechte in den verschiedenen Ländern, an den Kampagnen zur Linderung von Leid oder Hunger. Auf religiösem Gebiet tritt etwas in der Geschichte der Menschheit noch nicht Dagewesenes auf – der Bezug auf viele verschiedene Kulturen, um ein neues Bewußtsein auszubilden, das nicht auf Doktrinen, sondern auf den Gotteserfahrungen der Menschen beruht.

Das Bild erinnert an den Gehängten (XII). Jenes Bild drückt jedoch esoterische Rituale wie auch eine Erneuerung von Werten aus. Hier ist die Geste aus dem alltäglichen Leben genommen. Viele Menschen wenden sich der Esoterik zu, weil sie darin etwas Aufregendes und Geheimnisvolles sehen. Durch den Besitz okkulter Geheimnisse fühlen sie sich über die übrige Gesellschaft hinausgehoben. Nun lehrt uns der esoterische Weg in der Tat Dinge, die den meisten Menschen unbekannt sind; er lehrt uns aber auch die Notwendigkeit, dieses neue Verständnis in die gewöhnliche Welt zu tragen. Der Gehängte sondert sich wie Odin um eines Initiationsgeheimnisses willen ab. Aber er muß dieses Geheimnis auch in sein Leben integrieren.

Der Wagen (VII), der Gehängte (XII) und der Stern (XVII) bilden eine Art Trilogie. Der Wagen existiert in einer mythischen oder schamanistischen Welt. Der Gehängte ist näher an der Natur, jedoch noch stark dem Mythischen verhaftet. Beim Stern finden wir eines der naturalistischen Bilder des ganzen Spiels. Und doch vermittelt uns Trumpf XVII das Bild mystischen Einsseins auf der grundlegendsten Ebene. In vielen Religionen ist die körperliche Reinigung einer der ersten Schritte zur Einheit mit Gott. Die Christen werden getauft, um sich von der Erbsünde zu reinigen und neue Menschen zu werden. Die Juden gehen zu den rituellen Bädern, während die Hindus im Ganges baden und die Moslems sich fünfmal täglich vor dem Beten reinigen. Bei okkulten Ritualen nimmt der Suchende häufig erst eine Waschung vor und legt dann weiße Kleider an.

Der Wagen zeigt eine androgyne Gestalt, welche die Gefahren und Schrecken des Lebens meistert. Der Gehängte zeigt eine männliche Gestalt: Odin, den Repräsentanten des Patriarchats, der seine arrogante Haltung des Getrenntseins von der Natur aufgibt. Hierfür war eine Umkehr des Denkens notwendig, die durch das umgekehrte Aufgehängtsein symbolisiert wird. Der Stern zeigt dagegen eine Art des Denkens, die solche extremen »Maßnahmen« nicht braucht. Die Frau neigt sich nieder, um ihr Haar zu waschen, und wird dadurch Teil von Stein und Wasser. Mit dem Stern am Himmel, der uns Feuer und Luft gibt, finden wir hier alle vier Elemente repräsentiert, und zwar

nicht in Gestalt der mystischen Gralsattribute des Magiers, sondern in der Natur, im alltäglichen Leben.
Das Bild zeigt die Natur in ihren ältesten Formen. Auch die Frau trägt ein altes Kleid ohne jeden Zuschnitt, der auf Kultur hinweisen würde. Sie ist Gaia, die Mutter des Lebens, die germanische Jörd, die Erde, die Urmutter, der Ursprung aller Dinge. Im griechischen Mythos ist Gaia die erste Gottheit, die Mutter des Uranos, des Himmels, der Kronos (Saturn) zeugte, die Zeit; dieser zeugte wiederum Zeus, den Herrscher über die olympischen Götter. Beim Stern kehren wir zurück zu Gaia, der Mutter aller Väter, der Erde.
Neben diesem Gedanken des Einsseins mit der Natur führt uns die Schlichtheit und Schmucklosigkeit der Karte zu den Ursprüngen des Lebens zurück. Wir können das Gefühl haben, daß ein Neubeginn möglich ist. Der Stern läßt uns Mut fassen. Unsere Welt wird sich wieder reinigen. Auch wenn wir eine dem Turm (XVI) ähnliche Katastrophe erleiden, wird das Leben weitergehen.
Wir sollten den Turm auch nicht für unvermeidlich halten. In den letzten Jahren reden die Menschen viel von großen Schrecken, die kommen müssen, bevor das Neue Zeitalter beginnen kann. Man prophezeit uns Krieg, versinkende Kontinente, den Tod von zwei Dritteln der Menschheit. Manche scheinen von solchen Aussichten geradezu begeistert zu sein, wie wenn das Desaster eine Antwort auf den Pessimismus oder auch nur auf die Langeweile des modernen Lebens wäre (siehe auch Das Aeon [XX]). Der Tarot dagegen lehrt den freien Willen. Wenn sich bei einer Befragung herausstellt, daß jemand dabei ist, geradewegs in sein Unglück zu laufen, dann läßt der Tarot die Möglichkeit eines Richtungswechsels offen. Dies gilt auch für unsere Welt. Der Stern folgt nicht einfach auf den Turm; er zeigt eine Alternative. Wir können einen anderen Weg einschlagen. Wir brauchen nur die Demut, uns niederzubeugen und die Welt von Gewalt und Zerstörung reinzuwaschen.

Divinatorische Bedeutung

Die Bedeutungen des Sterns sind so unmittelbar wie das Bild. Es geht um Optimismus, Hoffnung, Offenheit. Sie drücken aus, daß der Befragende diese Eigenschaften entweder schon hat oder haben könnte. Der Stern erscheint manchmal nach einer Zeit voller Schwierigkeiten oder einer dem Turm (XVI) ähnlichen Erschütterung im Leben des Betreffenden. Dieser Gedanke ist natürlich um so wahrscheinlicher, wenn der Turm (oder auch eine der Schwerter-Karten) tatsächlich in der Befragung erscheint.

Der Stern ist eine Karte der Erneuerung. Dem Ratsuchenden bietet sich jetzt die Chance, in einer seit langem bestehenden Situation einen neuen Anfang zu wagen. Oder es eröffnen sich ganz allgemein neue Möglichkeiten. Der Stern kann vielleicht verlangen, daß der Betreffende zu den Grundprinzipien zurückkehrt. Wenn er das Gefühl hat, das Leben werde zu kompliziert, dann richtet die Karte an ihn die Aufforderung, herauszufinden, worauf es wirklich ankommt. Was will er eigentlich? Mit welcher Einstellung hatte er in der Vergangenheit Erfolg? Kann diese Einstellung weiterhin Erfolg verheißen? Hat er sich in seinem Leben mit lauter unwichtigen Verpflichtungen abgegeben oder mit Wünschen, die nur scheinbar wichtig sind? Hat sich eine Beziehung in kleinliches Gezänk aufgelöst, in ein gegenseitiges Aufrechnen der beiderseitigen Verfehlungen? Der Stern empfiehlt, die Grundelemente aufzuspüren, den nackten Felsen der Realität und das strömende Wasser des Gefühls. Man beachte, daß diese Empfehlungen in eine andere Richtung gehen als diejenigen der Gerechtigkeit (XI). Jene Karte verlangt eine sorgfältige Prüfung des chronologischen Hergangs. Der Stern geht über alle geschichtlichen Aspekte auf die Grundlagen zurück. Beide Karten haben ihre gültige Aussage, jedoch zu verschiedenen Zeiten. Ein Grund dafür, eine Befragung durchzuführen, liegt in dem Wunsch, eine Vorstellung zu bekommen, welches Vorgehen in einer bestimmten Situation richtig sein könnte.

Diese Rückkehr zu den Grundlagen bedeutet eine Reinigung.

Wenn dem Betreffenden Schlimmes widerfahren ist oder er sich verletzt fühlt, will er vielleicht den Schmerz in irgendeiner Weise wegwaschen. Für manche Menschen kann das Mittel hierzu ein Ritual sein, das allein oder mit Freunden durchgeführt wird. Für andere kann es bedeuten, Gutes im eigenen Leben aufzuspüren, insbesondere Dinge, die ihnen ein Gefühl der Einfachheit und Hoffnung vermitteln können. Das Auftauchen des Sterns heißt Erneuerung. Wir müssen es uns erlauben, diese Erneuerung zu erleben.

Der Stern bedeutet Demut. Er fordert uns auf, anderen gegenüber nicht arrogant aufzutreten. Demut heißt nicht: »Ich bin ganz unwichtig. Was mir zustößt, spielt keine Rolle.« Demut lehrt uns vielmehr, uns selbst als Teil von etwas Größerem zu erkennen. Diese Haltung ist die Basis für den Optimismus der Karte. Wir können eher an eine Zukunft glauben, wenn diese nicht völlig von unseren eigenen Bemühungen abhängt. Wenn wir den Stern sehen, wissen wir, das Leben ist auf unserer Seite.

Umgekehrt

Die Eigenschaften der Karte sind blockiert, wenn sie umgekehrt erscheint. Der Betreffende blickt der Zukunft mit Angst entgegen und hat Schwierigkeiten, Aktivität auszudrücken, insbesondere Liebe. Er fühlt sich vielleicht isoliert. Der umgekehrte Stern kann Spannung oder Furcht anzeigen.

Der Ratsuchende weiß nicht mehr, worauf es in seinem Leben wirklich ankommt. In einer bestimmten Situation verliert er sich zu sehr in Details, insbesondere dann, wenn es bei der Befragung um eine berufliche Tätigkeit geht. Wenn das Thema eine Beziehung ist, klammert er sich vielleicht zu sehr an Vergangenes, insbesondere eine Verstimmung. Der Stern rät, dies ruhen zu lassen; umgekehrt zeigt er an, daß dem Befragenden dies schwerfällt.

Wenn sich der Betreffende unterdrückt oder vom Leben abgeschnitten fühlt, kann der umgekehrte Stern auf einen alten Schmerz hinweisen, der freigelegt werden muß, um die Wunde zu reinigen oder einen Neubeginn möglich zu machen. Bei manchen Befragungen muß man hierbei bis in die Kindheit zurückgehen. Bei anderen handelt es sich um ein Ereignis jüngeren Datums. Bei Befragungen für jemand anderen kann der Deuter gegebenenfalls mit diesem die Möglichkeiten erörtern. Letztlich stehen aber der aufrechte wie auch der umgekehrte Stern für Hoffnung. Wegen ihres kraftvollen und schlichten Bildgehalts eignet sich die Karte sehr gut für Meditationen. Lassen Sie sich selbst und Ihre Gefühle durch das Bild in Bewegung kommen, so daß Sie sich in der Erde fließen fühlen.

In Deutschland hatte ich die Gelegenheit, eine Meditation mit dem Stern (XVII) und dem Gehängten (XII) durchzuführen. Wir sahen uns auf den Weltenbaum klettern, wobei unsere Wurzeln tief im Felsen verankert waren und die Sterne über uns zwischen den Blättern und Zweigen funkelten. Als wir von unserem hohen Platz nach unten blickten, sahen wir Gaia, die alte Frau, die ihr Haar wusch. Durch dieses Tun ließen wir Erneuerung und Hoffnung in unsere Welt und unser eigenes Leben eintreten.

XVIII
Der Mond

Der Mond trägt die Nummer XVIII; die Quersumme von 18 ist 9 (Der Eremit [IX], der ja als Mondkarte gilt). 18 ist auch 2 × 9, wodurch der Mond in einer Beziehung zur Hohenpriesterin (II) steht, dem dritten Mondtrumpf. Wir können auch das Produkt 3 × 6 bilden, wodurch sich ein Bezug der Karte zur Herrscherin (III), der Dreifachen Mondgöttin, und zu den Liebenden (VI) ergibt; letzterer Zusammenhang wird auch durch das Einhorn ausgedrückt. Schließlich besteht 18 aus den Ziffern 1 (Der Magier [I]) und 8 (Die Kraft [VIII]). Der Mond ist ein Reich der Magie, in dem wir Kraft brauchen, um den Weg zurück zum Licht der rationalen Welt zu finden.

Der hebräische Buchstabe ist Qof, was »Hinterkopf« bedeutet. Die nächste Karte, die Sonne (XIX), trägt den Buchstaben Resch (»Kopf«), so daß Qof buchstäblich »dahinter« ist. Der Kopf, der traditionell als der Sitz des Verstandes gilt, symbolisiert das Rationale, das Bekannte, das Klare und Logische. Die Rückseite bezeichnet demzufolge das Irrationale, das Verborgene, Dunkle, Geheimnisvolle. Die Kraft des Mondes erschließt Teile unseres Selbst, die normalerweise verborgen bleiben (wir können unseren Hinterkopf beim Blick in einen Spiegel nicht sehen), zumindest gegenüber unserem Ichbewußtsein. In seinen Ausführungen über den Mond legt Paul Foster Case dar, daß der Hinterkopf die ältesten Teile des Gehirns, das Kleinhirn und das verlängerte Rückenmark enthält. Diese Bereiche lassen sich stammesgeschichtlich auf noch primitivere Urformen zurückführen. Bei vielen traditionellen Tarot-Spielen ist der Mond die einzige Karte ohne menschliche Gestalten (beim Haindl-Tarot sind auf sechs Karten keine Menschen zu finden: Gerechtigkeit, Teufel, Turm, Mond, Sonne und Universum). Case merkt an, daß das verlängerte Rückenmark wach bleibt, wenn das übrige Gehirn schläft.

Die Rune Odala ≙ Otil (Lautwert o) bedeutet »Besitz«. Die

Der Mond

Bedeutung läßt auch an einen heiligen Bezirk denken. Als mystische Karte führt uns der Mond in eine heilige Realität jenseits der gewöhnlichen Wahrnehmung. Zumindest ein Runenkommentator, Michael Howard, beschreibt Odala als einen heiligen Hain, in dem die Menschen in die spirituellen Mysterien eingeweiht wurden. Wir sehen einen solchen Ort bei der Kraft (VIII), dort führt die Frau ihr Ritual unter dem Mond aus.
Zoltan Szabo beschreibt Odala (Othal) als den Heiligen Gral. Die Rune symbolisiert Glück durch göttlichen Schutz und wurde entweder in das Holz des Giebels oder über der Haustüre eingearbeitet. Gleichzeitig ist Othal oder Odil eine der Runen Odins. Der Gral ist aber nun, wie wir gesehen haben,

weiblich, während Odin der Vater der Götter ist. Hermann Haindl meint, daß die Rune ursprünglich die Einheit der schöpferischen Macht als Mutter und Vater bezeichnete. Nach einer langen Zeit vertrieben die patriarchalischen Asen die matriarchalisch orientierten Wanen und beanspruchten die Rune für Odin allein. Wie Haindl sagt, ist jedoch die Zeit für eine Korrektur gekommen. Wir sehen das Bild dieser Korrektur beim Gehängten (XII).

Das astrologische Zeichen ist Krebs, traditionell ein Symbol für Fruchtbarkeit und neues Leben. Nach einer alten Tarot-Tradition hat Hermann Haindl auf der Karte nicht einen Krebs, sondern einen Hummer dargestellt. Krebs wie Hummer stehen auf einer früheren Stufe der Evolution. Krebstiere erscheinen uns immer irgendwie fremdartig. Und in der Tat sind sie fremdartig, zumindest für die rationale menschliche Hirnrinde. Das verlängerte Rückenmark bringt uns allerdings jener Erfahrung der tastenden Fortbewegung am Grunde des Meeres des Unbewußten näher. Deshalb symbolisiert der Hummer den Mond, der tiefe Ängste an die Oberfläche bringt, ganz ähnliche Gefühle, wie sie durch die Willenskraft des Wagens (VII) gemeistert werden. Der Wagenlenker wendet sich nicht, um sie anzusehen. Mit anderen Worten, er hält sie in seinem Hinterkopf. Beim Mond lassen wir sie auftauchen, und wir erleben sie in der gleichen Weise, wie wir beim Teufel unsere verborgenen Triebe erleben.

Der Hummer kann mit seinen Scheren das Wasser verlassen und Dinge mit unlösbarem Griff festhalten. So mag uns manchmal ein intensiver Traum festhalten. Der Mond ist die Karte der Träume, insbesondere der tiefgehenden Träume, die uns mit physischer Gewalt ergreifen. Der Mond ist ebenso die Karte des Mythos, weshalb hier auch das Einhorn erscheint. Wie Träume sind Mythen dann am wahrsten, wenn sie uns auf einer Ebene jenseits der rationalen Erklärung anrühren.

Das Element ist das Wasser, der Fluß, der durch die Karte fließt.

Die Karte des Mondes ist sowohl flächig als räumlich strukturiert. Am unteren Rand sehen wir den Hummer, darüber das

Einhorn und über diesem den Mond selbst. Man könnte von einer Diagonale von unten rechts nach oben links sprechen, denn der Hummer befindet sich etwas rechts vom Einhorn und dieses wieder etwas rechts vom Mond. Eine ausgeprägte Diagonale bildet das Horn, das aus der vertikalen Achse des Körpers in gerader Linie in die rechte obere Ecke hineinragt (ähnlich der Linie bei der Alchemie [XIV]).

Den Hummer sehen wir im Vordergrund. Er schwebt eigentlich in der Luft über dem Wasser, was ihm etwas Surrealistisches verleiht. Das Einhorn, ein mythisches Geschöpf, ist mit realistischer Detailtreue gemalt. Jenseits des Hummers sehen wir die Uferhänge und den Fluß, der dem Fluß bei der Hohenpriesterin (II) und beim Aeon (XX) ähnelt. Das Wasser erscheint eher als Bach, bis wir erkennen, daß im Hinblick auf die Größe des Hummers der Fluß sehr weit entfernt sein muß. Die Landschaft verfließt in sanften Uferhängen, die weicher und realistischer sind als diejenigen bei der Hohenpriesterin. Auf dem Wasser sieht man Wellen, ein Sinnbild für die Aktivität des Unbewußten. Wegen der Wellen haben wir den Eindruck, Einzelheiten und die ganze Landschaft gleichzeitig zu sehen. Aus dem Wasser steigen Blasen auf, die neben dem Einhorn schweben.

Jenseits des Flusses sehen wir das Einhorn, das sich wie ein steinerner Turm erhebt oder wie eine Staubsäule, die eine Windhose aufgewirbelt hat. Jenseits des Einhorns spannt sich der Himmel mit dem Mond. Sowohl der Hummer als auch das Einhorn weisen jenen unebenen, mit Vertiefungen übersäten Leib auf, der beim Haindl-Tarot großes Alter anzeigt. Der Körper des Einhorns scheint fast in der Luft zu zerkrümeln.

Der Himmel selbst erscheint hart und rauh wie die Innenwand einer Höhle. Hier wird etwas Ähnliches angedeutet wie beim Eremiten (IX): Was draußen zu sein scheint, kann auch im Inneren einer Höhle oder unter der Oberfläche der Erde sein. Man kann den Mond hier auch wie ein Loch sehen, das den Weg aus der sinnlichen Mondwelt in das Reich der Wahrheit freigibt. Lichtringe umgeben den Mond.

In Platons Dialog *Phaidon* sagt Sokrates, daß wir nur glauben, auf der Oberfläche der Erde zu leben, während wir in Wirklichkeit unter ihr leben. Seine ausführliche Beschreibung des Außenliegenden als eines Ortes der Vollkommenheit zeigt, daß er dies nicht als wissenschaftlichen Bericht meint, sondern vielmehr als Metapher für eine mächtige menschliche Wahrnehmung: Unsere Alltagswelt hindert uns daran, eine größere Welt zu erleben, die wir in uns wie auch außerhalb erleben können. Dies ist die Welt des Mystischen, in der Gott das Universum erfüllt und jedes Teilchen in einem großen Geflecht aus Bedeutung und Schönheit mit allem übrigen verbindet.

Bei Platon heißt es, daß die Menschheit in einer Höhle lebt und gegen die Wand blickt. Wenn wir glauben, die Wirklichkeit zu sehen, erkennen wir nur die Schatten der wirklichen Welt draußen vor der Höhle. Wenn wir in der griechischen Kultur weiter zurückgehen, stoßen wir auf ein interessantes Detail über Hermes, den griechischen Gott des Denkens und den Ahnherrn des Magiers (I) im Tarot. Der Mythos sagt, daß er von einer Bergnymphe namens Maia in einer Höhle geboren wurde. Dieser Name klingt jedoch gleich dem indischen »Maya«, das sich auf die »Illusion« der Wirklichkeit bezieht. Die physische Welt ist nach der indischen Philosophie eine Täuschung, und diese Philosophie sucht Befreiung, indem sie die Wahrheit jenseits der Welt sucht. Das griechische »Maia« bedeutet »alte Frau«, und hinter dieser Gestalt verbirgt sich, wie wir eben beim Stern gesehen haben, eine Göttin. Aber das Wort »Maia« bezeichnet noch etwas anderes, nämlich einen »großen Krebs«.

Die Kosmologie des europäischen Mittelalters bezeichnete die physische Welt als »sublunar«, unterhalb des Mondes gelegen. Das Universum war nach der damaligen Anschauung aus konzentrischen Sphären aufgebaut, wobei sich die Erde im Mittelpunkt befand und der Himmel die äußerste Sphäre bildete. Die Mondsphäre umgibt die Erde, wodurch das menschliche Bewußtsein, wenn es sich durch die verschiedenen Schichten zu Gott erheben könnte, zuerst das Reich des Mondes durchschreiten würde. Beim Haindl-Tarot sehen wir uns in das Mondreich der Mythen, Illusionen und Wunder versetzt. Der Mond selbst aber öffnet sich zu einem höheren Reich, aus dem sich Licht auf den Rücken des Einhorns ergießt.

Wir können dies auch in einer anderen Weise betrachten. Wenn wir die mythische Empfindung der vollkommenen Erkenntnis erlangen wollen, führt der Weg über die Imagination, denn durch die Imagination nimmt das Unbewußte Gestalt an. Der Mond ist die Karte des Mythos. Eremit (IX) und Wagen (VII), beides beim Haindl-Tarot Karten mit starken Mondeinflüssen, sind in mythischen Welten angesiedelt. Trumpf XVIII aber betrifft den Mythos selbst. Unter einem Mythos stellt sich nun jeder etwas anderes vor; für die meisten Menschen ist er eine unwahre Erzählung. Wenn wir ihn uns jedoch als Spiegelung des Spirituellen vorstellen, müssen wir ihn doch eher als etwas Wahres betrachten. Eine mythische Erzählung oder Darstellung (Bilder und Statuen können Träger von Mythen sein) bringt uns eine Wahrheit nahe, die wir mit gewöhnlichen Worten nicht ausdrücken können. Sie führt uns nach innen, zum Unbewußten, und nach außen, zum spirituellen Bewußtsein. »Der Mythos ist die vorletzte Wahrheit«, schrieb Ananda Coomaramswamy. Ein Schritt vor der Offenbarung.

Warum glaubt man eigentlich, daß der Mond all diese Dinge symbolisiert? Es gibt hierfür zwei Gründe, eine Idee und eine Erfahrung. Die Idee hängt mit der Tatsache zusammen, daß der Mond selbst kein Licht aussendet, sondern nur das Licht der Sonne reflektiert. Im hellen Sonnenlicht des Tages können wir die Dinge klar erkennen. Deshalb steht die Sonne für die Wahrheit. Der Mythos reflektiert die Wahrheit genau so, wie der Mond die Sonne reflektiert.

Die Erfahrung hängt damit zusammen, daß der Mond nachts scheint und gerade genug Licht gibt, um den Dingen eine geheimnisvolle Halbwirklichkeit zu verleihen, aber nicht genug, um die Finsternis zu vertreiben. Wir alle kennen die seltsamen Empfindungen und Handlungen, die der Vollmond auszulösen vermag. In früheren Zeiten (und bei der modernen Hexerei) versuchten die Menschen, durch Mondrituale die Kraft der Prophezeiung zu erlangen. Die Polizei in den Großstädten weiß, daß sie während der Vollmondphase mit mehr Gewalttaten und mehr auffälligem Verhalten rechnen muß als sonst. Wir sollten nicht vergessen, daß der Trumpf nicht nur mit Philosophie und

Theorien zu tun hat. Sich mit Okkultem (oder Schamanismus) zu beschäftigen bedeutet in gewisser Weise, sich in jenes Mondreich der Imagination und Fremdartigkeit zu begeben.
Bei der Haindl-Version der Karte wird all dies angesprochen, aber auch das mystische Bewußtsein betont, das jenseits der Imagination liegt. Deshalb sehen wir, daß der Mond eine Öffnung zu etwas Größerem bildet und Licht in unsere Welt hereinströmt, während die Blasen aufsteigen und einen Energieaustausch bewirken. Vom Hummer abgesehen, gibt es auf dem Bild keine angstbesetzten Bilder, etwa den Hund oder den Wolf der traditionellen Versionen. Bei der Hohenpriesterin (II) strömt der Fluß des Unbewußten dunkel und bedrohlich zwischen steilen Uferhängen. Beim Wagen (VII) schützt das Boot den Wagenlenker vor den schäumenden Wogen. Hier fließt das Wasser durch eine sanfte Landschaft. Wenn wir die höheren Ebenen der Großen Arkana erreichen, wenn wir den Frieden und die Offenheit des Sterns erlangen, dann können wir in jene Mondwelt eintreten und entdecken, wie sich die Angst in Schönheit verwandelt.
Der Mond ist individuell, nicht allgemein. Vielleicht sind die vom Mond ausgelösten Ängste der ganzen Menschheit gemeinsam, aber wir erleben sie doch tief in uns selbst. Der Mystiker aber, der die Einheit allen Daseins verstanden hat, kann diese Erkenntnis nur durch Symbole weitergeben – wie Mythen, Tarot-Karten, Gemälde und Erzählungen.
Die Landschaft symbolisiert den Frieden, der Hummer die Angst. Er schwebt in der Luft – wie die Ängste, die sich keiner rationalen Ursache zuordnen lassen. Er kommt aus den Tiefen des Wassers, dem Unbewußten, und erhebt sich in die Luft, das bewußte Denken. Dieses Tier, das aus seiner normalen Umgebung herausgerissen ist, betont wiederum das Befremdliche der Karte. Unter dem Einfluß des Mondes finden wir uns in extremen Situationen, in sonderbaren geistigen Zuständen, von der normalen Erfahrung abgeschnitten. Und doch ist diese Erfahrung wahr. Wir irren uns, wenn wir unsere alltägliche Welt für die Wirklichkeit halten. Das Universum (und unsere eigene Seele) ist viel befremdlicher, als wir glauben.

Das Einhorn ersetzt den Hund und den Wolf der traditionellen Karte. Damit ändert sich die Aussage der Karte von der Wildheit zur Imagination, denn während Wölfe in der menschlichen Seele (als Symbole) wie auch in der Natur existieren, ist das Einhorn ein reines Phantasiegebilde. Beide Male hat der Mond jedoch etwas Vorgeschichtliches, denn wie die animalische Seite unserer eigenen Natur älter ist als die Kultur (und immer präsent), so reichen auch die Mythologien der Welt auf die frühesten Auseinandersetzungen der Menschheit mit den Mysterien des Lebens zurück. Dieser Gedanke des Alters ist in dem zerbröckelnden Gestein ausgedrückt, aus dem der Körper des Einhorns besteht. In unserer zivilisierten Gesellschaft scheint es, als ob die Kraft des Mythos verfiele oder schon vergangen wäre. Und doch ist sie wie das Einhorn immer noch vorhanden.
Hermann Haindl hat dieses Einhorn »realistisch«, das heißt detailgenauer, gemalt als die Liebenden (VI) und das Schicksalsrad (X). Unsere Neigung, die Mythologie auf Ammenmärchen zu reduzieren (wobei tunlichst alles Beunruhigende oder Sexuelle ausgeklammert wird), führt dazu, daß wir den Mythos für vage und rosig halten. Der Mythos ist aber konkret und wirklich; er handelt von den psychischen Tatsachen unseres Daseins und basiert auf Naturgesetzen. Jahrzehntelang haben Psychologen wie C.G. Jung, Philosophen wie Ernst Cassirer und Anthropologen wie Claude Lévi-Strauss versucht, diese Gesetze zu entdecken. Bewiesen ist nur, daß der Mythos ungreifbar bleibt und ebenso undefinierbar ist wie das Unbewußte.
Das Einhorn ist auch Motiv bei der Karte der Liebenden (VI). Damit werden Traum und Mythos mit der sexuell-spirituellen Energie verbunden, die in Indien als Kundalini bezeichnet wird. Untersuchungen haben gezeigt, daß Träume sexuelle Erscheinungen sind – nicht unbedingt in ihrer Aussage, aber nach ihrer Herkunft. So ist beispielsweise der Körper während der sogenannten REM-Phase des Schlafs, in der wir träumen, sexuell erregt. Dies ist in den übrigen Schlafphasen nicht der Fall. Gelegentlich kommt es vor, daß wir aus einem Traum erwachen und einen starken sexuellen Strom durch unseren

Körper fließen spüren – wie der Fluß auf der Karte des Mondes.

All dies bedeutet, daß Träume und im weiteren Sinne auch bewußtere Schöpfungen wie Erzählungen und Kunst aus der grundlegenden Lebensenergie stammen, die in der heutigen Psychologie Libido genannt wird. Träume und Mythen sind die Formen, in die sich das Ungeformte, Unbewußte kleidet, um sich uns verständlich zu machen. Wenn nun Träume tatsächlich sexueller Natur sind, dann sind Mythen sexuell und spirituell zugleich. Die Götter, welche die Mythen beschreiben, sind häufig erotisch (und gewalttätig). Im Mythos sehen wir die Energie in der Phase der Transformation. Diese Bewegung wird im geschraubten Horn des Einhorns symbolisiert. Wir sehen sie auch in dem Loch, das vom Mond erzeugt wird. Der Mond ist als einziges Element der Karte als ewig dargestellt, ohne die Erosion, die an den Tieren und selbst an der Luft genagt hat. Wenn wir nämlich dieses Loch durchschreiten, schreiten wir über die Mondsphäre hinaus, über die Bilder und Worte zur letzten – und nicht zur vorletzten – Wahrheit.

Divinatorische Bedeutung

Der Mond zeigt eine Zeit im Leben des Befragenden an, in der die Imagination sehr aktiv ist. Der Betreffende kann von Phantasien, intensiven Träumen oder Tagträumen erfüllt sein. Hoffnungen und Ängste können übersteigert sein oder einander im raschen Wechsel ablösen. Allgemein sind während einer Mondzeit die Emotionen verstärkt. Man fühlt intensiver, man ist mehr mit Gefühlen und weniger mit äußeren Aktivitäten, etwa seiner Arbeit, beschäftigt.
Der Betreffende möchte vielleicht diese imaginative Kraft in Kreativität umsetzen. Für einen Künstler bedeutet der Mond einen Energieschub, der jedoch chaotischer Natur und schwierig zu steuern sein kann. Der Mond bringt uns zu den Quellen der Kreativität zurück. Er kümmert sich nicht um Dinge wie künstlerische Disziplin. Die ideale Kombination für einen

Künstler wäre vielleicht Mond und Magier (I). Beim Mond müssen wir in der Regel die Phantasien, die befremdlichen Gefühle, ja sogar die Angst auf uns zukommen lassen, wenn der Mond dies in uns zum Vorschein bringt. Der Mond muß keine furchterregende Erfahrung sein. Man denke nur an das liebliche Bild des Vollmonds, der sein Licht über einen Fluß ergießt. Der Mond kann eine beruhigende Wirkung haben, insbesondere wenn wir nicht gegen seine Träume und Visionen ankämpfen. Der Wagen (VII) empfiehlt bei einer Befragung eine Kontrolle der tosenden Wasser der Emotion oder tiefsitzender Ängste. Beim Mond begeben wir uns in die Erfahrung hinein, statt sie kontrollieren zu wollen. Das Meer wird zu einem Fluß: Beim Mond ist das Wasser mit seiner gekräuselten Oberfläche aktiv, aber nicht bedrohlich. Wenn sowohl der Mond als auch der Wagen erscheinen, muß der Befragende sich an die anderen Karten wenden, um herauszufinden, in welcher Richtung die Entwicklung läuft. Hat der Betreffende eine Mondzeit durchlebt, und muß er jetzt wieder eine bewußtere Kontrolle ausüben? Oder hat er gerade zu stark versucht, seine Emotionen zu zügeln, und sollte er sich jetzt in sie versenken? Oder können die beiden Karten zusammenwirken? Eine problemlosere Kombination mit dem Mond wäre der Trumpf Eremit (IX), der einen deutlichen Hinweis darauf gäbe, daß der Betreffende allein sein und die Mondvisionen erkunden sollte.

Umgekehrt

Die umgekehrte Karte kann darauf hinweisen, daß eine Monderfahrung gerade vorübergegangen und für den Betreffenden die Zeit gekommen ist, sich mehr den Sonnenaktivitäten zuzuwenden, sich in der Welt wieder zu engagieren, das Leben mehr aus der rationalen Sicht zu betrachten. Karten wie zum Beispiel Sonne (XIX), Gerechtigkeit (XI) oder Wagen (VII) würden diese Interpretation des umgekehrten Mondes stützen. Man beachte, daß der Mond Phasen durchläuft, und bei den Menschen ist es nicht anders. Mit anderen Worten, die Monderfahrungen werden zu verschiedenen Zeiten unseres Lebens stärker oder schwächer sein.

Manchmal zeigt der umgekehrte Mond eine Blockierung des Unbewußten durch das Bewußte an. Der Betreffende spürt die Aufwühlung von Visionen und Emotionen durch den Mond und versucht, dagegen anzukämpfen. Wenn die anderen Karten ein positives Befragungsergebnis anzeigen, dann sollte der Ratsuchende tatsächlich den Mondeinfluß zurückdrängen. Nicht selten äußert sich jedoch in einem solchen Versuch genau jene Furcht oder Verwirrung, die ein Element der Karte ist.

Der umgekehrte Mond kann einen Menschen anzeigen, der viel arbeitet, ständig unterwegs ist, jeden Abend ausgeht oder vor dem Fernseher sitzt, bis ihm die Augen zufallen, nur um Gefühle, dunkle Gedanken und Bilder abzuwehren, die aus dem Unbewußten aufsteigen wollen. Dann ist es für den Betreffenden wichtig, die ruhigen Aspekte des Mondes anzustreben, die Vision des Einhorns aus dem Wasser aufsteigen zu lassen.

XIX
Die Sonne

Die Sonne trägt die Nummer XIX; die Quersumme von 19 lautet 10 (Das Schicksalsrad [X]). Wir haben gesehen, wie diese Karte das Jahr repräsentiert. Das Jahr ist ein Sonnenzyklus, der sich aus den Bewegungen der Erde und der Sonne ergibt. Früher glaubten die Menschen, die Sonne drehe sich um die Erde. Da wir heute wissen, daß es umgekehrt ist, können wir die Sonne als die unwandelbare Energiequelle im Zentrum unseres Lebens betrachten. Da Leben ohne Licht und Wärme nicht möglich ist, assoziiert man die Sonne mit Gott, der die letzte Lebensquelle im Universum ist.

In vielen Kulturen ist die Sonne männlich und der Mond weiblich. Der Mond hat Phasen, die in einem Zusammenhang mit der Menstruation stehen, während die Sonne, wie das männliche Geschlecht, konstanter ist. Es gibt auch einen subtileren Gedanken, nach dem der Schoß ein dunkler Ort ist, wie die Erde im Winter, und den Samen – die Frühlingssonne – benötigt, damit Leben entstehen kann. Für viele Völker waren die Sonne, das Jahr, der Gott und der König untrennbar miteinander verbunden, und sie vollzogen daher ein Ritual, bei dem der alte König getötet und ein Nachfolger gewählt wurde, um der Sonne nach ihrem »Tod« im Winter die Rückkehr im Frühling zu ermöglichen. Teilweise geschah dies nicht alljährlich, sondern erst nach einer bestimmten Zahl von Jahren, wenn die Menschen glaubten, daß der König (oder Priester) seine lebenspendende Kraft verloren hatte. Denn während die Sonne ihr Licht Jahr um Jahr ergießt, schwindet die männliche Vitalität. Teilweise durfte der Gottmensch nur so lange am Leben bleiben, wie er seine mystische Potenz nachweisen konnte.

So wie die Quersumme von 19 die Zahl 10 ist (Das Schicksalsrad [X]), läßt sich 10 auf 1 reduzieren, die archetypische männliche Zahl. Dadurch bekommt die Sonne eine doppelte Bedeutung: den Jahreszyklus und die lebenspendende Kraft in seiner

Die Sonne

Mitte. Interessanterweise kann man von keinem anderen Trumpf zweimal die Quersumme bilden.

Der hebräische Buchstabe für die Sonne ist Resch, der »Kopf«. Als der Sitz des Gehirns repräsentiert der Kopf Rationalität und Intellekt, Eigenschaften, die auch zum Trumpf I, dem Magier, gehören. In unserer Tradition des »klaren Verstandes« ist das Haupt der dominierende Körperteil und dient auch als Metapher für andere Formen der Dominanz, was in Wörtern wie »Staatsoberhaupt« zum Ausdruck kommt. Ein weiterer Zusammenhang mit dem Schicksalsrad ergibt sich durch das hebräische Wort für Neujahr, Rosch-ha-Schana, es bedeutet »Haupt des Jahres«.

Wir halten es für selbstverständlich, daß der rationale Verstand, das Haupt, unser Leben steuert. Wenn uns jemand zu gefühlsbetont erscheint, sagen wir bedauernd, sein Verstand werde von seinen Gefühlen beherrscht. Der Tarot demonstriert jedoch, daß wahre Rationalität nicht in einer Unterdrückung der Gefühle, der Triebe oder der Phantasie besteht. Erst dann, wenn wir alle diese Aspekte unseres Selbst kennen, können wir damit beginnen, unser Leben zu steuern. Dies ist einer der Gründe, warum die Sonne nach dem Mond kommt.
Die Rune Gebo (Lautwert g) bedeutet »Geschenk«. Auf der Karte bezeichnet sie das Geschenk des Lebens, das wir von der Sonne erhalten. Wir müssen für das Licht der Sonne nicht arbeiten. Das Universum spendet es uns unaufhörlich. Deshalb repräsentiert die Sonne sowohl Gottes Macht als auch Gottes Liebe.
Die Rune symbolisiert religiöse Ekstase und magische Macht, insbesondere sexuelle Magie. Wir können dies an den beiden Diagonalen erkennen, die sich in der Mitte kreuzen. Indem sie in entgegengesetzte Richtungen verlaufen, symbolisieren sie männlich und weiblich. Sie bilden aber auch zwei Dreiecke, die sich hier an der Spitze treffen und nicht in der Weise überlagern, daß sie einen Stern bilden. Das Einhorn auf dem Mond (XVIII) und die Rose auf dieser Karte weisen darauf hin, daß diese beiden Trümpfe zusammengehören. Die Sonne und der Mond sind zwei Energieformen, die den Mann und die Frau der Liebenden (VI) zusammenbringen.
Der Planet für diesen Trumpf ist die Sonne. In der Astrologie regiert sie das Haupt, sie fungiert als das Zentrum der Persönlichkeit. Fast alle Menschen kennen ihr Sonnenzeichen, auch wenn sie von der Astrologie sonst nichts halten mögen. Zwar betrachten Astrologen das ganze Horoskop eines Menschen, jedoch widmen sie dem Sonnenzeichen immer besondere Aufmerksamkeit. Das Symbol für die Sonne, ein Kreis mit einem Punkt in der Mitte, drückt die esoterische Vorstellung aus, das Sonnenlicht erwecke die Fruchtbarkeit der Erde. Der Punkt repräsentiert den Samen, der das Ei im Schoß befruchtet (das Ei ist viel größer als der Samenfaden). Der Punkt symbolisiert

auch, daß wir das Geheimnis Gottes nicht zu erkennen imstande sind. In der kabbalistischen Lehre wird dargestellt, wie das göttliche Licht durch die verschiedenen Sefirot herniedersteigt. Wenn wir das Licht auf seinen Ursprung zurückverfolgen, erkennen wir seinen Beginn in einem einzigen Punkt. Dahinter bleibt Gott unserem Erkennen verborgen. Sowohl der Kreis als auch der Punkt bezeichnen die Zahl Null.

Das Element für die Sonne ist das Feuer, und zwar die physische Wärme der Sonne sowie die göttliche Flamme der Rune.

Bei den meisten Tarot-Spielen repräsentiert die Sonne Einfachheit und Klarheit. Auf den ersten Blick erscheint auch die Haindl-Sonne direkt. In Wirklichkeit war für Hermann Haindl diese Karte die schwierigste von allen. Sie erscheint uns zuerst als naturalistisch, bis wir bei näherem Hinschauen bemerken, daß die Sonne selbst kein feuriger Ball, sondern ein Labyrinth von Spiralen ist. Die Bäume sind mit einer Regelmäßigkeit angeordnet, die in der Natur kaum zu finden ist, während die Rose, die ihre Vollkommenheit gerade überschritten hat, so traumhaft ist, daß sie auch auf der Karte des Mondes stehen könnte. Wir sind nicht in die gewöhnliche Welt zurückgekehrt, sondern haben uns auf eine andere Ebene des Mythos begeben. Die Karte zeigt eine Idee der Natur, nicht die Natur selbst. Sie zeigt uns ein Bild, das mild und ohne Gefahr ist. Es ereignet sich aber Tieferes auf diesem Bild.

Wie der Mond ist auch die Sonne um eine senkrechte Achse gegliedert, aber ebenso in mehrere perspektivische Ebenen. In der Senkrechten sehen wir zuerst die Rose, dann die Bäume, den Himmel und schließlich die Sonne. In der Tiefe ergibt sich eine ähnliche Bewegung. Wir beginnen mit der Rose, hinter der sich das freie Feld öffnet; es folgen Bäume, eine weitere freie Fläche, wiederum Bäume und am Rande des Horizonts die Dämmerung und die Sonne. Wenn wir den Größenunterschied zwischen den Bäumen im Vordergrund und denjenigen im Hintergrund betrachten, stellen wir fest, daß dieses Bild eine gewaltige Entfernung umfaßt, wobei die Landschaft überwiegend freies Feld ist. Die Rose schwebt in der Luft hoch über der Erde.

Die traditionelle Version dieses Trumpfs zeigt einen Knaben und ein Mädchen, die sich an den Händen halten. Sie symbolisieren die Zusammenführung der beiden Lebenspole. Wir sehen hier zwar keine Kinder, dafür aber eine subtile Vermischung weiblicher und männlicher Bilder. Bei den Liebenden (VI) erschien das Einhorn, ein männliches Symbol, über der Frau, die Rose, ein weibliches Symbol, über dem Mann. Hier, auf der höheren Ebene, kehrt das Einhorn auf dem grundlegenden weiblichen Trumpf des Mondes (XVIII) zurück, während bei der Sonne eine Rose dargestellt ist.

Bei den meisten Symbolsystemen repräsentiert die Sonne nicht nur das männliche Geschlecht, sondern auch die »männlichen« Eigenschaften der Rationalität, die über das Gefühl herrscht. Traditionell steht die Sonne für den Kopf, die Rose für das Herz. Auf diesem Bild jedoch ähnelt die Rose durch ihre kugelige Gestalt eher einem Kopf. Die Sonne ist hier eine flache Scheibe. Durch ihre Abstraktheit scheint sie vielleicht nicht zu unseren üblichen Vorstellungen von weiblicher Intuition zu passen. Die Spirale und das Labyrinth erscheinen überall in der Welt in Schnitzereien und auf Gemälden, die der Mutter gewidmet sind. Der Ausdruck »Labyrinth« kommt aus dem alten Kreta und geht auf das Wort »lábrys« zurück, die »Doppelaxt«, die das Symbol der Mondgöttin war. Moderne Forschungen über Mythos und Symbolik lassen erkennen, daß Spiralen und Labyrinthe die Gebärmutter der Gottheit repräsentierten, in die sich der Initiierte begab, um wiedergeboren aus ihr hervorzugehen.

Im Vergleich mit dem Mond ist die Sonne konstanter; es gibt bei ihr kein rhythmisches Schrumpfen und Wachsen. Dennoch gibt es auch bei der Sonne Phasen, und die Grundzyklen Tag und Nacht, Sommer und Winter sind natürlich durch die Sonne verursacht. Dies ist in der rotgoldenen Glut am Horizont angedeutet. Sie weist auf eine Abend- oder Morgendämmerung hin – und doch leuchtet darüber auf einem flächigen blauen Himmel die Sonne.

In der Rose verbirgt sich auch ein Paradoxon. Ihre Blütenblätter erscheinen schon welk, und doch hat sie sich niemals geöff-

net. Sie bleibt immer im Potentiellen, sie ist, wie die Sonne, ein Symbol der Ewigkeit.
Die Rose hat 21 Blütenblätter, die für die Trümpfe der Großen Arkana stehen. Die Sonne und die Rose zeigen auch einen kunstgeschichtlichen Kontrast. Die Sonne erinnert uns an die ältesten künstlerischen Hervorbringungen der Menschheit, denn die Spirale ist eines der ältesten Symbole überhaupt. Die naturalistischere Rose verweist uns auf den Stil der religiösen Kunst des Mittelalters.
Die Rose – und auch das Einhorn – waren in der christlichen Symbolik vielgebrauchte Bilder der Reinheit und der mystischen Offenbarung. Wir finden die Rose in Dantes *Paradies*. Die Rose repräsentiert sowohl Christus als auch Maria. Ihre Farbe verweist auf Christi Blut und daher sein Opfer zur Erlösung der Welt. Die Dorne erinnert an die Dornenkrone, Christi Leiden. Durch ihre Dornen, welche die schöne Blume trägt, wird die Pflanze zu einem Symbol der Verbundenheit von Freude und Leid, von Wonne und Schmerz.
Im Mittelalter galt die Rose als das Symbol Christi, aber noch mehr als dasjenige seiner Mutter. Insbesondere die weiße Rose repräsentierte Maria, denn die Farbe symbolisierte ihre Reinheit. Wie wir gleich sehen werden, gehört die rote Rose zur Göttin. Durch die fünf Kelchblätter, die auf dem Bild dargestellt sind, hängt die Blume mit dem Apfel und seinem fünfzackigen Stern zusammen. Beim Hierophanten (V) haben wir gesehen, wie der Apfel durch den Stern seines Kernhauses zu einem Symbol der Göttin wird. Im Mittelalter galt der Apfel-Fünfzack als Hexenzeichen, aber auch als Symbol für Evas Sünde im Garten Eden. Maria mit der Rose trat an die Stelle von Eva. Die Symbolik mag uns heute intellektuell erscheinen, jedoch wirkte sie sich auf das Leben der Frauen aus. Die Vorstellung von Maria als einer weißen, blutlosen Rose trug dazu bei, daß ein Frauenideal entstehen konnte, das sie von der Natur, von der Sexualität, von ihrem eigenen Körper trennte. Das Symbol der Rose reicht wie dasjenige des Apfels in die Zeit vor dem Christentum zurück. Im alten Griechenland repräsentierte die Rose Aphrodite, die Göttin der Liebe. In Indien stand sie für die Göt-

tin, die nach Barbara Walker als »heilige Rose« bezeichnet wird. Bevor die Rose schließlich das Blut Christi symbolisierte, war sie ein Sinnbild für das Menstruationsblut und das Blut der Geburt.
Auf der Karte bilden die einzelnen Blätter eine Yoni, ein nach unten weisendes Dreieck. Die Anordnung bildet jedoch ein Linga, ein nach oben weisendes Dreieck. Auf der ganzen Karte sehen wir die Grundaussage der Rune in subtiler Weise verkörpert: die Verschmelzung von Gegensätzen. Wir erkennen die Vereinigung des Herrschers (IV) und der Herrscherin (III) – denn die Herrscherin ist Maria wie auch Aphrodite, der Herrscher Christus wie auch Eros –, die ekstatische Verbindung von Körper und Geist, von Trieb und Wahrheit.

Divinatorische Bedeutung

Bei den traditionellen Karten ist die zentrale Aussage Freude und Einfachheit. Die Sonne scheint, das Leben ist herrlich. Dies könnte etwa nach einer Zeit des Kummers und der Aufregung zutreffen, und die Sonne würde in diesem Fall eine Entspannung anzeigen. Der Betreffende hat eine schwierige Phase hinter sich, und die Welt sieht wieder fröhlich aus.
Die Sonne spendet die Energie, die uns leben läßt. Deshalb zeigt die Karte der Sonne eine Zeit der Energie im Leben an. Sie bedeutet Aktivität, Begeisterung, Optimismus. Der Betreffende ist voller Tatkraft und glaubt an die Zukunft.
Die Haindl-Version des Trumpfs ist etwas subtiler, zeigt aber doch auch ein Bild der Einfachheit. Bei Befragungen bedeutet dies eine unkomplizierte Einstellung im täglichen Leben. Der Betreffende packt Probleme an der Wurzel an, fällt klare Entscheidungen, unternimmt etwas. Die Karte empfiehlt ein solches Vorgehen nicht nur, sie sagt auch, daß dieses Vorgehen zum Erfolg führen wird. Die Subtilität dieser Version der Sonne erinnert daran, daß unter der Oberfläche Komplexes verborgen liegt. Trotzdem ist aber der Pfad zwischen den Bäumen weit und frei.

Als ein Symbol für den Kopf beurteilt die Sonne die Dinge rational. Dabei muß es sich nicht um die gründliche Analyse von Karten wie etwa der Gerechtigkeit (XI) handeln. Die Einfachheit der Sonne meint eher eine Rationalität, die auf die Grundtatsachen sieht und dann entscheidet, was zu tun ist. Insofern dürfen wir die Sonne als Gegensatz zum Mond (XVIII) betrachten, bei dem Phantasien und Emotionen ein Handeln erschweren können.
Die Sonne bringt Selbstvertrauen. Nachts können uns leicht Selbstzweifel befallen; wenn jedoch der Tag anbricht und die Sonne am wolkenlosen Himmel scheint, sind wir meistens überzeugt, daß alles gutgehen wird. Wir fühlen uns stark genug, alle Probleme aus dem Weg zu räumen.
Die Sonne symbolisiert auch sexuelles Verlangen. Dies steht im Gegensatz zu den Liebenden (VI), die Erfüllung repräsentieren. Bei den Liebenden geht es um Beziehungen; bei der Sonne geht es um die sexuelle Energie in dem Betreffenden. Er wird zwar nach diesem Trieb handeln, aber das kann ihm sowohl Schmerz als auch Freude bringen. Man denke an den Dorn unterhalb der schönen Blüte.

Umgekehrt

Die eine Bedeutung ist, daß die Sonne von Wolken verdunkelt wird. Die Lebensfreude bleibt zwar grundsätzlich erhalten, wird aber durch Alltagsprobleme oder Aufregungen verdüstert. Es kann sich um kleinere Probleme, etwa ein Übermaß von Verpflichtungen, aber auch um Probleme ernsthafterer Art wie emotionale Spannungen in einer Beziehung handeln. Trotzdem bleibt eine grundsätzlich fröhliche Stimmung erhalten, und der Betreffende sollte dies erkennen.
Die umgekehrte Sonne kann aber auch einen Verlust des Selbstvertrauens bedeuten. Man stelle sich etwa vor, daß man an einem strahlenden Morgen erwacht. Die Sonne scheint, und man hat das Gefühl, man könne »Bäume ausreißen«, das Leben gebe alles, was man sich wünscht. Später am Tag bewölkt

sich jedoch der Himmel. Der Optimismus sinkt, und mit ihm verringert sich die Energie, das Notwendige zu tun. Die umgekehrte Karte erinnert uns daran, daß die Sonne auch hinter den Wolken scheint.

Auf einer subtileren Ebene kann die umgekehrte Sonne anzeigen, daß man sich vorübergehend ein wenig aus der Aktivität und Verantwortlichkeit zurückziehen sollte. Der Betreffende hat eine Sonnenperiode hinter sich und sollte jetzt vielleicht etwas ruhiger werden, vielleicht mehr nach innen blicken. Diese Bedeutung wird unterstützt durch Karten wie Eremit (IX) oder Hohepriesterin (II).

Wenn wir die Sonne als Triebverlangen betrachten, dann kann ihre Umkehrung für Frustration stehen. Ob dies zutrifft, hängt wiederum von den anderen Karten ab, zum Beispiel von den Liebenden (VI) – vor allem umgekehrt – oder einer Kelch- oder Schwerter-Karte.

XX
Das Aeon
(Das Gericht)

Die Quersumme von 20 ist 2 (Die Hohepriesterin [II]). Wir sehen auf dieser Karte teilweise die gleichen Bilder, wenn auch in ganz anderem Zusammenhang: das niederfallende Wasser, die Flüsse, die zwischen Steilufern fließen. 20 ist auch 2 × 10. Das Thema des Schicksalsrads (X) war die Zeit als Zyklus. Das Aeon behandelt ebenfalls die Zeit, aber in einer apokalyptischeren Weise. Traditionelle Versionen dieser Karte zeigen unter dem Namen Gericht den Erzengel Gabriel, der mit seiner Posaune zum Jüngsten Gericht ruft, während ein Mann, eine Frau und ein Kind sich aus ihren Gräbern erheben. Die Haindl-Karte, die von solchen spezifischen Bildern abrückt, hat mit der Idee eines radikalen Bruchs mit der Vergangenheit zu tun.
Der hebräische Buchstabe für Trumpf XX ist Schin, was »Zahn« bedeutet. Schin wird manchmal auch als Schlangenzahn gedeutet, wodurch der Buchstabe zu dem Komplex von Vorstellungen hinführt, die man mit Schlangen verbindet. Der Biß einer Schlange kann töten. Als die »Oktave« des Todes (XIII) zeigt das Aeon auch den Tod von etwas Beschränktem und Abgenutztem. Allerdings geht die Karte viel weiter, denn was hier stirbt, ist eine ganze Weltsicht, nicht nur die engen Grenzen einer Persönlichkeit. Die Karte geht auch über den Tod hinaus zur Wiedergeburt im Fötus, der sich in seiner Eihülle nach unten bewegt.
Im Hebräischen haben alle Buchstaben einen Zahlenwert, somit auch die Wörter, nämlich die Summe der Einzelwerte von den Buchstaben. Deshalb können Kabbalisten Verbindungen zwischen Wörtern und Buchstaben mit dem gleichen Wert herstellen. Der Buchstabe Schin hat den Zahlenwert 300; dies ist auch die Summe der Buchstaben in dem Ausdruck »Ruach Elohim«, was »Lebensodem (Geist) Gottes« bedeutet. Deshalb bezeichnet Schin diesen göttlichen Atem, der jeder einzelnen Seele und

Das Aeon

der Welt Leben spendet. Für die Kabbalisten ist Schin der »heilige Buchstabe«. Man beachte auch seine dreizinkige Gestalt, weswegen er in einem Zusammenhang steht mit Neptuns Dreizack beim Gehängten (XII), der Herrscherin (III), der Dreifachen Göttin, der christlichen Dreifaltigkeit, dem freudianischen Es, Ich und Über-Ich, dem okkulten Unbewußten, Bewußten, Überbewußten und so fort.
Die Rune ist Peorth (Lautwert p). Die genaue Bedeutung dieser Rune ist nicht bekannt. Manche Kommentatoren meinen, daß sie »Geheimnis« bedeutet, womit wir an die esoterische Eigenschaft des Tarot im allgemeinen und dieser Karte im besonderen erinnert werden. Hermann Haindl beschreibt sie als die

Gestalt eines kopflosen Mannes, ein Bild, das ein Mysterium oder fehlende Selbsterkenntnis nahelegt. Der Kopf, erläutert Hermann Haindl, erscheint unten in dem Zeichen für Pluto. Eine andere häufig genannte Bedeutung von Peorth (K) ist »Würfelbecher«. Dies hat nichts mit Glücksspiel, sondern mit Divination zu tun, denn die Germanen weissagten die Zukunft, indem sie nicht nur Runen, sondern auch Würfel und Lose warfen. Manche Menschen praktizieren noch »Kleromantie«, Weissagung durch Würfeln, wobei den möglichen Zahlenkombinationen bestimmte Bedeutungen zugeordnet sind. Divination hat mit Schicksal zu tun, und das Thema der Karte ist das Schicksal der Erde.

Für die Germanen war das Schicksal eine Entfaltung in der Zeit. Ihre Version der drei Parzen (eine andere Form der Dreifachen Göttin) waren die Nornen. Nach dem Runen-Schriftsteller Edred Thorsson bedeuteten die Namen der Nornen – Urd, Werdandi und Skuld – »das Gewordene«, »das Seiende« und »das Werdende«. Dies ähnelt frappierend der Antwort, die Gott gab, als ihn Moses um einen Namen bat, den er dem Pharao überbringen könnte: »Ich werde, der ich werde.« (»Ich bin, der ich bin« ist nach Ansicht der heutigen Gelehrten eine Fehlübersetzung.) Sowohl die Nornen als auch JHWH bringen die Idee zum Ausdruck, daß das Eintreten der Ereignisse in der Zeit eine Evolution ist, ein Eintreten in die Realität.

Der Planet für das Aeon ist Pluto. Astrologen wird auffallen, daß Hermann Haindl eine ungewöhnliche Form für das Zeichen benutzt hat, das in der Regel unter der Schleife ein Kreuz aufweist. Diese Version zeigt einen Kreis – einen Kopf – über einer Schale oder Sichel. Dadurch ist das Bewußtsein mit dem mondhaften Unbewußten verbunden. Man denkt auch an eine Enthauptung, denn Pluto, der Gott der Unterwelt, hat mit dem Tod zu tun. Pluto bedeutet Zerstörung, aber auch Regenerierung. Dies ist die gleiche Idee, der wir beim Tod (XIII) begegnet sind. Bei Pluto tritt sie mächtiger, gewalttätiger auf. Pluto regiert über die Kernenergie, und in der Tat ist die zur Kernspaltung verwendete Form des Urans (das nach Uranus benannt ist) das Plutonium.

Das Element für das Aeon ist Feuer, die plutonische Zerstörung, die auf unseren leidenden Planeten herniederregnet. Es spricht von den furchtbaren Gefahren des Atomkriegs, von Unfällen wie in Tschernobyl oder der Gaskatastrophe von Bhopal. Als Haindl das rote Wasser auf der rechten Kartenhälfte malte, dachte er auch an die Weissagung in der Geheimen Offenbarung, daß die Flüsse in der letzten Schlacht zwischen Christus und dem Satan rot gefärbt sein werden. Kurz nachdem Haindl das Gemälde vollendet hatte, ereignete sich bei der Chemiefirma Sandoz in der Schweiz einer jener Unfälle, die unserer Zeit ihren Stempel aufdrücken: Tonnen von Chemieabfällen gerieten in den Rhein. Vorübergehend war der Fluß wirklich rot, nicht von Blut, sondern von Gift.

Das Aeon ist eine von jenen Karten, die wie der Tod (XIII) aus vielen Details aufgebaut sind. Während sich im unteren Teil eine klare Landschaft ausbreitet, ist der Himmel von Wolken verdunkelt, die uns an die unbekannte, aber ominöse Zukunft gemahnen. Die Landschaft ist räumlich strukturiert. Die Flüsse haben sich tiefe Schluchten gegraben, ein Zeichen für ihr hohes Alter. Zu beiden Seiten ist das Land dunkel, aber begrünt. Links sehen wir einen kahlen Baum, rechts einen im Schatten liegenden Hang. Jenseits des flachen Landes erheben sich Hügel, dahinter weiße Berge, ein traditionelles Symbol für Reinheit und abstrakte Wahrheit. In der Version des Gerichts beim berühmten Rider-Tarot ragen hinter den Wiederauferstandenen weiße Berggipfel auf. Bei der Haindl-Version sind die Berge nicht das letzte Bild. Ein dunkler Vulkan, Symbol der Zerstörung, ragt düster hinter ihnen auf, während über ihnen Wolken die seltsamen Bilder verdecken, die den Fötus umgeben.

Zwischen den überschatteten Hügeln und den weißen Bergen sehen wir einen einzelnen blauen Hügel. Bei genauerem Hinsehen entdecken wir, daß sich auf seinem höchsten Punkt ein Turm erhebt. Dies ist der Glastonbury-Tor, Symbol der göttlichen Kraft, welche die Welt beschützt. Hinweise auf den Tor haben wir bereits bei der Alchemie (XIV) gesehen, wo der Kreis auf die Abdeckung des Brunnens von Glastonbury zurückging.

Das Kind kann uns an den Film »2001 – Odyssee im Weltraum« erinnern, bei dem sich am Ende ein ähnliches Baby der Erde nähert. »2001« ist eigentlich ein esoterischer Film im Gewand der Science-fiction. Seine Botschaft ähnelt derjenigen des Aeon – die Menschheit am Rande des Selbstmords, die Verheißung einer evolutionären Veränderung, die Erneuerung bringen wird.
Zur Linken des Kindes fallen Wassertropfen. Zur Rechten steigen Feuertropfen zum Himmel auf. Die Trennung von Blau und Rot erinnert wiederum an die Alchemie, Trumpf XIV. Tatsächlich finden wir auf jeder Seite vierzehn Tropfen. Das nach oben steigende Feuer läßt uns den okkulten Gedanken der Bewegung in zwei Richtungen assoziieren. Der Geist steigt durch die Seele in die Materie ab. Er bleibt jedoch dort nicht inaktiv. Er hebt vielmehr die Welt der Materie auf eine höhere Ebene. Wenn die Seele sich wieder befreit, hat sie sich durch ihre Erfahrungen – einschließlich des Leidens – hin zu einem größeren Verständnis entwickelt.
Dieser Gedanke ist uns bereits ganz am Anfang der Großen Arkana beim Narren (0) begegnet. Dort sahen wir den universellen Mythos des Sündenfalls. Der Narr führte das Thema der leidenden Natur ein und zeigte die Möglichkeit auf, daß die Reise der Großen Arkana zur Weisheit führen könnte. Der Narr war stumm, sein Mund geschlossen, denn er kannte sich selbst nicht. Hier öffnet sich der Mund des Babys, weil es sprechen will. Das Aeon repräsentiert die letzte Etappe der Reise, der unseren wie der unseres Planeten. Es ist eine dunkle, aber feurige Passage, wobei wir auf der anderen Seite auf ein neues Leben hoffen können. Das Baby nimmt die Mitte der Karte ein. Man beachte, daß es wie der Gehängte (XII) umgekehrt dargestellt ist.
Dunkle, eigentümliche Formen umgeben das Ei. Die Wolken selbst sehen aus wie dunkle Flügel, wodurch sie den Eulen auf der Karte des Eremiten (IX) ähneln. Zur Rechten des Babys sehen wir Klauen, vielleicht auch Seile. Hinter den Wolken lauert ein einzelnes Auge in einem Kopf undefinierbaren Alters. Die Form des Kopfes hat etwas Amorphes, vage Vogelartiges,

jedoch ist das Auge menschlich. Die Gestalt ist die Göttin, eine Frau wie die Erde, ein Vogel wie der Himmel, uralt und leidend.
Die Aeon-Karte zeigt uns die Prophezeiungen der Zerstörung und Erneuerung der Erde. Diese Themen sind uns bereits begegnet – beim Schwan des Narren (0), beim Schicksalsrad (X), beim Stern (XVII), wo Erda ihr Haar wusch. Während der Stern uns jedoch ein reines Bild der Hoffnung vermittelt, zeigt das Aeon eine esoterische Vision des Prozesses der Erneuerung, der gefahrenreich ist und in eine unbekannte Zukunft führt. Wir wissen genau, welche Katastrophen unseren Planeten bedrohen. Wir haben die roten Flüsse, die radioaktiven Wolken, die sterbenden Wälder, das Ozonloch vor Augen. Der Regen auf der Karte kann neues Leben bringen, aber er kann auch den sauren Regen repräsentieren, der die Bäume umbringt, oder radioaktiven Fallout, der Erde und Wasser verseucht. Viele Menschen glauben, daß alle diese Katastrophen eine ganz neue Entwicklung sind. Und es mag tatsächlich den Menschen in anderen Zeiten an der Technologie gemangelt haben, um ihren Wahnsinn so total an der Erde auszulassen. Und doch haben die Menschen in so unterschiedlichen Kulturen wie denjenigen der Hindus und der Hopi, aber auch die Germanen (siehe die nächste Karte, Trumpf XXI) die Zerstörung und Wiedergeburt der Erde prophezeit.
Das Wort »Aeon« bezeichnet einen außerordentlich langen Zeitraum, und allen Prophezeiungen ist dieses Bild gemeinsam. Die Erde wird alt, ausgebrannt, das Leben verrinnt. Katastrophen brechen herein. Manche Kulturen sagen die Zerstörung des ganzen Kosmos voraus. Doch dann beginnt die neue Schöpfung. Die Aeon-Karte zeigt uns eine Erde, die so alt ist, daß die Vulkane erloschen sind, der Stein mit dem Himmel verschmilzt (man sehe unter das Ei – ist dies ein Berg oder eine Wolke?), die Bäume stehen ohne Leben, die Flüsse fließen zwischen kahlen Uferhängen. Doch gibt es Zeichen der Hoffnung. Die weißen Berge leuchten mit der Vollkommenheit der ewigen Wahrheit, das neugeborene Kind gleitet nach unten, das Land begrünt sich wieder, auch wenn noch keine neuen Bäume

gesprossen sind, und in der Mitte der Landschaft, fast verborgen, steht der Glastonbury-Tor, der geheime Beschützer.
Alle Prophezeiungen sprechen von großen Verwüstungen. Die Menschen scheinen sich danach zu sehnen, wie wenn nur eine sintflutartige Katastrophe unser zu einem Zerrbild verkommenes Leben reinigen könnte. Wir kennen neben den religiösen Texten die Weissagungen von alten und neuen Medien, etwa Nostradamus, Edgar Cayce und verschiedenen, weniger bekannten Verkündern des Desasters. Es scheint, als ob nur die Apokalypse unsere Langeweile vertreiben könnte. Vielleicht können wir auch ohne die Katharsis des Zusammenbruchs nicht auf eine Wiedergeburt hoffen. Der Tarot lehrt uns aber, daß wir für unsere Entscheidungen selbst verantwortlich sind. Auf der traditionellen Karte des Gerichts kommt auch zum Ausdruck, daß wir einen Ruf in uns selbst vernehmen, uns zu erheben, ein neues Dasein zu beginnen.
Das Baby im Ei repräsentiert diese Hoffnung auf Erneuerung. Das Ei erscheint in den dunklen Wolken. Die Erneuerung kommt in einer Zeit des Schmerzes und taucht aus dem Dunkel auf. In diesem Gedanken kehrt der Optimismus all dieser Prophezeiungen wieder – einschließlich derjenigen von Trumpf XX. Das Baby erinnert an den Stern (XVII) wie auch an den Gehängten (XII). Die beiden bilden ein Kreuz, das in vielen Religionen (nicht nur der christlichen) Symbol des Spirituellen ist (der senkrechten Linie), das auf das Physische (die Waagerechte) trifft. Die Arme wiederum bilden das Unendlichkeitszeichen, die liegende Acht, Symbol des Daseins, das sich unaufhörlich selbst wiederholt.
In vielen der alten Prophezeiungen wird das Universum im wesentlichen so dargestellt, daß sich das ewig Gleiche ständig wiederholt. Die gleichen Zyklen, die gleichen Götter, sogar die gleichen Ereignisse kehren wieder und wieder. Die okkulte Tradition lehrt uns jedoch eine Evolution, insbesondere des Bewußtseins. Ihr Symbol ist die Spirale wie auch der Kreis. Das Leben kehrt nicht einfach an seinen vorigen Ausgangspunkt zurück, sondern taucht bei jeder Drehung des Tanzes auf einer höheren Ebene auf (siehe auch hierzu die nächste Karte,

Trumpf XXI). Das Ei und das Kind führen uns zum Narren zurück, jedoch ist der Mund des Kindes geöffnet. Durch die Lehren und Erfahrungen der Großen Arkana (durch den Schmerz unserer Erde) hat der Unschuldige sprechen gelernt.
Wir haben den Glastonbury-Tor bereits erwähnt, die senkrechte Linie in der Landschaft. Der Gedanke des Geschütztseins ist auch in den Prophezeiungen vorhanden. Die Veränderungen ereignen sich als Teil eines göttlichen Planes (oder Rhythmus). Deshalb lehren uns die Prophezeiungen: »Faßt Mut, wie schrecklich die Zukunft auch aussehen mag, denn der Heilige Geist hat uns nicht verlassen.« Dem können wir nur den Grundgedanken des Tarot hinzufügen: Dieser Geist existiert nicht irgendwo draußen. Er existiert in uns.

Divinatorische Bedeutung

Bei der Haindl-Version dieses Trumpfs steht das Thema der Erneuerung für den ganzen Planeten im Vordergrund. Wenn wir die Anwendung der Karte bei Befragungen im Auge haben, sehen wir, daß sich dies auf einen einzelnen beziehen kann. Das Aeon ist eine kraftvolle Karte. Sie besagt, dies sei die Zeit der Änderung. Die Erneuerung, die hier gemeint ist, bedeutet nicht, alles werde wieder so sein, wie es war, nur besser. Derjenige, bei dem das Aeon erscheint, wird in einer neuen Situation »wiedergeboren«. Damit kann eine wirkliche Veränderung der Lebensumstände gemeint sein: ein neuer Arbeitsplatz, ein Umzug, eine neue Beziehung. Häufig ist die neue Situation auch psychologischer Natur, eine neue Art, das Leben zu sehen, wobei alles plötzlich in einem ganz neuen Licht erscheint.
Entsprechend den hier dargestellten Bildern kann die Wiedergeburt eine schmerzhafte Phase notwendig machen, in der das alte Leben oder die alten Einstellungen ihre Kraft einbüßen. Der Betreffende kann das Gefühl haben, daß in seinem Leben nichts mehr klappt. Möglicherweise befindet sich vieles in Auflösung. Dies muß nicht zutreffen, und der Befragende sollte sich hüten, dem Ratsuchenden diesen Gedanken aufzudrängen.

Wenn der Betreffende jedoch eine solche Zeit hinter sich hat, verkündet die Karte Optimismus. Denn auch wenn sie das Ende alter Muster bezeichnet, selbst wenn sie eine schmerzhafte Phase der Veränderungen anzeigt, liegt der Schwerpunkt doch auf dem Baby, das aus den Wolken auftaucht.
Diese Änderung kommt auch nicht ganz allmählich. Eine wesentliche Eigenschaft des Trumpfs Aeon ist die Spontaneität. Möglicherweise hat bei dem Ratsuchenden ein langer psychologischer Prozeß stattgefunden, allerdings unter der Oberfläche. Mit einemmal wird sich jedoch alles konkretisieren, und der Betreffende wird die Welt mit anderen Augen sehen. Alles liegt im Bereich des Möglichen, insbesondere Gedanken oder Pläne, gegen die man sich womöglich lange Zeit zur Wehr gesetzt hat. Wir können hier vielleicht an das traditionelle Bild des Gerichts, die ältere Form der Karte, erinnern. Der Engel Gabriel bläst die Posaune, und die Toten erheben sich aus ihren Gräbern. In uns wird etwas laut wie ein Klang, ein Ruf, und wir erheben uns aus einem Leben, das zersplittert, deprimierend oder verwirrt war, in eine neue Welt, die aber im Grunde nur die alte Welt in neuem Licht ist.

Umgekehrt

Die Grunderfahrung des Aeon ändert sich nicht. Die Karte bezeichnet nach wie vor eine Wiedergeburt. Anders ist allerdings die Reaktion des Betreffenden. Das umgekehrte Aeon besagt, daß er sich gegen die Änderung wehrt. Er will das Ende des alten Lebens nicht hinnehmen. Etwas Ähnliches haben wir beim Tod (XIII) gesehen, der in der mittleren Siebenerreihe die gleiche Position einnimmt. Dort ging es um einen Menschen, dem es schwerfällt, ein Leben oder eine Situation aufzugeben, die er kennt und die sicher ist, auch wenn sie wertlos oder vielleicht sogar schädlich geworden ist. Beim Aeon jedoch ist die Änderung bereits eingetreten, nur daß sich der Betreffende weigert, dies einzusehen. Man denke beispielsweise an Menschen, die an einer Beziehung festhalten, die unerfreulich oder einfach leer geworden ist. Es mag dem Betreffenden vielleicht klar sein, daß ihm diese Partnerschaft nichts mehr gibt oder höchstens Schmerzen bereitet. Trotzdem löst er sich nicht, weil er fürchtet, ohne diese Bindung erst recht nicht leben zu können. Das Aeon besagt, er stehe psychologisch bereits in einem neuen Leben. Umgekehrt zeigt die Karte, daß er diese Tatsache nicht wahrhaben will. Das Aeon kann in einer Befragung helfen, den Widerstand zu überwinden.

XXI
Das Universum
(Die Welt)

Die Zahl 21 verbindet wie die 12 die Ziffern 1 und 2, den Magier (I) und die Hohepriesterin (II), Licht und Dunkelheit. Die Quersumme ist 3 (Die Herrscherin [III]). Bei diesen frühen Karten begegneten wir erstmals der Schlange und erfuhren etwas über ihre mythologischen und psychologischen Assoziationen. Hier sehen wir den Drachen, die große Schlange der Imagination. $21 = 3 \times 7$, die letzte Oktave des siegreichen Wagens (VII). Der Sieg ist hier der Sieg der spirituellen Befreiung. Der hebräische Buchstabe, der letzte des Alphabets, ist Taw, was »Signatur« oder »Zeichen« bedeutet. Paul Foster Case weist darauf hin, daß eine Signatur etwas besiegelt. Trumpf XXI besiegelt die spirituelle Arbeit des Tarot. Tatsächlich, wie der ausgerollte Drache zeigt, bricht sie das Siegel und öffnet den Geist für die verborgenen Wahrheiten des Universums. Taw hängt mit dem griechischen Buchstaben Tau zusammen, der wiederum mit dem ägyptischen Tau-Kreuz verwandt ist, das die Gestalt des Buchstaben T hat und ein Symbol des ewigen Lebens ist. Bei manchen modernen Tarot-Spielen hängt der Gehängte an einem Tau-Kreuz, bei anderen an einem Galgen in Gestalt des hebräischen Buchstabens Taw. Dieser Zusammenhang erinnert uns daran, daß die traditionellen Versionen des Gehängten und der Welt sich spiegelbildlich zueinander verhalten. Beim Haindl-Tarot ist der Zusammenhang zwischen den beiden Karten subtiler, zum Beispiel in den mythologischen Hinweisen auf Odin (Trumpf XII) und die Midgard-Schlange (Trumpf XXI).

Case bringt den Gedanken einer Signatur mit einer Stelle in Ezechiel in Zusammenhang, bei der Gott den Propheten auffordert, durch die Stadt zu gehen und auf die Stirnen der Gerechten, denen die Sünden der Menschen ein Greuel waren, ein Zeichen zu prägen. Taw bedeutet daher Rettung. Case hätte auch

Das Universum

auf das bekanntere Zeichen hinweisen können, mit dem die Israeliten mit Lammblut ihre Türpfosten kennzeichneten, damit der Todesengel, der die Erstgeborenen der Ägypter tötete, an ihrem Haus vorüberginge. Nach der traditionellen religiösen Anschauung bedeutet Erlösung die Erlösung von dem Tode. In der esoterischen Psychologie des Tarot überwinden wir die Furcht vor dem Tode durch die Verbundenheit des Gehängten (XII) mit dem Leben. Das Universum steht für ein umfassenderes Bewußtsein, bei dem wir über alle Formen und Begrenzungen des materiellen Universums hinausgehen, um zur Ewigkeit zu gelangen, die wie der feurige Atem des Drachen in jedem Augenblick lichtvoll aufscheint.

Wie Alef, der Buchstabe des Narren, am Anfang der Zehn Gebote steht, so steht Taw am Anfang des Wortes »Thora«, der ersten fünf Bücher der Bibel. Die Thora gilt den Juden als Gottes Gesetz, das Moses am Berg Sinai empfing. Die Thora sagt nun – wie die Lehren des Hierophanten (V) – den Menschen, wie sie ihr Leben führen sollen. Als traditionelle Juden hielten die Kabbalisten die Thora in Ehren. Sie beschrieben jedoch die physische Schriftrolle gelegentlich als eine Spiegelung einer größeren, nichtmateriellen Thora, die schon vor dem Universum existierte. Als Gott das Universum schaffen wollte, befragte er diese ewige Thora. Deshalb bezeichnet Taw (Das Universum) eine Existenz jenseits alles Physischen.

Die Rune Gibor ist eine andere Form von Gebo, der Rune bei der Sonne (XIX). Die Runen können verschiedene Form haben, denn in Deutschland, England, Friesland und Skandinavien waren unterschiedliche Runen-Alphabete verbreitet. Während uns Trumpf XIX das Geschenk des Lebens von der Sonne zeigte, bringt uns Trumpf XXI das Geschenk der Wahrheit im Feuer des Drachen. Erinnern wir uns auch, daß Gebo Ekstase bedeutet. Genau dies ist das Aufsteigen der Kundalini-Schlange: ekstatische Öffnung des Selbst zum Universum.

Der Planet ist Saturn. Im griechischen Mythos war Kronos (Saturn) der Sohn des Uranos und der Vater von Zeus. Schlangen wurden manchmal als die »Wirbelsäule des Kronos« bezeichnet. Wir haben gesehen, daß die Kundalini, die eingerollt an der Basis der Wirbelsäule liegt, über die Wirbelsäule zum Kopf aufsteigt.

Bis zur Entdeckung der drei äußeren Planeten galt Saturn als der letzte Planet. Deshalb gilt er in der Astrologie als der Planet der Beschränkungen und Begrenzungen. Viele Menschen betrachten Saturn als einen Lehrer, der uns sagt, wie wir aus unseren Schwierigkeiten lernen können. Die Tarot-Schriftstellerin Mary Greer hat bei der Erörterung des Zusammenhangs zwischen Saturn und der Welt die Karte als persönliche Transzendenz beschrieben – als »Tanz auf den eigenen Beschränkungen«. Beim Haindl-Tarot finden wir ebenfalls den Gedanken der Transzendenz, des Aufbrechens von Beschränkungen.

Dies sehen wir an dem offenen Kreis. Im Vergleich mit dem alten Symbol der Schlange, die ihren eigenen Schwanz frißt (der griechische Uroboros), läßt die vom Drachen gebildete Spirale an offene Möglichkeiten denken, aber auch an eine Entwicklung auf einer höheren Ebene. Wir werden dieses Symbol gleich noch näher betrachten; an dieser Stelle sollten wir jedenfalls festhalten, daß Kronos Zeit bedeutet, während der Uroboros Ewigkeit meint.

Das Element für die Karte ist die Erde. Dies scheint auf den ersten Blick nicht zu passen, denn wir haben gerade gesagt, daß der Trumpf das materielle Universum transzendiert. Transzendenz heißt aber nicht Aufgabe. Sie bedeutet vielmehr eine Umschließung der Erde. Beim Tarot haben wir gelernt, die Erde wieder als göttliches Wesen zu sehen, als die Mutter des Lebens. In dem Bewußtseinszustand, der beim Universum dargestellt wird, erobern wir die Erde nicht, sondern verbinden uns mit ihr. Jeder Gegenstand, ein Kieselstein, ein Blatt, ein Wassertropfen, kann uns mit allem Dasein verbinden. Jeder Augenblick kann sich zur Ewigkeit öffnen.

Im Vergleich zu vielen vorangegangenen Karten weist das Universum einen eher einfachen Entwurf auf. Wir sehen die untere Hälfte der Erde, unter der ein Drache dargestellt ist. Der Drache liegt eigentlich rings um den Erdball, denn wir sehen nur Kopf und Schwanz in die Karte hereinragen. Nach dem skandinavischen Mythos schlingt sich die Weltenschlange fest um die Erde. Dieser Drache hat die Umschlingung gelöst. Der Kopf erscheint vor dem Schwanz, so daß eine Spirale gebildet wird. Diese Spirale scheint jedoch nach unten zu verlaufen, denn der Kopf liegt tiefer als der Schwanz. Wir können dies so deuten, daß der Geist zum gewöhnlichen Leben zurückkehrt. Mit anderen Worten, wir fahren nicht »zum Himmel auf«, sondern bleiben hier. Wir gehen nach unten, während wir gleichzeitig aufsteigen. Als Watson, Crick und Wilkins die Doppelhelixgestalt der DNS, der Grundlage allen Lebens, entdeckten, erkannten Okkultisten das Bild als die Doppelspirale, die in der esoterischen Tradition fest verankert ist.

Wir sehen die untere Hälfte der Erde und darunter den Him-

mel, der mit anderen Welten erfüllt ist. Wenn eine solche Szene dargestellt wird, sieht man meist die obere Hälfte des Globus und den Himmel darüber. Dies liegt daran, daß wir nach oben blicken, um die Sterne zu sehen. Wir sollten auch beachten, daß im Mittelalter das menschliche Haupt als Mikrokosmos der Erde galt. Wenn wir hier also die untere Hälfte statt der oberen sehen, bedeutet dies, daß der Trumpf das übliche Bild auf den Kopf stellt. Wenn die Erde ein Kopf sein soll, dann ist hier jemand umgekehrt dargestellt. Die Umkehr ist aber, wie wir bereits vom Gehängten (XII), dem Stern (XVII) und dem Aeon (XX) wissen, eines der Grundthemen dieses speziellen Tarot.
Der Drache und die Erde sind grün dargestellt, in der Farbe des neuen Lebens. Die Erde ist glatt, nicht mit Löchern übersät. Dies besagt, daß die Erde sowohl ewig als auch in einem Zustand der Erneuerung ist. Ein Lichtring umgibt die Erdkugel, ein Hinweis auf Luft und Leben. Licht umgibt auch viele der anderen Planeten auf dem Bild.
Die Linie, die der Drachenkopf mit dem Körper bildet, ist eine Diagonale in Richtung der Harmonie. Zugleich beginnt der Schwanz auf der linken Seite, der Seite des Instinkts, und schlingt sich um den Planeten, um rechts an den Körper anzuschließen, auf der Seite des Bewußtseins. Unter dem Drachenleib sieht man zehn Planeten, ein Hinweis auf das Schicksalsrad (X); über ihm sind 22 Planeten, die Zahl der Trümpfe der Großen Arkana. In der Kabbala kann man die Zahl 32 mit dem Universum gleichsetzen, denn sie bezeichnet den Baum des Lebens. Es gibt zehn Sefirot und dazwischen 22 Pfade.
Zwischen den Augen des Drachen steigen eigenartige Gebilde auf. Sie symbolisieren das Sichöffnen des dritten Auges. Die Gebilde entspringen oben auf dem Kopf, aus dem Scheitel-Chakra. Die höchste Sefira auf dem kabbalistischen Baum des Lebens, der wieder zurück zum Göttlichen führt, wird in analoger Weise als »Krone« bezeichnet.
Wie der Drache im Märchen speit unser großer Drache Feuer. Rot, die Farbe der Energie und des Blutes, mischt sich mit Weiß, der Farbe des reinen Denkens. Das Feuer ist in diesem Fall Atem. Wörter wie »spirituell« und »Inspiration« gehen auf

das lateinische »spiritus« zurück, dessen Grundbedeutung »Atem« ist. Im Hebräischen bedeutet »Ruach« (wir erinnern uns an »Ruach Elohim« beim Aeon [XX]) sowohl »Geist« als auch »Atem«. Der Atem ermöglicht uns zu leben. In vielen religiösen Traditionen bläst Gott den Menschen den Lebensodem ein. Die Vorstellung, der Mensch hauche beim Tode mit dem letzten Atemzug die Seele aus, ist weit verbreitet. Wir atmen ein und aus, und wenn wir uns den Atemvorgang bewußtmachen, erkennen, daß wir in einem unaufhörlichen Energieaustausch mit der Welt stehen. Der Sauerstoff, den wir einatmen, stammt von den Pflanzen. Das Kohlendioxid, das wir ausatmen, kehrt zu den Pflanzen zurück. In unserer heutigen Zeit erweist sich die Illusion, man könne unabhängig von der übrigen Schöpfung existieren, als außerordentlich bedrohlich. Wenn wir nämlich die Wälder abholzen und Löcher in der Ozonschicht das Plankton der Meere vernichten (Plankton ist gegen übermäßige UV-Strahlung empfindlich), dann schneiden wir uns von unserer eigenen Sauerstoffversorgung ab.

Im Märchen bedeutet der Atem des Drachen Gefahr und Zerstörung. Hier müssen wir ihn so sehen, daß er Illusionen wegbrennt. Dies ist nicht bloß eine Metapher. Die Realität zu sehen ist in der Tat wie ein Einatmen von Licht und Feuer. Das Wort »Erleuchtung« hat nichts mit einem Zustand der Bildung zu tun. Es bezeichnet das blitzartige Aufflammen der Wahrheit. Wenn die Kundalini-Energie erwacht, empfinden die Menschen dies als Wärme. In Tibet legen Initiierte Bewährungsproben ab, indem sie nachts mitten im Winter nackt ins Freie gehen. Helfer legen gefrorene Laken über sie, und die Initiierten müssen das Eis mit ihrer eigenen Wärme schmelzen.

Nach mittelalterlicher Vorstellung vereinigten Drachen Luft und Erde (Geist und Materie) in sich, denn sie gehörten als Echsen zum Erdboden, konnten aber gleichzeitig fliegen. Unser Drache hat keine Flügel, jedoch verbindet sein Atem Luft mit Feuer, während die Erde, wie wir gesehen haben, das Element der Karte ist. Das Wasser kommt hinzu, wenn wir wissen, daß der Uroboros nach früherer Vorstellung die Erde am Grund der Meere umschlang.

Für Hermann Haindl repräsentiert der Uroboros dasjenige, was für ihn der alte Glaube ist, daß nämlich das Dasein abgeschlossen ist und sich immer aufs neue wiederholt. Nach dieser Anschauung müssen die Menschen ihre Funktion im Leben erfüllen und dürfen nichts darüber hinaus erstreben. Die sozialen Muster bleiben für alle Zeiten fest. Die moderne Welt hat dies jedoch geändert. Wir haben die Chance der individuellen Aktivität entdeckt, wir sehen das Universum als einen Ort, der immer neu ist. Das hat Arroganz und Gefahren heraufbeschworen, aber wir sollten nicht auf diese Chance verzichten, selbst wenn wir könnten. Die Schlange hat den Kreis geöffnet. Gleichzeitig müssen wir umkehren – nicht zu den alten Gesetzen, sondern zu den ewigen Wahrheiten, die in den alten Traditionen enthalten sind. Wir müssen umkehren zur Ehrfurcht vor der Erde und all ihren Kindern. Deshalb richtet sich die Schlange nicht auf, sondern bildet eine Spirale nach unten. Sie kommt auf uns zu. Ihr Blick wendet sich aus der Diagonale dem Betrachter zu. Die Zeit, uns Handlungsvariationen auszudenken, ist vorbei. Der klare ruhige Blick signalisiert zugleich unsere letzte Chance zur richtigen Entscheidung.

Der große Feind der Schlange ist Thor, der Gott des Donners und daher neben Odin das Gegenstück des griechischen Zeus (in manchen Mythen wird Thor, nicht Odin, als Vater der Götter beschrieben, während die Römer Thor mit Jupiter/Zeus und Odin mit Merkur/Hermes gleichsetzten). In zwei Erzählungen wird über den Kampf Thors mit der Schlange berichtet. In der ersten kommt Thor in eine Halle von Riesen, die ihn zu einer Kraftprobe auffordern. Der mächtige Gott ist dazu bereit, und seine Gäste bitten ihn, eine am Boden liegende Katze aufzuheben. Zu seinem Erstaunen kann Thor das Tier nur ein klein wenig hochheben. Unter Gelächter sagen ihm die Riesen, das Tier sei die Weltenschlange. Wenn die Schlange das Unbewußte oder, im weiteren Sinne, das Leben selbst repräsentiert, dann symbolisiert Thor in dieser Erzählung das kraftvolle Ich, das sich die Welt durch die Kraft seines Willens unterwerfen will. Die zweite Geschichte folgt auf die erste. Der wütende Thor lädt einen der Riesen zum Angeln ein. Thor bekommt die

Schlange an seinen Haken. Mit aller Kraft gelingt es ihm, den Kopf herauszuziehen. Thor greift nach seinem Hammer, um die Schlange zu zerschmettern. Der entsetzte Riese, der das Ende der Welt nahen sieht, schneidet die Schnur durch, und die Schlange versinkt wieder in den Wellen.
Das Ich betrachtet sich selbst als den Helden und das Unbewußte als das giftige Tier. Diese Energie herauszuziehen, um sie zu überwinden, heißt Destruktion betreiben, denn das Unbewußte ist nicht irgendwo außerhalb, sondern in uns. Das einfache Bild eines jeden Atemzugs lehrt uns, daß die ganze Welt in uns ist, so wie wir in der Welt sind. Die Skandinavier prophezeiten wie viele andere Völker das Ende der Welt. Die Bezeichnung für diese Katastrophe ist Ragnarök, die Götterdämmerung. Viele Katastrophen signalisieren die Ragnarök, die das Erwachen der Weltenschlange einschließen. Wenn sie sich entrollt, erhebt sich das Wasser, um das Land zu verschlingen. Wir haben gehört, daß die Meere das Unbewußte repräsentieren, das Land für das Ich steht. Deshalb kommt das »Ende der Welt«, sobald die verborgene Energie erwacht und das bewußte Denken überwältigt. Denn wenn uns diese Energie mit allem Dasein verbindet und das Ich die Illusion eines isolierten Daseins von allem anderen hervorruft, dann kann die Erhebung des Meeres tatsächlich diese winzige Insel vernichten.
In den Ragnarök bekämpft Thor zum letztenmal die Schlange. Er vernichtet sie, jedoch tötet ihr Gifthauch auch ihn selbst. Ein ähnliches Schicksal ereilt die anderen Götter, und so kommt das Ende der Welt, die erst nach unvorstellbar langer Zeit einen neuen Anfang nehmen wird. Vielen Menschen ist der mutige Pessimismus dieser Erzählung aufgefallen, welche die gleichen Ereignisse immer in der gleichen Zerstörung enden läßt. Wie wir jedoch beim Gehängten (XII) festgestellt haben, können wir uns auch für eine Alternative zu Mut und Kampf entscheiden. Diese Alternative ist die bereitwillige Unterwerfung. Wenn wir die Welt – und uns selbst – nicht als Feinde betrachten, dann entrollt sich der Drache, die Schlange, wie das Shakti und brennt Angst und Illusion weg.
Bei der Herrscherin (III) haben wir gesehen, wie sich Marduk

eines großen Sieges rühmte, als er Tiamat, seine Mutter, getötet hatte. Der Mythos berichtet, wie er ihren Körper verstümmelte, um den Himmel und die Erde zu schaffen. Dann setzte er sich auf einen Thron, um Gehorsam zu fordern. Für das arrogante Ich bedeutet Schöpfung Trennung, Unterwerfung, eine strenge Regelung des Oben und des Unten. Bei jeder Veränderung dieser Regeln droht Destruktion. Bei der Karte des Universums, dem endgültigen Triumph der Großen Arkana, finden wir Tiamat entrollt. Die Botschaft ist nicht Unterwerfung und Zerstörung, sondern Befreiung und Liebe.

Divinatorische Bedeutung

Die traditionelle Bedeutung des Trumpfs XXI ist Erfolg. Dies kann sich auf etwas Bestimmtes beziehen, zum Beispiel geschäftlichen Erfolg, insbesondere wenn der Betreffende eine Frage hinsichtlich seiner Arbeit gestellt hat. Die Karte kann auch anzeigen, daß man glücklicher wird, mehr Erfüllung erlangt. Wenn sie in einer Zeit erscheint, in welcher der Betreffende zu kämpfen hat, signalisiert sie eine Befreiung, nach der ein besseres Leben winkt. Diese Bedeutung gilt für praktische »Kämpfe« wie etwa die Gründung einer Firma ebenso wie für emotionale oder gesundheitliche. Bei Kranken wird Trumpf XXI Erholung und neues Wohlbefinden anzeigen. Wenn der Ratsuchende etwas über seine berufliche Zukunft wissen will, verheißt die Karte glänzende Aussichten. Meist symbolisiert sie nicht nur die praktische Seite des Erfolgs, sondern auch Befriedigung, das Gefühl berechtigten Stolzes, eine Situation, in der das Leben ganz allgemein erfreulich ist, die Empfindung, man mache etwas aus seinem Leben und vergeude nicht seine Talente oder seine Zeit.

Manchmal ergibt die Befragung als Ganzes, daß der Erfolg nicht automatisch eintreten wird und der Betreffende etwas unternehmen muß. Dies kann beispielsweise die Überwindung des Widerstands anderer Menschen sein. Möglicherweise wird auch signalisiert, man solle sich von anfänglichen Rückschlägen

nicht entmutigen lassen. Der Betreffende muß vielleicht Apathie oder Pessimismus überwinden. Das Universum sagt: »Sie können großen Erfolg und Befriedigung erringen, wenn Sie an sich selbst glauben.«
Die spezielle Symbolik der Haindl-Version - der in einer Spirale sich nach unten windende Drache - steht für die Vorstellung, daß ein Mensch über frühere Beschränkungen hinausgelangt: das Leben wird »weiter«. Es ist eine Zeit des Neuen, der Begeisterung, der neuen Ideen und Möglichkeiten.

Umgekehrt

Die Umkehrung der Erfolgskarte bedeutet nicht Scheitern. In der Regel zeigt sie Stagnation an. Die Situation - oder der Betreffende selbst - ist irgendwie festgefahren, Möglichkeiten zu einem Erfolg oder zum Glücklichsein wurden nicht genutzt. Manchmal resultiert die Stagnation auch aus unserem Widerstand. Meist ist sie aber durch den Betreffenden selbst verursacht - eine Angst, Chancen zu nutzen (insbesondere wenn das umgekehrte Universum zusammen mit dem umgekehrten Narren [XII] erscheint), fehlende Willenskraft oder fehlendes Selbstvertrauen - oder eine Tendenz, alles beim alten zu lassen, eine Angst vor der Zukunft.
Das umgekehrte Universum kann auf die Beschränkungen des Ratsuchenden hinweisen oder auch darauf, daß er nicht versucht, sie zu überwinden. Diese Beschränkungen können die Bildung, die Finanzen, den Lebensmut oder die Phantasie betreffen. Im Zusammenhang mit Liebesbeziehungen kann Schüchternheit gemeint sein. Die Beschränkungen mögen sogar vom Betreffenden selbst definiert sein: Ich habe nicht den Mut dazu. Ich bin nicht clever genug. Damit komme ich nicht durch. Es ist zu spät. Ich bin zu alt. Ich bin nicht kreativ genug... Das Auftauchen des Universums bei einer Befragung zeigt ein Potential zu Erfolg und Erfüllung an. Umgekehrt weist es auf fehlenden Mut oder Widerstände hin, doch bleibt das Potential vorhanden.

DIE KLEINEN ARKANA

Einleitung

Die Kleinen Arkana sind höchstwahrscheinlich die Urform der modernen Spielkarten, so wie Tarocchi vermutlich die Urform des Bridge und anderer Trumpfspiele ist. Die vier Sätze (Farben) umfassen jeweils vierzehn Karten: As bis Zehn sowie vier »Hofkarten«. Bei den meisten Tarot-Spielen ähneln diese Hofkarten ganz gewöhnlichen Spielkarten, wobei die üblichen Trümpfe Bube, Dame, König um den Ritter zu einem Quartett ergänzt werden. Beim Haindl-Tarot – wie auch manchen anderen zeitgenössischen Spielen – sind die Hofkarten sehr stark verändert, so daß sie letztlich zu einer Gruppe für sich wurden. Deshalb werden wir sie auch in einem eigenen Kapitel behandeln. Dieses Kapitel – »Die Kleinen Arkana« – umfaßt also nur die Karten As bis Zehn mit den vier Sätzen Stäbe, Kelche, Schwerter und Steine (traditionell Münzen).

Ein anderer Grund für die Abtrennung der numerierten Karten von den Hofkarten bei diesem Spiel liegt in ihrer Entstehungsweise. Hermann Haindl hat an jedem der drei Abschnitte des Spiels in anderer Weise gearbeitet. Für die Trümpfe arbeitete er fast wie ein »Medium«, indem er die Bilder während des Malens entstehen ließ. Bei den Hofkarten orientierte er sich an traditionellen Bildern aus verschiedenen Kulturen. Die Karten der Kleinen Arkana entstanden in wieder anderer Weise. Er studierte zunächst verschiedene Spiele und Autoren, vor allem Aleister Crowley, bevor er entschied, welches Thema jede Karte ausdrücken sollte. Dieses wurde dann der Titel der Karte. Wenn der Titel feststand, sah er seine eigenen früheren Werke durch, bis er ein Gemälde fand, in dem bereits ähnliche Ideen ausgedrückt waren. Wenn er das richtige Bild gefunden hatte, prüfte

er es sehr sorgfältig und wählte einen bestimmten Ausschnitt aus, der das Thema am deutlichsten ausdrückte, ob es nun Liebe, die bedrohte Natur oder eines der anderen Themen war.
Durch dieses Verfahren erlangt das Spiel Kontinuität. Es verbindet das wichtige Projekt mit dem ganzen früheren Schaffen Hermann Haindls. Es verbindet auch die Karten untereinander, denn manche Gemälde liefern Details für verschiedene Karten. Manchmal befinden sich diese sämtlich im gleichen Satz, zum Beispiel das Gemälde »Kathedrale« für die Zwei, Drei, Vier und Neun der Stäbe. In anderen Fällen überschreiten sie die Sätze, etwa das Bild, das für die Sieben der Stäbe, die Zehn der Kelche und die Sechs der Steine als Vorlage diente. Dadurch stehen die Ideen und die unterschiedlichen Sätze miteinander in einem lebendigen Austausch.
Dem ausgewählten Hintergrund fügte Hermann Haindl die Symbole hinzu. Durch dieses Verfahren war es möglich, die Aussagen der Karten weiter zu steigern. Bei manchen Karten wie z. B. der Sechs der Kelche fügten sich die Symbole in den Hintergrund. Bei anderen Karten ordnet sich der Hintergrund den Symbolen unter: Die Anordnung der Symbole unterstreicht dann stärker als der Hintergrund die Bedeutung der jeweiligen Karte. Dies kann bei einer Karte, die Gleichgewicht oder Gemeinsamkeit ausdrückt, ein regelmäßiges Muster sein, andererseits ein unregelmäßiges, wenn die Karte Chaos darstellt. In gewisser Weise arbeitete Haindl hier rückwärts, vom Titel über den Hintergrund zum Vordergrund. Indem er zuerst die Themen erarbeitete, ordnete er der Karte eine bestimmte objektive Qualität zu. Die Titel haben ihn etwas Bestimmtes suchen lassen. Die Zwei der Steine mußte »Harmonie« ausdrücken, die Fünf der Schwerter »Niederlage«. Dann kam es darauf an, dies in bestmöglicher Weise darzustellen. Dieses Verfahren trägt aber auch dazu bei, den Haindl-Tarot mit der Tarot-Tradition zu verbinden.
Zwar stammen die Hintergründe von älteren Arbeiten, doch dürfen wir sie nicht als von den Symbolen losgelöst betrachten. Die Einfügung der Symbole verändert die Hintergründe, so daß

sie zu neuen Bildern werden. Die Karten haben etwas Traumähnliches. Dies ist zum Teil auf das phantastische Ambiente bei vielen der Hintergründe zurückzuführen, aber auch auf die Art und Weise, wie die Kelche oder Steine im Vordergrund schweben, während die Schwerter die Bilder durchbohren und die Speere (Stäbe) aus dem Hintergrund aufragen.
Menschen kommen auf diesen Karten kaum vor, sondern meist Tiere, Pflanzen, Felsen, Wasser und Ruinen. Haindl sagte, daß er diese Karten für die Natur schuf. Gleichzeitig lehren uns die Bilder und Symbole natürlich etwas über uns selbst. Dies steht in der alten Tradition der Fabeln, zum Beispiel der Erzählungen eines Äsop oder La Fontaine, in denen Tiere eine Moral lehren. Dies knüpft auch an die Philosophie des Transzendentalismus an (der selbst wiederum teilweise auf indianische Traditionen zurückgeht), bei dem alle Natur eine Abspiegelung von Eigenschaften der menschlichen Seele ist.
Bei den meisten Tarot-Spielen zeigen die Trümpfe spirituelle Eigenschaften, während die Karten der Kleinen Arkana Aspekte des täglichen Lebens darstellen – Beziehungen, Arbeit, Emotionen, Geld und so fort. Der Haindl-Tarot folgt zwar diesem Muster, beschränkt die Karten der Kleinen Arkana jedoch nicht auf die individuelle Erfahrung. Haindl beschreibt diese Karten als »kollektiv«. Wir sehen dies sehr deutlich bei den Schwertern und Steinen. Die Schwerter symbolisieren die Konflikte der Menschen, aber sie drücken auch politische Probleme in der Gesellschaft aus. Die Steine befassen sich ebenso mit sozialen Problemen. Die Drei der Steine, »Arbeit«, zeigt traditionell einen einzelnen Menschen bei der Arbeit. Haindl hat dieses Thema so erweitert, daß es auch die Frage der Arbeitslosigkeit und sinnleerer Tätigkeiten umfaßt. Über die kollektiven Aspekte hinaus führen uns die Karten, insbesondere die Steine, zu den Grundgedanken zurück, die bei den Trümpfen angesprochen wurden.
Die vierzig Karten der Kleinen Arkana gliedern sich in die Sätze Stäbe, Kelche, Schwerter und Steine. Bei älteren Tarot-Spielen waren die Steine meist Münzen oder Scheiben. Im 20. Jahrhundert wurden hieraus Pentakel. Wenn man den

ursprünglichen Tarot als Kartenspiel betrachtet, das auf den mittelalterlichen Sozialstrukturen aufbaut, repräsentieren die Sätze die vier wichtigsten Stände und ihre Werkzeuge. Von den Bauern kamen Stöcke, Priester hielten Kelche, Edelleute kämpften mit Schwertern, und Kaufleute handelten mit Geld. Wer den Tarot mehr unter dem esoterischen Aspekt sieht, weist meist auf den Zusammenhang der vier Symbole mit dem Heiligen Gral hin. In vielen Gralserzählungen finden wir ein Ritual, bei dem eine Jungfrau den Gral, einen Kelch, auf einer Scheibe trägt, während andere Jungfrauen ein Schwert und einen Speer bringen. Esoteriker weisen auch auf die Bedeutung dieser Gegenstände bei der rituellen Magie hin, wobei der Magier einen wirklichen Zauberstab benutzt und ein Pentakel die Münze ersetzt.

Was auch immer ihr Ursprung sein mag – die vier Sätze bezeichnen jetzt vier verschiedene Lebensbereiche. Grob gesagt repräsentieren die Stäbe Aktivität und Begeisterung, die Kelche Liebe und Imagination, die Schwerter Auseinandersetzung und Intellekt, die Münzen (Steine) Arbeit und Natur. Man kann auch die phallischen Stäbe und Schwerter als männlich, die Kelche und Steine als weiblich bezeichnen. Männlich und weiblich können auch durch die chinesischen Ausdrücke Yin und Yang ersetzt werden. Diese Unterscheidungen sind nicht als strenge Trennungen zu verstehen. Man darf auch noch weitere Gliederungen vornehmen. Stäbe und Kelche stehen dem Leben optimistisch gegenüber. Sie repräsentieren das Licht (Yang). Schwerter und Steine, vor allem aber die Schwerter, sehen alles etwas düsterer (Yin), obwohl hier die Steine am optimistischsten enden. Stäbe und Steine stehen auch für äußeres Streben, etwa Arbeit, während Kelche und Schwerter mit Gefühlen zu tun haben. Jeder Satz kann sich mit jedem anderen verbinden.

Der grundlegende Symbolgehalt der vier Sätze ist derjenige der vier Elemente Feuer, Wasser, Luft und Erde. Sie sind in dieser Reihenfolge den Stäben, Kelchen, Schwertern und Steinen zugeordnet. Der Gedanke der Elemente spielte ja schon bei den Großen Arkana eine Rolle. Hier verleihen sie jedem Satz seinen besonderen Charakter.

Es gibt noch andere »Vierheiten«, die den Karten sinnvoll zugeordnet werden können. Für viele Menschen, insbesondere aber die Indianer, haben die vier Windrichtungen ganz bestimmte Qualitäten. Dies betrifft unter anderem ihre natürlichen Attribute, beispielsweise die Morgendämmerung für den Osten und die Abenddämmerung für den Westen, Kälte für den Norden und Wärme für den Süden. Weiterhin werden sie mit den Jahreszeiten, bestimmten Farben, heilkräftigen Wirkungen und so weiter assoziiert.

C.G. Jung hat eine psychologische Version der vier Elemente entwickelt. Feuer ist demzufolge Intuition, Wasser Gefühl, Luft Denken und Erde Empfindung. Für Jung waren dies die Hauptarten, wie der Mensch die Welt erlebt. Manche Jungianer betrachten die Gliederung der Welt in Vierheiten als eine »archetypische« Struktur, die von den Eltern auf die Kinder vererbt wird. Wir können die Ursache für diese Gewohnheit aber auch in den physikalischen Tatsachen sehen. Wir haben bereits die Jahreszeiten erwähnt. Noch bedeutender sind die vier Grundrichtungen, die wir wahrnehmen: vorn, hinten, rechts und links.

Diese letztere Unterscheidung führt hin zu weiteren, subtileren Konzepten. Neben den vier Grundrichtungen erkennen wir auch oben, unten und die Mitte. Bei den Großen Arkana haben wir gesehen, daß wir damit auf die mythologische und spirituelle Ebene gelangen. Diese drei bilden zusammen die »senkrechte Achse«, die uns in der Mitte mit dem Licht über uns und der Dunkelheit unter uns verbindet – dem Reich der Götter und dem Land der Toten. Die »horizontale Achse« – Nord, Süd, Ost und West – bezeichnet die materielle Welt. Das spirituelle Oben und Unten wird uns bei verschiedenen Karten der Kleinen Arkana begegnen, insbesondere bei der Vier der Steine. Wir sollten uns auch darüber im klaren sein, daß es ein fünftes Element gibt, das mit den Großen Arkana als dem fünften Satz verbunden ist. Dies ist der Äther, ein unsichtbarer Stoff, der nach früherer Anschauung das Universum durchflutete. Wie die vier natürlichen Elemente das tägliche Leben repräsentieren, so symbolisiert der Äther Spiritualität.

Noch ein weiteres Symbolsystem wurde mit den vier Sätzen verbunden. Dies sind die vier Buchstaben des Namens Gottes im Hebräischen, der manchmal als »Tetragrammaton« bezeichnet wird. Diese Buchstaben sind Jod, He, Waw, He (siehe Jod beim Eremiten, He beim Herrscher und Waw beim Hierophanten). In lateinischer Schrift wird hieraus JHWH oder IHVH. Weil dieser Name in der Bibel ohne Vokale geschrieben ist, wissen wir nicht, wie er ausgesprochen wird (Jehova und Jahwe sind zwei geläufige Annäherungen). Deshalb bezeichnet das Tetragrammaton Gottes geheimen und nicht erkennbaren Namen. Religiöse Juden nennen Gott häufig »Hashem«, hebräisch für »der Name«. Dieser Gedanke eines mystischen Wortes entspricht dem christlichen Logos (»das Wort«).

In den jüdischen Volkstraditionen wurden diese und andere geheime Namen mit wundersamen Kräften verbunden, und wir lesen von Rabbis, die Wunder vollbrachten und durch die Luft flogen. Intellektuellere Kabbalisten haben den Namen als eine Schöpfungsformel beschrieben. Jod bezeichnet den ursprünglichen Funken. Dies ist das Element des Feuers. Das erste He empfängt diesen Funken, so daß sich ein Muster zu entwickeln beginnt. Dies ist Wasser. Bei den Großen Arkana haben wir die fundamentale Polarität der beiden Elemente besprochen und darauf hingewiesen, daß die Schöpfung auf einer Zusammenführung dieser Elemente beruht. Waw ist durch seine Gestalt eine Erweiterung von Jod. Der Buchstabe repräsentiert Luft oder Denken, das das erste Muster entwickelt. Der letzte Buchstabe schließlich, He, die Erde, wird das Geschaffene. Man beachte, daß der letzte Buchstabe von den übrigen getrennt steht. Die ersten drei beschreiben den Schöpfungsprozeß, während die Erde das Ergebnis darstellt. P. D. Ouspensky, ein mystischer Psychologe, der über den Tarot schrieb, faßte diese Vorstellung in einem Diagramm zusammen:

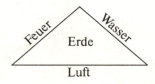

Einleitung

Das große Modell für die Schöpfung ist die Erde. Das Licht Gottes (Jod) steigt in die Wasser hinab (He). Gott scheidet (Waw, die Gestalt des Schwertes) die Wasser und den Himmel und erschafft dadurch die Welt (He). Den gleichen Vorgang können wir auch auf jegliche menschliche Schöpfung anwenden, vom Malen eines Bildes zum Schreinern eines Regals bis zur Zubereitung des Mittagessens. Immer geht hier der Weg von der Inspiration zum fertigen Projekt.

Das Vorgesagte gilt weitgehend ganz allgemein für die Kleinen Arkana in den vielen unterschiedlichen Spielen. Beim Haindl-Tarot gibt es noch eine Besonderheit, nämlich die Einfügung je eines Hexagramms aus dem I Ging, dem chinesischen Buch der Wandlungen, in die Karten Zwei bis Zehn eines jeden Satzes. Das I Ging – das etwa aus dem Jahr 1000 v. Chr. stammt, möglicherweise ist es noch älter – enthält 64 Hexagramme aus sechs Linien, die entweder unterbrochen oder durchgehend sind. Das I Ging ist ein Orakel, ähnlich dem Tarot oder den Runen. Bei der Befragung werden die Striche des Hexagramms durch das Legen von Stengeln (ursprünglich Schafgarbenstengel) ermittelt. Dann schlägt man das Hexagramm im Buch nach und liest den Kommentar. In diese Kommentare sind Jahrhunderte von Weisheitsdenken eingeflossen. Der ursprüngliche Text ist zwar taoistisch ausgerichtet, jedoch soll Konfuzius einen großen Teil der heutigen Interpretationen beigetragen haben. Das I Ging spricht wie der Tarot nicht nur bestimmte Situationen an (dies allerdings mit einer erstaunlichen Genauigkeit), sondern stellt die Frage des Betreffenden auch in einen weiteren Zusammenhang – die gesellschaftlichen Bedingungen, die Natur und dasjenige, was wir die Stimmung des Kosmos nennen könnten: Ob die Zeit für Aktivität oder Passivität günstig ist, für Initiative oder Geduld.

Natürlich passen 64 Hexagramme nicht zu 40 Karten, jedenfalls nicht in einer systematischen Weise. Hermann Haindl hat hier eine subjektive Auswahl getroffen. Für jede Karte ging er das I Ging durch und wählte ein Hexagramm aus, das zum Bild paßte. Hierbei arbeitete er mit zwei Übersetzungen, derjenigen von R. L. Wing (einer modernen Version) und der poetischen

Version von Richard Wilhelm. Die Hexagramme und Bedeutungen passen nicht bloß zu den Karten, sondern sie erweitern häufig deren Aussage. Oft wirken sie bei einer Idee ausgleichend, die zum Extrem tendiert. Die Sechs der Stäbe bedeutet »Sieg«, ein Bild, das Hermann Haindl für gefährlich hält, denn es kann Aggression zum Inhalt haben. Deshalb gab er der Karte Hexagramm 2, »Das Empfangende«, das Urbild der Stille und Hingabe.

Die Einführung des I Ging in die Kleinen Arkana gibt diesen eine umfassendere Bedeutung, als sie Tarot-Spiele in der Regel besitzen. Man kann aber auch sagen, daß es die umfassenderen Bedeutungen zum Vorschein bringt, die bereits vorhanden waren. Es hilft uns, zu erkennen, daß die jeweiligen Umstände, die die Karte beschreibt, uns etwas über die Natur und die Gesellschaft wie auch hinsichtlich einer persönlichen Frage sagen. Es hilft uns, die unterschiedlichen Erfordernisse unterschiedlicher Augenblicke zu erkennen. Manchmal müssen wir uns einsetzen oder kühn handeln. Ein anderes Mal wird ein solches Tun zu nichts führen, und es ist besser, wenn wir abwarten oder im Hintergrund arbeiten. Das Leben ist nicht immer gleich, und auch wenn zwei Situationen sehr ähnlich aussehen, so können doch die Hintergrundbedingungen – oder einfach die kosmische Stimmung – ganz unterschiedliche Reaktionen erfordern.

Es gibt drei Grundthemen im I Ging, die sehr gut zum Haindl-Tarot passen. Das erste ist die Vorstellung, daß extreme Bedingungen ihr Gegenteil hervorrufen. Das I Ging beobachtet dies in der Natur. Wenn der Sommer auf dem Höhepunkt ist, fühlen wir den Herbst sich regen. Im Herbst werden die Tage immer kürzer, bis am dunkelsten Punkt der Umschwung einsetzt und alles dem Frühling zustrebt. In menschlichen Dingen warnt uns das I Ging vor übergroßem Erfolg, der in einen Mißerfolg umschlagen kann. Beim Haindl-Tarot ist in der Drei der Kelche etwas Ähnliches ausgedrückt; dort läuft der Becher des Glücks über und schlägt in Traurigkeit um.

Der zweite Gedanke ist derjenige des Zusammenhangs. Sowohl beim I Ging als auch beim Tarot gibt es vier Ebenen (wiederum die Vier). Diese sind das Individuum, die Gesellschaft, die Natur und der Kosmos. Diese Bezeichnungen beschreiben physische Fakten, aber sie haben auch spirituelle Bedeutung. Mehr als viele andere Tarot-Spiele zeigen die Kleinen Arkana von Hermann Haindl auf, wie sich diese Ebenen gegenseitig beeinflussen.

Der dritte Gedanke, der in diesen Karten sehr stark zum Ausdruck kommt, ist die Verantwortung. Wie der Kosmos Muster ausdrücken kann, so auch Notwendigkeiten. Die Menschen sind dafür verantwortlich, diesen Notwendigkeiten gerecht zu werden, es der Natur zu ermöglichen, sich zu heilen, und die spirituelle Wahrheit sich in der physischen Welt manifestieren zu lassen.

Die Vorstellung, daß Gott lediglich als Potential präsent ist, daß aber die Menschen das Mittel zur Entwicklung Gottes sind, ist ein fundamentaler Gedanke der okkulten Philosophie. Die Großen Arkana sind durchdrungen von dieser Idee, bei diesem Spiel auch die Kleinen Arkana. (Bei den Hofkarten finden wir sie in der Form der Vorstellung der amerikanischen Indianer, daß alle Geschöpfe dem Schöpfer helfen.) Einer der größten Kabbalisten, Isaac Luria, beschrieb das Licht Gottes als zerstreut, in den Bruchstücken des Baums des Lebens begraben. Deshalb ist es die Pflicht eines jeden Menschen, das Licht zu befreien und wieder zu sich selbst zurückzubringen. Beim Haindl-Tarot sehen wir eine ähnliche Vorstellung im Hinblick auf die Erde. Menschliche Rücksichtslosigkeit und Gier haben die Natur verwundet. Es ist unsere Verantwortung, sie wieder gesund werden zu lassen.

Wie bei den Großen Arkana habe ich für jede der Karten bestimmte Bedeutungen bei Befragungen angegeben. Man sollte jedoch diese Bedeutungen nicht von der Hauptbeschreibung getrennt sehen. In der Tradition der Kleinen Arkana gehört der gesamte Kommentar zu jeder Karte bereits zu ihrer Interpretation. Wenn man diese Karte zu Befragungen benutzt, muß man also auch berücksichtigen, was die Beschreibung und die spezifischen Zusammenhänge im Licht der übrigen Karte und der Frage des Betreffenden aussagen können.

Der Satz der Stäbe

Der Satz der Stäbe symbolisiert das Element Feuer. Das Feuer ist energiegeladen, mutig, dynamisch. Es repräsentiert Bewegung, Begeisterung, kreative Energie. Als erster Buchstabe (Jod) des Namens Gottes steht es für Anfänge. Feuer ergreift die Initiative. Es möchte neue Projekte beginnen oder neue Gedanken in die Tat umsetzen. Für sich allein kann diese Energie ihren großartigen Anfang vielleicht nicht durchhalten. So wie Flammen zu flackern beginnen, so braucht diese Einstellung gegenüber dem Leben den ständigen Wechsel. Man weiß auch, daß die loderndsten Flammen sich am schnellsten verzehren. Ein reines Feuer muß ständig mit Brennstoff, mit anhaltender Begeisterung und neuen Ereignissen versorgt sein.

Das Feuer symbolisiert den göttlichen Funken, das Geheimnis des Lebens, das den Menschen mehr als eine Maschine sein läßt. Bei den Großen Arkana haben wir diese Energie als die Shakti beschrieben, und wir haben auf das Bild Shivas verwiesen, der ohne dieses heilige Feuer träge wie ein Stein liegt. (Bei den Hofkarten werden wir die Vorstellung von der anderen Seite betrachten, wobei Kali sich die Energie vom toten Shiva zurückholt.) Wir haben auch gesehen, wie der Mensch, wenn er diese Energie in seinem Körper erweckt, die Empfindung großer Hitze hat.

Im griechischen Mythos von Prometheus wird berichtet, wie dieser den Göttern das Feuer raubte und der Menschheit brachte. Moderne Interpretationen der Erzählung deuten das Feuer als eine Metapher für die Technologie. In der Tat bezeichnet es die Fähigkeit des Menschen, aus der rohen Natur neue Dinge zu schaffen. Im Mythos heißt es aber, daß Prometheus *göttliches* Feuer stahl, das den Göttern ihre Unsterblichkeit verlieh. Zeus wollte die Menschen vernichten; als ihnen jedoch Prometheus den Funken des wahren Lebens gab, wurde diese Absicht vereitelt.

Das Symbol für die Stäbe bei diesem Spiel ist der Speer (auch als Lanze bezeichnet). Speere sind Waffen, aber nicht unbedingt

Symbole der Auseinandersetzung, denn sie dienten vermutlich ursprünglich als Jagd- und nicht als Kriegswerkzeug. Die Jagd symbolisiert die männliche Kraft. Wenn wir auch Feuer und Stäbe in der Regel als individualistisch betrachten (wie beim Magier, der in den meisten Tarot-Spielen einen Zauberstab hält), erfordert die Jagd doch Harmonie, denn der Stamm ist erfolgreicher, wenn die Männer gemeinsam jagen. Die Jagd führt zu einer intimen und geheiligten Beziehung zur Natur. Wahre Jäger beten zu den Tieren, bitten um Hilfe und erflehen Verzeihung dafür, daß sie ihnen das Leben nehmen. Dieses Band wird in manchen Gesellschaften so stark, daß die Jäger einen Teil der Eigenschaften der Tiere übernehmen, die sie hauptsächlich jagen.

In den frühen Gralsmysterien symbolisierte der Speer vermutlich die männliche Sonnenenergie, die im Mutterschoß und in der Erde das Leben erweckt. Dieser Gedanke wurde mit dem Speer und dem Kelch auch auf der Karte der Liebenden ausgedrückt. In der christlichen Version verlagerte sich diese Deutung hin zum Gedanken der Aggression und des Machtmißbrauchs. Hier wird der Speer tatsächlich zur Waffe, zur Lanze, die Christus am Kreuz verwundete. Als der Gral nach England kam (siehe das As der Kelche), kam auch der Speer. In manchen Versionen der Erzählung wird ein Ritter von einem Feind durch die Gralsburg gejagt. Er kommt in einen Raum, in dem er einen schlafenden (oder verwundeten) König und einen Speer vorfindet, von dem Blut tropft. Unter Mißachtung der heiligen Kraft im Raum ergreift er den Speer und streckt seinen Feind nieder. Dieser »schmerzhafte Streich« verwüstet das Schloß und das ganze Land ringsum, denn er hat die heilige Kraft zu seinem persönlichen Vorteil eingesetzt.

In dieser Allegorie wird ein Problem der Stäbe angesprochen, nämlich das der Arroganz, der Empfindungslosigkeit, des Machtmißbrauchs. Dies rührt von dem großen Selbstvertrauen her, welches das Feuer gibt, das Gefühl, man könne alles beiseite räumen, was sich einem in den Weg stellt. Und doch kann sich, wie wir oben gesehen haben, das Feuer auch selbst verzehren. Ein großartiger Beginn, großartige Ideen und Pläne

führen zu nichts, wenn man nicht die Fähigkeit hat, sie auszubauen. Der Energieausbruch kann zum Scheitern der Zehn führen.
Deshalb müssen wir die Stäbe-Energie nutzen, wenn wir sie haben, und wir müssen sie klug nutzen. Die Natur des Feuers verführt uns jedoch zu dem Glauben, daß sie ewig andauern wird. Indem der Tarot uns an die anderen Elemente erinnert, hilft er uns, das Feuer mit Eigenschaften wie Empfindsamkeit und Beständigkeit auszugleichen.

As der Stäbe

Die Asse bilden die Brücke zwischen den Augenkarten und den Hofkarten des gleichen Satzes. Während die übrigen Augenkarten, Zwei bis Zehn, verschiedene Zustände oder Augenblicke in den wechselnden Mustern des Lebens zeigen, gehören die Asse zur gleichen kulturellen und spirituellen Tradition wie die Hofkarten. Sie stellen die Tradition in ihrer grundlegendsten Form dar. Deshalb sehen wir auf diesem Bild das »Linga-Yon-Symbol«, den phallischen Stein und den Teich, die Vermischung der männlichen und weiblichen Aspekte Gottes. Das Linga – der Stein – repräsentiert Shiva, während die Yoni Shakti/Parvati/Kali symbolisiert (die drei Hauptnamen der Göttin). Dies sind die beiden Daseinspole, die fundamentalen Energien, und ihre Vereinigung ermöglicht den Fortbestand des Universums.
Als Hermann Haindl in Indien war, lebte er in der Stadt Vrindervan, dem Geburtsort von Krishna. In der ca. 20 km von Vrindervan entfernten Stadt Basar, so die Überlieferung, wurde Radha geboren (siehe Sohn und Tochter der Stäbe). Wenn er spazierenging, fand er dort einige Male alte Bäume, deren Stämme orange Kennzeichnungen aufwiesen. Das Orange symbolisiert Feuer und weist den Ort als heilig aus: Am Fuß des Baums befand sich oft dementsprechend eine Yoni-Muschel mit einem Linga-Stein. In diesem Land der komplexen Kunst und Religion waren diese »Altäre« für den Gott und die Göttin die einfachsten Tempel.

As der Stäbe 263

As der Stäbe im Osten

Phallische Steine gibt es an vielen Orten der Welt auch außerhalb Indiens. Wir finden sie zum Beispiel in den keltischen Ländern Westeuropas, insbesondere in der Bretagne. Mancherorts schützen phallische Steine Straßenkreuzungen, denn auch das Kreuz symbolisiert eine Verbindung von Energien. Im Vatikan gibt es einen uralten phallischen Stein, der einst einen archaischen Tempel zierte, später einen dem Mithras geweihten Tempel, bis das Christentum Staatsreligion wurde.
Auf dem Bild erscheint das Linga tiefrot, fast purpurn. Dies signalisiert sexuelle Erregung, jedoch sollten wir nicht glauben, das Linga meine nur männliche Sexualität. Männliche Lust und Energie sind ein Ausdruck der schöpferischen Kraft des Gottes,

dasjenige, das Leben spendet und das Licht der Sonne bringt, der Samen, der das Ei im Schoß befruchtet. Flammen umgeben den oberen Teil des Steins und die Spitze des Speers, und diese stehen nun ganz gewiß für Lust und sexuelle Energie. Um die Karte – und den Tarot im allgemeinen – verstehen zu können, müssen wir die Konditionierung überwinden, die uns Sex als das Gegenteil von Spiritualität sehen läßt. Die Flammen bezeichnen aber auch den unsterblichen Funken, der jeden von uns mehr sein läßt als nur unsere äußere physische Gestalt.
Während das Linga rein rot ist, erscheint in der Yoni eine Vielzahl an Farben. Dies drückt die Potentialität des weiblichen Prinzips aus. In dem von Wasser symbolisierten Zustand sind alle Dinge möglich. Feuer ist aktiv. Es bewegt und trägt Energie. Ein Speer weist in eine bestimmte Richtung. Die Yoni symbolisiert Ruhe und Aufnahmebereitschaft. In dem Zustand vor der Handlung sind noch alle Möglichkeiten offen (vergleiche hierzu auch den Magier [I] und die Hohepriesterin [II]).
In Verbindung mit den Hofkarten repräsentieren die Asse archaische Symbole. In Verbindung mit den übrigen Karten symbolisieren sie das Grundelement der Karte. Sie kennzeichnen dieses Element als die »Wurzel« der verschiedenen Erfahrungen, die in den Karten zwei bis zehn ausgedrückt sind. Das As der Stäbe bezeichnet deshalb Feuer, schöpferische Kraft, Anfänge, Verlangen, Bewegung.
Auf der Karte sind in der Tat alle Elemente vorhanden. Das Wasser erscheint als Yoni, aber auch im Hintergrund, hinter der Wiese. Wir sehen, wie Humus und Pflanzen die Erde repräsentieren, der Himmel die Luft. Die Gewächse haben die gleiche Gestalt wie die Flammen. Dies zeigt uns, daß lebende Wesen, Pflanzen wie Tiere, das Feuer brauchen, denn Pflanzen können ohne die Sonne nicht wachsen. Wir können sie als eine feste Form des Feuers sehen. Das Wasser bleibt jedoch es selbst, denn Wasser ist der Gegensatz von Feuer.
Bei Befragungen steht die Karte für das »Geschenk« des Feuers im Leben eines Menschen. Es ist eine Zeit der Energie, des Optimismus und des Selbstvertrauens. Diese Eigenschaften können im Beruf, bei Beziehungen oder bei einer kreativen

Beschäftigung zum Tragen kommen. Geht es bei der Befragung um sexuelle Themen, zeigt das As der Stäbe Verlangen und große Energie an. Es kann notwendig sein, dies durch jene Art emotionaler Hinwendung und Empfindsamkeit auszugleichen, wie sie zum Beispiel in Karten wie der Zwei der Kelche zum Ausdruck kommt.

Das As der Stäbe ist eine Karte der Anfänge. Sie zeigt Inspiration an, einen verheißungsvollen Auftakt für Projekte, einen neuen Arbeitsplatz, einen Umzug. Die Karte symbolisiert Mut, aber auch Hemmungslosigkeit.

Umgekehrt zeigt die Karte an, daß es dem Betreffenden schwerfällt, seine Energie zu konzentrieren. Seine Unternehmungen sind ziel- und planlos, und er scheint in chaotischen oder disharmonischen Verhältnissen zu leben. Es ist für ihn schwierig, Ereignisse in die gewünschten Bahnen zu lenken. Die Karte kann auch Pessimismus oder fehlendes Selbstvertrauen bedeuten. In einem positiveren Sinne, insbesondere in Verbindung mit Karten wie der Hohenpriesterin (II) oder dem Eremiten (IX), deutet das As der Stäbe darauf hin, daß jetzt nicht die Zeit zum Handeln ist. Der Betreffende sollte Ruhe einkehren lassen und nicht versuchen, neue Projekte anzugehen.

Zwei der Stäbe – Herrschaft

Der Name dieser Karte läßt an Macht und Kontrolle denken. Das Bild der Ruine eines Heiligtums weist jedoch darauf hin, daß es nicht um persönliche oder politische Macht, sondern mehr um die Macht der Seele geht. Da es sich um eine alte Kirche handelt, wird die Vernachlässigung der Macht des Heiligen in unserer Zeit angedeutet. Trotzdem ist sie nach wie vor vorhanden, eine verborgene Kraft in unserer Welt.

Das Bild der Kirche nimmt das heilige Feuer des Asses auf und verleiht ihm Gestalt. Dies ist in der Tat das Ideal einer institutionellen Kirche: Sie will den mystischen Erfahrungen, welche die Religion inspirieren, Gestalt und Bedeutung verleihen. Wenn die offiziellen Religionen sich aus Opportunitätsgründen

Herrschaft
Zwei der Stäbe

gegen ihre eigentlichen Grundsätze mit der politischen Macht einlassen, werden vielleicht ihre Gebäude größer, während die Gemeinschaft der Gläubigen kraftloser wird. Deshalb sehen wir auf diesem Bild ein altes Gemäuer, das verfallen ist, aber seine ursprüngliche Bedeutung behalten hat.
Das I-Ging-Hexagramm ist Nummer 26, von Wing »Die angesammelte Kraft« genannt, von Wilhelm mit dem wunderbaren Titel »Des Großen Zähmungskraft« versehen. Beides betont die Notwendigkeit, am rechten Handeln festzuhalten, eine Sache zu Ende zu führen. Bei Wilhelm liegt der Nachdruck darauf, daß man aus der Weisheit der Vergangenheit lernen soll, ein Thema, das wir in dem alten Gebäude erkennen. Wing sagt, dies sei die

Zeit, neue und ehrgeizige Unternehmungen in Angriff zu nehmen. Schöpferische Energie prägt das Hexagramm. Es sagt uns, die im Titel der Karte bezeichnete Kraft sei nicht irgendwo fern von uns, sondern in uns vorhanden.

Das vorliegende Bild entstammt einem Gemälde mit dem Titel »Kathedrale«, das 1983 nach einem Besuch in der St.-Anna-Kirche in Jerusalem entstand. Im Zentrum sehen wir eine verfallene Treppe; sie wurde für immer wieder andere Tempel benutzt, die am gleichen Ort entstanden. Eine Treppe symbolisiert einen spirituellen Aufstieg, die Erhebung der Seele zum Himmel.

Die Treppen führen an eine Stelle, an der das Dach eingestürzt ist und den Himmel freigibt. Die Kirche ist nicht einfach ein menschliches Bauwerk. Die frühesten Tempel waren spezielle Orte der Kraft in der Natur. Der Vordergrund des Bildes ist hell, der Hintergrund dunkel, ein Hinweis auf das Mysterium im Mittelpunkt einer jeden Religion. Die äußeren Lehren können sehr klar klingen, während die innere Wahrheit doch verborgen bleibt, bis wir uns auf einen Pfad begeben, wie er in den Großen Arkana dargestellt ist.

Die Pfeiler der Kirche ragen wie Lingams auf. Die Bögen dagegen bilden Yonis. Hier tritt uns wiederum die Wahrheit entgegen, daß alles Dasein von beiden Energiearten abhängt. Die beiden Formen gehen ineinander über.

Die Speere bilden ein sogenanntes Andreaskreuz. Sie formieren sich darüber hinaus zur Rune der Sonne (XIX). Wir erkennen aber auch die Rune Mannaz(ᛗ), die Haltung eines Menschen, der die Arme vor der Brust verschränkt hat. Dies ist eine außerordentlich machtvolle Haltung. Haindl hat sie als diejenige des Osiris auf alten Gemälden gesehen, ebenso bei der arabischen Begrüßung, die mit den Worten »Salam aleikum« – »Friede sei mit euch« – einhergeht. Man macht diese Geste mit offenen Händen, wobei die Handflächen flach am Körper anliegen, ein Hinweis, daß man nicht bewaffnet ist (das Ausstrecken der rechten Hand hat in Europa die gleiche Bedeutung). Wenn wir jedoch aufrecht stehen und mit geschlossenen Fäusten die Arme über der Brust verschränken, entsteht ein Kreis kraftvoller

Energie im Körper (dies ist ebenfalls nicht aggressiv, denn die Energie richtet sich nicht nach außen; die innere Qualität bringt die Kraft hervor). Bei Meditationen mit bestimmten Haltungen für jeden der ersten sieben Trümpfe habe ich festgestellt, daß diese Geste sehr gut zum Wagen (VII) paßt. Als Symbol der Macht finden wir auch häufig die gekreuzten Lanzen auf Wappen.

Wenn wir die Speere selbst betrachten, erkennen wir Macht. Achten wir darauf, wie sie den Raum teilen, sehen wir, daß die beiden Speere vier Quadranten bilden. Traditionell steht die Zahl Vier für das Gesetz, das kosmische wie das menschliche. Macht muß sich an den inneren Mustern des Lebens orientieren, um eine sinnvolle Wirkung zu haben. Wenn wir gegen diese Muster arbeiten, wird unsere Kraft destruktiv oder geht einfach verloren. Wir können auch sagen, daß die Gesetze der Gesellschaft diesen Mustern folgen müssen, damit sie nicht korrumpiert werden.

Bei Befragungen weist diese Karte auf Macht hin, auf einen Menschen, der in einer gesicherten Position und erfolgreich ist. Er steht fest im Leben und verfügt über persönliche Willenskraft. Es besteht eine Notwendigkeit, diese Kraft klug und unter Anwendung tieferer Prinzipien als nur denjenigen des persönlichen Vorteils oder der Herrschaft über andere zu nutzen. Im Zusammenhang mit dem Hexagramm kann sie eine Möglichkeit anzeigen, Macht aufzubauen, das heißt, ehrgeizige Projekte in Angriff zu nehmen. In ihrer tiefsten Bedeutung symbolisiert die Karte Entdeckung der Macht in der spirituellen Wahrheit.

Die umgekehrte Karte steht für eine Person, die freiwillig eine Machtposition aufgibt. Der Betreffende ist vielleicht auf der Suche nach einer neuen Richtung, vielleicht auch nach Abenteuern auf Reisen. Bei Befragungen zum Thema Arbeitswelt kann die Suche nach einer neuen Stelle oder einer ganz neuen Laufbahn gemeint sein. Nach einer anderen Deutung der umgekehrten Karte ist auch an Machtmißbrauch zu denken.

Drei der Stäbe – Tugend

Der Hintergrund für diese Karte ist, wie bei der Zwei, dem Gemälde mit dem Titel »Kathedrale« entnommen. Auch hier sehen wir die eingestürzte Kirche. Ein Fenster gibt den Blick zum Himmel frei. Das Gebäude bleibt – ein Symbol für den uralten Drang der Menschheit, religiösen Empfindungen Struktur zu geben –, das bunte Glas, das vielleicht einst dieses Fenster ausfüllte, ist jedoch verschwunden. Die komplexen Theologien und Philosophien sind zusammengebrochen. Was bleibt, ist die reine Tugend, welche die Menschen aus einer Empfindung für die Wahrheit in heiliger Weise handeln läßt.

Das Hexagramm hat die Nummer 50. Wing nennt es »Die kosmische Ordnung« und beschreibt sie als großes Glück. Ein solches Glück tritt ihm zufolge ein, wenn die menschlichen Bedürfnisse sich im Gleichklang mit den Bedürfnissen (Mustern) des Kosmos befinden. Durch diesen Gedanken wird angedeutet, daß in der Sicht des I Ging (oder des Tarot) Veränderungen in der Natur nicht zufällig eintreten, wenn dies auch unserer beschränkten Wahrnehmung so scheinen mag. Sie entsprechen vielmehr den Bedürfnissen des Kosmos und gehorchen einer Ordnung, die für unseren Verstand zu umfassend ist.

Wilhelm beschreibt dieses Hexagramm ebenfalls als »Großes Heil«. Er gibt ihm den Titel »Der Tiegel«, weil die Form der Linien an einen Topf mit Deckel denken läßt, der auf zwei kurzen Beinen ruht. Der Tiegel und der Brunnen, Hexagramm 48 (Zehn der Steine), stellen die beiden einzigen von Menschen gefertigten Objekte dar, die als Hexagrammzeichen erscheinen. Dies führt uns wieder zum Thema der Kultur.

Der dritte Speer verwandelt die Rune von Gebo in Hagal, die Mutter der Runen, wodurch sich eine Verbindung zur Herrscherin (III), zum Wagen (VII) und zu verschiedenen anderen Karten ergibt. Hagal bringt Gleichgewicht und Harmonie mit den Mustern des Lebens. Der wirklich Tugendhafte handelt aus dem Bemühen, sich selbst zu verwirklichen und der Welt zu helfen, ihre Ziele zu erreichen. Die okkulte Anschauung lehrt uns,

Tugend
Drei der Stäbe

daß wir nicht in die Welt kommen, um nur blind einer Reihe von Gesetzen zu gehorchen und nach dem Tod unser Urteil zu empfangen. Gott selbst und das Universum sind vielmehr in Entwicklung, und wir gehören zu den Instrumenten dieser Entwicklung. Wenn man in Harmonie mit einem bestimmten Zweck im Leben handelt, kann man dazu beitragen, die Bedürfnisse des Kosmos zu erfüllen.

Bei Befragungen kann diese Karte große Bedeutung haben. Sie zeigt an, daß der Betreffende wohl in Harmonie mit der Natur und den Erfordernissen der Situation handelt. Wenn er wissen möchte, ob er das Richtige tut, antwortet die Drei der Stäbe mit Ja. Im allgemeinen Sinne wird sie anzeigen, daß der Befra-

gende seine Bestimmung im Leben gefunden hat und mit Vertrauen auf seinem Weg fortschreiten kann. Das Hexagramm sagt aus, er wird sein Glück machen. Die übrigen Karten können allerdings Widerstände anzeigen.
Die umgekehrte Drei der Stäbe besagt, der Ratsuchende stehe nicht in Harmonie mit der Situation. Er ringt um die beste Vorgehensweise. Die umgekehrte Karte kann darauf hinweisen, daß der Betreffende Schwierigkeiten hat, den Reiz des Lebens aufzuspüren oder Ziele auszumachen, die wirklich lohnend erscheinen.

Vier der Stäbe – Vollendung

Auch diese Karte hat das Gemälde »Kathedrale« als Hintergrund. Die Blase mit dem Auge in ihrer Mitte ruht in einer Hand, die von oben kommt, wie wenn sie ein Geschenk reicht.
Das Hexagramm ist Nr. 63, von Wilhelm und von Wing »Nach der Vollendung« genannt. Damit wird eine Situation beschrieben, in der Frieden und Harmonie erreicht sind. Das Chaos ist der Ordnung gewichen, und es besteht der Eindruck der Vollendung. Wilhelm sagt, daß die starken und die schwachen Linien an den richtigen Plätzen sind. Nach der chinesischen Anschauung geht jedoch ein Zustand in den nächsten über. Wenn wir daher einen Gipfelpunkt – einen vollkommenen Augenblick – erreichen, können wir leicht fallen. Inmitten der Vollendung brauchen wir Vorsicht und Ausdauer, denn kleine Fehler können zu einem solchen Zeitpunkt große Änderungen hervorrufen.
Bei den meisten Stäbekarten weisen alle Speere nach oben. Dies hat mit dem Gedanken des Feuers zu tun, das natürlicherweise nach oben strebt. Das Feuer steht für Optimismus und Tatkraft. Es zeigt das Bestreben, auf höhere Ebenen zu gelangen. Eine solche Betonung des Aufsteigens ruft jedoch ein Ungleichgewicht hervor, denn wie wir bei der Spiralensymbolik der Großen Arkana gesehen haben, strebt Spiritualität nicht einfach

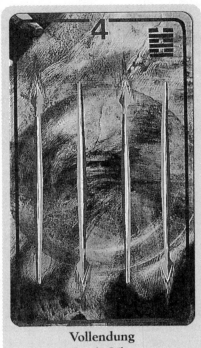

Vollendung
Vier der Stäbe

von der Welt fort, sondern kehrt zu ihr zurück. Das göttliche Feuer kommt »auf« uns als ein Geschenk. Auf diesem Bild sehen wir nicht nur die Hand, die uns die Kugel herabreicht, sondern auch vier Speere, von denen je zwei nach oben und zwei nach unten weisen. Dies zeigt, daß »Vollendung" von einem Gleichgewicht der Energien abhängt.

Von der Zahl Vier haben wir gesagt, sie symbolisiere das Gesetz. Hier ist die Vier zwei mal zwei, ein Hinweis darauf, daß Gesetze und Strukturen die innere Wahrheit, wie sie die Hohepriesterin (II) symbolisiert, in sich tragen müssen. Die Anordnung der Speere erinnert auch an die berühmte Maxime »Wie oben, so unten«. Damit wird ausgedrückt, daß die verschiedenen Formen des Lebens die kosmischen Muster des göttlichen Gesetzes reflektieren. Dieser Satz hat eine spezielle Bedeutung für die Divination. Die Astrologen sagen, die Muster des individuellen Lebens (unten) seien eine Spiegelung oder Fortsetzung des Musters der Sterne und Planeten (oben). Bei anderen Formen der Divination trifft der Satz ebenso zu: Die Zusammensetzung der Tarot-Karten und das Fallen der Stengel beim I Ging haben eine Bedeutung, weil sie die sinnvollen Muster des Lebens eines Menschen widerspiegeln. Dies heißt aber auch, das Leben selbst ist sinnvoll, weil es kosmische Ordnung und kosmischen Sinn widerspiegelt.

Die Attribute »oben« und »unten« kennzeichnen zudem den Himmel und die Unterwelt, die mythologischen Reiche des Lichts und der Finsternis. Wie wir bei den Großen Arkana gesehen haben, müssen wir diese beiden Reiche in uns selbst erforschen, um jene Befreiung zu erlangen, die in den Trümpfen dargestellt ist. In einem der ältesten Gedichte der Welt, dem sumerischen Epos »Die Herabkunft Inannas«, wird beschrieben, wie die Königin des Himmels zu ihrer Schwester geht, der Göttin des Todes. Es beginnt mit den Worten: »Vom großen Oben neigte sie ihr Ohr zum großen Unten.«

Auf dem Gemälde »Kathedrale« wächst ein Baum in der Mitte der verfallenen Kirche. Der Baumstamm hat etwas Steinartiges. Neues Leben entwickelt sich auf den Ruinen des Alten. Auch die Blase zeigt neue Möglichkeiten an. Bei Karten wie der Herrscherin (III), der Hohenpriesterin (II) und dem Aeon (XX) haben wir die Bedeutung der Blasen beim Haindl-Tarot gesehen. Das Auge erinnert uns auch an das Aeon, wo ein altes Auge hinter den Wolken hervorblickt. Dieses Auge hat sich nicht ganz geöffnet, es hat sich noch nicht völlig vom Stein gelöst.

Während die nach unten ausgestreckte Hand den Akt des Schenkens andeutet, erinnert sie auch an die Hand beim Schicksalsrad (X). Dieses Bild symbolisiert die Notwendigkeit, daß wir unser Schicksal in unsere eigenen Hände nehmen. Die Hand, die uns ein Geschenk darreicht, muß ergriffen werden, damit wir dieses Geschenk in Empfang nehmen können. Wenn

uns das Leben neue Möglichkeiten darbietet, müssen wir aktiv sein, um sie auch zu nutzen.
Zu den Bedeutungen bei Befragungen gehört der Gedanke des neuen Lebens, neuer Möglichkeiten. Die Karte fordert uns auf, unsere Chance zu suchen und im richtigen Augenblick aktiv zu werden. Im weiteren Sinne zeigt sie eine Empfindung der Erneuerung im Leben eines Menschen an. Dies ist ein Gefühl der Begeisterung, des Wachstums. Wie Aktivität notwendig ist, so ist es auch Bescheidenheit. Die mächtige Feuerenergie kann zu Arroganz führen. Die nach unten weisenden Speere mahnen den Betreffenden, das Gleichgewicht nicht zu verlieren, um die sich darbietenden Möglichkeiten nicht aufs Spiel zu setzen.
Die Umkehrung kann Irrtümer oder das Einschlagen eines falschen Weges anzeigen. Der Betreffende »brennt« vielleicht zu sehr auf einen Neubeginn. Es kann notwendig sein, auf eine echte Möglichkeit zu warten.

Fünf der Stäbe – Konflikt

Wie der Titel schon andeutet, ist dies eine der schwierigeren Karten im Satz der Stäbe. Der Gedanke des Konflikts gehört in der Tat zum Feuer, weil die aggressive Energie sich im Kampf bewähren möchte. Dies kann zu positiven Ergebnissen führen, wenn der Kampf als spannendes Spiel gilt. Wir sprechen dann vom »Widerstreit der Ideen« oder einer »kreativen Auseinandersetzung«. Wenn jedoch eine Seite Dominanz um jeden Preis anstrebt – statt der kreativen Freisetzung ihrer eigenen Energie –, dann wird aus dem Spiel schnell bitterer Ernst.
Das Hexagramm, Nummer 49, bedeutet »Die Revolution« bei Wilhelm und »Die Umwälzung« bei Wing. Unsere heutige Zeit sieht Revolutionen als etwas Positives. Die Franzosen, die Amerikaner, die Russen, die Chinesen und andere mehr feiern ihre Revolutionen. Wenn ein solches Ereignis eintritt, wie etwa in Nicaragua oder im Iran, wird dies meist begrüßt, jedenfalls so lange, bis die neuen Machthaber Maßnahmen ergreifen, die nicht mehr die Akzeptanz der übrigen Welt finden. In anderen

Konflikt
Fünf der Stäbe

Bereichen, zum Beispiel der Wissenschaft oder der Kunst, versteht man unter einer »Revolution« eine dynamische Veränderung, die große Verbesserungen und neue Möglichkeiten bringt. Beim I Ging dagegen heißen die Tugenden Stabilität und Harmonie. Es strebt den allmählichen Wechsel, nicht den gewaltsamen Umsturz an. Deshalb meint Hexagramm 49 Gefahr, Chaos, extreme Situationen. Revolutionen sollten nur dann eintreten, wenn eine Situation so aus dem Gleichgewicht geraten ist, daß ein sanftes Vorgehen keine Wirkung mehr hätte. Die Absicht des I Ging ist es unter anderem, solche Gefahren nicht entstehen zu lassen, indem es den Menschen zeigt, wie man in Harmonie mit dem Augenblick handeln kann.

Das vorliegende Bild zeigt eine Einzelheit aus dem Gemälde
»Ödipus«. Wir sehen den oberen Teil einer Steinsäule - wiederum ein Lingam. Die Steinsäule scheint eine sich wandelnde
Form zu haben und wie der steinerne Baum bei der »Kathedrale« in das Organische überzugehen. Auch dieses Thema der
Transformation gehört zum Feuer, das Materie von einer Form
in eine andere überführt, feste Stoffe schmilzt, Flüssigkeiten in
Gase verwandelt. Der oberste Teil der Säule erinnert an die
Form des Gehirns. Dadurch wird die Säule zur Wirbel-Säule,
das Bild erinnert an den menschlichen Körper. Gleichzeitig ist
die Säule dunkel und chaotisch und symbolisiert dadurch unter
anderem die Gewalttaten der Geschichte.

Die Speere steigen aus dem Dunkeln am unteren Rand auf, als
ob sie von der finsteren, blutigen Vergangenheit wegstrebten.
Wie wir jedoch beim Teufel (XV) und dem Turm (XVI) gesehen
haben, müssen wir nicht nur mit der Geschichte, sondern auch
mit unserer eigenen inneren Finsternis zurechtkommen. Konflikte gibt es häufig dann, wenn Menschen ihre eigenen Ängste
und Aggressionen nach außen und auf andere projizieren.

Die Speere steigen nicht gleichmäßig auf, sondern gestaffelt.
Dies symbolisiert Hierarchie, die Haindl als eine Quelle der
Konflikte und Aggressionen betrachtet. Die Vorstellung, daß
eine Person oder eine Klasse einer anderen überlegen ist, führt
zu Krieg und Versklavung - zum Beispiel von Frauen durch
Männer, die dies mit einer angeblichen männlichen Überlegenheit und einem göttlichen Gesetz rechtfertigen.

Die Speere symbolisieren ebenso den Wunsch des Intellekts, die
Erde zu verlassen und sich die Natur zu unterwerfen, unserer
tierischen Herkunft zu entgehen. Intellektuelle Energie kann die
positive Seite dieser Karte repräsentieren. Die Entschlüsselung
der DNS ist zum Teil einem Wettbewerb zwischen Wissenschaftlern zu verdanken; mit diesem Wissen wird es der Medizin vielleicht einmal möglich sein, Erbkrankheiten zu behandeln. Andererseits kann jedoch intellektuelles Streben zu einem
Bruch mit der Realität führen, wenn Menschen die Herstellung
furchtbarer Waffen ebenso als reinen wissenschaftlichen Wettbewerb betrachten.

Erscheint diese Karte in Befragungen aufrecht, wenden wir uns mehr ihren positiven Aspekten zu. Sie zeigt Energie, Begeisterung, Menschen im Wettbewerb und Kampf, aber ohne Haß oder Bitterkeit. Die Fünf der Stäbe kann die Karte eines Menschen sein, der in der Welt aktiv ist. Trotzdem sollten wir das finstere Chaos am unteren Rand nicht vergessen. Es könnte Bereiche im Leben des Betreffenden geben, die er vermeiden oder verleugnen möchte. Die anderen Karten werden einen Hinweis darauf geben, ob hier ein Problem liegt.
Die umgekehrte Karte betont eher die unerfreulichen Aspekte. Die Konflikte werden härter, persönlicher und aggressiver. Man beachte, daß' bei der umgekehrten Karte die Speere zu uns zurückkehren, wie wenn ein anderer sie geschleudert hätte. Die umgekehrte Karte kann manchmal auch Verbitterung über das Verhalten anderer Menschen anzeigen.

Sechs der Stäbe - Sieg

Auf die Schlacht der Fünf folgt der Sieg. Dies ist eine sehr positive Karte, sie zeigt die Stäbe-Eigenschaften der Macht und des Triumphs. Der Sieg kann jedoch ein ebenso schwieriges Thema sein wie der Konflikt, denn wenn es einen Sieger gibt, muß es auch einen Verlierer geben. Deshalb hat Hermann Haindl mit dem Hexagramm und dem Hintergrund einen Ausgleich für die Aggression der Stäbe geschaffen. Es gibt auch unterschiedliche Möglichkeiten, das Thema des Sieges zu interpretieren. Es kann einen persönlichen Sieg über die eigenen Zweifel und Behinderungen anzeigen. Es kann für jene Art von Triumph stehen, bei dem eine Gruppe von Menschen zusammenarbeitet, um etwas Wichtiges zu leisten. Die sechs Speere stehen alle auf der gleichen Höhe, wodurch sie auf Zusammenarbeit hinweisen. Wir können sie auch so deuten, daß sie nicht mehr aufsteigen, sondern bereits ein hohes Niveau erreicht haben - und zwar gemeinsam.
Das Hexagramm ist Nummer 2, »Das Empfangende« bei Wilhelm, »Die natürliche Antwort« bei Wing. Es ist eines der bei-

Sieg
Sechs der Stäbe

den primären Hexagramme und besteht aus sechs Yin-Linien. Wenn wir die Karte waagerecht legen, sehen wir, daß die Speere sechs Yang-Linien bilden. Dies ist Hexagramm 1, »Die schöpferische Kraft«, das auf der Zwei der Kelche erscheint. Die Karte enthält daher beide Hexagramme, die einander die Waage halten. Das Hauptattribut des Empfangenden ist die Demut. Der Betreffende erreicht den Sieg, indem er nachfolgt, nicht indem er anführt. Das Hexagramm verkörpert auch die Erde und die Dunkelheit, so wie die schöpferische Kraft den Himmel und das Licht verkörpert. Feuer und Stäbe gehören zum Licht. Das Feuer lodert zum Himmel. Hexagramm 2 bringt daher die Karte ins Gleichgewicht.

Der Hintergrund zeigt einen Ausschnitt aus einem Bild mit dem Titel »Dionysos«. Das Thema dieses Bildes hilft, ein Gegengewicht zum persönlichen Sieg zu schaffen oder diesen zu transzendieren. Dionysos gehört zu den archaischen griechischen Göttern und steht für die Ekstase als Mittel der kollektiven Bewußtseinsveränderung. Für Haindl ist dies prärational, vor den intellektuellen Definitionen der Welt. Die Ekstase ist ein kollektiver Sieg über die Isolation, über beschränkte Wahrnehmungen der Realität, über den Tod, denn in der Ekstase erlangen wir eine Empfindung für die Ewigkeit jenseits des Körpers.
Die braunen Linien am unteren Bildrand sind das Haar des Dionysos. Auf der Karte gleicht es der braunen Erde, auf der Reben oder Efeu wachsen. Auch diese Pflanze drückt den Sieg aus, denn in Nordeuropa wanden die Menschen Kränze aus Efeu, wie die Römer den Lorbeer verwendeten. Der Efeu bleibt im Winter grün, wenn das Land abgestorben ist. Die Pflanze steht für den Triumph über den Tod. Auch dies ist wiederum ein Sieg ohne Besiegte.
Bei Befragungen zeigt die Karte einen Triumph an, darüber hinaus Selbstvertrauen und entschlossenes Handeln, die zum Triumph führen werden. Sie zeigt großen Optimismus und Siegesgewißheit, die nicht selten andere mitreißt. Der Betreffende muß vielleicht darauf achten, daß andere nicht unter seinem Sieg zu leiden haben. Wenn die übrigen Karten auf ein derartiges Problem hinweisen, sollte der Befragende versuchen, mehr auf Zusammenarbeit als auf Wettbewerb zu setzen. Im besten Sinne zeigt die Sechs der Stäbe einen Menschen, der andere mit dem Glauben und Vertrauen auf den letztlich eintretenden Erfolg inspirieren kann. Die Karte würde zusammen mit der Karte des Universums (XXI) bei einer Befragung für jede Unternehmung günstige Vorzeichen signalisieren.
Die umgekehrte Karte zeigt einen Verlust des Vertrauens. Sie zeigt weniger ein Scheitern als eine negative Einstellung an, die dann wirklich zum Scheitern führen kann. Sie bedeutet Selbstzweifel und Zaghaftigkeit. Der Betreffende sollte sich darüber klarwerden, daß sowohl Sieg als auch Niederlage die Folge selbsterfüllender Prophezeiungen sein können.

Sieben der Stäbe – Tapferkeit

Mut und Tapferkeit sind Eigenschaften, die kriegerisches Handeln assoziieren; wie bei der vorigen Karte können wir für den Mut jedoch auch andere Bedeutungen finden, die sogar Pazifismus einschließen. Der Trumpf des Wagens (VII) weist auf die große Tapferkeit hin, sich mit den Geheimnissen und Schrecken des eigenen Daseins auseinanderzusetzen. Man denke beispielsweise an Hermann Haindls Erfahrungen als junger Mann im Krieg und in den Jahren danach, als Deutschland ein Trümmerfeld war und mit Entsetzen entdecken mußte, was in den Konzentrationslagern geschehen war.

Das Hexagramm ist Nummer 40, das bei Wing und bei Wilhelm »Die Befreiung« heißt. Es verlangt kraftvolles Handeln, um die Angst im Selbst und die Konflikte mit anderen zu überwinden. Im Kommentar zum Hexagramm wird das Bild eines Gewitters erwähnt, das an einem heißen Tag die Luft reinigt. Hier ist also mehr von einer Erleichterung als von einer Eroberung die Rede. Sinn des Mutes ist es nicht, andere zu unterwerfen, sondern Probleme zu lösen. Das Bild des Gewitters erinnert aber auch an das Kartenpaar des Turms (XVI) und des Sterns (XVII). Dort bringt die Explosion Erneuerung und Öffnung.

Auf dem Bild sehen wir Felsen an einer Meeresküste. Die Szene ist friedlich, wenn auch am Himmel graue Wolken aufziehen, die einen Sturm erwarten lassen. Die Speere ragen aus Löchern im Fels auf, wie Lingams aus Yonis aufragen. Der Speer symbolisiert die aktive Menschheit, die nach oben strebt. Der Fels symbolisiert die Natur und unsere ewigen Bande an die Erde. Die Felsen haben etwas von steinernen Gesichtern oder Säulen, die so alt sind, daß keine Einzelheiten mehr zu erkennen sind. Wenn wir diese Karte rechts neben die Zehn der Kelche legen – beide haben ihren Hintergrund vom gleichen Gemälde –, erscheinen sie wie zwei Gesichter, die sich ansehen.

Am oberen Rand des Bildes erscheint die untere Hälfte einer Kugel. Dies erinnert an das Universum (XXI), wobei hier die Felsen die Gestalt des Drachen angenommen haben. Die mythologische Schlange lag auf dem Grund des Meeres einge-

Sieben der Stäbe

Tapferkeit
Sieben der Stäbe

rollt. Dieses Bild deutet auf eine tiefere Art von Mut hin, bei der es darum geht, den Drachen zu entrollen und Transformation anzustreben.

Beim Universum war die Kugel die Erde. Hier steht sie für die nichtmaterielle Welt des Mystischen. Die Speere steigen aus dem Fels zum Himmel auf, als strebten sie der Kugel entgegen. Wenn wir die Bewegung als das Verlangen deuten, die Erde zu verlassen, wird dieses Verlangen scheitern, denn die Erde ist die Grundlage unserer Realität. Wir können die Bewegung aber auch als den Mut betrachten, Aggression in etwas Sinnvolles zu verwandeln.

Bei Befragungen werden die Grundattribute der Karte betont.

Sie zeigt einen Menschen mit Mut und Risikobereitschaft. Es kann zu einer entscheidenden Frage werden, wie er diesen Mut einsetzt. Strebt er nach Unterwerfung anderer oder nach persönlicher Entwicklung? Wird daraus etwas Wesentliches entstehen, oder lebt er nur die Lust am Kampf aus? Mut ist eigentlich in allen Lebenslagen erforderlich. Manchmal müssen wir Schwäche erkennen oder Begrenzungen, oder wir müssen einsehen, daß eine Situation nicht mehr zu retten ist. Mut kann auch der Mut zum Rückzug sein. In ihrem tiefsten Sinne bedeutet diese Karte, den Mut zu haben, seine eigene Kraft zur Transformation zu nutzen.
Die umgekehrte Karte zeigt in erster Linie an, daß den Betreffenden der Mut verläßt. Er zögert, weiß nicht, ob er weitermachen soll. Bekräftigt wird eine solche Deutung durch den umgekehrten Wagen (VII) oder ähnliche Karten. Die umgekehrte Sieben der Stäbe kann aber auch ein Ratschlag sein: Verlassen Sie sich nicht auf Ihren Mut. Suchen Sie eine Alternative, vielleicht eine Aussöhnung.

Acht der Stäbe – Schnelligkeit

Der Titel dieser Karte spricht von Bewegung, einem Fortschreiten in unterschiedliche Richtungen. Weil die Speere jedoch nach oben weisen, wird spirituelle Entwicklung angedeutet. Dies kann eine Bewegung von Unklarheit zu Klarheit, von Schwachheit zu Stärke, von Zweifel zu Gewißheit sein.
Das Hexagramm ist Nummer 35; bei Wing wie bei Wilhelm »Der Fortschritt« betitelt. Auch dieser Gedanke impliziert Bewegung, insbesondere nach oben. Das I Ging sagt beim »Fortschritt«: »Der Fürst wird mit Pferden geehrt. An einem einzigen Tag erhält er dreimal Audienz.« Die moderne Erläuterung durch Wing legt den Nachdruck darauf, daß der Betreffende Fortschritte macht, wenn er die Bedürfnisse der Gesellschaft erfüllt. Das individuelle Streben dient einem höheren Zweck und wird dadurch impulsiert, daß es Teil des kosmischen Musters ist.

Acht der Stäbe 283

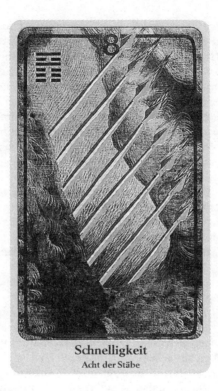

Schnelligkeit
Acht der Stäbe

Wilhelm sagt, daß die Natur des Menschen gut ist, aber vervollkommnet werden muß. Er vergleicht dies mit dem Sonnenlicht. Das Licht selbst ist rein, wird aber manchmal durch Nebel verdunkelt, die von der Erde aufsteigen. Wenn die Sonne aufsteigt, löst sie die trüben Dünste auf. Hier haben wir das gleiche Bild wie auf der Karte, nämlich das Streben nach oben. Die Speere verbinden eine dunkle Ecke im unteren mit einem hellen Bereich im oberen Teil der Karte.

In der unteren Ecke sehen wir auch Rot – wie von Feuer oder Blut. Dieses Rot weicht dem Blau, dem Himmel. Der Bewegungsimpuls entstammt der feurigen Lebensenergie, die aktiv sein will. Diese rasche Bewegung bringt uns jedoch zu einer rei-

neren Ebene. Wir könnten uns hier daran erinnern, daß der
Himmel und die Erde nicht bloß verstandesmäßige Symbole
sind. In ekstatischen Zuständen oder schon einfach beim Aufenthalt in der Natur erleben wir die Erde und den Himmel.
Wenn wir uns fest mit der Erde verbinden (keiner der Speere
verläßt den Felsen) und gleichzeitig das Bewußtsein zum blauen
Himmel aufsteigen lassen, empfinden wir Befreiung.
Die Speere erscheinen alle in gerader Linie. Wenn wir genauer
hinsehen, entdecken wir, daß sie sich von hinten nach vorn
bewegen. Auch dies verleiht der Schnelligkeit eine positive Qualität. Menschen kommen nach vorn, sie treten aus dem Schatten
in das Licht. Diese Karte kann die Entwicklung einer kraftvollen Persönlichkeit symbolisieren.
Der freie Raum kombiniert das Linga und die Yoni. Wie der
Bogen der Kathedrale zeigt er eine Höhlung, ähnlich dem
Schoß. Die Form dieser Höhlung ähnelt wiederum der phallischen Säule.
Die Speere bewegen sich sämtlich in der gleichen Richtung.
Schnelligkeit tritt ein, wenn alle Energie auf ein einziges Ziel
ausgerichtet ist. Die Bewegung ist jedoch nicht aggressiver Art.
Die Speere entspringen links, auf der Seite des Friedens, und
bewegen sich nach rechts, der Seite der Handlung. Die Bewegung nach oben zeigt Selbstvertrauen.
Die Speere überkreuzen eine Diagonale, die vom Felsen gebildet wird. Dadurch entsteht achtmal die Geschenkrune X.
Schnelligkeit ist ein Geschenk im Leben, denn sie ist nur möglich, wenn alle unsere Bemühungen und die Situation, in der
wir stehen, in die gleiche Richtung zielen – wie die Speere auf
diesem Bild. Die sich überkreuzenden Linien weisen auch auf
die Othal-Rune (ᚷ) hin, die die Yang- und Yin-Energie verband.
Bei Befragungen weist die Acht der Stäbe auf eine entschlossene Bewegung meist in Richtung eines bestimmten Ziels hin.
Sie zeigt Fortschritt, deutet Erfolg an, und sie läßt ein lohnendes
Ziel erwarten. Sie kann signalisieren, daß der Betreffende eine
Richtung oder einen Sinn im Leben findet. Die Meditation mit
dieser Karte wird helfen, die Energie zu bündeln, verschiedene

zersplitterte Aktivitäten auf ein Ziel auszurichten. Die Bindung der Speere an die Erde erinnert uns daran, daß wir die grundsätzlichen Werte nicht vergessen sollten, wenn wir unserem Ziel zustreben. In Liebesdingen kann die Karte bedeuten, daß sich eine Romanze anbahnt.
Die umgekehrte Karte zeigt eher eine Zersplitterung der Energie an. Der Betreffende hat Schwierigkeiten, sich auf ein Ziel zu konzentrieren, weshalb er Zeit und Mühe mit widersprüchlichen Aktivitäten vergeudet. Sie kann auf eine negative Grundhaltung hinweisen, insbesondere mit ähnlichen Karten, etwa der umgekehrten Sechs der Stäbe. Die Karte kann auch eine zögernde Einstellung bedeuten, eine Hemmung, etwas zu unternehmen. In der Liebe läßt sie Schüchternheit, manchmal auch Eifersucht vermuten.

Neun der Stäbe – Stärke

Wir kehren zur »Kathedrale« zurück. Daß dieses Gemälde viermal bei den Stäben auftaucht, verleiht dem Satz mehr spirituelle Qualität, als sie die meisten anderen Tarot-Spiele aufweisen. Dies ist mit gutem Grund so, denn der Haindl-Tarot ist ein spirituelles Werk, das mit den Freuden und Problemen einer geheiligten Realität zu tun hat. Die Speere schießen nach oben heraus, ein Bild ausbrechender Energie. Wie die Speere drückt auch der phallische Baum männliche Energie aus. Der Baum symbolisiert jedoch ebenso die Macht der Natur.
Die Idee der männlichen Macht verlagert sich beim Hexagramm, Nummer 7, das Wilhelm »Das Heer« und Wing »Die gesammelte Kraft" nennt, vom sexuellen zum militärischen Bereich. Das I Ging unterzieht diese Institution und ihren Zweck einer kritischen Prüfung. Der Kommentar betrachtet militärische Maßnahmen als letzten Ausweg. Das Heer muß zu einem ganz bestimmten Ziel eingesetzt werden und die Unterstützung des Volkes haben. In einem allgemeineren Sinne heißt dies, daß Macht einen sinnvollen Zweck erfüllen muß. In vielen Gesellschaften wird das Heer mit männlicher Potenz gleichge-

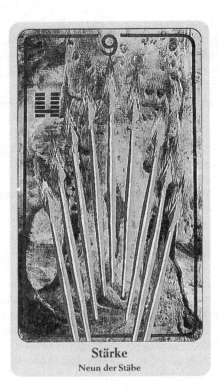

Stärke
Neun der Stäbe

setzt. Auf der persönlichen Ebene droht durch Stärke die gleiche Gefahr, nämlich die Verlockung, sie einzusetzen, einfach weil man sie hat.

Wing interpretiert das Hexagramm etwas allgemeiner. Die Macht der Gruppe erfordert ihm zufolge Disziplin und Organisation, aber auch gerechte Ziele. Hier taucht das Problem auf, daß die Macht nach Ausübung drängt, was auf dem Bild dadurch ausgedrückt wird, daß die Speere nach oben und nach außen schießen. Die Macht verlangt nach Objekten. Sie will sich ausdrücken. Wenn man diese Karte bei einer Befragung erhält, muß man sich über seine Stärke im klaren sein, und man sollte sicherstellen, daß die Energie ein sinnvolles Ventil findet.

Wir sehen hier den unteren Teil des Baums in der Kathedrale, von dem schon die Rede war. Im Stamm gehen Holz und Stein ineinander über, und man kann sie nicht eindeutig voneinander unterscheiden. Im oberen Teil des Stamms erscheinen Augen, die Augen von Vögeln. Nach der archaischen magischen Sicht des Lebens kann sich alles in alles verwandeln.
In der heutigen Zeit erhebt sich in der Welt die Macht der menschlichen Kultur über die Natur; die Folge ist zum Beispiel, daß Wälder verschwinden und Flüsse sterben. Es gibt Wissenschaftler, die die Hypothese vertreten, dieser Prozeß laufe unabhängig vom menschlichen Wollen ab und werde schließlich die Natur überhaupt ersetzen; die Biotechnik werde Sauerstoff, Lebensmittel und Wasser bereitstellen. Bevor wir uns in dieses Schicksal ergeben, können wir uns auch vorstellen, daß die großen Städte eines Tages wie heute auf der Halbinsel Yucatán vom Dschungel überwuchert sein werden. Oder wir stellen uns einfach vor, wie Pflanzen durch den Beton eines Bürgersteigs in New York hindurchbrechen. Wenn die Menschen aus irgendeinem Grunde Manhattan verließen – wie lange würde es dauern, bis der Wald das Land zurückgeholt hätte? Dies ist eine andere Art von Stärke, die Macht des Lebens, sich immer wieder durchzusetzen gegen alle Versuche, es zu steuern oder auszulöschen.
Bei Befragungen zeigt diese Karte einen sehr energiegeladenen Menschen an – das Gefühl, daß man sich die ganze Welt unterwerfen könnte. Wie gesagt, muß der Betreffende für seine Stärke ein lohnendes Ziel finden. Anderenfalls kann sie zur Unterdrückung schwächerer Menschen führen. Er sollte sich auch darüber im klaren sein, daß nicht jedem dieses Gefühl der Stärke gegeben ist. Weil die Stäbe-Energie das Leben so optimistisch betrachtet, kann sie zur Überheblichkeit insbesondere denjenigen gegenüber führen, die sich schwach fühlen.
Bei Befragungen, bei denen es um Sexuelles geht, zeigt die Karte große Energie an. Da diese Energie allein keine Gewähr für gelungene Beziehungen ist, wird sich der Befragende die anderen Karten ansehen müssen, um zu sehen, wohin diese Energie führt.

Die Karte kann auch die Dynamik des Lebens ausdrücken. Wer großen Schmerz oder Unterdrückung erlitten hat, wird daraus mit neuer Energie hervorgehen. Diese Karte wäre zum Beispiel ein gutes Omen in einer Befragung, in der im übrigen nur Schmerz oder Schwäche angezeigt wird.

Die umgekehrte Karte sagt, daß der Betreffende sich schwach oder passiv fühlt. Dies ist nicht unbedingt schlecht, denn die gegebenen Umstände können Ruhe oder Geduld angezeigt sein lassen. Die positive Seite dieser umgekehrten Karte würde beispielsweise durch Karten wie Hohepriesterin (II) oder Eremiten (IX) bekräftigt.

Die umgekehrte Neun der Stäbe kann auch die Arroganz oder den Mißbrauch der Macht betonen.

Zehn der Stäbe – Unterdrückung

Diese Karte spiegelt in gewisser Weise die vorangegangene. Letztere zeigte große Stärke, die mißbraucht, aber auch hilfreich eingesetzt werden kann. Hier wird der Betreffende Opfer solcher Machtausübung. Bei den Karten Fünf bis Neun zeigen alle Speere nach oben, ein Symbol des Selbstvertrauens. Diese Bewegung erreicht bei der Neun ihre Grenze. Es liegt in der Natur der Stäbe-Energie, sich für ewig zu halten. Ein Buch der Wandlungen, der Tarot wie das I Ging, lehrt jedoch, daß es gefährlich ist, sich zu weit ausschließlich in einer Richtung fortzuwagen, denn das Leben kann zur anderen Seite umschlagen. Die Zehn ist so unausgewogen wie die Neun, nur zeigen jetzt alle Speere nach unten. Der Hintergrund stammt von einem Gemälde, das Katzen auf der Mäusejagd zeigt. Auf diesem Fragment haben jedoch die Mäuse »den Spieß umgedreht«: Eine Fledermaus, eine »fliegende Maus«, stürzt sich auf verschreckte Katzen nieder.

Das Hexagramm ist Nummer 54, von Wilhelm »Das heiratende Mädchen« und von Wing »Das Untergeordnete« genannt. In der chinesischen Gesellschaft nahm ein Mann meist eine zweite Frau. Diese Frau mußte passiv bleiben, denn ihre Stellung gab

Unterdrückung
Zehn der Stäbe

ihr wenig Macht im Haushalt. Wing modernisiert das Hexagramm und beschreibt es als eine Situation, in der man völlig von anderen abhängig ist, die umgekehrt in keiner Weise von einem selbst abhängig sind. In dieser Lage kann man keine Initiative (eine Grundqualität der Stäbe) ergreifen, denn ohne Stärke muß kühnes Handeln scheitern.

Das Problem entsteht zum Teil aus Situationen, in denen alles nur nach Stellung und Einfluß geordnet ist. Wenn man seine Beziehungen nach Zuneigung und nicht nach Stärke ordnet, kann man eine Situation vermeiden, in der es nur Sieger und Besiegte gibt. Die Stäbe-Energie drängt jedoch nach Eroberung. Wenn wir die Oberhand haben, erscheint uns dies wünschens-

wert und natürlich. Wir vergessen die Kehrseite, bis wir sie erfahren müssen, bis die Katzen von der Fledermaus gejagt werden. Dies ist für die Jäger ein unnatürlicher Zustand. Die verängstigten und verwirrten Katzen ducken sich, unter ihnen ist der bodenlose Abgrund. Sie sind verängstigt und verwirrt.
Indes ist die Botschaft nicht ganz so düster, wie es zunächst aussieht. Gegenüber dem Dunkel am unteren Rand tritt oben das Weiß hervor. Wenn wir uns die Fledermaus genauer ansehen, entdecken wir Federn an ihren Flügeln, als verwandele sie sich in einen Vogel. Weil Vögel und das Weiß für Spiritualität stehen, wird hier ausgedrückt, daß die Unterdrückung der Weisheit weicht. Wenn die Stäbe Arroganz repräsentieren, dann müssen wir hin und wieder auch die andere Seite erleben, damit unser Feingefühl geschärft wird. Das Pendant der Fledermaus bei den Vögeln ist die Eule. Beide Tiere fliegen und jagen nachts. Vom Eremiten (IX) wissen wir, daß die Eule Weisheit und Träume symbolisiert. Die Welt der Geister führt uns über Bedingungen von Beherrschung und Unterordnung hinaus.
Bei Befragungen bedeutet die Karte das, was ihr Titel schon zum Ausdruck bringt: Unterdrückung. Der Betreffende kann sich schwach oder minderwertig fühlen – ohne die Kraft, Veränderungen herbeizuführen. Die anderen Karten zeigen vielleicht an, daß diese Sicht der Dinge die tatsächlich bestehenden Probleme übertreibt. Die Karte mag auch Niedergeschlagenheit bedeuten, wenn der Betreffende alles als nutzlos ansieht. Der Befragende muß darauf hinweisen, daß die Zehn der Stäbe eine Transformation vom Dunklen zum Hellen, von Bösartigkeit zur Befreiung symbolisiert. Wenn die anderen Karten eine Person anzeigen, die von einem Erfolg zum anderen eilt und Gefahr läuft, hochmütig zu werden, dann können die Zehn der Stäbe als Warnung vor einem möglichen Fall dienen. Der Betreffende muß vielleicht mehr auf Einzelheiten oder auf die Gefühle anderer Menschen achten.
Die umgekehrte Karte der Unterdrückung weist hin auf einen Menschen, der aus einer unerfreulichen Situation heraustritt. In den äußeren Bedingungen stellt sich eine Veränderung ein, oder der Betreffende begehrt gegen die Rolle des Opfers auf. Das

Hexagramm erinnert uns allerdings daran, daß eine solche Veränderung nicht unbedingt bloß eine Sache des Wollens oder des Handelns ist. Wenn die Umstände nicht für einen Erfolg stehen, dann kann Handeln die Schwierigkeiten noch vergrößern. Es wird notwendig sein, noch abzuwarten. In der Regel zeigt jedoch die umgekehrte Karte der Unterdrückung eine Veränderung zum Besseren.

Das Bild der Fledermaus, die sich in eine Eule verwandelt, drückt Weisheit aus, die man aus einer unerfreulichen Situation gewinnt. Die Umkehrung würde diesen Aspekt der Karte betonen. Das hat auch zum Inhalt, daß eine solche Weisheit zur Befreiung führt. Dies trifft insbesondere dann zu, wenn wir Depression als die Bedeutung der Karte annehmen.

Der Satz der Kelche

Die Kelche sind der Satz des Wassers. Von den vier Gralssymbolen ist der Kelch der Gral selbst, ein Bild, dem wir uns auch beim As zuwenden werden. Wasser ist formlos, in unaufhörlichem Wandel begriffen; deshalb repräsentiert es Gefühl, und dieses ist nicht starr oder fest, sondern immer in Bewegung. An einem einzigen Tag, ja in einer einzigen Stunde erleben wir viele Gefühle, und unsere Stimmungen ändern sich so subtil und schnell, daß wir meist gar nicht alle Schwankungen erfassen.

Während Wasser für alle Emotionen steht, sind beim Satz der Kelche die beglückenden Erfahrungen im Vordergrund: Liebe, Träume, Verlangen, Glücklichsein. Kummer und Auseinandersetzungen sind mehr ein Thema der Schwerter.

Kelche und Wasser sind Yin, sie gehören zum weiblichen Pol. Traditionell gelten Liebe und Glück als weibliche Angelegenheiten. Bücher und Filme für Frauen handeln von Liebe und Familie, während es in denjenigen für Männer um Kampf und Leistung geht. Weil diese Eigenschaften in unterschiedlichen Sätzen auftreten, von denen keiner einen Vorrang gegenüber den anderen hat, zeigt der Tarot, daß alle notwendig sind. Die Vorstellung des Glücks als weibliche Angelegenheit läßt sich zurückverfolgen bis auf die Liebe der Großen Mutter zu ihren Kindern. In vielen Gesellschaften gingen die Männer auf die Jagd oder zogen in den Krieg, während sich Frauen um die Feldfrüchte und die Kinder kümmerten.

Auch die sexuelle Liebe wird in der Gestalt der Aphrodite beziehungsweise Venus, der Göttin der Liebe, als weiblich dargestellt. Liebe ist etwas anderes als Lust, bei der die Betonung mehr auf dem Verlangen liegt. Wenn wir uns das rein körperliche Verlangen als Stäbe vorstellen, dann ergänzen die Kelche den Feuer-Satz, indem sie der Erregung Gefühl hinzufügen. Liebe als weiblicher Aspekt geht auch auf die mittelalterliche Tradition der höfischen Minne zurück, bei der ein Ritter seine Dame wie eine Art Göttin verehrte. In ihrem Dienst bestand er die gefährlichsten Mutproben. Die späteren Versionen der

Gralserzählungen verbanden sich mit dieser Tradition, als sie in die Artussagen eingeflochten wurden.

Kelch und Wasser sind nicht das gleiche. Der Kelch faßt das Wasser, hält es in einer bestimmten Form fest. Dies legt die Assoziation nahe, daß gestaltlosen Emotionen eine gewisse Form und ein gewisser Sinn gegeben wird. Bei den Großen Arkana sahen wir das Wasser als Mysterium, das Meer als das Unbewußte. Bei den Kleinen Arkana erhält das Wasser eine konkretere Bedeutung, diese Karten handeln von unseren alltäglichen Empfindungen.

Ein Kelch ist von der Kultur hervorgebracht worden. Er ist ein Trinkgefäß, das benutzt werden will. Gleichzeitig braucht er selbst nichts zu tun. Er erfüllt seinen Zweck einfach dadurch, daß er Wasser aufnimmt. Deshalb ist der Satz der Kelche aufnehmend, friedlich, in Ruhe, nicht bewegt oder aggressiv. Wenn ein Kelch rasch bewegt wird, wird der Inhalt verschüttet.

Auf den Bildern der Karte sind nicht alle Kelche mit Wasser gefüllt. Manche enthalten überhaupt kein Wasser. Blau, die Farbe für das Element, tritt auf jeder Karte an irgendeiner Stelle auf. Bei der Auswahl der Hintergründe und der Zusammenstellung der Symbole dachte Hermann Haindl mehr an die Kelche als an das Wasser. Dennoch sagte er bei der Erörterung des Satzes, daß ein Kelch, der nichts enthält, seinen Zweck nicht erfüllt. Wenn wir in unserem Leben perfekte Formen und Strukturen schaffen, die jedoch keinen echten Gefühlsgehalt haben, werden sie sinnlos.

Die Liebe gehört zum ganzen Tarot, nicht nur zu einem Satz. Gleichzeitig ist der Satz nicht einseitig. Er zeigt nicht schieres Glück ohne alle Beeinträchtigungen. Dies ist ein reifer Tarot. Damit meine ich, daß er von einem Künstler stammt, der Leid erlebt hat, der darum gerungen hat, Schmerz und Kummer ebenso zu verstehen (und zu akzeptieren) wie Freude. Die meisten dieser Karten enthalten irgendeine Schwierigkeit inmitten des Glücks. Die Hintergründe sind Steine und Wasser. In einigen von ihnen überwiegt sogar das Element der Steine. Man kann dies pessimistisch finden. Die Freude ist jedoch wertvoller, wenn wir auch das Leid kennengelernt haben.

As der Kelche

Das As ist der Heilige Gral selbst. In den älteren keltischen Legenden ist der Gral ein Stein, bei manchen Versionen erscheint er als Scheibe oder Schale. In den meisten Erzählungen jedoch ist der Gral ein Kelch. Im christlichen Mythos ist es der Kelch, aus dem Christus beim Letzten Abendmahl trank. Joseph von Arimathia fing mit diesem Kelch Christi kostbares Blut auf, das am Kreuz aus seinen Wunden floß. Joseph, so die Legende, brachte dann den Gral nach Britannien, wo er in Avalon an Land gegangen sein soll. Später wurde Joseph verwundet, und weil er zu dieser Zeit bereits den Geist des Landes verkörperte, wurde alles Land um ihn eine Ödnis, eine unfruchtbare Wüste, solange Josephs Siechtum anhielt. Nichts konnte Joseph heilen, nichts konnte ihm Genesung bringen, bis der Gralsritter – Parzival, in manchen Erzählungen auch Galahad – die Suche nach dem Gral aufnahm. Denn wiewohl das Land verwundet war, wurde es vom Gral am Leben erhalten, bis der heilige Ritter dem König Genesung brachte.

Zu dieser Erzählung gibt es vielfältige Interpretationen. Es herrscht jedoch weitgehend Übereinstimmung darüber, daß sie älter ist als die christlichen Versionen und auf einen keltischen Mythos oder ein keltisches Ritual zurückgeht. Avalon – das meist mit Glastonbury gleichgesetzt wird – war die Pforte zur »anderen Welt« der Feen, der Geister. Der Gral war wahrscheinlich der nährende Kessel, der nährende Topf der Großen Mutter. Der Kessel war unerschöpflich und versorgte die Anbeter der Mutter immerdar mit Nahrung. Der Kessel symbolisiert den Schoß der Göttin, die Quelle allen Lebens. Die Nahrung war spiritueller wie physischer Natur, denn die Mutter erfüllt unsere Seele mit Freude, wie sie unseren Leib mit Nahrung füllt. Der verwundete König repräsentierte das Land im Winter oder in Hungerszeiten. Er symbolisierte aber auch den Zyklus des Verfalls, des Todes und der Wiedergeburt. Die Wiedergeburt geschah durch den jungen Ritter, der Heilung bringt, indem er sich dem Gral, das heißt der Mutter schenkt. Denken wir an die Hingabe des Gehängten (XII).

As der Kelche

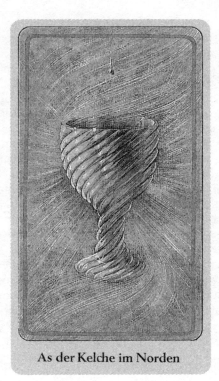

As der Kelche im Norden

Bei den Großen Arkana sahen wir, wie Könige mit dem Naturgeschehen identifiziert wurden, insbesondere dem Alter und dem Verfall. In verschiedenen Kulturen wurde der König, wenn er schwach wurde, rituell getötet, damit ihn ein kraftvoller junger Mann als mystischen Liebhaber der Göttin ersetzen konnte. Vielleicht tötete der Ritter selbst den König und nahm seinen Platz ein. Vielleicht wurde auch der Ritter geopfert, damit seine Vitalität den König heilen konnte. Bei den späteren Gralssagen finden wir ein Element der Selbstopferung. In manchen Erzählungen entsagt Parzival beziehungsweise Galahad der Welt, nachdem er den Gral erlangt hat.

Der christliche Mythos ist psychologischer als das Original, teils, weil er späteren Datums ist, teils, weil das Christentum eigentlich keine in Europa einheimische Religion ist. In den letzten Jahren haben die sogenannten neuen Heiden vielfach gesagt, das Christentum, das aus einem heißen Wüstenland stammt, sei den kühlen, feuchten Ländern Nordeuropas wesensfremd. Wenn wir eine moderne Interpretation der Gralserzählung geben wollen, können wir sagen, der verwundete König stellt unser eigenes verwundetes Leben dar, unsere eigenen kranken Seelen. Auf der Suche nach Freude und Erfüllung kämpfen wir uns durch unsere Arbeit und unsere Beziehungen, und immer haben wir das Gefühl, daß etwas nicht stimmt, Leere um uns ist. Das Leben ist hart und manchmal schmerzhaft. Für das 20. Jahrhundert wurde das wüste Land zu einem mächtigen Symbol. Viele Menschen haben die Empfindung, die alten Werte seien verloren; die Welt scheint leer und dem Untergang geweiht.

Die Botschaft des Grals, des Asses der Kelche, lautet aber gerade, das wüste Land sei nur die Hälfte der Geschichte. Der Heilige Geist hat uns nicht verlassen, sondern wohnt im verborgenen; er nährt uns weiterhin, er hält uns am Leben mit Hoffnung und dem Wunsch nach Erfüllung. Die alten Werte sind der verwundete König. Aber es kommt auch der junge Ritter, denn wir können in unserer Zeit erste Ansätze einer Erneuerung erkennen. Wie wir beim Stern (XVII) gesehen haben, wäscht Gaia ihr Haar: Nicht nur unsere eigenen individuellen Seelen, sondern die Erde selbst, die Göttin, wendet sich uns wieder zu. Es ist unsere Aufgabe, ihr wie der junge Ritter zu dienen. In christlicher Sicht ist der Ritter, der sich mit dem Gral verbindet, die Seele, die zu Christus gefunden hat. Durch diese Tat erneuert der Betreffende das persönliche wüste Land seines Lebens.

Moderne Autoren wie John und Caitlín Matthews betonen die universelle Bedeutung des Grals. Jeder von uns kann sich auf seine eigene Gralssuche begeben. Worauf es ankommt, ist der Gedanke der Dienstbarkeit, der Hingabe an etwas Höheres als eigensüchtige Wünsche. Wir werden diesem Thema erneut begegnen im Bild Parzivals selbst, des Sohns der Kelche.

As der Kelche

Das Bild zeigt einen schlichten Kelch, der aus gedrehtem Gold geformt ist. Die Spirale symbolisiert Evolution, den Geist, der sich durch seine Erfahrungen zu einer höheren Ebene erhebt. Dieser Gedanke der Erfahrung ist außerordentlich wichtig. Wir lassen nicht einfach das gewöhnliche Leben hinter uns, um Heiligkeit zu erlangen. Als Parzival zum erstenmal dem Gral begegnet, reagiert er nicht (erinnern wir uns an den geschlossenen Mund des Narren [0]). Dies liegt daran, daß er die Welt, insbesondere das Leid, noch nicht erfahren hat. Spirituelle Lehren sagen uns, unser Leben diene einem Zweck. Sie fördern die Entwicklung unserer eigenen Seelen wie auch der Seele der Welt. Durch das Leiden – insbesondere das Leiden, das er selbst verursacht – macht Parzival die Entdeckung, daß er dem Gral dienen muß, und er akzeptiert dies.

Dem sich drehenden Gral entströmt Wasser, vermischt mit Licht. Auch dies symbolisiert den Gedanken der Entwicklung. Die Emotionen – Wasser – werden »erleuchtet«. Eine persönliche Gralssuche führt uns zur Wahrheit in unserem Leben.

Ein einzelner Tropfen fällt in den Gral. In der Mitte des Tropfens sehen wir einen roten Fleck, die einzige rote Farbe auf dem Bild. Hermann Haindl bemerkt hierzu, daß dies Feuer oder Blut sein kann; beides symbolisiert das Leben. Die christliche Deutung dieses Tropfens wäre wiederum der Samen des Heiligen Geistes, der durch den Schoß Mariens die materielle Welt betritt. Die heidnische Version des Tropfens ist das männliche Prinzip, das sich mit dem weiblichen verbindet. Dies drückt die gleiche Idee, das gleiche Bild aus wie die Lanze, die auf der Karte der Liebenden (VI) in den Kelch eintritt.

Bei Befragungen symbolisiert das As der Kelche vor allen Dingen eine Zeit des Gücks. Es steht für das Geschenk der Liebe, der Freude, des Optimismus. Bei Befragungen über Beziehungen zeigt das As der Kelche, daß sich die beiden Menschen gegenseitig in aufrichtiger Liebe zugetan sind. Als der Gral ist die Karte vielleicht die optimistischste des ganzen Spiels. In Zeiten des Leids sagt sie uns: Das Glück ist möglich. Vielleicht müssen wir ein wenig suchen. Wir müssen uns selbst auf die Gralssuche begeben. Aber es ist für uns vorhanden.

Wir können den Gedanken der Suche noch ausbauen. Das As kann für eine wichtige Aufgabe stehen, die der Betreffende annehmen und vollbringen muß. Wie bei Parzival mag dies zunächst Prüfungen oder Opfer bedeuten. Der Gral fordert uns auf, ein Ziel zu erkennen, das größer ist als die Befriedigung unserer unmittelbaren Wünsche. Diese Bedeutung wird verstärkt durch den Sohn der Kelche, den Sohn der Steine oder den Magier (I).

Die Umkehrung bedeutet eine Blockierung des Glücks. Es bestehen schmerzhafte Emotionen, vielleicht Zorn oder Eifersucht. Es kann sein, daß Menschen Schwierigkeiten haben, miteinander zu reden. Wenn die Karte eine Suche ausdrückt, dann wird die Umkehrung wohl darauf hinweisen, daß der Betreffende versucht, einer größeren Verantwortung auszuweichen. Im Extremfall kann das umgekehrte As einen Menschen zeigen, der den Sinn oder Wert des Lebens in Frage stellt. Dann ist es wichtig, sich daran zu erinnern, daß der Gral immer noch vorhanden ist. Die Karte zeigt trotz allem die Möglichkeit an, daß man sich am Quell der Freude laben kann.

Zwei der Kelche - Liebe

Der Titel dieser Karte meint Liebe als schöpferische Kraft im Leben. Deshalb ordnete Hermann Haindl ihr das I-Ging-Hexagramm 1 zu, bei Wing »Die schöpferische Kraft« und bei Wilhelm »Das Schöpferische« genannt. Die Liebe ist mächtig, schöpferisch für die Welt wie für den einzelnen Menschen. Durch Sexualität erneuert sich die Natur, doch ist die Erneuerung ohne Liebe sinnlos. Jedem von uns gibt die Liebe die Inspiration, etwas aus seinem Leben zu machen. Das Hexagramm entsteht aus der Verdoppelung des Trigramms »Das Erschaffende«. Die Verdoppelung drei durchgehender Linien ergibt sechs Linien. Das I Ging setzt dieses Hexagramm mit dem Himmel gleich (so wie Hexagramm 2, »Das Empfangende«, die Erde bezeichnet). Verliebte Menschen sehen den Himmel offen. Das Hexagramm bedeutet jedoch mehr als

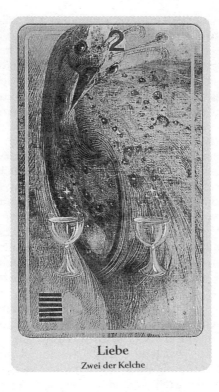

Liebe
Zwei der Kelche

Liebe. Wie das As der Kelche symbolisiert es auch Verantwortung. Wenn jemand eine solche »schöpferische Kraft« (Wings Titel) empfängt, muß er sie zu einem guten Zweck einsetzen. Deshalb ist Liebe bei dieser Karte mehr als persönliches Glück. Wir müssen der Welt die Energie zurückgeben.

Hermann Haindl malte diesen Pfau nach seiner Reise nach Indien, wo Pfauen in Kunst und Religion ein machtvolles Symbol sind. Wie wir bei den Großen Arkana gesehen haben, symbolisiert der Vogel Wiedergeburt und Gleichgewicht. Wenn die Liebe in unser Leben eintritt, fühlen wir uns neugeboren.

Der Pfau auf dieser Karte ist ein Phantasievogel. Dies betont die Bedeutung der Phantasie in der Liebe, die nicht einfach körperliche Attraktivität ist. Zur Erotik gehört die Phantasie ebensosehr wie das Körperliche. Der physische Aspekt ist im graziösen Bogen des Vogelhalses ausgedrückt, in der herausfordernden Neigung seines Kopfes und den prächtigen Farben, die hinter ihm aufleuchten. Wie beim Trumpf der Alchemie (XIV) ist die linke Seite der Karte blau, die rechte rot (oder rosa). Dies ist die männliche und die weibliche Seite, aber auch die empfangende und die aktive. Die Liebe braucht beide Seiten.

Die beiden Kelche symbolisieren Gleichgewicht. Sie zeigen zwei Menschen, die sich in Liebe miteinander verbunden haben. Jeder findet durch den anderen Ausgleich und Erfüllung. Ein einzelner Stern sendet Licht in den linken Kelch aus. Die Liebe bringt Licht in unser Leben. Deprimierte Menschen sprechen davon, daß Düsternis sie umgibt. Wenn Liebe uns ergreift, fühlen wir, wie sich unser Körper mit Licht und mit Verlangen erfüllt. Licht ist das Symbol der Vitalität und schöpferischen Energie. Das I-Ging-Hexagramm, das aus lauter durchgehenden Linien besteht, drückt das Yang-Prinzip, das Licht aus.

Bei Befragungen zeigt die Karte eine Beziehung an. Hier treffen viele der gleichen Bedeutungen zu wie bei den Liebenden (VI). Diese Karte ist allerdings direkter, weniger esoterisch. Sie zeigt zwei Menschen, die sich miteinander verbinden und sich gegenseitig helfen, Erfüllung und Gleichgewicht zu erlangen. Gelegentlich zeigt die Karte auch eine neue Beziehung an, die entweder gerade beginnt oder in naher Zukunft beginnen wird. Es kann sehr aufregend sein, wenn man diese Karte in einer Befragung erhält. Wenn der Betreffende einen Menschen kennengelernt hat, aber nicht weiß, wie weit die Beziehung gehen wird, zeigt die Zwei der Kelche an, daß es sich um eine ernsthafte Beziehung handelt, aber ebenso, daß der Betreffende eine bindende Entscheidung fällen muß.

Die Umkehrung weist auf Schwierigkeiten in einer Partnerschaft hin. Wie bei den Liebenden (VI) kann die Karte einen Streit oder Eifersucht anzeigen. Es mag ein Ungleichgewicht bestehen, einer der Partner ist möglicherweise zu dominierend. Bei einer beginnenden Zweisamkeit deutet die Zwei der Kelche auf eine ungewisse Zukunft hin. Die Betreffenden passen vielleicht nicht so gut zusammen, oder die Beziehung ist nicht so wichtig, wie es zunächst aussieht. Die umgekehrte Karte kann schließlich auch fehlenden Bindungswillen anzeigen.

Drei der Kelche – Überfluß

Wenn zwei genug ist, kann drei zuviel sein. Übermäßige Emotionen können Instabilität bewirken – himmelhoch jauchzend, zu Tode betrübt. Trotzdem ist die Karte eine glückliche Karte, wenn auch in den Wassern des Gefühls eine gewisse Gefahr lauert.

Wing nennt das I-Ging-Hexagramm (Nummer 28) »Die angesammelte Kraft«, Wilhelm »Des Großen Zähmungskraft«. Dies steht für ein Potential zur Größe bei einem Menschen oder in einer Situation. Dieses Potential ist jedoch in unsichere Umstände eingebettet. Deshalb ist die Situation instabil und brüchig. Das kann sich in verschiedener Weise manifestieren. Ein für die Kelche passendes Beispiel wäre etwa eine Person, die zu einer sehr tiefen Liebe fähig ist, aber in einer Beziehung steht, in der es kein wirkliches Gefühl und keine echte Bindung gibt. Hier müßte es zur Instabilität kommen, weil große Gefühle in trivialen Verhältnissen gefangen sind.

Auf dem Bild sind die drei Kelche in einem nach oben weisenden Feuerdreieck angeordnet. Dies deutet eine aktive Kraft in all den Gefühlen an. Wie beim Hexagramm tritt uns hier die Vorstellung entgegen, daß etwas nach außen drängt. Das Bild zeigt jedoch eine Höhle. Wir befinden uns »im Inneren«. Mit anderen Worten, die Karte betrifft die inneren Empfindungen eines Menschen, Gefühle, nicht Handlungen. Handeln kann nötig sein, um das Potential zur Größe zu realisieren. Handeln könnte auch die große Gefühlsbewegung ins Lot bringen.

Die Felsen im unteren Bildbereich sind mit Löchern übersät, ein Hinweis auf die lange Geschichte des menschlichen Gefühlslebens. Die Menschen haben die gleichen Gefühle schon vor Jahrtausenden erlebt. Gleichzeitig zeigt das Wasser

Überfluß
Drei der Kelche

an, daß Gefühle in Bewegung sind. Steine im Satz der Kelche weisen auf Schwierigkeiten oder Widerstände gegen das Glück hin. Hier deuten die Felsen am Grund eine Gefahr an. Der große Fels könnte ein Krokodil sein (auf vielen ägyptisch beeinflußten Tarot-Spielen erscheint auf der Karte des Narren [0] ein Krokodil). Rechts sehen wir den Rand eines Felsen. Die Dreiecksform ähnelt einer Haifischflosse. Dies weist auf verborgene Gefahren hin.

Trotz der bedrohlichen Bilder ist die Drei der Kelche eine Karte des Glücks. Die Kelche fließen vor Freude über, nicht vor Tränen. Ein einzelner Tropfen mit einer Spur Rot fällt in den obersten, er symbolisiert das Geschenk der Freude. Er kann aber auch jenen Tropfen andeuten, der das Meer der Gefühle, den Kelch, zum Überlaufen bringt.

Die Zwei war im Gleichgewicht, weil sie Liebe zwischen Menschen zeigte. Sie waren gleichberechtigt, und sie halfen einander, ihre Gefühle in einer physischen Realität zu verankern. Die Drei betrifft mehr das Innere, sie ist mehr ein Symbol der reinen Emotion.

Die divinatorischen Bedeutungen betreffen in erster Linie großes Gefühl. Der Betreffende empfindet sehr tief oder reagiert auf Ereignisse sehr intensiv. Diese Gefühlsbewegungen sind meist freudig, können aber auch in Tränen umschlagen. Dies gilt insbesondere für eine unsichere oder instabile Situation, wie sie das Hexagramm ausdrückt. Der Befragende muß vielleicht nach einer Möglichkeit suchen, wie er all diesem Gefühl im täglichen Leben Ausdruck geben kann.

Die Umkehrung würde besagen, daß die Gefühle im Inneren aufgestaut sind. Ein sehr emotionaler Mensch versucht, gelassen zu handeln. Dies kann die Instabilität erhöhen, vor allem dann, wenn neben der Karte ein so explosives Bild wie der Turm (XVI) erscheint. Wenn die Karten jedoch eine erfolgreiche Entwicklung anzeigen, dann wäre das Streben nach Gelassenheit der richtige Weg. Wie bei vielen anderen Karten ist es auch hier der Zusammenhang – die umgebenden Karten –, der uns sagt, wie wir die Umkehrung interpretieren müssen.

Vier der Kelche – Gemischte Freude

Der Hintergrund dieser Karte stammt von einem Gemälde mit dem Titel »Das sterbende Einhorn«. Es zeigt eine Herbstszene mit fallenden Blättern und kahlen Zweigen. Das Bild ist traurig, aber zugleich lieblich. Das I-Ging-Hexagramm ist Nummer 3, »Anfangsschwierigkeiten« (Wing) beziehungsweise »Anfangsschwierigkeit« (Wilhelm). Es beschreibt die Möglichkeiten des Wachstums in einer Situation, die düster und unerfreulich erscheint. Das Hexagramm gehörte mit zu den Dingen, die Hermann Haindl für diese Karte inspirierten.

Gemischte Freude
Vier der Kelche

Auf dem Bild ist kein Wasser zu sehen, auch wenn das intensive Blau an Wasser denken läßt. Ohne Wasser sind die Kelche aber sinnlos. Die Pflanzen brauchen Wasser, um leben zu können, und deshalb sehen wir verdorrtes Laub auf der Karte. Gleichzeitig aber werden die Blätter den Boden für neues Leben fruchtbar machen. Deshalb gemahnt der Herbst an den Frühling wie an den Winter, und die Karte führt uns auf den Gedanken hin, daß aus einer schwierigen oder schmerzhaften Situation neues Wachstum entsteht. Diese Aussage ähnelt derjenigen des Trumpfs des Todes (XIII). Als Karte der Kleinen Arkana ist die Vier der Kelche nicht so weit gespannt wie der Trumpf. Sie beschreibt eine unmittelbarere Situation.

Trotz der latenten Traurigkeit ist diese Karte keine wirklich unglückliche Karte. Die Kelche fallen symmetrisch, was uns eine Empfindung des Friedens vermittelt. Die Karte drückt eine Stimmung aus, in der alles für einen Augenblick in der Schwebe ist und der Betreffende klar erkennt, was geschehen ist und was getan werden sollte. Die Karte ist nicht nur mit dem Tod (XIII), sondern auch mit der Gerechtigkeit (XI) verbunden.

Bei der Besprechung dieser Karte fragte ich Hermann Haindl, was er einem Menschen sagen würde, der diese Karte bei einer Befragung erhält. Er antwortete, dies sei eine gute Karte, man müsse aber die Kelche aufnehmen und mit ihnen etwas tun. Man könnte hinzufügen, daß die Situation des Befragenden durchaus sehr schwierig aussehen mag. Das erste, was der Betreffende tun müßte, wäre, diesen Augenblick des Friedens und des Gleichgewichts herbeizuführen. Seien Sie sich darüber im klaren, was geschieht oder bereits geschehen ist; treten Sie jedoch einen Schritt zurück, und betrachten Sie alles in Ruhe. Auch wenn die Lage dann nach wie vor unerfreulich aussieht, sagt uns die Karte, daß wir aus ihr etwas machen können. Handeln ist möglich und wird zum Wachstum führen.

Hermann Haindl sagte auch, die Karte ermuntere uns, unserer eigenen Natur zu folgen. Dies könnte der Schlüssel zum Füllen der Kelche sein, zur positiven Nutzung der Situation. Das Wasser steht für Ihre eigenen Gefühle. Diese müssen ungehindert strömen können. Vier Kelche sollten wir aber nicht allein leeren, man muß sie mit anderen teilen. Wachstum liegt daher auch in Großzügigkeit, man muß auch andere ihre Gefühle ausdrücken lassen.

Die Umkehrung weist auf einen Verlust des Gleichgewichts hin. Die Schwierigkeiten verstärken sich, weil der Betreffende keinen Blick für die Möglichkeiten hat. Emotionen werden möglicherweise unterdrückt. Wenn der Ratsuchende negativ eingestellt oder ohne Hoffnung ist, zeigt die Karte an, daß diese Ansicht falsch ist. Man sollte daran denken, daß die Karte und das Hexagramm positive Erfahrungen in einer schwierigen Situation zeigen.

Fünf der Kelche – Enttäuschung

Den Hintergrund zu dieser Karte bildet braunes amorphes Felsgestein ohne Wasser. Dies zeigt eine Landschaft, in der Pflanzen nicht wachsen konnten, eine Situation, in der Hoffnungen sich nicht erfüllt haben. Erinnern wir uns daran, daß Steine im Satz der Kelche Begrenzungen anzeigen. Das Bild besagt, dem Betreffenden seien in dieser Situation deutliche Schranken gesetzt. Und doch finden wir Wasser auf der Karte. Es läuft aus vier der fünf Kelche. Das Wasser ist jedoch nur ein dünnes Rinnsal, ein Symbol für Enttäuschung. Man vergleiche dies mit dem überströmenden Glück der Drei.

Das Hexagramm ist Nummer 9, von Wilhelm und Wing »Des Kleinen Zähmungskraft« genannt. Die unterbrochene Linie (vierte von unten) läßt das schöpferische Trigramm (die drei geraden Linien) nach oben aufsteigen. Das Hexagramm verheißt aber letztlich doch Erfolg – denn zwei durchgehende Linien erscheinen nach der unterbrochenen –, wenn auch nicht zum jetzigen Zeitpunkt. Für den Betreffenden sind zunächst Geduld und behutsames (nicht »forsches«) Vorgehen das Gebot der Stunde.

Etwas Ähnliches drückt der einzelne Kelch unten in der Bildmitte aus, der das Wasser auffängt. Wenn es auch so scheint, daß manche Dinge verlorengegangen oder zugrunde gerichtet sind, so bleibt doch etwas Wesentliches. Es gibt ein Fundament im Leben des Betreffenden, etwas Solides und Reales, das durch nichts erschüttert oder zerstört werden kann. Der einzelne Kelch drückt auch aus, daß die Erfahrung nicht umsonst war. Im Moment fühlt sich der Betreffende enttäuscht. Etwas Erwünschtes ist nicht eingetreten. Es sieht so aus, als ob alle Anstrengungen umsonst gewesen wären. Das Wasser fließt aber in den letzten Kelch. In einer zukünftigen Situation, vielleicht schon beim nächsten Vorhaben, wird der Ratsuchende feststellen, daß ihm seine Anstrengungen letztlich doch etwas gebracht haben.

Dies können wir verstehen, wenn wir an eine klassische Kelche-Situation denken, eine Liebesaffäre. Am Anfang mag alles an

Fünf der Kelche

Enttäuschung
Fünf der Kelche

die Drei der Kelche erinnern, alles ist eitel Freude und Hoffnung auf eine neue Zukunft. Im Laufe der Zeit kann sich dies aber ändern: Der Betreffende ist enttäuscht, seine anfänglichen Gefühle, all die Pläne kommen ihm nun töricht vor, sinnlos. Die Karte belehrt uns aber eines Besseren – man hat ja aus der Situation gelernt: Das nächstemal wird man aufrichtiger sein oder versuchen, den anderen erst besser kennenzulernen. Das Hexagramm verheißt zukünftigen Erfolg. Bei einer Befragung würde dieser Aspekt noch betont, wenn die Zwei der Kelche in einer Position wie dem »Möglichen Ergebnis« beim Keltischen Kreuz erschiene. Die Chronik einer solchen Situation könnte man sehr gut mit drei Karten darstellen. Das Zentrum wäre die

Fünf der Kelche, die die gegenwärtige Enttäuschung anzeigt. Die Basis wäre die Drei der Kelche, während die Zwei als das mögliche Ergebnis erscheinen würde. Das endgültige Ergebnis bei einer solchen Befragung wäre eine Karte, bei der die Betonung auf der Geduld oder dem Sichabfinden mit der bestehenden Situation liegt.

Geduld ist ein Aspekt der Karte wie auch des Hexagramms. Die Zeit ist jetzt nicht optimal zum Handeln. Der Betreffende sollte einen geeigneteren Zeitpunkt abwarten. Gleichzeitig fordert die Fünf dazu auf, Mut zur Zukunft zu haben. Dem Ratsuchenden fällt dies vielleicht schwer, denn die Karte ist unten und in der Mitte düster, während oben eine undurchdringliche Farbe wie von Schlamm erscheint. Dies drückt den Zustand des Betreffenden aus, der Verwirrung und Enttäuschung übersteigert erlebt. Er sollte sich auf den unteren Kelch konzentrieren, denn dies ist ein Aspekt des Asses, ein Kelch der Hoffnung.

Die Umkehrung zeigt, daß der Befragende gerade diesem einzelnen Kelch mehr Aufmerksamkeit widmet. Er ist vielleicht schon dabei, die Enttäuschung zu überwinden, und richtet den Blick wieder mehr auf die Zukunft. Er kommt zu einer realistischeren Einschätzung der Vergangenheit, weil er das Gute sieht, das aus der Situation hervorgegangen ist. Mit verschiedenen anderen Karten kann dies darauf hinweisen, daß die Zeit gekommen ist, auf der Grundlage dessen, was der Betreffende in der Vergangenheit erworben oder gelernt hat, neue Dinge in Angriff zu nehmen.

Sechs der Kelche – Freude

Das Glück ist hier nicht wie bei der Drei als überströmendes Gefühl dargestellt – in der Tat ist auf der Karte überhaupt kein Wasser zu sehen –, statt dessen drückt das Bild Harmonie und Frieden aus. Das Bild ist asymmetrisch, denn auf einer Seite befinden sich vier, auf der anderen zwei Kelche. Sie stehen in einem subtileren Gleichgewicht, als es durch die Addition von drei plus drei entstehen könnte.

Sechs der Kelche

Freude
Sechs der Kelche

Das Hexagramm ist Nummer 58, von Wing »Die Ermutigung« und von Wilhelm »Das Heitere, der See« genannt. Dies ist eines der acht Hexagramme, die durch Verdoppelung eines Trigramms entstehen (das Trigramm wird ebenfalls »fröhlich« genannt). Wilhelm beschreibt es als ein Hexagramm des Erfolgs und des Zusammenseins mit Freunden. Freundschaft und Familie sind ebenso Bestandteil des Kelche-Satzes wie Liebe und Gefühl.

Hermann Haindl wählte diesen Hintergrund, weil er ihm als geeigneter Ausdruck des Glücks erschien. Als das Bild feststand, ergab sich die Anordnung der Kelche von selbst. In gewissem Sinne hat er die Karte in umgekehrter Richtung

geschaffen, wobei er sich mehr nach seinen Reaktionen als nach einem Plan orientierte. Die Säule links könnte Teil eines natürlichen Felsens sein. Auf dem Originalgemälde ist sie indes Teil eines Tempels. Das Loch unten ist ein Fenster.
Auf dem Bild findet man sehr viel Stein. Dies wirkt allerdings keineswegs kalt oder unfreundlich wie auf der letzten Karte. Das liegt zum Teil daran, daß Licht auf den Stein fällt oder aus seinem Inneren leuchtet, während die Blase rechts schwerelos zwischen den Kelchen schwebt. Sie erinnert uns an ähnliche Bilder in den Großen Arkana, etwa die schwebende Lichtkugel der Hohenpriesterin (II). Ähnliche Bilder erscheinen auch auf den anderen Karten der Kleinen Arkana. Die Blase ist zart und durchsichtig mit einer Spur Rot, der Farbe der Lebensenergie, die anzeigt, daß die Situation nicht statisch ist. Das dunkle Innere rührt von der Wand hinter der Kugel her. Dies weist darauf hin, daß auch in Zeiten des Glücks und der Freundschaft ein verborgener Teil von uns selbst unerreichbar und unbekannt bleibt, eine Gegebenheit der Kleinen Arkana, denn wahre Selbsterkenntnis und Heiterkeit können wir nur erlangen, wenn wir die großen Herausforderungen der Trümpfe bestehen. Dennoch steht diese Karte für heitere Augenblicke im Alltagsleben. Trotz des dunklen Zentrums leuchten die Ränder der Blase.
Die Blase ist von Natur aus perfekt, aber auch zart und zerbrechlich. Das Glück kann manchmal von dieser Art sein. Über einem der Kelche leuchtet ein fünfzackiger Stern. Als Symbol der Göttin steht er für Weisheit, Macht und göttlichen Schutz.
Wie beim Trumpf der Alchemie (XIV) ist das Bild in eine helle und eine dunkle Seite geteilt. Wie beim Trumpf ist die linke Seite die Seite des Lichts, eine Umkehrung der üblichen Symbolik, nach der der »Weg zur Linken« der Weg der Dunkelheit ist. So wie das Licht ohne Dunkelheit sinnlos ist, so braucht das Glück ein Bewußtsein für die Traurigkeit, damit es mit Leben und Verständnis erfüllt wird.
Wir sehen vier Kelche auf der linken Säule, zwei auf der rechten. Die Zahl Vier bedeutet traditionell Recht und Gesetz, während die Zwei, wie wir von der Zwei der Kelche (und den doppelten Bildern auf Trumpf VI) wissen, Liebe bedeutet. Zusam-

men drücken diese Bilder aus, daß unser Leben harmonisch und glücklich sein wird, wenn es mit Liebe erfüllt ist, aber auch im Einklang mit den Gesetzen der Natur steht. Wenn man nicht über die Stränge schlägt oder seine Phantasie überschießen läßt, ist das Glück auf ein festes Fundament gebaut.
Bei Befragungen zeigt diese Karte eine Zeit des Glücks für den Betreffenden an. Sie betont, daß dieses Glück durch Liebe und Gegenliebe bedingt ist. Sie beschreibt auch das Leben des Ratsuchenden als harmonisch und friedlich. Ob dieser Zustand für unbestimmte Zeit andauern oder als singulärer vollkommener Augenblick vorübergehen wird, müssen die anderen Karten zeigen. Wenn sie ein Vorübergehen des Glücks anzeigen, geben sie vielleicht einen Hinweis, warum dies so ist. Wenn der Betreffende das Glück oder die Zuwendung anderer Menschen für selbstverständlich hält oder maßlos wird, dann sollte er eine Änderung anstreben, die das Glück auf eine solidere Basis stellt.
Bei der Umkehrung gibt es verschiedene Möglichkeiten. Der glückliche Augenblick ist vielleicht nur von kurzer Dauer, wie wenn die Finsternis das Licht überwältigte. Es kann auch sein, daß der Betreffende das vorhandene Glück gar nicht erkennt. Schließlich mag die Umkehrung auch auf ein disharmonisches oder unmäßiges Verhalten hinweisen, das es dem Betreffenden unmöglich macht, das Glück zu finden. Es ist auch eine Kombination dieser Möglichkeiten denkbar.

Sieben der Kelche – Illusionärer Erfolg

Die Aussage dieses Bildes ist sehr direkt. Die sechs aufrechtstehenden Kelche symbolisieren den Eindruck, alles sei in bester Ordnung. Sauber angeordnet, symmetrisch, lassen sie vermuten, das Leben des Betreffenden verlaufe in wohlgeordneten Bahnen. In der Mitte sehen wir jedoch einen umgekehrten Kelch. Dies sagt uns, daß der Erfolg und die Ordnung Täuschungen sind. Die Mitte ist leer.
Das I-Ging-Hexagramm ist Nummer 4, bei Wing »Die Uner-

Illusionärer Erfolg
Sieben der Kelche

fahrenheit« genannt, bei Wilhelm »Die Jugendtorheit«. Dies läßt uns an Fehler denken, aber nicht an eine Katastrophe. Die Rückschläge und Probleme sind mehr durch fehlende Erfahrung als durch böse Absicht verursacht. Das Hexagramm und das Bild drücken eine gewisse Arroganz aus. Der Betreffende ist sehr stolz auf seinen Erfolg. Er hat das Gefühl, alles sei erledigt, er habe sich die Welt untertan gemacht. Dies ist eine Haltung der Jugend, jedoch kann sie in jedem Alter auftreten, wenn einem alles in den Schoß zu fallen scheint. Die Überheblichkeit beruht aber auf einer Illusion, denn das Leben bekommt man nicht so leicht in den Griff. Es ist leicht möglich, daß der Betreffende genau dann mit Problemen oder Gefahren zu tun bekommt, wenn er scheinbar den Gipfel des Glücks erreicht hat. Denken wir daran, daß VII die Nummer des Wagens ist. Bei diesem Trumpf macht sich der Wille die Welt untertan, indem man sich mit seinen tiefsten Gefühlen auseinandersetzt.

Keiner der Kelche ist mit Wasser gefüllt. Auch dies erinnert daran, daß Erfolg eine Illusion ist. Der Betreffende hat sehr viel erreicht, muß aber dann entdecken, daß diese Dinge nicht wirklich befriedigen können. Die Siege werden alle im Äußeren errungen, während der wahre Kern des Betreffenden unberührt und leer bleibt. Die Karte wirkt hell, jedoch ist der untere Teil dunkel. Der Hintergrund zeigt eine Wüste oder vielleicht eine Höhle in einer Wüste. Die Karte bringt zum Ausdruck, daß der Betreffende dem falschen Erfolg nachgejagt ist, einem Erfolg, der äußerlich ansehnlich ist, aber die Seele nicht befriedigt.

Bei Befragungen kann die allgemeine Situation angesprochen sein. Die Karte könnte also dem Betreffenden sagen: »Prüfen Sie genau, was Sie aus Ihrem Leben gemacht haben. Es scheint ein erfolgreiches Leben zu sein, aber gibt es Ihnen wirkliche Freude? Wieviel wissen Sie über sich selbst?« Die Karte warnt vor Überheblichkeit und Selbstgefälligkeit.

Die Karte kann sich jedoch auf eine ganz bestimmte Situation beziehen. Es scheint alles bestens zu gehen, doch mag dies eine Illusion sein. Der Betreffende muß die Situation genau prüfen, um ein ernsthaftes Problem abwenden zu können. In einem ganz praktischen Sinne kann der einzelne umgedrehte Kelch anzeigen, daß der Ratsuchende etwas übersehen hat.

Bei einer anderen Befragung kann es sich um Phantasien handeln. Jemand *glaubt,* er habe großen Erfolg, während er in Wirklichkeit sehr wenig erreicht hat. Um die Phantasien Wirklichkeit werden zu lassen, kann es notwendig sein, hart zu arbeiten und sich den Realitätssinn zu bewahren.

Die Umkehrung wird darauf hinweisen, daß die verborgenen Probleme an die Oberfläche kommen. Die Gefahren werden sichtbar, und der Betreffende entdeckt: Sein scheinbar großer Sieg war nur eine Täuschung. Eine alternative Interpretation wäre jedoch, daß der Befragende realistischer geworden ist. Er gibt seine Illusionen oder seine Arroganz auf und wendet sich nunmehr den Dingen zu, die wirklich zählen. Wenn ein einzelner Kelch auf verborgene Probleme oder Gefahren hinweist, dann erkennt der Ratsuchende dies und handelt. Falls er bestimmte Wünsche hat, dann beginnt er daran zu arbeiten, um sie Realität werden zu lassen. Man beachte, daß bei der Umkehrung der Karte die äußeren sechs Kelche, die Illusionen, umgekehrt werden, während der mittlere Kelch, die innere Realität, aufrecht steht.

Acht der Kelche – Mißerfolg

Vom großen Glück der ersten drei Karten bewegten sich die Kelche immer mehr auf das Unglück zu. Es ist, als ob alles bei diesen frühen Karten zu leicht gegangen wäre. Wenn man meint, daß im Leben immer alles nach Wunsch verläuft, verfällt man leicht in Arroganz, wie wir bei der letzten Karte gesehen haben. Bei der Acht gelangt der Prozeß an den Tiefpunkt. Der Betreffende erfährt Scheitern und Schmerz. Der Optimismus des Satzes bleibt jedoch ungebrochen: Durch die Rückschläge erfahren wir nicht nur etwas über uns selbst und das Leben, sondern wir lernen auch, künftige Freuden mehr zu schätzen. Wir nehmen die Geschenke der Freude und der Liebe nicht mehr für selbstverständlich. Die beiden letzten Karten der Serie, Neun und Zehn, bringen uns zum Erfolg zurück, zunächst zum materiellen, dann zum spirituellen.

Das I-Ging-Hexagramm, Nummer 41, spiegelt einige dieser Ideen. Wilhelm nennt es »Die Minderung«, Wing »Der Niedergang«. Es weist auf einen Verlust hin. Oberflächlich gesehen bringt dies Schmerz. Wer jedoch den Verlust akzeptiert, sich nicht dagegen auflehnt, sondern gelassen abwartet, bis sich das Rad weiterdreht, wird anschließend »höchstes Glück« erlangen. Die beiden Trigramme sind »Stillhalten« über »fröhlich«. Mit anderen Worten, die Freude bleibt, jedoch im Untergrund. Es dauert einige Zeit, bis sie wieder zur Oberfläche zurückkehrt.

Die Kelche liegen durcheinander, weisen in unterschiedliche

Mißerfolg
Acht der Kelche

Richtungen, sind nicht im Gleichgewicht miteinander, wie wenn im Leben des Betreffenden das Chaos ausgebrochen wäre. Was aufgebaut wurde, was stabil schien, ist zusammengebrochen. Beim Hintergrund scheint es sich um eine Felslandschaft zu handeln. Eigentlich sind es jedoch zwei Bilder der Unfruchtbarkeit und des Schmerzes. Etwas oberhalb der Mitte sehen wir ein zerbrochenes Rohr. Ein Rohr dient zur Bewässerung oder zur Wasserversorgung einer Stadt. Deshalb symbolisiert das gebrochene Rohr Verwüstung, die Beschädigung der Kanäle des Lebens (wie auch die Zehn der Schwerter). Das Wasser der Freude kann nicht mehr von der Quelle – dem As der Kelche als Symbol des Geistes – in unser tägliches Leben strömen.

Das andere Bild ist dasjenige der verwundeten Schlange, deren Kopf wir unten auf der Karte (zwischen den beiden unteren Kelchen) sehen. Blut zeigt sich direkt hinter dem Kopf und im Winkel des Mauls. Die Schlange symbolisiert aber die Göttin, die ihren Kindern Freude und ewiges Leben schenkt. Hier haben jedoch die Kinder ihre Schlange verwundet. Bei der Karte des Teufels (XV) kommt die Schlange aus einem schwarzen Loch und entrollt sich, um vom Kristall in spirituelle Wahrheit transformiert zu werden. Hier rollt sich die Schlange in Schmerzen ein und versucht, wieder in das Loch zu kriechen.
Damit wird klar, daß sich diese Karte nicht nur auf individuelle Situationen bezieht. Die Unfruchtbarkeit, die durch das gebrochene Leitungsrohr symbolisiert wird, ist sehr real geworden, weil die Menschen das Land überdüngt haben, weil sie die Wälder aus Profitgier und zur Brennstoffbeschaffung abgeholzt und deshalb Ackerland in Wüsten verwandelt haben. In den Schrecken der Todeslager, bei der Bombardierung von Städten wie Hiroshima, Nagasaki, Dresden, in Kambodscha und vielen anderen Orten haben wir gesehen, wie sich die Schlange der Karte des Teufels aus dem dunklen Loch entrollt, ohne sich in Weisheit zu transformieren.
In der rechten unteren Ecke der Karte erscheinen Worte. Dies sind Worte aus der Rede von Häuptling Seattle (dem Sohn der Steine), mit denen er die Rechte der Indianer deklariert. In seiner Rede sprach Seattle nicht nur von dem Unrecht gegenüber den Menschen, sondern auch gegenüber den Tieren und der Erde selbst. Für die Indianer – und im Haindl-Tarot – sind »Menschenrechte« Bestand des geheiligten Lebens unserer Erde. Daß wir dies nicht anerkannt haben, hat das Chaos der stürzenden Kelche hervorgerufen. Dennoch zeigen das Wasser auf dem Bild und der »fröhliche« Teil im Hexagramm, daß noch nicht alles verloren ist. Wenn wir unsere Fehler einsehen und unser Verhältnis zur Welt ändern, kann das höchste Glück noch Wirklichkeit werden.
Bei Befragungen kehren die Bedeutungen zur praktischen Situation einer Person zurück. Die Karte kann generelles Scheitern im Leben ausdrücken. In der Regel wird sie jedoch das

Scheitern eines bestimmten Vorhabens anzeigen. Die Karte weist auf einen Verlust hin; wenn dieser jedoch noch nicht eingetreten ist, kann für den Betreffenden Zeit bleiben, einen anderen Weg einzuschlagen. Das Scheitern mag durch Überheblichkeit oder Gier hervorgerufen werden.

Wenn es bereits eingetreten ist, weist die Karte darauf hin, daß die Dinge nicht so schlecht stehen, wie es aussieht. Es ist nicht alles verloren. Der Betreffende muß abwarten, Ruhe einkehren lassen und dann prüfen, was erhalten geblieben ist. Es hat jetzt keinen Sinn, zu drängen. Er sollte nicht versuchen, sofort alles wiederaufzubauen. Wenn die Karte sich auf die Liebe bezieht (Kelche sind der Satz der Liebe), sollte der Betreffende nicht sofort eine neue Partnerschaft anstreben, sondern vielmehr versuchen, das Geschehene zu verstehen und zu akzeptieren. Dies ist die Zeit, sich anderen gegenüber zu öffnen, bescheiden zu sein und ohne Scham oder Verlegenheit Hilfe anzunehmen.

Die Umkehrung betont die verborgene Freude in der Karte. Wenn etwas schiefgegangen ist, wurde der Betreffende damit fertig. Neues Glück zeichnet sich ab. Falls der Ratsuchende auf einem schlechten Weg ist, zeigt die Umkehrung, daß er dies einzusehen beginnt. Die umgekehrte Karte ist ein deutlicher Hinweis auf eine positive Veränderung.

Neun der Kelche – Materielles Glück

Diese Karte stellt eine Antwort auf die vorangegangene dar. Die chaotischen acht Kelche sind jetzt ordentlich aufgereiht und stehen aufrecht. Die Natur ist wieder in Ordnung, und Wasser strömt aus einer Öffnung im braunen Fels. Das Wasser fließt in einen stehenden Kelch. Man vergleiche dies mit den umgestürzten und leeren Kelchen der Sieben. Hier ist die Mitte im Gleichgewicht. Darüber hinaus symbolisiert das Wasser, das sich in die Kelche ergießt, Zweckdienlichkeit. Die Menschen handeln nicht überheblich, sie vergeuden nicht, was das Leben ihnen schenkt. Dies ist eine Karte des Wohlstands, aber sie zeigt seinen sinnvollen Gebrauch und Achtung vor der Natur.

Materielles Glück
Neun der Kelche

Das Hexagramm ist Nummer 42, das Wilhelm »Die Mehrung«, Wing »Der Nutzen« nennt. Es erscheint nach dem vorigen Hexagramm, »Die Minderung« (»Der Niedergang«), wodurch ausgedrückt wird, daß ein Scheitern nicht zur völligen Zerstörung führt, sondern lehrt, wie man den schließlich erreichten Wohlstand schätzen soll. Das Hexagramm steht für Reichtum und Zufriedenheit. Im Gegensatz zur Nummer 41, die Geduld und Ruhe empfahl, drängt dieses Hexagramm zum Handeln. In Wilhelms berühmter Übersetzung heißt es: »Fördernd ist es, das große Wasser zu durchqueren.« Dies paßt zum Gedanken der Zweckdienlichkeit. Das Hexagramm rät zum Opfer. Wer im Wohlstand lebt, sollte denjenigen geben, die darben müssen. In

den meisten spirituellen Traditionen gilt Wohltätigkeit als Kardinaltugend. Wahre Wohltätigkeit ist eine Möglichkeit, für seine Sünden zu sühnen. Auf einer persönlichen Ebene baut Freigebigkeit Ungleichheiten zwischen Freunden ab, während in der Gesellschaft die gerechte Verteilung des Wohlstands die Lebensqualität eines jeden einzelnen erhöht. Das Hexagramm beschreibt auch eine moralische Steigerung: Es fordert uns auf, das Gute in anderen nachzuahmen, um es in uns selbst zu vermehren.
Auf dem Bild sieht man Wasser, das aus einer Öffnung im Fels hervorquillt. Durch das Loch sehen wir auch ein Stück blauen Himmels. Das Bild der Wüste, die erneuert wird, erinnert uns an den Stern (XVII), bei dem das frische Wasser über die Felsen sprudelt. Wasser bringt Leben, Nahrung, Freude, Genuß. Die Karte zeigt uns, daß diese Dinge, und nicht das Geld, wahren Reichtum darstellen.
Das Bild stellt auch einen emotionalen Durchbruch dar. Unterdrückung und Gefühlsarmut werden häufig durch Steine symbolisiert. Das hervorbrechende Wasser deutet die Öffnung des Herzens an, daß lange ignorierte Gefühle zum Vorschein kommen. Das Wasser strömt in einen Kelch. Die Gefühle sind nützlich, der Betreffende tut etwas mit dieser großen Gefühlsaufwallung. Versöhnung wird möglich – oder neuer Lebensmut. Der blaue Himmel symbolisiert Hoffnung und Freude.
Das Bild ähnelt einem Ort in der Nähe des Toten Meeres, der Nahal David heißt. Dies ist ein verborgener Wasserfall, an dem sich der junge David vor König Saul versteckte, den seine Eifersucht zur Mordlust trieb. Der Wasserfall ist erst zu sehen, wenn man unmittelbar vor ihm steht. Um dorthin zu gelangen, muß man über kahle Felsen klettern, auf denen es kaum eine Spur von Leben gibt. Wenn uns wie Saul nichts als die Macht interessiert, bleiben wir in der Wüste. Wenn wir jedoch wie David das Herz der Dinge suchen, dann wird das Wasser der Erneuerung aus den Felsen hervorbrechen.
Bei Befragungen bezeichnet diese Karte entsprechend ihrem Titel Reichtum und »Wohlstand«. Der Reichtum kann sich aber auch auf Gefühle beziehen. Das Wasser des Glücks strömt

im Leben des Betreffenden. Wenn er Probleme hatte, zeigt die Karte einen Durchbruch an. Sein Leben erfährt eine Erneuerung. Diese Bedeutung wird durch den Stern (XVII) verstärkt.

Der materielle wie der gefühlsmäßige Erfolg muß jedoch geteilt werden. Die Karte rät zu Großzügigkeit und Freigebigkeit. Die Umkehrung kann bedeuten, daß der Betreffende dazu neigt, seinen Reichtum zu horten. Wenn man nicht teilt, droht die Gefahr des Verlusts. Der Befragende läßt das Wasser (das Gefühl) nicht zum Durchbruch kommen. Er spielt eher die Rolle Sauls als diejenige Davids.

Zehn der Kelche – Erfolg

Diese Karte ist komplexer als die vorangegangene. Sie enthält dunkle und unangenehme Elemente – den Felsen, der aus dem Wasser aufragt, oder die steinartigen Wolken, die den Himmel erfüllen.

Das Hexagramm ist Nummer 46, das Wilhelm »Das Empordringen«, Wing »Der Aufstieg« nennt. Auf der Karte sehen wir einen Felsblock, der sich aus der schwellenden See nach oben schiebt. Das Hexagramm sagt aus, daß ein Aufstieg im Leben Willensanstrengung erfordert, die jedoch Erfolg bringen wird. Dabei sollten wir Willenskraft nicht mit Aggressivität verwechseln. Das Hexagramm rät uns, uns von denjenigen helfen zu lassen, die bereits Erfolg haben. Es empfiehlt uns aber auch, anpassungsfähig zu sein – wie das Holz. Die Anstrengung muß aus dem Können, nicht aus Kraft oder Gerissenheit hervorgehen.

Auf der Karte ersetzt Stein das Holz des Hexagramms. Der langlebige Stein symbolisiert den Kern der individuellen Persönlichkeit, dasjenige, das aus dem gestaltlosen Meer des Lebens aufragt. Die Karte erinnert an den Wagen (VII), der die stürmische See durchpflügt. Erfolg im Leben ist nicht etwas Leichtes und Einfaches, sondern eine dunkle und mächtige Kraft. Menschen, die im Leben einen wirklichen Sinn sehen, kommen wie von selbst voran. Und doch müssen auch sie sich

Erfolg
Zehn der Kelche

behaupten. Sie müssen ihre eigenen Handlungen und das, was um sie herum geschieht, bewußt gestalten, wenn sie den Sinn verwirklichen wollen. Dies gehört zu den Dingen, die im esoterischen Sinne mit Entwicklung der individuellen Seele gemeint sind. Das Selbst, aber auch die Welt wird transformiert durch die Anstrengungen jedes einzelnen Wesens.

Die Wolken weisen auf eine Situation hin, in der Erfolg neben der Freude auch eine gewisse Traurigkeit bringt. Wer im Leben den Pfad der Wahrheit gehen möchte, wird feststellen, daß es ein leidvoller Pfad ist. Wer jedoch diesen Pfad einmal erkannt hat, wird wissen, daß Glück und Zufriedenheit nicht das einzige Ziel sind.

Der Fels ist alt. Wir sehen in der Mitte ein dunkles Loch, das etwas Geheimnisvolles ausdrückt. Auch demjenigen, der ein bestimmtes Ziel anstrebt, bleibt ein großer Teil des Weges und seiner Bedeutung verborgen. Vor den Felsen sehen wir dunklen Schlamm. Dies wirkt vielleicht bedrohlich, jedoch ist dunkler Schlamm auch Nährboden für die Pflanzen. Der Tarot ist für die Natur genauso da wie für die Menschen. Erfolg bedeutet nicht nur persönliche Befriedigung, sondern die Wiederherstellung des Lebens.

Bei Befragungen zeigt die Karte eine günstige Entwicklung der Situation an. Dies kann einige Anstrengung von seiten des Betreffenden fordern, jedoch ist der Erfolg definitiv zu erwarten. Möglicherweise überschatten einige Wolken die Situation, die einige unerfreuliche Folgen des Erfolgs anzeigen. Dies mag jedoch durch andere, einfachere Karten ausgeglichen werden. Das As der Kelche oder die Sechs würden den Akzent deutlicher auf das Glück legen. Im weitesten Sinne zeigt die Karte an, daß man einen Weg im Leben gefunden hat, der Betreffende einem bestimmten Ziel zustrebt. Dies ist vielleicht nicht einfach, aber er ist auf dem richtigen Wege.

Die Umkehrung weist darauf hin, daß etwas dem Erfolg des Befragenden im Wege steht. Wie wir bei der Karte des Universums (XXI) gesehen haben, kann die Blockierung außen liegen (Widerstände durch andere, schwierige Umstände) oder innen (eine negative Einstellung, Apathie und ähnliches). Das Hexagramm drückt aus, daß der Betreffende die Widerstände durch eigene Anstrengung überwinden kann. Die Umkehrung zeigt möglicherweise auch an, daß es dem Ratsuchenden nicht gelingt, einen Sinn im Leben (oder in einer unmittelbaren Situation) zu finden. Hier weist die Karte ebenfalls darauf hin, daß es einen solchen Sinn gibt. Der Betreffende muß ihn zu erkennen suchen.

Der Satz der Schwerter

Die Schwerter repräsentieren das Element der Luft, die für den Verstand steht. Im besten Sinne symbolisieren sie die Beseitigung von Problemen, die scharfe Trennung von Wahn und Wirklichkeit, die Erkenntnis der wahren Prinzipien, die auf dem schwankenden Grund des Lebens festen Halt geben. Schwerter sind aber auch Waffen, und als solche symbolisieren sie Aggression, Auseinandersetzung, Kummer und Schmerz.

Eine Reihe von esoterischen Tarot-Zeichnern haben die Schwerter als die »höchsten« der Kleinen Arkana dargestellt. Sie sehen den Geist getrennt vom »groben« physischen Leib und die Wahrheit als etwas, das außerhalb oder sogar im Gegensatz zur Natur steht. Mit dem Schwert des Intellekts möchten sie der Seele zur Befreiung in die höheren Reiche der abstrakten Wahrheit verhelfen. Beim Haindl-Tarot kommt die Wahrheit von der Erde. Der Gehängte (XII) gelangt zur Befreiung, indem er zur Erde zurückkehrt, statt ihr zu entfliehen.

Noch etwas anderes unterscheidet den Haindl-Tarot von anderen neueren Spielen. Der Rider-Tarot von Waite und Smith (als das bekannteste Beispiel) erschien 1910, vor dem Ersten Weltkrieg. Der Haindl-Tarot stammt aus dem letzten Viertel des 20. Jahrhunderts, nach zwei Weltkriegen, Korea, Vietnam, Kambodscha, nach den Konzentrationslagern und den Hungersnöten, nach Bürgerkriegen und organisierten Massenmorden. Mit solchen Erfahrungen hinter uns können wir die Augen vor der Hauptfunktion der Schwerter nicht mehr verschließen. Das Schwert ist vielleicht die erste Waffe, die ausschließlich zum Kampf unter Menschen entwickelt wurde. Pfeil und Bogen sowie Speere dienten zur Jagd. Äxte und Messer sind Werkzeuge. Schwerter waren nur für heroische Edelleute da, damit sie sich bekämpfen konnten.

In den Gralserzählungen, insbesondere den späteren christlichen Versionen, symbolisieren die Schwerter den Mut des Ritters und sogar seine Legitimität. Artus und Galahad ziehen ein Schwert aus einem Stein, um ihre Macht als Erlöser unter

Beweis zu stellen. Artus benutzt sein Schwert, um Britannien zu vereinigen. Galahad benutzt seines, um sich auf die Suche nach dem Gral zu begeben und den verwundeten König zu heilen. Deshalb symbolisieren Schwerter spirituelle Macht. Das Herausziehen eines Schwerts aus einem Stein drückt aber auch eine »Befreiung« des Geistes von der Erde (und eine Befreiung des Männlichen vom Weiblichen, einen Verzicht auf die Sexualität) aus. Beim Haindl-Tarot lernen wir, dieses Freiheitsverständnis als fundamentalen Irrtum zu erkennen.

Man könnte freilich sagen, daß die Zeit gekommen wäre, den Satz der Schwerter durch etwas anderes zu ersetzen, so wie Hermann Haindl die Pentakeln durch Steine ersetzt hat. Der Tarot befaßt sich jedoch mit der Realität, nicht einfach der Welt, wie wir sie gerne hätten. Wenn wir die Energie transformieren wollen, die Konflikte hervorruft, müssen wir sie anerkennen und uns mit ihr vertraut machen. Die Schwerter sind der »schwierigste« Satz, jedoch ist auch das Leben mitunter schwierig. Dies gilt für den einzelnen wie auch für die Gesellschaft. In den Karten des Satzes kommen beide Ebenen zum Ausdruck. Sie entwickeln Ideen über die Gesellschaft, zeigen uns aber auch etwas über uns selbst. Die Schwerter helfen uns, Zusammenhänge zwischen unseren persönlichen Erfahrungen und dem allgemeinen Zustand der Welt zu erkennen.

Dieser Zusammenhang ist eines der Grundprinzipien des I Ging. Weil der Haindl-Tarot politische und soziale Situationen beleuchtet, weil er das Schicksal der Erde und nicht nur des einzelnen zeigt, steht er dem I Ging näher als viele bisherige Tarot-Spiele. Ein Beispiel hierfür ist die Drei der Schwerter. Beim Rider-Tarot und bei anderen Spielen zeigt sie Kummer, ein von Schwertern durchbohrtes Herz. Beim Haindl-Tarot sehen wir das Bild des »Trauerns« wegen des Leidens der Welt. Dies bedeutet nicht, daß die Karte nicht für individuellen Schmerz stehen könnte. Sie stellt aber diesen Schmerz in einen weiteren Zusammenhang.

Mehr noch als bei den anderen Sätzen liefert das I Ging hier nicht bloß zusätzliche Informationen. Die Hexagramme sind ein notwendiger Bestandteil der Gesamtbedeutung. Im allgemeinen repräsentieren sie eine etwas optimistischere Anschauung als die Karten selbst. Dadurch wird ein Teil der Negativität der Schwerter ausgeglichen. Die Hexagramme harmonisieren die Karten aber auch noch in einer subtileren Weise. Weil ein Schwert nur zu Kriegszwecken dienen kann, fehlt ihm der Zusammenhang mit der Natur (ein Speer dient der Nahrungsbeschaffung, ein Kelch nimmt Wasser auf). Das Element der Luft, das zwar ein wesentlicher Teil des Lebens ist, führt uns ebenfalls von der Erde weg. Die Hexagramme handeln von den Zyklen der Jahreszeiten, vom unfruchtbaren Land im Winter, der Wiederbelebung im Frühling, vom Aufgang und Untergang des Lichts.

Wir sollten nicht vergessen, daß die Schwerter nur einer der Sätze sind. Weil uns das Leiden so unangenehm ist, neigen wir dazu, es zu sehr zu betonen. Dies erlebt man immer wieder bei Befragungen für andere. Auch wenn nur eine einzige Problemkarte erscheint, ist es diese eine Karte, die sie schließlich beim Weggehen beschäftigt. Wir müssen die Schwerter als einen der vielen Aspekte des Lebens betrachten, als eine Betrachtungsweise der Welt um uns.

Die Schwerter auf den Bildern sind das einzige Emblem, für das sich Hermann Haindl einer konkreten Vorlage bedient hat. Wegen der Bedeutung der Schwerter für die europäische Aristokratie gibt es viele wunderschöne Exemplare. Haindl hat sich für die Schwerter der Alemannen entschieden, die in der Zeit nach Christus am südlichen Rhein saßen. Als Objekte, die für ihre Perfektion berühmt sind, zeigen ihre Schwerter die schreckliche Dualität dieses Symbols. Sie zeigen, mit welcher Hingabe Menschen schöne Dinge zu schaffen vermögen, die sehr funktionell und gleichzeitig elegant sind. Dies ist Ausdruck der Leistung des Intellekts. Und doch dienen sie zum Töten. Das gleiche Problem stellt sich auch heute. Glänzende Wissenschaftler und Techniker verwenden ihre Zeit dafür, immer ausgeklügeltere Geräte zu entwickeln, die nur einem einzigen Zweck dienen können – der Auslöschung allen Lebens auf der Erde. Es ist an der Zeit, mehr Einsatzmöglichkeiten für den Intellekt zu finden, die der Welt nutzen, statt sie zu zerstören.

As der Schwerter

Dieses Bindeglied zu den ägyptischen Hofkarten zeigt die Szene der Urschöpfung im ägyptischen Mythos. Im Anfang war nur Nun, das chaotische Wasser. In der Bibel finden wir den gleichen Gedanken, denn es heißt dort: »Finsternis lag über der Urflut.« Aus Nun tauchte ein einzelner Berg auf. Manche Texte nennen diesen Berg Atum, andere beschreiben Atum als Gott, der auf dem Hügel lebte. Das Wasser, Nun, repräsentiert das weibliche Prinzip, der harte Berg, Atum, das männliche. Aus dieser Vereinigung gingen die ersten Götter hervor, die wiederum Urheber des Universums waren.

Dieser machtvollen Szene hat Hermann Haindl die Schwertklinge hinzugefügt, die sich von oben auf den Hügel herniedersenkt. Da Schwerter/Luft für den Intellekt stehen, drückt das Bild die Vorstellung aus, daß der göttliche Geist die Natur belebt, eine Szene, die wiederum an das Gemälde Michelangelos in der Sixtinischen Kapelle erinnert, auf dem von der Fingerspitze Gottes ein Funke auf den Finger Adams überspringt. Auch hier sehen wir eine Lichterscheinung an der Schwertspitze.

Beim Aleister-Crowley-Tarot und dem Rider-Spiel von Waite und Smith zeigt das As der Schwerter ein nach oben weisendes Schwert, das eine Krone durchbohrt. Dies symbolisiert den Geist, der durch die Natur hindurch zur ewigen Wahrheit vorstößt. Auf diesem Bild zeigt das Schwert nach unten, ein Bild für die Herabkunft des heiligen Lichts in die Natur. Auf dem Gipfel des Berges zeigen sich die ersten grünen Pflanzen. Dies weist darauf hin, daß der Geist nicht abstrakter Verstand, sondern der Spender des Lebens ist.

Das As der Schwerter ist das Geschenk der Luft, der Geist als Verstand und kreative Kraft. Das Christentum nennt dies den Logos, das Wort Gottes, das Wort als Gott, welches das Universum erschafft. Auf dem Bild hat das Schwert das Wasser aufgewühlt. Wasser ist das Empfangende, das Potential des Lebens. Es braucht die aktive Kraft, um aus diesem Potential etwas Konkretes entstehen zu lassen. Hermann Haindl malte das Bild

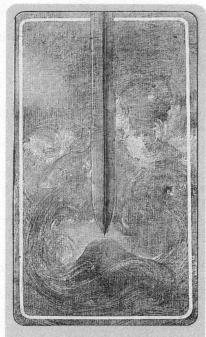

As der Schwerter im Süden

ursprünglich vor seiner Reise nach Ägypten. Bei seinem Aufenthalt dort besuchte er mit seiner Frau Erika den Berg Sinai. Sie stiegen auf den Gipfel, um die Morgendämmerung zu erleben. In dem Augenblick erkannten sie, daß der Berg auf dieser Karte sowohl Sinai als auch Atum ist. Weil der Vater der Kelche sowohl Moses als auch Odin ist, haben wir hier eine weitere Verbindung zwischen Wasser und Luft.
Im Sinne der Individualpsychologie symbolisiert das Wasser die Phantasie mit ihren großartigen schöpferischen Möglichkeiten. Ohne Intelligenz bleibt diese Möglichkeit vage und formlos.
Der Verstand allein ist jedoch ebenso nutzlos, ja sogar gefährlich. Wenn das Wasser nicht als Wasserdampf in die Luft auf-

steigt, bleibt diese trocken und leer. Wenn Menschen in der Welt nur aus dem logischen Verstand ohne Gefühl oder Intuition und ohne ein Bewußtsein für die heiligen Wahrheiten handeln, werden sie destruktiv; die Schwerter werden zu Waffen. Die Spitze des Schwertes berührt den Berggipfel nur leicht. Dies repräsentiert ein Gleichgewicht zwischen den beiden Kräften. Wenn es sich noch etwas tiefer senkte, würde es den Hügel durchbohren, wie wenn es in die Brust der Mutter schneide. Viele Stammesgesellschaften sehen die westliche Technologie als genau das: eine Klinge, die in den Leib der Mutter schneidet.

Der Tarot ist nicht gegen den Logos eingestellt. Im Gegenteil – die Symbole und Gedanken des Tarot zeigen gerade den Wert des Intellekts. Der Geist braucht jedoch ein Gegengewicht. Die menschliche Intelligenz kann nicht unabhängig handeln, sondern muß den göttlichen Funken empfangen und dann so handeln, daß die Wahrheit sich in der Menschenwelt entwickeln kann. Als Beispiele für diesen Vorgang hat Hermann Haindl auf Moses verwiesen, der am Berge Sinai die Zehn Gebote empfängt, Odin, der am Fuße des Weltenbaums die Runen aufnimmt, und die ägyptischen Hieroglyphen, aus denen die heiligen Bücher entstanden. Auf der persönlichen Ebene ist die Kunst ein ähnliches Gegengewicht, das die Wahrheit vermitteln kann. Der Maler oder Schriftsteller braucht fachliches Können, aber auch echte Inspiration. Auf der Karte finden wir Kunst wie auch Natur; die Art, wie sich die Wellen zu ornamenthaften Wirbeln formen, zeigt die bewußte Schöpfertätigkeit des Intellekts.

Das Schwert trennt Dinge voneinander. Es teilt Himmel und Erde, männlich und weiblich, hell und dunkel, Geist und Natur. Eine solche Trennung ist für die Schöpfung notwendig: Ohne Tag und Nacht und den Wechsel der Jahreszeiten müßte das Leben erlöschen. Die Trennung hilft uns auch, die Welt zu verstehen. Indem wir die Erfahrungswelt in die vier Elemente der Kleinen Arkana einteilen, begreifen wir mehr von uns selbst. Dennoch sind solche Trennungen immer künstlich. Sie haben einen Zweck, jedoch dürfen wir sie nicht mit der Realität verwechseln. Die letzte Polarität ist diejenige zwischen Ganzheit und Getrenntsein. Wir müssen das Gleichgewicht zwischen diesen beiden finden, das Universum und das Leben in einem großen Zusammenhang sehen, gleichzeitig aber auch die einzelnen Teile und ihre Funktion.

Bei Befragungen zeigt diese Karte Intelligenz an. Sie kann eine Zeit bedeuten, in welcher der Betreffende fähig ist, klar zu denken und die verschiedenen Seiten einer Situation zu analysieren. Er wird dazu neigen, ein Problem in Teilprobleme zu zerlegen, ihm streng logisch zu Leibe zu rücken. Die Karte kann empfehlen, ebendies zu tun, insbesondere, wenn der Ratsuchende zuvor nur gefühlsmäßig reagiert hat. Diese Empfehlung würde bekräftigt durch andere Intelligenz-Karten, insbesondere die Gerechtigkeit (XI).

Das As der Schwerter zeigt eine kraftvolle Persönlichkeit. Dies ist eine Gabe, denn sie ermöglicht es dem Menschen, im Leben etwas zu bewegen. Sie kann aber auch in Aggression umschlagen. Mehr als die anderen Asse muß das As der Schwerter ein Gegengewicht durch weitere Eigenschaften suchen. Logik muß durch Intuition abgestützt werden; anderenfalls kann sie den Bezug zur Realität verlieren. Kraftvolles Handeln braucht Mitgefühl mit anderen, sonst wird es arrogant und destruktiv.

Das As kann auch mächtige Emotionen bedeuten. Die Symbolik der Wellen tritt hier in den Vordergrund. Die Wellen zeigen die heftigen Gefühle, die von der Seele erregt werden. Der Betreffende sollte vielleicht warten, bis sich die Wogen geglättet haben, um dann die Situation mit klarem Verstand beurteilen zu können.

Die Umkehrung weist darauf hin, daß alle diese Dinge aus dem Gleichgewicht geraten sind. Sie kann Zorn und Aggression oder auch einen Geist anzeigen, der sich für sehr nüchtern und logisch hält, in Wirklichkeit aber die Realität verzerrt, um sich andere unterzuordnen oder Herr einer Situation zu bleiben. Der Betreffende sollte vielleicht die Energie der Schwerter durch die anderen Elemente ausgleichen. Das Feuer setzt Ideen in Handlung um; das Wasser bringt Empfindsamkeit; die Erde schafft für all dies das Fundament in der äußeren Wirklichkeit.

Zwei der Schwerter – Frieden

Diese Karte zeigt uns ein Bild der Ruhe. Die zwei Schwerter schweben in der Luft. Das läßt uns wie die Gerechtigkeit (XI) den Frieden als einen vollkommenen Augenblick erleben. Wir können auch sagen, daß die Karte ein Gleichgewicht zwischen Menschheit und Natur zeigt.

Das Hexagramm ist Nummer 11, bei Wilhelm »Der Friede« und bei Wing »Das Gedeihen«. Das Hexagramm ist aus den beiden primären Trigrammen gebildet, dem Empfangenden über dem Schöpferischen. Beim Tarot entspricht dem die Hohepriesterin (II) über dem Magier (I). Ein Fundament aus schöpferischer Energie trägt die Ruhe des Überbaus. Wir können auch sagen, daß die Kraft des Magiers sich in friedlicher Weise manifestiert.

Beim I Ging spielt der Wechsel der Jahreszeiten eine große Rolle, die als konkrete Erscheinungen wie auch als Metaphern für die Zyklen in den menschlichen Dingen betrachtet werden. Dieses Hexagramm bezieht sich auf den Vorfrühling, wenn das Leben auf das Land zurückzukehren beginnt. Die Welt fühlt sich in Harmonie. Weil die Trigramme sich auf den Himmel und auf die Erde beziehen, sind im Hexagramm diese beiden verbunden. Wilhelm weist auf die Notwendigkeit hin, die Natur mit ihrer überwältigenden Fülle der Erscheinungen zu beschränken und zu bändigen. Ein ähnlicher Gedanke ist auf dem Bild der Schwerter ausgedrückt. Die beiden Schwerter halten Wacht über den Frieden. Die Ruhe wird nicht als selbstverständlich hingenommen, sondern geschützt.

Wir wissen, wie notwendig es ist, den Frieden und das Wohlergehen zu bewahren. Andererseits kann aber in der Politik »Notwendigkeit« zum Vorwand für Militarismus werden, während in den menschlichen Beziehungen übertriebene Vorsicht zu Argwohn oder Aggressivität führen kann. Dieses Problem gehört zur Dualität der Karte, die sowohl in der Zahl Zwei als auch dem Gedanken ihren Ausdruck findet, daß Frieden eine Eigenschaft der Schwerter ist.

Der Hintergrund für diese Karte stammt von Hermann Haindls

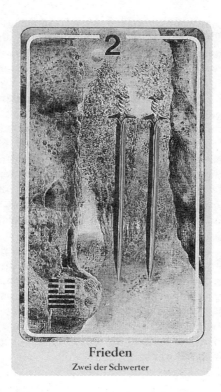

Frieden
Zwei der Schwerter

Gemälde »Indischer Traum«. Er ähnelt dem Hintergrund für die Sechs der Kelche aus dem gleichen Gemälde. Wir sehen wiederum einen Tempel auf der linken Seite. Zwei steinerne Gebilde ragen auf, ein Bild für Schwierigkeiten oder die Bedrohtheit des Friedens. Hieraus ergibt sich die Notwendigkeit der Schwerter. Hinter dem Felsen stehen friedlich Bäume in einer Landschaft, die der Mond mit silbernem Licht übergießt. Die Unterseite des Mondes ist mit einem Hauch Rot überzogen, vielleicht ein Hinweis auf Krieg.

Bei Befragungen bedeutet die Karte Ruhe. Sie drückt aus, daß man eine Stimmung der Heiterkeit erlangen kann, möglicherweise in einer schwierigen Situation. Zum gegenwärtigen Zeitpunkt sind die widerstrebenden Kräfte voneinander getrennt, und alles ist in Ruhe. Die Kräfte (die beiden Mauern) können sich auf Menschen im Streit beziehen, insbesondere wenn diejenige Person, um die es bei der Befragung geht, zwischen den Streitenden steht.

In der Zeit des Friedens können sich Möglichkeiten zu Reifung oder zu neuem Wachstum ergeben. Der Betreffende muß darauf achten, daß er die richtigen Schritte unternimmt, damit das Wachstum nicht unterbrochen wird.

Die Umkehrung zeigt eine Störung der Harmonie. Die sich gegenüberstehenden Seiten können aufeinanderprallen und das Gleichgewicht zerstören oder vielleicht die Person in der Mitte erdrücken. Die Karte kann als Warnung dienen. Wenn eine Zeit des Friedens eingetreten ist, könnte die umgekehrte Karte andeuten, daß der Betreffende diese Chance nicht optimal nutzt.

Wenn er sich gerade jetzt in einer Auseinandersetzung verwikkelt sieht, könnte die Zwei der Schwerter anzeigen, daß er Frieden schaffen könnte, dies jedoch nicht tut. Das Gebot der Stunde könnte lauten, im Inneren Gelassenheit zu suchen, um sie in der äußeren Welt wirksam werden zu lassen. Der Schlüssel hierzu liegt in der Vereinigung des Magiers (I) unten und der Hohenpriesterin (II) oben.

Drei der Schwerter – Trauer

Wenn auch der Titel dieser Karte nahelegen könnte, daß ein geliebter Mensch stirbt, ist doch ein Kummer in einem weiteren Sinne gemeint. Die Trauer bezieht sich auf das Leiden der Welt, insbesondere den Tod junger Menschen im Krieg. In den Schwerter-Karten spüren wir den Einfluß von Hermann Haindls eigener Zeit an der Front und als Kriegsgefangener. Die Karten zeigen uns die Notwendigkeit, uns mit solchen Erfahrungen auseinanderzusetzen und mit ihnen fertig zu werden. Wer diese Dinge selbst nicht erlebt hat, muß doch die Realität der äußeren Welt und ihr Leiden zur Kenntnis nehmen.

Drei der Schwerter

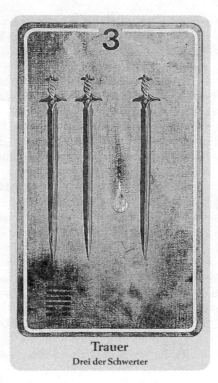

Trauer
Drei der Schwerter

Das Hexagramm ist Nummer 33, »Der Rückzug« sowohl bei Wing als auch bei Wilhelm. Wenn wir vor einer unlösbaren Situation stehen, ist ein Rückzug keine Schande. Ein Rückzug kann eine Notwendigkeit sein. Dies ist keine Flucht; ein Rückzug verläuft geregelt. Wing sagt uns, daß wir in kleinen Dingen standfest bleiben sollten; wenn wir auch die großen Unternehmungen aufschieben müssen.

Das Hexagramm bezieht sich weniger auf militärische Situationen als vielmehr auf die Jahreszeiten. Als Gegenstück zum letzten Hexagramm weist es auf den Spätsommer hin, wenn das Licht sich wieder zurückzieht und wir wissen, daß Herbst und Winter bevorstehen. In einer solchen Zeit hat es keinen Sinn zu pflanzen. Ebenso hat es in Zeiten des Kummers keinen Sinn, so zu tun, als ob alles in Ordnung wäre. In Zeiten der Schwäche ist es in gleicher Weise nicht sinnvoll, große Projekte in Angriff zu nehmen oder äußeren Problemen heftigen Widerstand entgegenzusetzen. Wir müssen erst durch den Winter hindurch. Dann werden im natürlichen Zyklus Kraft und Freude ganz von selbst wieder zurückkehren.

Der Hintergrund zeigt einen Ausschnitt aus dem Gemälde mit der Fledermaus, das wir bereits bei der Zehn der Stäbe sahen. Diese Karte symbolisierte Unterdrückung, aber auch die Möglichkeit, die Energie in Befreiung zu transformieren. Das Bild hier drückt etwas ganz Ähnliches aus. Hermann Haindl wollte zunächst den Zustand des Unglücklichseins darstellen. Gleichzeitig hatte er bei diesem Gemälde ein anderes, subtileres Thema vor Augen: die Niederlage oder das Ende der patriarchalischen Kultur, deren Prinzip der Krieg und die Unterwerfung ist. Deshalb zeigt die Karte persönlichen Schmerz, aber auch ein Problem in der Welt um uns. Letztlich spornt sie uns an, in uns das Verständnis für die Zusammenhänge zwischen unserem eigenen Kummer und demjenigen der Welt, zwischen persönlichem Schmerz und politischer Unterdrückung zu schulen.

In der Mitte des Bildes sehen wir eine Wunde. Aus ihr rinnt eine einzelne Träne. Das Wasser tritt als klarer Tropfen in Erscheinung, ein Symbol für die Reinigung, die durch das Leiden geschieht.

Bei Befragungen ist dies ohne Zweifel eine unerfreuliche Karte. Beim Haindl-Tarot kann die Drei der Schwerter auf bedrükkende Umstände im Leben des Betreffenden hinweisen, sogar auf politische Zustände, die das Leben schwierig machen. In der Regel wird sie jedoch einen persönlichen Kummer anzeigen. Die Karte erinnert uns daran, daß solche Erfahrungen Teil des Lebens sind und wir über sie hinwegkommen können, wenn wir sie akzeptieren. Die Trauer kann einem wirklichen Menschen gelten, wenn vor kurzem jemand gestorben ist, der dem Betreffenden viel bedeutete. Auf keinen Fall sollte jedoch der Tarot-Deuter aus dieser Karte (oder irgendeiner anderen) den

Tod eines Menschen herauslesen. Den Tod vorhersagen zu wollen ist für einen Tarot-Deuter eine unverzeihliche Anmaßung. Die Gefahr ist viel zu groß, daß der Befragende die Aussage falsch gedeutet hat und deshalb grundlos Menschen in Schrecken versetzt.

Die Drei der Schwerter weist auf einen Kummer hin, der durch einen Verlust bedingt ist. Hierbei kann es sich um eine Beziehung, um Ambitionen, Idealismus oder irgendwelche andere Dinge handeln. Meist wird der Klient das spezifische Problem sogar sofort ansprechen. Die Karte hat mehr mit den Gefühlszuständen zu tun und damit, wie man sie überwindet. Wie sich das Licht verfinstert, so kehrt es auch wieder zurück. Die anderen Karten werden Möglichkeiten aufzeigen, wie man mit dem Kummer umgehen kann. Vielleicht muß der Betreffende die Gefühlsbewegung durch eine umfassendere Sicht des Guten im Leben ausgleichen. Möglicherweise kann er auch versuchen, das Erlebte zu begreifen, und es dadurch transformieren.

Die Umkehrung zeigt, daß es dem Betreffenden schwerfällt, den Verlust oder Kummer zu akzeptieren. Dies kann den Schmerz verlängern. Er überhäuft sich vielleicht mit Arbeit oder stürzt sich ins Vergnügen, um so zu tun, als ob es ihn nicht berührte. In diesem Fall muß er seinen Gefühlen gegenüber aufrichtiger sein; so kann er die Erfahrung durchstehen, bis der natürliche Zyklus die Erneuerung bringt.

Vier der Schwerter – Ruhe nach dem Kampf

Wie bei der Zwei sehen wir einen Augenblick der Ruhe, wenn hier auch mehr Schwierigkeiten zum Ausdruck kommen. Zwei Schwerter zeigen nach oben, zwei nach unten – eine Andeutung widerstrebender Seiten oder entgegengesetzter Energien, die sich die Waage halten. Ebenfalls wie bei der Zwei schweben die Schwerter in der Luft, wodurch sich eine Empfindung der Unwirklichkeit oder des Wartens auf irgendein Ereignis einstellt. Ein Blatt fällt zu Boden, jedoch sehr langsam, wie wenn die Zeit stehengeblieben wäre. Es ist, als ob wir den Atem

Ruhe nach dem Kampf
Vier der Schwerter

anhalten würden. Auf dem Blatt liegt ein durchsichtiger Tropfen, vielleicht eine Perle. Das Gebilde ist teilweise durchsichtig und symbolisiert die Kostbarkeit eines Augenblicks der Ruhe, eines Waffenstillstands in Zeiten der Wirren.

Das Hexagramm, Nummer 24, ist optimistischer. Statt eines Waffenstillstandes zeigt es eine Bewegung, die definitiv von den Störungen fort gerichtet ist. Wilhelm und Wing nennen es »Die Wiederkehr«. Auch dies ist ein Hinweis auf die Zyklen der Natur. Der Zeitpunkt, der hier insbesondere gemeint ist, ist die Wintersonnenwende. Als kürzester Tag des Jahres markiert er gleichzeitig den Punkt, an dem die Bewegung von zunehmender Dunkelheit in eine solche zunehmender Helligkeit umschlägt.

Wilhelm sagt uns, daß in China die Wintersonnenwende die Bezeichnung »Sieg des Lichts« trägt. Diesen Gedanken drückt das Hexagramm dadurch aus, daß eine einzelne Yang-Linie unten die Wiederkehr des Lichts anzeigt.
Nach Wing weist dieses Hexagramm auf einen günstigen Zeitpunkt hin, um auf ein gemeinsames Ziel hin zusammenzuarbeiten. Wilhelm sagt, daß eine schwierige Zeit vorübergeht und wir mit Bedacht mit der Wiederkehr der Gesundheit oder einem neuen Sichverstehen nach einem Streit umgehen müssen. Dies wird uns um so klarer, wenn wir bedenken, daß die Karte zwischen »Trauer« und »Niederlage« liegt. Wir müssen darauf achten, daß der Ruhe nach dem Kampf nicht neue Kämpfe folgen. Wir müssen also an der Erhaltung des gemeinsamen Verständnisses arbeiten und die Pause des Waffenstillstandes nutzen, um wieder wirkliche Harmonie herzustellen.
Rechts auf dem Bild sehen wir hinter dem Rand am Baum eine rote Schramme, ein Zeichen des Kampfes. Im Stamm öffnet sich ein dunkles Loch. Unten auf dem Bild erscheint eine weiße Feder, die in einem Loch im Stein zu stecken scheint. Die Feder symbolisiert Frieden.
Die Karte drückt eine Stimmung der Stille aus; es sind keine Tiere da, kein Lufthauch regt sich. Alles ist in der Schwebe, alles scheint nur darauf zu warten, bis das Blatt den Boden berührt. Was wird in diesem Augenblick geschehen? Wird der Kampf erneut ausbrechen? Oder wird das Leben nach der Atempause wieder seinen gewohnten Gang gehen? Es hängt sehr viel davon ab, wie wir diese Unterbrechung nutzen.
Bei Befragungen zeigt die Vier der Schwerter einen Augenblick der Ruhe und des Friedens nach Streit oder Schwierigkeiten an. Wenn Menschen einander bekämpfen, deutet die Karte an, daß der Streit zu Ende geht. Die Frage ist nun, ob wirklich Frieden einkehren wird oder ob die Menschen nur aus Erschöpfung einhalten und den Konflikt fortführen werden. Die übrigen Karten werden Hinweise geben, ob jetzt etwas unternommen werden muß, um die Dinge zum Guten zu wenden, oder ob die Situation von allein einen guten Ausgang nehmen wird.
Die Umkehrung zeigt, daß man sich von Ruhe und Frieden ent-

fernt. Wie bei der aufrechten Karte kann die Bewegung in Richtung neuer Anfänge oder zurück zu den Schwierigkeiten führen. Wenn die übrigen Karten letzteres anzeigen, könnte der Befragende hierüber mit dem Klienten sprechen und ihm helfen, Alternativen zu finden. Manchmal ist es hilfreich, direkt zu fragen, was der Betreffende tun kann, um neues Wachstum zu pflegen.

Fünf der Schwerter – Niederlage

Bei den meisten Tarot-Spielen gehört die Fünf der Schwerter zu den schwierigsten Karten. Der Gedanke der Niederlage kann sich natürlich auf vieles beziehen, das über die engere Vorstellung einer verlorenen Schlacht hinausgeht. Er kann das Scheitern von Hoffnungen oder Ambitionen bedeuten. Im weiteren Sinne symbolisiert die Karte den Zusammenbruch der Natur durch die menschliche Technologie. Eine solche Niederlage kennt jedoch keinen Sieger. Man beachte, daß die perfekten alemannischen Schwerter sämtlich zerbrochen sind. Diese Schwerter repräsentieren neben anderem die moderne Technik. Wenn wir den endgültigen Zusammenbruch herbeiführen, dann wird auch die Technik, die ihn herbeigeführt hat, gescheitert sein.

Das I-Ging-Hexagramm, Nummer 47, bietet eine etwas positivere Perspektive. Wilhelm und Wing nennen es »Die Bedrängnis«. Im Kommentar heißt es dazu, daß die negativen Linien die positiven niederhalten. Trotz der schlimmen Situation sagt Wilhelm, daß »Heiterkeit« und »Beständigkeit« Erfolg bringen werden. Wenn der Betreffende in sich stabil bleibt und seine Ziele nicht aus dem Auge verliert, kann er »das Schicksal« überwinden. Auch Wing empfiehlt »Charakterstärke und Entschlossenheit«. Er sagt ebenso, daß der einzelne dem Zeitgeist nicht nachgeben sollte. Dieser Gedanke ist sehr wichtig. In verschiedenen Hexagrammen empfiehlt das I Ging das Gegenteil: Wir können uns dem allgemeinen Trend nicht widersetzen und müssen uns zurückhalten oder warten, bis bessere Zeiten kom-

Fünf der Schwerter

Niederlage
Fünf der Schwerter

men. Hier erfahren wir jedoch, daß der einzelne etwas unternehmen kann, daß er die Situation ändern kann.
Das Bild beruht auf dem Gemälde eines sterbenden Einhorns. Das Einhorn ist eine uralte Metapher; das Tier auf dem Gemälde ist ebenfalls alt. Es steht für einen uralten Teil der Menschennatur, der in eine Zeit zurückreicht, in der die Erde und das spirituelle Bewußtsein noch in höherem Ansehen standen. Das Tier bleckt die Zähne, jedoch ist dies keine Aggressivität, und die Zähne sind nicht scharf. Das Einhorn symbolisiert Sanftmut.
Symbole, die auf anderen Karten Hoffnung oder Freude repräsentieren, kehren hier ihre Bedeutung um. Beim Satz der Kelche

repräsentiert der blaue Himmel Friede. Hier hat der blaue Himmel ein metallenes, gnadenloses Aussehen. Auf vielen anderen Karten symbolisieren Blasen oder Kugeln neues Leben. Diese Blase blutet in ihrer Mitte.
Bei all dieser Negativität müssen wir uns doch auch daran erinnern, daß diese Karte nur *eine* Vision der Welt repräsentiert. Wir dürfen auch nicht übersehen, daß Tarot-Karten in einer Befragung nicht allein stehen. Die übrigen Karten neben der Fünf der Schwerter können die Bedeutung ganz unterschiedlich akzentuieren.
Bei Befragungen zeigt die Karte eine Situation, die den Betreffenden überwältigen kann. Er wird das Gefühl haben, nichts mehr tun zu können. Versuche, etwas zu ändern, scheinen zumindest vorläufig ins Leere zu laufen. Das Hexagramm sagt uns jedoch, daß wir uns nicht der Verzweiflung überlassen dürfen. Wenn wir weiterhin das in unseren Kräften Stehende tun, wenn wir unseren Prinzipien und Idealen treu bleiben, werden wir schließlich eine Änderung eintreten sehen.
Bei manchen Tarot-Spielen bleibt die Fünf der Schwerter auch in der Umkehrung pessimistisch; sie weist dann mehr auf die Beschämung hin, die der Betreffende in der Niederlage empfindet. Weil bei der Haindl-Version auch der Gedanke des Mutes und des Durchhaltevermögens erscheint, deutet die Umkehrung an, daß die Wende bereits eingetreten ist. Diese Bedeutung wird abgestützt durch positive Karten der Erneuerung wie den Stern (XVII), aber auch solche des Mutes, zum Beispiel den Wagen (VII).

Sechs der Schwerter – Wissenschaftlicher Erfolg

Die Wissenschaft ist ein zweischneidiges Schwert, denn so wie sie einerseits durch die Fortschritte auf dem Gebiet der Medizin und andere Entdeckungen dem Leben dient, so kann sie auch im Dienste eines destruktiven Denkens stehen, das unsere Existenz aufs Spiel setzt. Zudem muß der Ausdruck »Wissenschaft« nicht auf die westliche Technik beschränkt sein. Die

Sechs der Schwerter

Wissenschaftlicher Erfolg
Sechs der Schwerter

Karte bezeichnet einfach das Bemühen, durch Beobachtung und Experiment objektive Wahrheiten über die Welt zu entdecken. So wird auch Yoga häufig eine Wissenschaft genannt, denn seine Übungen und Meditationen basieren auf einem Wissen über Leib und Seele, das in Jahrhunderten entstanden ist. Okkultisten nennen ihre Arbeit ebenfalls Wissenschaft, denn für sie ist beispielsweise der kabbalistische Baum des Lebens eine objektive Beschreibung des Universums.

Das Hexagramm ist Nummer 61, bei Wilhelm »Innere Wahrheit«, bei Wing »Die Einsicht« betitelt. Wilhelms Titel macht uns auf die Spaltung zwischen äußerer und innerer Wahrnehmung des Universums aufmerksam. Die westliche Wissenschaft mißtraut dem Persönlichen oder Subjektiven weitgehend. Wenn sie das Problem keinem Versuch unterwerfen, es nicht messen kann, dann interessiert es sie nicht. Manche Wissenschaftler gehen sogar so weit zu behaupten, daß etwas, was sie nicht unter Laborbedingungen quantifizieren können, nicht existiert. Wir kennen diese Einstellung im Hinblick auf Phänomene wie etwa die Telepathie.

Auf der anderen Seite gibt es Menschen, die jeden Versuch ablehnen, die Welt objektiv zu beschreiben. Für sie hängt alles von der Intuition ab. Manche Leute verzichten auf jegliche Skepsis. Wenn ein Gedanke sie anspricht, halten sie ihn für wahr, anderenfalls ignorieren sie ihn einfach.

Wilhelm benutzt den Ausdruck »sichtbare Wirkungen des Unsichtbaren«. Dies könnte die Definition einer ausgewogeneren Art von Wissenschaft sein, welche die Wirkungen des Universums – die unsichtbaren Gesetze und Wechselwirkungen – durch das Studium der sichtbaren Wirkungen zu verstehen versucht. Die Suche nach der Wahrheit verlangt Offenheit und Vorurteilslosigkeit. Viele Wissenschaftler halten sich für offen, während sie in Wirklichkeit von stärksten Vorurteilen geprägt sind, etwa der Ablehnung von Spiritualität als eine Täuschung.

Das »Streben nach innerer Wahrheit« gilt für aktuelle Situationen ebenso wie für die Wissenschaft. Im Hinblick auf Konflikte oder generell alles, was mit Lernen und Wissen zu tun hat, fordert uns die Sechs der Schwerter – ähnlich der Gerechtigkeit (XI) – auf, die Realität zu suchen. Wir müssen die Dinge sehen, wie sie sind, nicht so, wie wir sie haben möchten. Dies ist schwieriger, als wir glauben wollen.

Das Bild zeigt eine Hand, die nach einem laublosen Zweig greift. Es ist der Zweig einer Rebe, einer der ältesten Kulturpflanzen der Menschheit. Um die Finger und an den Stellen, wo die Hand das Holz berührt, sehen wir Spuren von Grün: Die Wissenschaft kann neues Leben bringen, zum Beispiel in den Wüsten, und doch sehen wir unten Dunkelheit, eine Spalte oder Kluft: Heute ist es so, daß die Technik der Welt auch sehr geschadet hat. Wir müssen die Wissenschaft in einer ausgegli-

cheneren Weise anwenden. Hermann Haindl beschreibt diese Karte als Symbol für die heutige Wissenschaft und ihre Auswirkungen auf die Welt. Man beachte jedoch, daß mehr Schwerter nach oben als nach unten zeigen, ein Zeichen des Optimismus.
Am unteren Rand des Bildes finden sich Linien, eine Verbindung zu dem Muster auf der Zwei der Steine. Damit wird eine positive Saite angeschlagen, denn diese Karte bedeutet »Harmonie«. Oben auf dem Bild taucht ein Gesicht auf. Dieses Gesicht kann die alte Spiritualität symbolisieren – das Unsichtbare –, welche die wissenschaftliche Erforschung des Sichtbaren abstützen muß.
Bei Befragungen betont diese Karte die Notwendigkeit, die Situation objektiv zu sehen. Die Bedeutung wird bekräftigt, wenn die Karte gemeinsam mit der Gerechtigkeit (XI) erscheint. Die Sechs der Schwerter besagt, daß der Betreffende alle Aspekte unvoreingenommen betrachten muß – einschließlich seines eigenen Verhaltens. Eine andere Interpretation könnte sein, daß er eine verengte, angeblich objektive, in Wirklichkeit jedoch voreingenommene Sichtweise pflegt. Wir alle kennen Menschen, die bei einer Auseinandersetzung gern darauf beharren, sie würden nur die »Tatsachen« aussprechen. In trivialen Situationen langweilen uns solche Menschen nur, ohne daß sie wirklich Schaden anrichten. Bei ernsteren Dingen kann ihre Weigerung, die eigene Voreingenommenheit zu sehen, allerdings sehr unangenehme Folgen haben.
Wir haben es hier mit zwei gegensätzlichen Bedeutungen zu tun. Was sie verbindet, ist das Ideal der Objektivität. Bei der ersten Bedeutung folgt der Betreffende diesem Ideal. Bei der zweiten hält er sich dies ebenfalls zugute, während er in Wirklichkeit nur versucht, dadurch andere zu beherrschen. Vielleicht könnten wir die Idee als die aufrechte Karte und ihre Verzerrung als die Umkehrung beschreiben. Die Intuition des Befragenden wird ihn zur besten Interpretation hinführen.

Sieben der Schwerter – Nutzlosigkeit

Der Detailausschnitt, der den Hintergrund dieser Karte bildet, zeigt ineinander verschmolzene, in Stein fixierte Gesichter. Dieser Ausschnitt stammt vom gleichen Gemälde wie der der fünf Schwerter. Dieser Aspekt des Werks betont den Gedanken einer Beseitigung der patriarchalischen Macht, der »nutzlosen alten Männer«, wie man sie nennen könnte, die sich die Welt zu ihrem eigenen Vorteil einrichten. Die Gesichter bezeichnen ein solches System, repräsentieren aber auch das Individuum darin. In einer Welt ohne spirituelle und menschliche Werte fühlen sich die Menschen nutzlos. Sie wissen, daß etwas fehlt. Sie wissen, daß sie sich selbst irgendwie betrogen haben. Sie kennen aber den Grund hierfür nicht, und sie wissen nicht einmal, wie sie diesen Grund herausfinden könnten. Deshalb werden sie deprimiert, zornig, müde – nutzlos.

Das Hexagramm ist Nummer 36, das Wilhelm »Die Verfinsterung des Lichts« nennt. Auch hier finden wir wieder die Verknüpfung einer unerfreulichen Situation mit natürlichen Zyklen von Licht und Dunkelheit. Wilhelm erläutert, daß die chinesischen Bezeichnungen wörtlich »Verwundung des Hellen« bedeuten, womit der Gedanke des Schmerzes und der Aggression angesprochen ist. Das Hexagramm beschreibt mehr die Welt um uns als unseren eigenen Zustand. Es zeigt eine Zeit an, in der uns Verderbtheit und Pessimismus umgeben. Wie bei der Fünf darf der einzelne nicht der allgemeinen Schwäche verfallen, sondern muß seine eigenen Grundsätze hochhalten.

Wing nennt das Hexagramm »Die Zensur« – eine Praxis, die für ihn die Macht in Händen der Korrupten symbolisiert. Er weist darauf hin, daß der Betreffende in einer solchen Situation keinen Einfluß auf die Gesellschaft hat und – zumindest an der Oberfläche – mit den Wölfen heulen muß. Es kommt jetzt darauf an, seine inneren Ideale nicht aufzugeben. Dies gibt dem einzelnen die Möglichkeit, die Situation zu überstehen, bis wieder Handeln möglich wird. Das kann auch für familiäre Probleme oder Schwierigkeiten bei der Arbeit zutreffen.

Auf der Tarot-Karte liegen die Schwerter durcheinander. Wenn

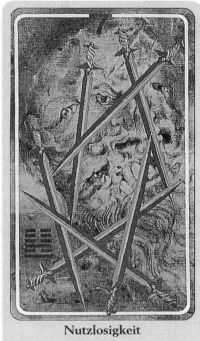

Nutzlosigkeit
Sieben der Schwerter

eine Gesellschaft auf dem falschen Wege ist, hat die individuelle Energie einen schweren Stand. Die Produktion von Waffen verschlingt gewaltige Mittel.
Die Gesichter in dem Stein sind zahnlos. Zähne bezeichnen Vitalität und Kraft. Für viele Menschen symbolisieren Zähne bewußt oder unbewußt Sexualität. Das Bild läßt die Vorstellung assoziieren, daß »zahnlose alte Männer« die Welt beherrschen. In einer anderen Betrachtungsweise drückt es eine persönliche Empfindung der Nutzlosigkeit aus.
Wie so viele Schwerter-Karten ist auch die Sieben schwierig, insbesondere bei Befragungen. Wenn solche Karten erscheinen, reagieren wir vielfach mit Schrecken und überschätzen ihre

Bedeutung. Bei der Sieben müssen wir vor allen Dingen entscheiden, ob die Karte für eine objektive Situation oder die Wahrnehmungen des Betreffenden selbst steht. Sieht sich der Ratsuchende in einer Situation, die er mangels Macht und Einfluß nicht verändern kann? In diesem Fall muß er darauf achten, sich seine Integrität und sein Wissen von der Wahrheit zu erhalten, damit er nicht verzweifelt. Die Karte mag sich jedoch auch auf die Gefühle der eigenen Nutzlosigkeit beziehen, jene kleinmütige Verzagtheit, die uns in depressiven Stimmungen überfallen kann. Solche Gefühle sind meist übersteigert.

Beide Situationen – die äußere und die persönliche – können zusammenfallen. Eine Gesellschaft ohne höhere Werte kann dem einzelnen das Gefühl der Wertlosigkeit vermitteln. In bestimmten Situationen, wenn jemand machtlos ist, etwa im Beruf oder innerhalb der Familie, kann er alles Selbstwertgefühl verlieren. Lange Krankheit, entweder die eigene oder eines geliebten Menschen, kann dazu führen, daß man sich nutzlos vorkommt. Obwohl man sich verstandesmäßig über die Krankheit im klaren ist, hat man vielleicht im Inneren das Gefühl: »Ich müßte sie doch loswerden. Ich müßte alles viel besser machen.« Tarot-Befragungen können dem Betreffenden helfen, hier Klarheit zu schaffen. Woher kommt das Gefühl der Nutzlosigkeit? Kann man etwas tun? Oder verlangt die Situation eher Geduld und eine Pflege der inneren Integrität? Vielleicht muß man einen »geordneten Rückzug« antreten, um in einer neuen Situation neue Möglichkeiten zu schaffen. Ein Rückzug aus einer hoffnungslosen Situation ist nicht unehrenhaft.

Die Umkehrung zeigt, daß der Betreffende versucht, sich mit den Gefühlen der Nutzlosigkeit auseinanderzusetzen. Solche Versuche können beispielsweise darin bestehen, daß man sich um eine Änderung der Situation, um einen Rückzug oder um eine Kräftigung des Selbstwertgefühls bemüht. Die anderen Karten sagen uns, ob der richtige Weg gewählt wurde.

Acht der Schwerter – Einmischung

Einmischung kann positiv oder negativ sein, je nach den Motiven und den Auswirkungen. Wenn Menschen in natürliche Abläufe eingreifen, führt dies möglicherweise zur Katastrophe. Manchmal ist dieses Eingreifen durch Profitgier bedingt, wie zum Beispiel beim Abholzen großer Wälder auf den Philippinen durch japanische Holzfirmen. Es kann aber anfänglich durchaus auch eine gute Absicht zugrunde liegen: Der Einsatz chemischer Düngemittel und moderner Techniken zur Steigerung der Ernte hat dort den Erdboden erschöpft, wo die Menschen jahrhundertelang erfolgreich Ackerbau betrieben.

Ein ganz ähnliches Problem tritt in menschlichen Beziehungen auf. Wir versuchen zu helfen, wenn wir sehen, daß Freunde in Not sind. Manchmal wird dadurch jedoch alles nur schlimmer.

Zur positiven Seite der Einmischung gehört die politische Aktion, um eine gefährliche oder schlechte Politik zu reformieren. Wenn wir sehen, daß in der Welt um uns etwas wirklich Schlimmes vor sich geht, haben wir die moralische Verpflichtung, alles in unseren Kräften Stehende zu unternehmen. Menschenrechts- und Friedensbewegungen sind Beispiele für positives Eingreifen.

Das Hexagramm, Nummer 21, betont den positiven Aspekt der Einmischung. Wing nennt es »Die Reform« und weist mit Nachdruck darauf hin, daß wir bestehendes Recht durchsetzen müssen, um das Gleichgewicht in der Gesellschaft wiederherzustellen. In unserer Zeit sehen wir praktische Anwendungen dieses Prinzips in der Forderung, daß Kriegsverbrecher und Leute, die gegen die Menschenrechte verstoßen haben, vor Gericht gestellt werden.

Wilhelm nennt dieses Hexagramm »Das Durchbeißen«, ein Bezug auf das sprechende Bild der Linien, die man als offenen Mund mit einer Blockierung (die Yang-Linie in der Mitte) betrachten kann. Durchbeißen bedeutet kraftvolles Angehen gegen Hindernisse, die der Gerechtigkeit oder der Harmonie im Wege stehen.

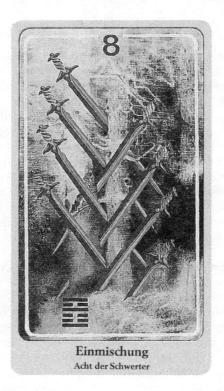

Einmischung
Acht der Schwerter

Die Karte hat auf den ersten Blick etwas Aggressives. Wenn wir jedoch genauer hinsehen, entdecken wir, daß die Schwerter gar nicht in die Bäume schneiden, sondern vor und hinter ihnen vorbeigehen. Die Bäume sehen krank aus. Sie symbolisieren die leidende Natur, aber auch eine kranke Spiritualität, denn wahre Spiritualität muß auf die Realität der Natur gegründet sein.
Ohne die Bäume bilden die Schwerter ein Schachbrettmuster, ein Emblem des Intellekts. In der Tat haben wir hier eine der »geistigeren« Karten vor uns. Direkt unter der Acht sehen wir ein Dreieck, in dessen Mitte sich ein Kreis befindet. Wie bei der Karte der Herrscherin (III) oder des Eremiten (IX) repräsentiert diese Figur das Auge Gottes, die spirituelle Realität, die in der

materiellen Welt und dem täglichen Leben verborgen liegt. Wenn der Intellekt seine Analysen und sein Handeln auf die Grundlage der Realitäten stellt, dann kann er den Weg zum richtigen Handeln finden. Sinn des Tarot und des I Ging ist es nicht zuletzt, den Menschen zu helfen, diese Realitäten für sich zu entdecken.

Die Mitte des Bildes erscheint dunkel und verwundet; jedoch kommt das Rot auf der rechten Seite von einem Gebüsch. Auf der anderen Seite finden wir Gold, während oben und unten ein helles Licht auf die Bäume und Pflanzen fällt.

Bei Befragungen zeigt diese Karte einen störenden Einfluß irgendeiner Art an. Für sich allein sagt diese Karte nichts darüber aus, was der Betreffende tut oder ob es einem sinnvollen Ziel dient. Die anderen Karten können helfen, zunächst die Motive des Handelns und dann die Erfolgsaussichten zu klären.

Die Karte mag darüber hinaus eine Einmischung von außen anzeigen. Auch dies kann dem Betreffenden nützen oder schaden. Die Einmischung bedeutet vielleicht »Klatsch« (Wilhelm nennt »Verleumdung« als das Hindernis), sie signalisiert jedoch auch Hilfe oder Rat, wenn der Betreffende ihrer bedarf.

Bei der Umkehrung gibt es zwei Möglichkeiten. Erstens zeigt sie »keine Einmischung« an. Manchmal wird das zu einer Empfehlung, wobei der Tarot dem Ratsuchenden sagt, ein Eingreifen würde die Lage nur verschlimmern. Manchmal bedeutet dies aber auch, daß man sich durch das Unterlassen eines Eingreifens der Verantwortung entzieht. Zweitens beschreibt sie eine Einmischung, die jedoch einen unerfreulichen Ausgang nahm.

Neun der Schwerter – Grausamkeit

Auf der Karte Neun der Schwerter sehen wir einen Vogel, der sehr dem Pfau auf der Zwei der Kelche ähnelt. Während jener die Gnade und den Zauber der Liebe zeigt, wird dieser ein schreckenerregendes Opfer der Schwerter. Sie durchbohren nicht nur das Tier, sondern schneiden auch in den Hintergrund,

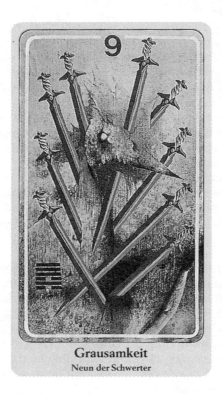

Grausamkeit
Neun der Schwerter

wobei sie sogar das Bild selbst aufschlitzen. Der Vogel ist ein Phantasiegebilde, ein Paradiesvogel. Phantasiebilder stehen beim Haindl-Tarot für die menschliche Kultur. Das Bild zeigt daher die menschliche Grausamkeit, nicht die Unerbittlichkeit des Schicksals oder die zerstörerische Gewalt der Natur. Die Menschen handeln ja sowohl bewußt als auch impulsiv. Wir wissen, was wir tun, und doch agieren wir auf einer bestimmten Ebene aus verborgenen Antrieben, die uns schreckliche Dinge tun lassen. Eines der Schwerter durchbohrt eine dunkle Stelle in der unteren Mitte des Bildes. Alle Grausamkeit hat Züge von Selbstzerstörung. Wir üben Verrat an uns selbst und an unseren eigenen Hoffnungen, wenn wir einem solchen Pfad folgen. Der

menschliche Geist und die menschliche Seele können ein Paradies schaffen, wie es der Vogel symbolisiert. Jede Kultur hat die Vision der Liebe und der Harmonie. Unsere eigene Gewalttätigkeit reißt diese Visionen immer wieder in Stücke.
Das Hexagramm ist Nummer 6, »Der Streit«. Es sagt aus, daß die Menschen den Konflikt vor allen Dingen in sich selbst tragen. Dies schwächt sie gegenüber äußeren Gefahren. Auf der gesellschaftlichen Ebene beschreibt das Hexagramm eine Situation, in der Macht eher den Korrupten dient als denjenigen, die sich für das Wohl der Menschen einsetzen. Dieser Mißstand ruft Grausamkeit in der ganzen Gesellschaft hervor. Wenn eine Gesellschaft einen ungerechten Krieg führt oder wenn die wirtschaftlichen Bedingungen mehr die Raffgier als die allgemeine Wohlfahrt fördern, dann nehmen Verbrechertum und Gewalt in der Familie zu. Dieses Hexagramm sagt uns, daß der Gute, der sich vor eine solche Situation gestellt sieht, große Projekte oder direkten Widerstand vermeiden sollte. Seine Kräfte sind unzureichend, und er muß warten, bis sich die Lage ändert. Der klassische Satz des I Ging hierzu lautet: »Nicht fördernd ist es, das große Wasser zu durchqueren.«
Inmitten des Pessimismus finden wir einen Schimmer Hoffnung. Unten rechts sehen wir den Teil eines Arms. Dieser stammt von einer der »drei Grazien«, die auf dem Originalgemälde unterhalb des Paradiesvogels zu sehen sind. Die Reminiszenz an dieses Bild zeigt, daß Liebe und die Hoffnung auf das Paradies immer vorhanden sind.
Die Bedeutung einer solchen Karte bei Befragungen ist schwierig. In erster Linie beschreibt die Karte die Zustände in der Welt ganz allgemein. Eine Übertragung auf die unmittelbare Situation eines Menschen wäre zu extrem. Andererseits basiert natürlich Grausamkeit auf individuellen Handlungen, und diese werden bei Befragungen erkennbar, wenn sie tatsächlich vorhanden sind. Wir sollten nicht vergessen, daß die Karte sowohl einen grausamen Menschen als auch ein Opfer von Grausamkeit bezeichnen kann. Die Position gibt einen Hinweis darauf, ob Grausamkeit verübt oder erlitten wird.
Es ist ebenso zu beachten, daß die Karte statt der Realität auch

die Wahrnehmungen eines Menschen anzeigen kann. Der Betreffende fühlt sich vielleicht als hilfloses Opfer, während die anderen Karten seine Kraft anzeigen, Änderungen herbeizuführen. Der Befragende kann dem Ratsuchenden helfen, Alternativen zu erkennen.

Bei der Umkehrung ergeben sich zwei unmittelbare Möglichkeiten. Das eine ist das Aufhören der Grausamkeit. Mit Hilfe der anderen Karten können wir beurteilen, ob hiermit ein echter Wandel oder nur eine Pause gemeint ist. In letzterem Falle muß der Betreffende die Gelegenheit ergreifen, um Entscheidungen zu fällen und aktiv zu werden. Die andere Möglichkeit ist Verwirrung: Der die Grausamkeit verübt, maskiert sein Verhalten mit scheinbarer Freundlichkeit. Durch Manipulation fühlt sich das Opfer schwach und schuldig. Die Befragung kann dem Betreffenden helfen, die wirkliche Lage zu erkennen.

Zehn der Schwerter – Untergang

Trotz der Düsterkeit vieler Schwerter-Karten ist der Tarot im Grunde optimistisch. Wir müssen die Karte »Untergang« aus dieser Perspektive betrachten. Ein Teil der Problematik der Schwerter liegt in ihrer Verzerrung der allgemeineren Realität, dem Übergewicht des Negativen. Deshalb sehen wir in dem Stück blauen Himmels ein Symbol der Hoffnung auf Erneuerung. Wir stellen hier eine Verbindung her zum Aeon, Trumpf XX. Dort erleben wir den Untergang einer destruktiven Welt, doch inmitten der Katastrophe bahnt sich bereits die Wende an.

Die verwüsteten Gebäudestrukturen auf der Zehn symbolisieren die heutige Welt, die sich selbst zugrunde richtet. Der Himmel ist jedoch klar. Inmitten der Gefahren, die uns umdrängen, sind wir zur Rückkehr zu den spirituellen Wahrheiten aufgebrochen. Die Schwerter auf dem Bild scheinen eine gewaltige Macht darzustellen, doch ihre Spitzen sind abgebrochen. Gewalt führt ihren eigenen Untergang herbei. Wir müssen hoffen, daß sich die destruktive Energie erschöpft und eine gesündere Welt zum Vorschein kommen läßt.

Untergang
Zehn der Schwerter

Das Hexagramm ist Nummer 29. Wing nennt es »Die Gefahr«, Wilhelm »Das Abgründige«. Als eines der acht Hexagramme, die aus einer Verdoppelung eines Trigramms hervorgehen, bildet es eine Verstärkung der Aussage des Trigramms, bei dem eine Yang-Linie zwischen zwei Yin-Linien eingeschlossen ist. Dadurch entsteht der Eindruck von Negativität und Schwäche, da in der Kosmologie des I Ging das Yang dominieren sollte. Nach Wing zeigt das Hexagramm eine Situation, die objektiv gefährlich, also nicht nur vorgestellt ist, aber unbeschadet überstanden werden kann, wenn man sich vorsichtig verhält; die Gefahr kommt von Menschen und der unmittelbaren Situation (wie die Grausamkeit bei der letzten Karte), nicht vom Kosmos.

Er fügt hinzu, daß der Betreffende die Situation heil überstehen kann, wenn er keine Kompromisse eingeht, und aus der Überwindung der Gefahr gestärkt hervorgehen wird.

Das Bild zeigt Gebäude in Trümmern. Unten sind Katakomben geblieben, oben eine Wüste. Wir sehen Blut, aber nur einige vertrocknete Spuren. Dies gibt uns die Empfindung, daß die Schwierigkeiten schon länger zurückliegen, die Zerstörung Geschichte ist. Diese Karte zeigt uns eine Kultur, die dem Verlöschen entgegengeht. Wir werden an manche Sciene-fiction-Romane erinnert, die eine Zukunft nach dem Atomkrieg beschreiben, in der sich Wüsten anstelle der ehemaligen Städte ausdehnen und von einer arroganten und rücksichtslosen Kultur nichts als Ruinen geblieben sind. Wie das Aeon (XX) weckt auch die Zehn der Schwerter Assoziationen zu Prophezeiungen und apokalyptischen Visionen. Aber diese Visionen führen ebenso zu einer Wiederherstellung der alten Werte.

Die Felsreihen können an Aufnahmen von Neuronen im Gehirn erinnern. Damit symbolisieren die Schwerter Schmerz oder Verwirrung, die die Pfade des Denkens und der Energie unterbrechen. Dadurch wird die Karte zu einem Bild für persönliche Schwierigkeiten.

Bei Befragungen wird man sich eher mit dieser persönlichen Ebene der Karte befassen. Sie zeigt, daß der Betreffende vor erheblichen Schwierigkeiten steht. Sie kann manchmal auf einen bestimmten Plan, eine Hoffnung oder eine Beziehung hinweisen, die jetzt gescheitert zu sein scheint. Weil es zehn Schwerter sind, ist jedoch eher zu vermuten, daß eine ganze Reihe von Problemen gleichzeitig auftreten. Der Vergangenheitsaspekt der Karte deutet an, daß die Probleme sich schon seit geraumer Zeit angebahnt haben.

Der Befragende sollte prüfen, ob die Zehn der Schwerter nicht eine übertriebene Wahrnehmung der Wirklichkeit durch den Betreffenden anzeigt. Manche Karten, etwa weitere Schwerter oder der Turm (XVI), würden darauf hinweisen, daß die Zehn eine objektive Beschreibung gibt. Andere Karten dagegen, zum Beispiel die Kelche oder die Steine, der Magier (I) oder die Liebenden (VI), würden deutlich machen, daß Panik die Situation überdimensional verzerrt. Manche Karten können auch einen Hinweis darauf geben, was zu tun ist. Der Wagen (VII) würde beispielsweise eine feste Haltung gegenüber dem Problem anzeigen; der Eremit (IX) empfiehlt eher einen Rückzug, um zu sich selbst zu finden; der Gehängte (XII) würde uns sagen, daß wir es mit einer Macht zu tun haben, die größer als wir selbst ist, während wir beim Stern (XVIII) auf die Gewißheit der Erneuerung vertrauen dürften.

Die Umkehrung zeigt an, daß die Schwierigkeiten ihrem Ende zugehen. Die Empfindung der Erleichterung, die der blaue Himmel verheißt, beginnt sich zu verstärken. Der Betreffende ist vielleicht erschöpft und braucht Ruhe. Wenn man sich vorstellt, daß die Schwerter »Kopfschmerzen« symbolisieren, bekommt man ein lebendiges Bild von den Wirkungen der Karte. Die Erleichterung kann jedoch nur kurzfristig sein, wenn der Betreffende die Bedingungen nicht ändert, die seine Schwierigkeiten ausgelöst haben. Sofern diese Bedingungen schon sehr lange bestehen, wird eine kraftvolle und sehr bewußte Anstrengung erforderlich sein, um eine Änderung herbeizuführen.

Der Satz der Steine

Der Satz der Steine ist der einzige, dessen Symbole aus der Natur genommen sind. Speer, Kelch und Schwert sind sämtlich menschliche Artefakte. Dies weist darauf hin, daß die physische Welt bei diesem letzten Satz eine besondere Bedeutung hat. Auch hier finden wir eine Umkehrung der früheren Tradition, nach der die Münzen gerade der spezifisch menschlichste der vier Sätze waren. Kelche und Stäbe haben mit Nahrung zu tun, Schwerter mit Leben und Tod. Münzen beziehen sich jedoch auf den Handel, zu dem es in der Natur keine Entsprechung gibt. Hermann Haindl hat sich hier für Steine entschieden, um den Schwerpunkt auf die Erde selbst zu legen.

Der vierte Satz wurde allerdings in der Geschichte schon des öfteren verändert. In früheren Spielen finden sich zum Beispiel Scheiben statt der Münzen. Im 20. Jahrhundert orientierten sich viele esoterische Spiele am Golden Dawn und veränderten die Symbole in Pentakel. Dadurch bekommen sie eine Funktion in der rituellen Magie. Die besten esoterischen Spiele, etwa der Rider-Tarot, haben jedenfalls das Pentakel-Symbol benutzt und in den einzelnen Karten Themen wie Arbeit, Geld und Natur zum Ausdruck gebracht. Auch beim Haindl-Tarot sind diese wichtigen Themen nicht ausgespart, werden jedoch in einen weiteren Zusammenhang gestellt.

Der Satz der Steine stellt das Geschenk der Erde dar: die Tatsachen des täglichen Lebens, der Arbeit und des Geldes, der lebendigen Welt und der sich ändernden Jahreszeiten – alles, was real und solide ist. In der Einleitung zu den Kleinen Arkana haben wir gesehen, wie die vier Buchstaben des Namens Gottes den Prozeß der Schöpfung in Gang setzen. Der letzte Buchstabe, das Element Erde, ist dasjenige, das geschaffen wird. Dies nennen wir Manifestation, weil das Potential und der Gedanke sich in physischer Form manifestieren. Das Modell für alle diese Schöpfungen ist die Erde selbst, die Quelle des Lebens und der Wahrheit, das Fundament der Wirklichkeit.

Beim Satz der Steine sehen wir uns als Handelnde in der Welt. Geld, Arbeit und Natur sind sämtlich physische Tatsachen. Sie umfassen mehr als nur das individuelle Schicksal. Wie die Schwerter, so betont auch dieser Satz das Gemeinschaftliche, denn das Schicksal des einzelnen ist mit dem der Gemeinschaft verknüpft.

Es gibt im Satz der Steine eine ganz spezifische Bewegung, die uns zu lehren vermag, wie wir in unserem Leben Fortschritte machen können. Die mittleren Karten haben etwas Extremes, denn es erfolgt ein Sprung vom großen Erfolg zum Fehlschlag. Bei der Acht, »Klugheit«, tritt eine Änderung ein. Wir lernen, mit Bedacht zu handeln, eine solide Basis zu schaffen, auf der wir mit Sorgfalt und Weisheit weiterbauen können. Auch dies ist eine Lehre, die sich nicht auf den einzelnen beschränkt. Es wird hier etwas über den wirtschaftlichen und politischen Fortschritt gesagt, der häufig scheitert, weil er zu rasch vorangetrieben oder nicht vom Willen der Menschen getragen wird (ein Hauptgedanke beim I Ging). Es geht hier auch um unsere Einstellung zur Natur und zum Fortschritt. Der Haindl-Tarot ist nicht nostalgisch, er will nicht die Uhren zurückdrehen. Er fordert uns vielmehr auf, eine neue Grundlage für wirklichen Fortschritt – spirituellen wie physischen – zu schaffen, bei dem wir die Erde als unsere Mutter erkennen und achten. Hierfür streben wir ein Bewußtsein für natürliche Abläufe, aber auch für die Geschichte an, insbesondere die Geschichte unserer Fehler – unserer Zerstörung der inneren und äußeren Natur –, die der Geschichte der spirituellen Traditionen in aller Welt gegenübergestellt wird. Auf dieser Wissensgrundlage können wir erkennen, was wir tun müssen (ein Thema der Steine), um unsere Sünden an der Welt wiedergutzumachen. Am Ende des Satzes, und damit am Ende der Kleinen Arkana, zeigt uns die Zehn der Steine die erneuerte, von sprudelndem Leben erfüllte Erde. Nicht einmal bei den Großen Arkana finden wir eine solche Vision, nur ihre Verheißung, etwa beim Stern (XVII) oder dem Universum (XXI).

Es ist zunächst erstaunlich, daß man ein solches Bild bei den »kleineren« Karten und auch noch beim profansten Satz findet.

Die Steine sind aber tatsächlich die spirituellsten und gleichzeitig die gewöhnlichsten Karten der Kleinen Arkana. Der Tarot zeigt uns, daß das Heilige nicht in irgendeinem getrennten Universum existiert, sondern unsere Welt durchdringt. Die Weigerung, diese Tatsache anzuerkennen, ist nicht nur die Ursache für einen Großteil unserer Schwierigkeiten – der psychologischen und politischen sowie der ökologischen –, sondern hat auch einen Großteil der Lehren der etablierten Religionen für das Leben der Menschen irrelevant oder schädlich werden lassen.

Außer der Zehn stellen noch zwei weitere Steine-Karten für uns eine besondere Verbindung zum Heiligen her. Die Vier und die Sechs sind Pforten zu einer tieferen Realität, weil sie uns daran erinnern, daß die Welt um uns sowohl am großen Oben als auch am großen Unten teilhat. Die Kraft dieser beiden Karten beruht teilweise auf dem Hintergrund – einem Bild des Weltenbaums, der in dunklen Wassern wurzelt –, aber auch auf den Steinen selbst, auf dem Muster, das sie auf den Karten und in unserer Seele bilden.

As der Steine

Der Adler landet auf dem Felsen. Dieses kraftvolle Bild bringt die gleiche Wahrheit zum Ausdruck wie der Gehängte (XII) und der Stern (XVII): Es zeigt uns die Vereinigung der beiden fundamentalen Reiche, der Erde und des Himmels, der »gewöhnlichen« Realität und des Geistes, des Weiblichen und des Männlichen, des Empfangenden und des Schöpferischen, von hell und dunkel, von Weisheit und alltäglichem Leben.

Der Adler, der Geist, kommt auf den Felsen *herunter*. Wir haben gesehen, wie beim Haindl-Tarot der Gedanke, man könne die Erde hinter sich lassen, indem man zum Himmel aufsteigt, umgekehrt ist. Bei vielen Indianern, insbesondere Prärievölkern wie den Lakota, ist das visionäre Schauen mit dem Gedanken des Aufsteigens verbunden. Der im Westen wohl bekannteste indianische Medizinmann »Black Elk« schildert in dem Buch »Die heilige Pfeife« die Tradition, daß Männer auf

As der Steine im Westen

einen Berg, Frauen auf einen Hügel zur Visionssuche gehen. Dies folgt der gleichen Gesetzmäßigkeit, die sich im chinesischen Feng Shui äußert, in dem den hohen Bergen die männliche Drachen-Energie und den sanften Hügeln, die sich für die Besiedelung und den Feldbau eignen, die weibliche Tiger-Energie zugeordnet wird. Der Adler gilt als Botschafter zwischen den Menschen und dem Großen Geist: Sein Reich ist die Luft, das Licht. Er fliegt zur Sonne hinauf.

In der indianischen Kultur benutzen diejenigen, die Visionen erleben, diese nicht als Vehikel, um die Welt zu verlassen, sondern sie kehren zum Alltagsleben der Ihrigen zurück: Zweck einer Vision ist es, sich zu einem ganzen Menschen zu machen, der die Welt vollständiger erfahren kann. Deshalb senkt sich die Vision auf den Menschen nieder.

Das As der Steine ist das Geschenk der Erde, aber auch das Geschenk der Vision. Hierin, in dieser Verbindung von Realitäten, liegt der Schlüssel zum Haindl-Tarot. Traditionellerweise bezeichnen Münzen oder Pentakeln Reichtum und Wohlergehen wie auch die Natur. Reichtum ist jedoch mehr als Geld. Er steht zudem für ein gutes Leben. Der Felsen hier ist kahl wie derjenige des Sterns (XVII). Die Erde ist weich und grün, aber ohne Blumen oder Bäume. Das Bild symbolisiert Einfachheit, es zeigt uns, worauf es wirklich ankommt, den Himmel, die Erde, den Regenbogen als das universelle Symbol der Schönheit und der Geschenke – und die geistigen Wesen, die die Welt erfüllen, aber für diejenigen unsichtbar bleiben, die sie nicht anerkennen wollen. Wir sehen diese Wesen als farbige Lichter, die über die Karte huschen. Vergleichbare Lichter erscheinen in indianischen Zeremonien, »wenn der Medizinmann stark ist«, wie Erika Haindl sagt. Der Medizinmann manifestiert die Kraft in der sichtbaren Welt. Manifestation ist das Geschenk dieses Asses.

Heute leben die meisten Indianer in Armut, Ergebnis von vierhundert Jahren kolonialer Ausbeutung. Freilich haben sie, insbesondere in Nordamerika, niemals materielle Reichtümer angestrebt. Höchste Wertschätzung genoß eine spirituelle Beziehung zur Erde. Diese Wertschätzung ist geblieben beziehungsweise hat sich mit der Wiederbelebung der indianischen Kultur im Laufe der letzten 10-15 Jahre wieder gefestigt. So wird zunehmend die Annahme von Geldzahlungen für widerrechtlich von Weißen angeeignetes Land aufgrund gebrochener Verträge in der Vergangenheit abgelehnt. Wenn auch die Hoffnung, das Land selbst, das heute zum Teil dicht besiedelt ist, jemals zurückzubekommen, utopisch sein dürfte, so beharren die betroffenen Stämme zunehmend auf ihrem Recht. Denn die Mutter, die Erde, kann man nicht verkaufen. Wenn diese Haltung auch nicht von allen betroffenen Indianern mitgetragen wird, so deutet sie grundsätzlich auf ein Erstarken der traditionellen Wertorientierungen der indianischen Kultur hin.

Der Adler ist ein Aspekt von Wakan Tanka, was meist als »Großer Geist« übersetzt wird. Wir sehen beim Adler die gleichen Farben wie bei den geistigen Wesen, die über das Bild verteilt dargestellt sind: Weiß oben und an den Schwanzfedern, Gold am Schnabel und den Klauen, Rot an den Flügeln. Eine Zeile im Geistertanz (einem Ritual, das bei einer Wiederbelebung der indianischen Kultur im ausgehenden 19. Jahrhundert zentrale Bedeutung hatte) lautet wie folgt: »Wambli galeshka wanna ni he o whoe.« Auf deutsch heißt dies: »Der gefleckte Adler kommt, um mich fortzutragen.«

Der Fels ähnelt den kosmischen Blasen auf vielen anderen Karten. Er nimmt auf dieser Karte den gleichen Platz ein wie die Lichtkugel bei der Hohenpriesterin (II). Der Fels beginnt sich wie die Lichtkugel zu drehen, wenn man ihn lange genug anschaut. Ein Fels ist aber ein natürliches Objekt, etwas Hartes und Reales. Das Symbol der Potentialität, des neuen Lebens, das immer wieder in Hermann Haindls Werken erscheint, manifestiert sich hier als der Fels der Realität. Das As der Steine steht für die Art, wie Haindl seine eigene Vision in seinem Tarot konkretisiert hat.

Bei Befragungen repräsentiert diese kraftvolle Karte die guten Dinge des Lebens – Gesundheit, Wohlergehen, Schönheit, ja sogar schönes Wetter, wenn bei der Befragung das Wetter in irgendeiner Weise eine Rolle spielt. Die Karte zeigt an, daß diese Dinge dem Menschen zu diesem Zeitpunkt in seinem Leben als Geschenk zuteil werden. Der Betreffende sollte das anerkennen und das Geschenk positiv nutzen und es nicht vergeuden. Die Karte bringt auch zum Ausdruck, daß man eine höhere Wahrheit, ja sogar Visionen im täglichen Leben findet.

Die Umkehrung steht nicht für Krankheit, Armut oder gar schlechtes Wetter. Das Geschenk bleibt bestehen, doch schätzt es der Betreffende nicht richtig. Er wird materialistisch im engeren Sinne, indem ihm die Objekte mehr wert sind als ihre Bedeutung. Das umgekehrte As kann auch Auseinandersetzungen aus finanziellen Gründen anzeigen.

Zwei der Steine - Harmonie

Der Hintergrund dieses Bildes kommt von Hermann Haindls »Dionysos«-Gemälde. Insbesondere das hier zugrunde liegende Detail stammt aus einem Abschnitt des Werks, der Harmonie ausdrücken sollte. Harmonie entspringt nicht einem statischen Zustand oder einer perfekten Symmetrie, denn ein solcher Zustand kommt in der realen Welt niemals vor. Sie ergibt sich vielmehr aus einem Austausch von Energie. Harmonie ist ständiges Verschieben und Umgestalten. Wir sehen schwarze und goldene Linien ineinanderfließen. Die Linien sind zu einem Tuch verwoben, dem Tallith oder Gebetsschal der Juden.

Das Hexagramm ist Nummer 16, das Wing »Der harmonische Einklang« und Wilhelm »Die Begeisterung« nennt. Die beiden Titel passen sehr gut zusammen, denn sie zeigen, wie Menschen sich begeistern können, ohne sich von anderen abzusondern oder zu versuchen, sie zu beherrschen. Begeisterung harmonisiert, wenn sie inspiriert, aber nicht kommandiert. Das obere Trigramm bezeichnet Bewegung, das untere Göttlichkeit. Deshalb, sagt Wilhelm, empfängt die starke Linie Begeisterung von den fünf schwachen. Um dies zu erreichen, muß eine Führungspersönlichkeit sowohl im Einklang mit der Gesinnung der Menschen als auch in Harmonie mit den Naturgesetzen handeln. Wing sagt, dieses Hexagramm zeige eine Periode des persönlichen Charismas an.

Das Hexagramm gehört zum Sommeranfang. In dieser Zeit lösen Gewitter, die die alten Chinesen als eine Manifestation der Macht der Erde ansahen, Erleichterung und Freude aus: Die Menschen beginnen spontan, in Harmonie mit der Natur Musik zu machen.

So wie der Stoff des Tallith das Ineinanderfließen von dunklen und hellen Linien zeigt, so sehen wir auch Dunkelheit und Licht auf dem Bild. Rechts bildet der Stoff ein Loch. Es drückt das Mysterium aus, die unbekannte Quelle des Lebens. Dies steht für die Gebärmutter und das Grab, die beiden Pforten zu einer anderen Welt. Hermann Haindl vergleicht es mit dem

Harmonie
Zwei der Steine

Loch bei der Karte des Teufels. Gegenüber dieser Öffnung sehen wir links helles Licht. Auch unten und an den Seiten ist Licht. Von den beiden Steinen ist der obere dunkler als der untere. Dies erinnert an Hexagramm 11 bei der Zwei der Schwerter, wo das Empfangende über dem Schöpferischen Harmonie anzeigt, weil sie durch die natürliche Bewegung zueinandergeführt werden.

Bei Befragungen bedeutet diese Karte das, was ihr Titel aussagt – harmonische Situationen, gute Beziehungen zwischen den Menschen. Diese Karte verheißt Gutes für Geschäfte oder andere Aktivitäten, bei denen Menschen zusammenarbeiten. Sie empfiehlt ein harmonisierendes Vorgehen; sie rät uns, besser mit anderen als allein zu arbeiten, zu inspirieren, statt anzuordnen. Es findet ein Energieaustausch zwischen Menschen statt, und der Betreffende hat jetzt die Kraft, einen reibungslosen Austausch zu gewährleisten.

Die Umkehrung zeigt eine sich entwickelnde Disharmonie an. Normalerweise bedeutet dies nicht, daß die Disharmonie zu einem Zusammenbruch führt, es sei denn, die Zwei wird durch andere, schwierigere Karten, zum Beispiel Schwerter, verstärkt. Dennoch sind hier Anfänge einer Trennung sichtbar. Der Betreffende muß bewußte Anstrengungen unternehmen, um das harmonische Zusammenwirken wiederherzustellen, sei es zwischen Menschen oder zwischen den verschiedenen Aspekten einer Situation. In bestimmten Fällen können die anderen Karten oder auch die Intuition des Befragenden nahelegen, daß eine Wiederherstellung nicht möglich ist. Der Verlust der Harmonie muß aber nicht notwendigerweise in die Katastrophe führen. Es kann einfach die Zeit vorbei sein, die für ein Zusammengehen von Menschen günstig war, und besser sein, wenn der Betreffende jetzt allein ist oder allein handelt.

Drei der Steine – Arbeit

Wie das As den visionären Aspekt der materiellen Welt zeigt, so befaßt sich diese Karte in besonderer Weise mit der Arbeit. Wir sehen auch Schwieriges auf den Karten dargestellt, denn Arbeit ist kein problemloses Thema. Ohne sie fühlen sich Menschen nutzlos, auch wenn sie staatliche Unterstützung erhalten. Andererseits ist die Arbeit für viele Menschen unbefriedigend, ja sogar erniedrigend. Das Gleichgewicht auf dem Bild zeigt die Notwendigkeit, physische Arbeit und spirituelle Suche ins Gleichgewicht zu bringen.

Diese Suche bildet ebenfalls eine Art Arbeit. Alchemisten nennen die Transformation das »Große Werk«. Nach Idries Shah bezeichnen die Sufis spirituelle Aktivität als Arbeit. Das Beispiel der Schamanen schließlich zeigt uns, daß eine solche Suche anstrengender sein kann als jede körperliche Tätigkeit.

Arbeit
Drei der Steine

Der Hintergrund für dieses Bild ist einem Gemälde entnommen, das Odin am Baum zeigt. Die schmerzhafte Aufopferung, die zum Empfang der Runen hinführte, war Odins eigenes Großes Werk.

Das Hexagramm ist Nummer 13, das Wing »Die Gemeinschaft« und Wilhelm »Gemeinschaft mit Menschen« nennt. Hermann Haindl wählte dieses Hexagramm, um auszudrücken, daß die Karte mit einem kollektiven Problem wie auch persönlichen Interessen zu tun hat. In einer Gesellschaft, in der vielen Menschen nur die Wahl zwischen Arbeitslosigkeit oder einer sinnlosen Beschäftigung bleibt, wird die Arbeit zu einem zentralen Problem. Nach Wing fordert dieses Hexagramm dazu auf,

die Bedeutung anderer Menschen im Miteinander anzuerkennen. Wie die vorige Karte rät auch die Drei der Steine nicht zu isoliertem Handeln oder zur Trennung von der Gesellschaft.
Wilhelm bezeichnet das Hexagramm als das Gegenstück zur Nummer 7, »Das Heer«. Dort weist eine starke Linie unter den vielen schwachen auf eine Führungspersönlichkeit hin. Hier sind die vielen stark, und der einzelne muß zurücktreten – dies heißt allerdings nicht, daß man Prinzipien aufgeben sollte.
Der Hintergrund bildet ein Kreuz. Die vertikale Linie des Geistes ist stark, während die horizontale Linie des Alltagslebens wuchernde Formen aufweist. Dies zeigt ein Chaos in der Gesellschaft an. Das Detail ist aus dem gleichen Gemälde wie das der Acht der Kelche, wo wir die Worte von Häuptling Seattle (Sohn der Steine) sahen. Chaos und Destruktion entstehen, wenn wir die menschlichen Bedürfnisse und die wirtschaftlichen Ziele nicht mit den Bedürfnissen der Erde in Einklang bringen. Gleichzeitig zeigen die kosmischen Kugeln (eine links vor dem Baum, ein Teil einer weiteren hinter dem Baum rechts) die Möglichkeit großer Veränderungen.
Bei den Großen Arkana haben wir uns mit den vielen Bedeutungen der Zahl Drei befaßt. In Zusammenhang mit dem Kreuz werden wir an Christus und die drei Nägel durch seine Hände und Füße, aber auch an die drei Tage erinnert, die er im Grab lag. Deshalb kann die Drei Leiden bedeuten. Die Zahl bezeichnet jedoch auch die Dreifaltigkeit und die Herrscherin (III) und damit Schöpfertum. Drei ist das Prinzip der Manifestation, denn die Zahl kombiniert die großen Pole der Eins und Zwei. Schöpfertum manifestiert sich durch Arbeit. Dies gilt nicht nur für Künstler, sondern all diejenigen, die in der Welt durch eigene Anstrengungen etwas Konkretes schaffen.
Bei Befragungen zeigt die Karte, wenn sie aufrecht erscheint, in der Regel an, daß der Betreffende im Berufsleben gut zurechtkommt und seine Tätigkeit ihm Befriedigung bringt. Die spirituellen Aspekte weisen auf die Förderung der persönlichen Entwicklung durch die Arbeit hin. Gelegentlich liegt der Schwerpunkt der Karte darauf, daß der Ratsuchende an sich selbst arbeitet. Da in der Karte Hinweise auf Probleme wie auch auf

Erfolge vorhanden sind, hängt ihr Charakter bei einer Befragung nicht unwesentlich von den anderen Karten ab.
Die umgekehrte Drei der Steine würde darauf hinweisen, daß es mit dem Berufsleben nicht gut steht. Sie könnte Beschäftigungslosigkeit oder einen Arbeitsplatz bedeuten, der nicht befriedigt. Sie wird auch Mittelmäßigkeit in anderen Bereichen des Lebens anzeigen. Dies kann durch Trägheit oder dadurch bedingt sein, daß der Betreffende nicht gewillt ist, sich wirklich anzustrengen. Die umgekehrte Karte mag auch ein Hinweis darauf sein, daß er zögert, ein größeres Projekt in Angriff zu nehmen.

Vier der Steine – Irdische Macht

Der Titel dieser Karte führt uns hin zu der archaischen Vorstellung, daß die Natur eine mystische Kraft ist. Wir sehen die Wurzeln eines uralten Baums, die sich in die Dunkelheit senken. Der Baum könnte Yggdrasil sein, die Weltenesche, deren Wurzeln in die verborgene Unterwelt und deren Zweige in den Himmel hineinreichen.
Das Hexagramm ist Nummer 51, das Wilhelm »Das Erregende« und Wing »Die Erschütterung« nennt. Es ist ein Doppelhexagramm, es wiederholt das Trigramm »Das Erschüttern, der Donner«. Es beschreibt den Donner als eine große Erschütterung, die wie die Stimme Gottes aus der Erde hervordringt. So mächtig dröhnt die Erde, daß die Menschen in großen Schrecken geraten. Und doch kann ein Gewitter im Sommer auch Freude bringen. Das Hexagramm sagt uns, daß wir, wenn wir unsere Ängste verstehen, sie auch überwinden können. In unserer modernen Gesellschaft leben die meisten Menschen in Städten. Es scheint so, als habe die Natur viel von ihrer Bedrohlichkeit verloren. Wir haben unser elektrisches Licht und unsere Autos und unseren Beton, um uns die Natur vom Leib zu halten, die wir nur mehr in Parks oder im Pauschalurlaub erleben. Die Erde aber ist mächtig und noch ungezähmt, wie uns zum Beispiel Hochwasserkatastrophen lehren. Furcht vor der Erde kann zu Achtung und Ehrfurcht führen.

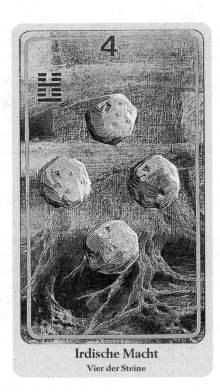

Irdische Macht
Vier der Steine

Der Hintergrund für diese Karte stammt vom gleichen Gemälde wie für die Sieben der Stäbe und die Zehn der Kelche, wo wir Felsen im Wasser sehen. Die Wurzeln der Bäume sind rot, weiß, gelb und blau. Sie repräsentieren die vier Richtungen, die wiederum für die Macht der Erde stehen, die physische wie die spirituelle. Für die nordamerikanischen Indianer besaß jede Richtung andere Eigenschaften – Licht, Dunkelheit, Heilkraft, Wärme oder Kälte, die Jahreszeiten und so fort. Die Menschen erlebten diese Erscheinungen und verstanden ihren eigenen Platz in der Welt. Der Baum repräsentiert die senkrechte Achse, die mit der waagerechten Ebene der Windrichtungen verbunden ist. Auch als »Zentrum« bezeichnet, verbindet er oben und

unten mit vorn, hinten, rechts und links. Der Gipfel des Baums wie auch die Enden der Wurzeln sind nicht zu sehen.
Der Titel »Irdische Macht« stellt eine Verbindung zur Rune Yr des Turms (XVI) her. Szabo nennt sie eine »Rune der Erde«. Wie wir bei Trumpf XVI gesehen haben, kann sie aber auch »irren« bedeuten – in diesem Zusammenhang beispielsweise als Symbol für die Atomenergie.
Die Streifen, die quer zum Baum verlaufen, sind Nebelbänke, die aus dem Wasser aufsteigen. Sie stehen für schöpferische Ideen; häufig erscheinen diese nebulös oder verworren, bis wir sie bei Licht betrachten.
Weil die Karte für die Erde steht, ist sie eine der unpersönlichsten des Spiels. Wenn wir sie im Hinblick auf Befragungen untersuchen wollen, müssen wir ihre Botschaft übersetzen. Die Karte fordert uns auf, die Quellen der Kraft in unserem Leben zu respektieren. Es ist eine Karte der Kreativität und der neuen Ideen. Der Betreffende kann sich von der Energie einer Situation überwältigt fühlen. Wenn ihm angst dabei wird, muß er dieses Gefühl respektieren. Die vier Richtungen empfehlen uns, uns innerhalb der gegebenen Situation zu orientieren, darauf zu achten, wie die einzelnen Teile zum Ganzen beitragen, und unseren Standort zu finden. Es ist eine sehr machtvolle Karte, die uns über die üblichen Erfahrungen der Kleinen Arkana hinausführen kann. Bei der Meditation und zusammen mit Karten wie dem Gehängten (XII), dem Universum (XXI) und dem As der Steine kann sie uns eine Ahnung von der wahren schamanistischen Vision vermitteln.
Die Umkehrung zeigt den Verlust der Orientierung an, ein Gefühl der Verwirrung und Verängstigung. Der Betreffende fühlt, daß gewaltige Mächte wirken, weiß aber nicht, wo er in der gegebenen Situation seinen Platz hat. Es wird schwierig, sinnvoll zu handeln, und es stehen schwere Entscheidungen an.
Viele Stammesvölker haben ihr Weltverständnis auf die Gestalt der Landschaft gegründet. Ein Berg oder eine andere bedeutsame Landschaftsform wurde zum physischen Zentrum, das sie zur Quelle ihres Überlebens wie auch ihrer spirituellen Erkennt-

nis machte. Wenn ein Eroberer wie die amerikanische oder australische Regierung sie zwangsweise umsiedelte, fühlten sie sich verloren. Die umgekehrte Vier der Steine zeigt etwas von dieser Problematik in einer unmittelbaren Situation an.

Fünf der Steine – Materielle Schwierigkeit

Die Fünf der Münzen oder Pentakeln ist häufig eine der schwierigsten Karten des Satzes, sie zeigt Ärger oder Krankheit an. Beim Haindl-Tarot hat die Karte eine fundamentalere Bedeutung. Wir sehen eine Winterlandschaft mit abgestorbenen oder sterbenden Bäumen. Auch der Winter ist ein Teil unseres Lebenszyklus, und der Tod, den er symbolisiert, ist etwas, das wir akzeptieren müssen. Der Hintergrund stammt von einem Gemälde, das Hermann Haindl geschaffen hatte, als das Sterben der Wälder noch kein Thema war, aber dennoch bereits begonnen hatte.
Wir haben uns angewöhnt, die Auseinandersetzung mit dem Tod zu verdrängen. Es ist vergeblich.
Diese Karte spricht jedoch nicht nur das Thema des Todes an, sondern ganz generell die schweren Zeiten des Lebens und wie wir mit ihnen umgehen können.
Das Hexagramm ist Nummer 23, das Wing »Die Verschlechterung« und Wilhelm »Die Zersplitterung« nennt. Das Hexagramm zeigt dunkle Linien, die nach oben steigen, um den letzten lichten Strich zu Fall zu bringen. In einer solchen Situation empfiehlt es sich, größere Initiativen zu vermeiden und nicht die äußere Welt beeinflussen zu wollen. Wenn in einer Beziehung Mißverständnisse oder Verstimmungen eingetreten sind, sollte man zu diesem Zeitpunkt keine Klärung anstreben. Es ist besser, eine Zeit abzuwarten, in der die Kräfte (»Muster«) in der Welt Wachstum und Harmonie begünstigen.
Solche Empfehlungen erscheinen sehr pessimistisch, aber sie sind es nur, wenn wir glauben, in der Welt stünde für uns immer alles zum besten. Das Hexagramm und die Karte sagen ja nicht, dieser Zustand werde dauerhaft sein. Wenn wir die grundle-

Materielle Schwierigkeit
Fünf der Steine

gende Botschaft des Orakels, diejenige des Wandels, verstanden haben, werden wir uns erinnern, daß nach dem Winter der Frühling kommt und auch die kalte Jahreszeit im Fortgang des Jahres ihren Platz hat.

Wir sehen auf dem Bild tote oder absterbende Bäume vor einem Teich mit stehendem Wasser. Die Steine schweben ohne Ziel und Richtung in der Luft. An dem Baum in der Mitte erkennen wir einen roten Fleck oder vielleicht eine rote Kugel. Wir mögen dies als Wunde auffassen oder auch als ein Zeichen, das Menschen anbringen, die den Baum retten wollen. In einer symbolischeren Sichtweise können wir den Fleck als Lebensenergie inmitten einer dunklen Zeit auffassen. Auf der rechten

Seite glimmt ein Feuer, das Wärme bringt und die Unterseite der Steine rot schimmern läßt. Oben auf dem Bild sehen wir eine weiße, reine Vogelfeder, die zur Mitte weist.

Bei Befragungen bezeichnet diese Karte eine »winterliche« Zeit, in der für den Betreffenden nicht alles nach Wunsch läuft. Es kann finanzielle Schwierigkeiten geben, gesundheitliche Probleme, Isolierung von der Umgebung. Diese Aussagen werden durch andere Karten oder die Position modifiziert. Wenn die Fünf der Steine bei den »Hoffnungen und Ängsten« erscheint, zeigt sie eher die Furcht vor solchen Problemen an als die Schwierigkeiten selbst. In Verbindung mit dem Eremiten (IX), der Hohenpriesterin (II) oder ähnlichen Karten drückt die Fünf aus, daß die Muster nicht für Aktivität sprechen. Aus Selbsterforschung kann Weisheit entspringen. In Verbindung mit Karten wie der Sonne (XIX) oder solchen, die Erfolg beziehungsweise Gewinn anzeigen (wie die nächste Karte), würde die Fünf der Steine nur einen vorübergehenden Rückschlag anzeigen.

Die Umkehrung zeigt eine beginnende Entwicklung zum Besseren an, als ob wir mitten im Winter die ersten Frühlingsboten wahrnehmen könnten. Der Betreffende muß vielleicht warten oder in seinen Handlungen sehr vorsichtig sein, denn die Grundsituation hat sich noch nicht verändert, und durch Drängen kann man einen weiteren Rückschlag heraufbeschwören.

Sechs der Steine - Erfolg

Hier sehen wir das Gegenteil der vorigen Karte, den Wechsel von den Tiefen zu den Höhen. Die Sechs der Steine zeigt Freude, Reichtum, Gewinn an. Wir erkennen auch das Muster der Rune Hagal, wenn wir das Loch in der Mitte als Schnittpunkt der Achsen nehmen. Wenn wir uns daran erinnern, daß Hagal eine Schneeflocke (wie auch ein Hagelkorn) bezeichnet, sehen wir, daß der große Fortschritt dieser Karte aus dem Tiefpunkt der vorangegangenen entsteht.

Das Hexagramm ist Nummer 55, »Die Fülle« bei Wilhelm, »Der Zenit« bei Wing. Letzterer vergleicht es mit dem Voll-

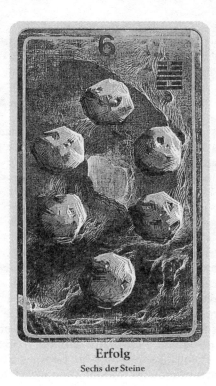

Erfolg
Sechs der Steine

mond oder dem längsten Tag des Jahres, während Wilhelm eine Zeit hoher Kultur dargestellt sieht. Ein Hauch von Wehmut umgibt dies alles, denn wir wissen, ein solcher Zustand kann nicht von Dauer sein. Nach jenem langen Tag beginnt das Licht zu schwinden, während die Welt auf den Winter zugeht. Das I Ging fordert uns jedoch auf, uns des Augenblicks zu freuen. Der Weise, sagt Wilhelm, muß sein wie die Sonne am Mittag.
Der Hintergrund entstammt dem gleichen Gemälde wie die Vier der Steine. Er zeichnet sich durch eine ganz ähnliche Fähigkeit aus, uns hin zu einem tieferen Bewußtsein für die Muster hinter dem täglichen Leben zu führen. Die Schlichtheit des Aufbaus erinnert an den Stern (XVIII). Auch hier sehen wir

hauptsächlich Felsen, die eine Art Höhle bilden, und Wasser, die beiden weiblichen Elemente. Wir erkennen aber auch Zeichen der Metamorphose. In der unteren rechten Ecke verwandelt sich der Felsen in Baumwurzeln, weshalb die Wand rechts auch ein Baumstamm sein könnte.

Die sechs Steine bilden zwei Dreiecke, eines oben und eines unten. Sie stehen für die beiden oberen Dreiecke des kabbalistischen Baums des Lebens. Das Zentrum der Figur ist jedoch kein Stein, sondern das Loch in der Höhle, das von einem goldenen Licht erfüllt wird. Dies heißt nicht etwa, im Kern bestehe Leere oder unsere Freuden und Erfolge seien bedeutungslos. Im Gegenteil – das Licht sagt uns, daß wir den wahren Ursprung des Sinns, das glorreiche Nichts des Narren (0) im Glück des täglichen Lebens finden können. Wir brauchen nicht auf die Freuden und die Befriedigung des Erfolgs zu verzichten, zumindest jetzt nicht. Wir müssen uns vielmehr das Zentrum ins Bewußtsein rufen, das Licht, das hinter und aus den festen Dingen dieser Welt leuchtet.

Bei Befragungen zeigt diese Karte wie das Hexagramm großen Erfolg und Freude an, aber auch daß dies vielleicht nicht von Dauer sein wird. Andere Karten wie die Zehn der Steine oder das Universum (XXI) werden die Erfolge auf eine solide Basis stellen. Problemkarten, etwa die Fünf der Steine, würden vor einer drohenden Gefahr warnen. Wie die Fünf eine Furcht anzeigen kann, so weist diese Karte möglicherweise auf eine Hoffnung hin. Dann muß der Betreffende handeln, um die Hoffnung Realität werden zu lassen. Das Hagal-Muster und insbesondere das Loch in der Mitte drängen den Ratsuchenden, die innere Wahrheit im Glück zu sehen.

Die Umkehrung zeigt, daß sich die Dinge wenden. Dies bedeutet keine Katastrophe oder unvermeidliches Scheitern. Die anderen Karten können Hinweise geben, wie man den aktuellen Erfolg nutzen kann, um Dauerhafteres zu schaffen. In finanzieller Hinsicht rät die umgekehrte Sechs zum Sparen oder vorsichtigen Investieren. Der Betreffende hat vielleicht das Spirituelle ein wenig aus dem Auge verloren; er sieht nur die äußere Realität des Wohlstandes und nicht das Licht in der Mitte.

Sieben der Steine – Fehlschlag

Der Tarot warnt wie das I Ging vor Extremen. Vom Erfolg der vorigen Karte steigen wir zum Scheitern ab. Das elegante Hagal-Muster der Steine zerfällt in das Chaos, wie wir es auch bei der Fünf sehen. Doch zeigt die Karte nicht nur persönliches Scheitern an, obwohl wir dies bei Befragungen ebenfalls in Betracht ziehen können. Der Hintergrund stammt von dem Werk »Das sterbende Einhorn«, dem gleichen Gemälde, das für die Vier der Kelche und die Fünf der Schwerter als Vorlage diente. Es weist auf das Scheitern einer Gesellschaft hin, die der Erde und den vielen Lebensformen, die sich auf ihr tummeln, keinen Respekt entgegenbringt.

Das Hexagramm ist Nummer 12, das Wilhelm und Wing »Die Stockung« nennen. Der Titel erinnert an die Bedeutungen des umgekehrten Universums (XXI): keine Zerstörung, aber Stagnation, die Unmöglichkeit, daß sich die Dinge zu dem entwickeln, wozu sie sich entwickeln könnten. Die Form des Hexagramms ist das Gegenstück zu Nummer 11, dem Hexagramm der Zwei der Schwerter. Hier sehen wir das Trigramm des Himmels oben und das Trigramm der Erde unten. Man möchte meinen, dies stelle die natürliche Beziehung zwischen den beiden Aspekten dar. Hierbei müssen wir allerdings bedenken, daß die hellen Linien natürlicherweise aufsteigen, während die dunklen sinken. Deshalb entsteht die Tendenz, daß sich Himmel und Erde – Geist und Materie – trennen.

Ohne spirituelle Basis muß materielles Streben scheitern. Dieser Gedanke erscheint in unserer Kultur absonderlich. Wir glauben beispielsweise, Geschäft habe mit Religion überhaupt nichts zu tun. Für archaische Völker hatten jedoch alle Handlungen eine heilige Dimension. Wenn nicht göttliches Bewußtsein unser Streben durchdringt, muß es scheitern.

Das Hexagramm bezieht sich auf den Herbstanfang, die Zeit zwischen August und September, wenn das Getreide eingebracht, die schöpferische Energie der ersten Jahreshälfte sichtbar verbraucht ist, die Erde im Jahreszyklus »müde« wird. Soziale Situationen werden mehr von destruktiven Kräften

Fehlschlag
Sieben der Steine

dominiert. Wie bei einigen Schwerter-Karten ist es für den moralisch Höherstehenden besser, sich zurückzuziehen, statt Prinzipien aufzugeben.

Auf dem Bild sind die Steine aus jeglicher Ordnung geraten. Das menschliche Tun verliert seinen Sinn und Zweck ohne jene Verbindung zum Heiligen. Die Steine sind alle verschieden groß, es gibt kein Gleichgewicht und keine Symmetrie. Das Bild zeigt kahles Felsgestein vorne, hinten einen kranken Baum, der aufgerissen wird. Auf dem Felsen und dem fast versteinerten Holz finden sich Blutspuren. Trotz dieser düsteren Bilder ist der Himmel klar, ein Zeichen der Erneuerung.

Bei Befragungen suchen wir zunächst nach einem speziellen

Bezug: Weist die Karte auf ein gescheitertes Projekt hin? Die traditionellen Bedeutungen des Satzes zielen auf Arbeit oder Geschäfte. Wenn sich die Karte auf eine frühere Erfahrung zu beziehen scheint, muß der Ratsuchende Abstand zu ihr gewinnen: Zeigen die Karten die Möglichkeit eines Neubeginns an? Muß der Betreffende noch eine ganz bestimmte Erfahrung machen, oder soll er einfach abwarten, bis die Kraft zurückkehrt und sich neue Möglichkeiten eröffnen? Wenn die Karte ein künftiges Problem anzeigt, kann dies als Warnung verstanden werden. Irgend etwas geht auf ein Scheitern zu, und man muß eine andere Vorgehensweise wählen. Vielleicht gilt es, irgendein bestimmtes Problem zu beheben. Der Betreffende könnte vielleicht überprüfen, ob zwischen den Menschen, die damit in Zusammenhang stehen, eine Disharmonie besteht. Diese Bedeutung träfe insbesondere zusammen mit Schwerter-Karten oder umgekehrten Kelchen zu. In einem weiteren Sinne wäre es denkbar, daß dem Vorhaben die spirituelle Dimension fehlt. Der Ratsuchende muß sich überlegen, warum er so handelt, was er von der Situation erwartet oder zu erlangen hofft.

Die Karte könnte die allgemeine Atmosphäre im Bereich des Betreffenden anzeigen (dies wäre beispielsweise der Fall, wenn sie in einer Position wie der »Umwelt« erschiene). Die Umstände sind nicht günstig: Wenn es um einen Arbeitsplatz geht, wird die Firma vielleicht nicht gut geführt. Möglicherweise mangelt es den Menschen auch an Zielstrebigkeit oder Engagement.

Die Umkehrung würde anzeigen, daß man sich vom Scheitern entfernt. Wenn der Fehlschlag bereits eingetreten ist, zeigt die Umkehrung eine Erholung oder einen Neubeginn an. Sofern die Position der Karte auf die Zukunft weist, bedeutet dies, daß der Betreffende den auf dem Bild dargestellten Zusammenbruch vermeiden kann.

Acht der Steine – Klugheit

Der Titel dieser Karte bezeichnet nicht einfach angehäuftes Wissen. Er bezieht sich auf etwas, das wir »echtes« Wissen nennen könnten – ein Bewußtsein für die Welt, das zum Verständnis führt. Die Klugheit hat also nicht nur mit Technik zu tun, sondern auch damit, wie alles in der Welt zusammenhängt; es ist jene Klugheit, die wir aus dem Studium des Tarot oder des I Ging beziehen. Klugheit dieser Art kann uns beim Studium, im Beruf, aber auch bei einer Partnerschaft mit einem geliebten Menschen helfen.

Klugheit ermöglicht es uns, unser Streben in der Welt ins Gleichgewicht zu bringen. Das Auf und Ab der vorangegangenen Karten – Erfolg, Fehlschlag, Erfolg, Fehlschlag – pendelt sich ein, so daß die letzten drei stetig zu einem soliden Erfolg hinführen. Die Grundlage für dieses Einpendeln liegt hier, bei der Klugheit.

Das Hexagramm ist Nummer 62. Wing nennt es »Gewissenhaftigkeit«, Wilhelm »Des Kleinen Übergewicht«. Es ähnelt Hexagramm 28, das wir bei der Drei der Kelche sehen. Dort sind es vier starke Linien, die nur durch zwei schwache zusammengehalten werden. Hier sind die schwachen Linien in der Überzahl. Kraft und Überlegenheit müssen die Situation von innen heraus steuern. Dies ist ein Hinweis auf Mäßigung, ein Thema, das zu dem Gedanken paßt, daß die anderen Karten ausgeglichen werden müssen. Wing sagt, wir müßten auf Details achten. Beide raten uns, eher kleine als ehrgeizige Projekte in Angriff zu nehmen. Das Hexagramm erinnert an einen Vogel, wobei die beiden starken Linien seinen Körper und die übrigen die Flügel bilden. Ein Vogel kann sehr hoch fliegen, muß aber zur Erde zurückkehren. Alle diese Themen passen sehr gut zur Acht der Steine und vor allem zu ihrem Platz in der Entwicklungsfolge des Satzes.

Auf der Karte ist die Ordnung wiederhergestellt. Die Steine ordnen sich zu einem symmetrischen Muster. Den achten Stein bildet jedoch eine durchsichtige Kugel. Wir überwinden also das Chaos der Sieben, wenn wir die Notwendigkeit des

Klugheit
Acht der Steine

Unsichtbaren neben dem Sichtbaren verstanden haben. Mit anderen Worten, unsere praktischen Tätigkeiten und unser Wissen von der Welt verlangen jene Öffnung zur »anderen Welt« des Geistes.
Der Hintergrund stammt von Hermann Haindls Werk »Indischer Traum«. Er ähnelt demjenigen bei der Sechs der Kelche mit ihrem Tempelpavillon und dem milden Licht. Das Fenster hat die gleiche Bedeutung wie die durchsichtige Kugel, nämlich daß sich die physische Welt in eine andere Welt öffnet. Ein ähnliches Thema drückten die Öffnungen der Kathedrale bei der Zwei und Drei der Stäbe aus.
Unten auf dem Bild sehen wir einen steinernen Elefanten.

Wegen ihres langen Lebens und ihres langsamen Gangs symbolisieren Elefanten Weisheit, insbesondere alte Weisheit. Der Weise ist nicht hektisch aktiv. Er tut, was getan werden muß. Der Elefant symbolisiert Wissen, die Ansammlung von Weisheit, die an spätere Generationen weitergegeben werden kann. In der indischen Mythologie ist der elefantenköpfige Gott Ganesha der Schutzherr der Literatur. Nach manchen Mythen riß sich Ganesha einen seiner Rüssel ab, um damit die Worte der Mahabharata niederzuschreiben.

Der Elefant repräsentiert nicht nur die von Menschen erworbene Weisheit. Er steht auch für die Klugheit und Weisheit der Tiere. Die Indianer betrachten sich beispielsweise nicht als einmalig und der übrigen Schöpfung überlegen, sie bezeichnen die Menschheit vielmehr als das »zweibeinige« und die anderen Lebewesen als das »vierbeinige Volk«. Auch Pflanzen haben ein Bewußtsein, sogar die Erde, auf der wir gehen. Als steinerne Gestalt steht der Elefant für die Weisheit der Erde. Für die heutigen Menschen, die in Städten leben und einer weitgehend intellektuellen religiösen Tradition entstammen, ist der Gedanke, daß die Erde ein bewußtes Wesen mit eigenem Fühlen und eigener Persönlichkeit ist, kaum zu fassen, geschweige denn zu akzeptieren. Viele Völker betrachten aber ebendies als Tatsache des täglichen Lebens.

Bei Befragungen bezeichnet die Karte ein vorsichtiges und ausgewogenes Vorgehen in einer bestehenden Situation. Sie fordert den Betreffenden auf, klug zu sein, sich langsam zu bewegen, übertriebene Aktivität im positiven oder negativen Sinne zu vermeiden. Wenn der Ratsuchende die Dinge bisher nur pragmatisch betrachtet hat, empfiehlt die Karte, auch die tieferen Bedeutungen zu sehen.

Die Umkehrung zeigt fehlende Mäßigung an. Der Betreffende ist vielleicht ungeduldig oder zu risikofreudig. Wenn man den Titel wörtlich nimmt, wäre die Umkehrung Dummheit, insbesondere Dummheit solcher Art, die gefährlich ist. Jemand sieht eine Situation zu eng, weil er sich weigert, die Blase zwischen den Steinen wahrzunehmen.

Neun der Steine – Materieller Gewinn

Bei aufmerksamer Betrachtung dieser Karte entdeckt man, daß es sich um den gleichen Hintergrund wie bei der Vier der Steine handelt. Der Standpunkt ist lediglich etwas zur Seite und weiter nach hinten verlagert. Wir sehen hier den Himmel, das Meer und das Ende der Nebelstreifen, während der große Baum fast ganz aus dem Bild herausgerückt ist. Die Karte ist insgesamt heller; nur an den Wurzeln unten links sieht man eine Andeutung von Dunkelheit.

Das bedachtsame Vorgehen der Acht führt zu einer reiferen Situation mit größerer Stabilität als bei den früheren Karten. Materieller Gewinn ist weder für den einzelnen noch für die Gesellschaft Selbstzweck. Er ist allerdings auch eine Notwendigkeit, denn ohne Nahrung und Obdach kann man gar nicht erst versuchen, einen spirituellen Pfad zu beschreiten. Während sich viele Indianer in bestimmten Zeiten, etwa bei der visionären Suche, Askese auferlegen, ist ihnen das Ideal der völligen Enthaltung von der Welt ebenso fremd wie übermäßiger Reichtum.

Das Hexagramm ist Nummer 14, das Wing »Die Souveränität« und Wilhelm »Der Besitz von Großem« nennt. Erfolg fällt den Menschen durch ein günstiges Schicksal zu. Andere fühlen sich zum Betreffenden hingezogen und möchten sich unter seine Führung begeben. Man erwartet vielleicht, daß solchen Bedeutungen ein Hexagramm mit beispielsweise einer starken und fünf schwachen Linien zugrunde liegt. Statt dessen finden wir das Gegenteil. Die Yang-Linien strömen wegen der Yin-Eigenschaft der Bescheidenheit auf die Yin-Linie zu. Das Hexagramm mahnt uns, daß wir auch im Glück dem Leben gegenüber bescheiden sein müssen. Dies steht im Einklang mit dem Thema des Satzes, nach dem stetiges Fortschreiten langfristig Stabilität hervorbringt.

Wir sehen zwei im Gleichgewicht befindliche Reihen von je vier Steinen, wobei sich der neunte Stein nahe dem unteren Rand dicht über der Erde befindet. Das Bild erinnert an den Gehängten (XII). Die Karte zeigt Fortschritt und Gewinn, verwirft

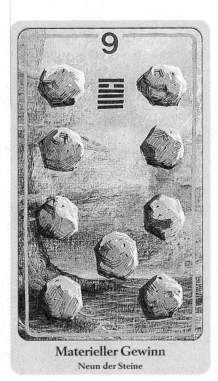

Materieller Gewinn
Neun der Steine

jedoch gleichzeitig den Gedanken des immerwährenden Fortschritts, des unaufhörlichen Wirtschaftswachstums. Wenn ein einzelner oder eine Gesellschaft immer mehr Reichtum anstrebt, werden beide niemals das richtig nutzen, was sie haben. Wohlstand kann dazu führen, daß mehr Schönheit und Harmonie in die Welt kommt. Materieller Erfolg ist für die meisten Menschen ein erster notwendiger Schritt, aber eben doch nur ein erster Schritt.

Bei Befragungen zeigt diese Karte Wohlstand an. Sie zeigt die Wahrscheinlichkeit eines Zuwachses: mehr Geld, mehr Sicherheit, mehr Gesundheit, mehr Bequemlichkeit. Wenn die Fünf der Steine bei der Vergangenheit und die Neun beim Ergebnis erscheint, signalisiert dies eine enorme Verbesserung. Der Betreffende muß jedoch Selbstgefälligkeit, Habgier oder Hochmut vermeiden. Die guten Aspekte der Karte können aus harter Arbeit hervorgehen, aber auch aus einer günstigen Wendung des Schicksals. Der Betreffende muß die Geschenke des Lebens erkennen.

Die Umkehrung zeigt weniger einen Verlust oder Unglück an als vielmehr die Gefahr, daß der Ratsuchende mit dem materiellen Gewinn Mißbrauch treibt. Es besteht die Möglichkeit des Geizes oder im allgemeineren Sinne das Verlangen nach mehr Geld und Erfolg, als man eigentlich braucht. Es ist vielleicht an der Zeit, einen Schritt zurückzutreten und sich über seine Ziele klarzuwerden.

Zehn der Steine – Reichtum

Die Steine bilden hier das gleiche Muster wie die Zehn der Kelche bei der letzten Wasser-Karte. Dies weist uns darauf hin, daß Reichtum nicht nur materiellen Wohlstand bedeutet (obwohl dieser natürlich dazugehört), sondern auch Glücklichsein und ein gutes Leben. Bei manchen Spielen steht die Karte hauptsächlich für materielles Wohlergehen. Hermann Haindl sagte, daß er diese Karte über die traditionelle Bedeutung hinausgehen lassen wollte, um auszudrücken, daß der einzelne als auch die Gesellschaft erst in der Übereinstimmung mit der Natur gesund und lebendig sein und den ganzen Reichtum der Natur erfahren können.

Beim Hexagramm finden wir ein Bild für die spirituellen Ursprünge des Reichtums. Es trägt die Nummer 48, die Wing »Die Quelle« nennt. Er beschreibt es als die göttliche Quelle der Nahrung und Sinngebung. Sie ist unerschöpflich und unwandelbar, denn sie existiert jenseits der materiellen Formen, die sie erweckt. Wir können sie uns vielleicht als das Licht bei der Karte des Mondes (XVIII) vorstellen.

Wilhelm betont mehr das konkrete Bild, das als Symbol (oder Inspiration) für diese machtvolle Vorstellung dient. Er nennt

Reichtum
Zehn der Steine

das Hexagramm »Der Brunnen«, der neben dem Tiegel (Drei der Stäbe) das einzige Hexagramm ist, das ein vom Menschen geschaffenes Objekt zeigt. Im alten China gab es in den einzelnen Gebieten und in unterschiedlichen geschichtlichen Zeiten erhebliche Unterschiede in der Architektur. Die Brunnen blieben jedoch immer gleich, unabhängig von der Gegend und bis zur heutigen Zeit. Deshalb steht der Brunnen für etwas, das sich, unabhängig vom Ort oder den äußeren Umständen, nicht ändert. Dies legt den Gedanken einer ewigen Wahrheit nahe. Weil jedoch ein Brunnen Wasser gibt, das Grundelement allen Lebens, bezeichnet er auch die fundamentale Seinsenergie. Wilhelm und Wing betonen, daß uns das Hexagramm lehrt, die

Gesellschaft entsprechend der Grundwerte und Grundbedürfnisse zu organisieren. Deshalb sehen wir bei diesem mystischen Hexagramm die Mahnung, im täglichen Leben Gerechtigkeit zu schaffen.

Die letzte der Steine-Karten zeigt die Kulmination des Musters, dessen Entwicklung wir durch die Kartenfolge hindurch verfolgen konnten: Klugheit und Bescheidenheit haben den materiellen Gewinn gefestigt, der durch ein günstiges Schicksal zustande kam, das wiederum – als eine Antwort des Lebens – eintrat, nachdem der Betreffende Klugheit erlangt hatte. Deshalb steht am Ende Reichtum. Die Steine wiederholen das Muster der Neun, wobei jedoch der mittlere Stein verdoppelt ist. Diese Verdoppelung zeigt an, daß das Glück nicht einfach wieder verschwinden, sondern eine dauerhafte Basis für das weitere Leben des Betreffenden sein wird. Weil die Steine-Karten die Karten der Gemeinschaft sind, führen die beiden Steine über den einzelnen hinaus und hin zur Gesellschaft und Natur.

Man kann fast sagen, daß die Zehn der Steine nicht nur den Höhepunkt des Satzes der Steine und der Kleinen Arkana, sondern des Haindl-Tarot überhaupt bildet. Der Stern (XVII) und das Aeon (XX) zeigen uns Bilder des Erneuerungsprozesses. Hier werfen wir einen Blick voraus in die neue Welt, in der die Erneuerung eingetreten sein wird. Auch Klugheit und Glück erhalten durch diese Karte eine umfassendere Bedeutung: Wir sehen sie im Zusammenhang mit der Hoffnung unseres Planeten auf »Reichtum« oder »Gesundheit«. Das Glück des materiellen Gewinns ist die Gnade des Geschütztseins, die wir bei der Karte des Aeon im Glastonbury-Tor ausgedrückt sahen, der zwischen den Bergen verborgen war.

Den Hintergrund für die Karte bildet ein Ausschnitt aus dem Gemälde »Ödipus«, das uns auch bei der Fünf der Stäbe begegnet. Jene Karte zeigt Konflikte an und das Streben der Menschen, der Geschichte zu entrinnen. Sie zeigt auch eine persönliche Transformation an. Hier ist die Transformation abgeschlossen. Statt einer Schlacht sehen wir neues Leben. Die Schöpfung beginnt einen neuen Zyklus. In einer tiefen Schlucht schießt

Wasser dahin, weiß und schäumend wie ein Bergbach zur Zeit der Schneeschmelze. Über der Felsenschlucht sehen wir einen hellen Himmel, der über dem mittleren Stein am hellsten ist, wie wenn die Sonne aufginge. Das Licht ist diffus und dringt durch einen Nebel zu uns. Wir haben das Gefühl, daß diese Wolkenreste sich bald auflösen werden, denn die Sonne scheint bereits auf das Wasser.

Bei Befragungen führen wir die Karte wieder auf die individuelle Ebene zurück. Es versteht sich von selbst, daß Karten ihren umfassenderen Sinngehalt nicht verlieren, wenn wir sie auf der alltäglichen Ebene interpretieren. Der Sinn von Befragungen liegt zum Teil auch darin, darzustellen, wie unser Leben die Muster der größeren Welt widerspiegelt. Die Karte weist auf ein gutes Leben, auf Gesundheit und gesicherte Verhältnisse hin. Wie das Universum (XXI) zeigt sie die Verwirklichung der Hoffnungen und Wünsche des Betreffenden. Die Bedeutungen der Karte hängen teilweise auch von der Fragestellung ab. Wenn jemand eine Frage über Geld stellt, dann wird die Karte auch über Geld sprechen. Die übrigen Bedeutungen sind dadurch nicht ausgelöscht, auch wenn wir sie nicht sehen.

Die Umkehrung kann zweierlei bedeuten. Zum einen kann es sein, daß eine mögliche positive Entwicklung noch nicht eingetreten ist. Dies bedeutet nicht das Ausbleiben, sondern vielmehr eine Verzögerung, wie wenn der Schnee noch nicht geschmolzen wäre oder die Sonne noch nicht über die Felsen emporgekommen wäre. Die andere Bedeutung wäre, daß der materielle Wohlstand und die materielle Sicherheit vorhanden sind, der Betreffende jedoch ihren Wert nicht erkennt. Die äußeren Dinge standen zu sehr im Vordergrund, während die innere Dimension vernachlässigt wurde, jenes Bewußtsein für die Quelle, die dem Reichtum seinen Sinn gibt.

DIE HOFKARTEN

Einleitung

Bei diesen sechzehn Karten entfernt sich der Haindl-Tarot am weitesten von der Tarot-Tradition. Als europäisches Spiel (oder esoterisches System) aus der Zeit der Renaissance bedient sich der Tarot für die Benennung seiner Gestalten der aristokratischen Struktur: König, Königin, Ritter, Page. Diese Benennungen blieben bis zum 20. Jahrhundert unverändert, als der Golden Dawn und andere esoterische Gruppen das Ungleichgewicht zwischen drei männlichen und einem weiblichen Bild nicht mehr hinnehmen wollten. Dies hatte nichts mit Feminismus zu tun, sondern war ein Erfordernis der zeremoniellen Magie, die auf der Polarität von männlich und weiblich aufbaut. Deshalb wurden Bezeichnungen wie König, Königin, Prinz und Prinzessin geschaffen. Aleister Crowley benutzt Ritter, Königin, Prinz und Prinzessin.

In den letzten zehn bis fünfzehn Jahren hat man in verschiedener Weise versucht, einen erweiterten Zugang zum Tarot zu finden. Feministinnen haben Spiele geschaffen, die auf der Spiritualität der Frau aufbauen. Andere haben heidnische Spiele entworfen, wieder andere Spiele mit einem kulturellen Bezug, zum Beispiel den Indianer-Tarot. Hierbei ergeben die europäischen Hofkarten vielfach keinen Sinn, weshalb sie häufig durch Gestalten eigener Wahl ersetzt wurden. Teilweise wurde auch die Zahl der Hofkarten auf drei je Satz verringert. Dadurch ergeben sich dreizehn Karten je Satz (das Mondjahr hat dreizehn Monate). Außerdem erhält man zwölf Hofkarten, je eine für jedes Tierkreiszeichen.

Als Hermann Haindl daranging, die Hofkarten für sein Spiel zu malen, entschied er sich für zweierlei: Er wollte nicht allein die europäische Herrscherklasse darstellen, und er wollte die traditionelle Zahl Vier für jeden Satz beibehalten. Die nächste Entscheidung war, jeden Satz in einer anderen Kultur anzusiedeln. Teilweise übernahm er auch die indianische Vorstellung einer spirituellen Bedeutung der vier Himmelsrichtungen. Jeder Satz sollte für eine andere Richtung stehen. Zusammen sollten sie die verschiedenen heiligen Traditionen und Lebenshaltungen in der ganzen Welt zeigen. Als Mittelpunkt wählte Hermann Haindl einen imaginären Punkt irgendwo im Mittelmeer oder dem östlichen Atlantik.

Die Zuordnung der Richtungen zu den Sätzen ist teilweise durch die Symbole, teilweise durch die Elemente bedingt. Der Satz der Kelche gehört zum Heiligen Gral, einem europäischen Gegenstand. Deshalb kam Europa, das für den Norden steht, zu den Kelchen. Andererseits sieht Hermann Haindl die Erde als das Zentralthema der indianischen Philosophie, während er Indien mit dem Feuer verbindet. Deshalb ist der Westen, das heißt Amerika, Steine, während dem Osten, Indien, die Stäbe zugeordnet werden.

Bei den Kleinen Arkana haben die Sätze eine feste Reihenfolge, die durch die Elemente bestimmt ist: Stäbe (Feuer), Kelche (Wasser), Schwerter (Luft), Steine (Erde). Wenn wir hier die Verknüpfung mit den vier Himmelsrichtungen herstellen, bekommen wir die Reihenfolge Stäbe (Ost), Kelche (Nord), Schwerter (Süd), Steine (West). So entsteht das Muster:

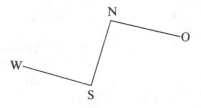

Die Rune ᛇ ist eine Variante der Rune Ehwaz beim Stern (XVII). Ehwaz steht unter anderem für den Weltenbaum, der wiederum die vertikalen Richtungen des Oben und Unten mit der Mitte und den horizontalen Richtungen verbindet.

Einleitung

Als ich zum erstenmal mit Hermann und Erika Haindl zusammentraf, sprachen wir darüber, wie die Hofkarten heißen sollten. Hermann Haindl entschied sich für Mutter, Vater, Sohn und Tochter. Dadurch bekommen die Karten eine persönliche Qualität, die ein Gegengewicht zur Macht der mythologischen Gestalten bildet. Das Wort »Hof« drückt für ihn auch Intimität aus. Bei den meisten Spielen ist damit ein königlicher Hof gemeint, das Wort bezeichnet aber ebenso den zentralen Platz des Anwesens, an dem sich die Familie am Abend versammeln konnte – als ich Hermann und Erika Haindl in Hofheim besuchte, saßen wir auf dem Hof und besprachen die Bilder ...
In Indien (Ost) gibt es eine sehr lange religiöse Tradition, die in ihrem Ursprungsland seit Jahrtausenden gültig ist. Die Götter des alten Ägypten andererseits haben ihre Anhänger seit langem verloren und wurden vom Islam verdrängt. Trotzdem sind diese Gestalten so kraftvoll, daß ihre esoterische Bedeutung bis heute überdauert hat.
Für Europa (Nord) wählte Hermann Haindl die Gralssagen mit Parzival als Schlüsselfigur. Hier finden wir eine ursprünglich religiöse Tradition, die in ein literarisches Genre überging. Vielleicht ahnen wir noch, daß der Gral religiösen Ursprungs ist; bekannt ist er uns jedoch aus einer Vielzahl von Epen und Gedichten.
Ägypten für den Süden zu nehmen hat mehrere Vorteile. Die ägyptische Kultur ist älter als die jüdische oder christliche. Es hat diese beiden wie auch die griechische Kultur stark beeinflußt. Außerdem haben ägyptische Vorstellungen und Mythen die esoterische Interpretation des Tarot stark geprägt. Bei vielen Spielen erscheint Isis als die Hohepriesterin, während teilweise auch ausschließlich ägyptische Bilder verwendet werden. Deshalb ist es sehr berechtigt, ägyptische Göttinnen und Götter, insbesondere Isis, in einem der Sätze darzustellen.
Bei den Indianern (West) schließlich finden wir eine heilige Tradition, die lange Jahre als erloschen galt, bis sie durch die Kraft und den Mut des Volkes, in dem sie entstanden war, wieder auflebte.
Hermann Haindl traf seine Entscheidung weniger aus philoso-

phischen Gründen als aus einer persönlichen Beziehung zu den verschiedenen Kulturen. Er ist Europäer, hat sich jedoch häufig in Indien, Israel, Ägypten wie auch in Amerika aufgehalten. Überall fühlte er sich mit den Menschen und Traditionen in besonderer Weise verbunden.
Für die Bilder orientierte sich Haindl an den verschiedenen Kulturen. Für Indien und Ägypten stützte er sich auf bestehende Darstellungen der verschiedenen Gestalten. Krishna und Radha, der Sohn und die Tochter der Stäbe, stammen von Postern, die gläubige Inder bei sich zu Hause aufhängen. Die Kelche-Karten gehen auf verschiedene Quellen zurück. Die Mutter zeigt eine prähistorische Statue, die Venus von Willendorf. Für den Sohn und die Tochter schuf Haindl neue Bilder. Für den Vater, Odin, griff er wieder auf den beim Gehängten (XII) dargestellten Mythos zurück. Bei der Hofkarte hielt er sich jedoch mehr an die Originalversion. Für die westlichen Karten schuf er seine eigenen Bilder, wobei er Symbole, Muster und konkrete Gegenstände aus den Stammestraditionen benutzte.
Die vier Himmelsrichtungen drücken verschiedene Qualitäten aus, jedoch stehen sie alle in einem Zusammenhang. Der Begriff »Norden« bedeutet nichts ohne den Begriff »Süden«. In allen Sätzen ist ein durchgehendes Entwicklungsmuster eingehalten. Die Mütter zeigen uns eine Urform der Religion. Sie beziehen ihre archaische Macht aus der Grundenergie. Die Väter nehmen diese Energie auf und gestalten sie zu Begriffen. Bei den Stäben repräsentiert Kali beispielsweise eine Vision des Absoluten, die Quelle des Daseins selbst. Brahma ist theologischer, sein Anliegen ist der Fortschritt der Kultur. Die vier Töchter und Söhne zeigen die Kultur unter einem mehr menschlichen Aspekt. Sie sind zwar ebenfalls (bis auf den Sohn der Steine) aus dem Mythos genommen, liefern aber uns Menschen praktische Handlungsmodelle. Die Töchter hat Haindl so gemalt, daß uns aus den Bildern Liebe und Gelassenheit entgegenströmt. Sie repräsentieren sehr unterschiedliche Temperamente, jedoch bringt jede von ihnen Schönheit und Frieden in die Welt. Die Söhne haben mit der Frage der Verantwortlichkeit

zu tun, wiederum in jeweils anderer Weise. Die Söhne der Kelche und die Söhne der Steine bilden eine Polarität.
Für die divinatorische Bedeutung dieser Karten »übersetzen« wir die Mythologie in alltägliche Begriffe. Der übliche »ältere Mann mit blondem Haar und blauen Augen« spielt hier jedoch keine Rolle. Wir müssen vielmehr darauf achten, welche Charaktereigenschaften diese Gestalten ausdrücken. Sie können uns einen sinnenfrohen Menschen zeigen, wie Krishna, oder jemanden, der kraftvoll, aber fern ist – wie Odin.
Wir fassen jede Karte als Person auf. Wir sagen: »Die Tochter der Steine ist jemand, der . . .« Es kann ja niemand eine Göttin oder ein Gott sein. Wir können nur sein wie sie. Die meisten Menschen ändern auch ihr Verhalten und ihre Einstellung zu verschiedenen Zeiten ihres Lebens. Deshalb zeigen uns diese Karten Aspekte von Menschen. Eine Tarot-Befragung beschreibt einen Augenblick, auch wenn sie in die Zukunft und die Vergangenheit hineinreicht.
Bei der Beschreibung dieser Karten und ihrer Bedeutung habe ich mich auf Hermann Haindls Erläuterungen und mein eigenes begrenztes Wissen über diese Kulturen gestützt. Die von mir gegebenen Beschreibungen sind sehr kurz. Ich könnte mir vorstellen, daß eines Tages jemand ein ganzes Buch über diese sechzehn Karten schreibt, über ihre religiösen und kulturellen Ursprünge, über ihre Verwendung durch Hermann Haindl, die Veränderungen, die er gegenüber ihren traditionellen Darstellungen vorgenommen hat, die Beziehungen der Karten untereinander und über das, was sie den Menschen heute zu sagen haben. Ich freue mich jetzt schon darauf, dieses Buch zu lesen.

Stäbe – Indien

Für die Stäbe hat Haindl den Osten gewählt und stellvertretend für den Osten Indien. (Genauer gesagt, er hat den Hinduismus gewählt. Indien ist auch die Heimat anderer Religionen.) Diese Wahl ist eine persönliche Wahl. Wie für viele Europäer war auch für Hermann Haindl der Besuch in Indien ein zutiefst inspirierendes Erlebnis. In Indien fand er ein Land, in dem Religion und Mythos im täglichen Leben noch eine wesentliche Rolle spielen. Für viele Menschen haben die heiligen Erzählungen und Hymnen des Hinduismus noch göttliche Kraft. Viele Mythen enden mit dem Versprechen, daß derjenige, der sie hört, von Krankheit befreit wird.
Es ist nicht nur die Bedeutung der Religion in Indien, die Menschen wie Hermann Haindl inspiriert. Es ist auch die Art dieser Religion, ihr ungemein breites Spektrum, das mit den allermenschlichsten Dingen verknüpft ist. Im Christentum und Judentum schuf Gott das Universum vor etwa 6000 Jahren. Im Hinduismus durchläuft das Universum einen 43 200 000 Jahre dauernden Zyklus von Entfaltung und Vernichtung. Diese Zeit ist jedoch nur ein halber Tag für Brahma, den Schöpfer, der selbst 311 040 000 000 000 Jahre lebt und dann verschwinden und nur die letzte Gottheit zurücklassen wird. Trotz dieser enormen Zeiträume sind die indischen Gottheiten den Menschen viel näher, viel mehr Teil des täglichen Lebens. Wir erleben sie als Liebende, Gaukler, Krieger, Künstler, Yogis, Tänzer, und immer wissen wir, daß sie, wie wir, nur Darsteller ihrer Rollen in einem großartigen Panorama sind, das viele Welten und viele Zeitalter umfaßt, an deren Ende unausweichlich die Auslöschung der Bühne und aller Akteure stehen wird.
In Indien erschlossen sich Hermann Haindl die Gestalten des Krishna und des Radha, seinem Sohn und seiner Tochter der Stäbe. Ihn beeindruckte nicht nur die Verehrung, die sie an ihrem Geburtsort Vrindavan genossen, sondern auch dasjenige, was sie darstellten. Für Haindl war dies eine Vision des idealen Mannes und der idealen Frau – androgyn, sinnlich, lebensfroh,

der Kunst und dem Sex zugetan. Er liebte ihre individuelle Unabhängigkeit, die mit Hingabe gepaart war, ihre Fähigkeit, die Rollen zu tauschen, ihre sexuelle Unkompliziertheit (in einer Erzählung wird berichtet, wie sie sich liebten, während ihre Freunde zusahen und Bemerkungen machten). Er konnte es kaum fassen, daß all dies im Zusammenhang mit einer religiösen Wahrheit möglich war.
Hermann Haindl entschied sich aus persönlichen Gründen für Indien, jedoch ist seine Wahl auch logisch sinnvoll. Stäbe sind Feuer, und Feuer bezeichnet die Morgendämmerung, das heißt den Osten, Asien. Feuer und Morgendämmerung stehen auch für Anfänge, und die hinduistische Mythologie geht weiter zurück als die allermeisten bestehenden Traditionen. Darüber hinaus steht Feuer für Inspiration, und hinduistische Mythen und Praktiken (wie Yoga) haben die religiösen Traditionen in vielen Teilen der Welt inspiriert. Möglicherweise reicht nur der Schamanismus weiter zurück; während im indischen Mythos manches auf schamanistische Ursprünge hinweist, sind bei den Schamanen Nordasiens eindeutig indische Einflüsse vorhanden. Hermann Haindl betrachtet Feuer als Magie, und zwar mehr im Sinne einer heiligen Kraft als im Sinne eines Gauklertums oder einer Manipulation der Natur. Er identifiziert den Stab mit dem Magier und seinem transformierenden Bewußtsein. Der Magier schwingt einen Stab – und dies erinnert an anderes: den Dirigenten mit seinem Taktstock, den Lehrer, der den Zeigestab hält. Alle drei führen andere, während sie gleichzeitig verschiedene Elemente zu einem Ganzen verbinden. Die indische Mythologie besteht im Grunde aus vielen verschiedenen Mythologien, die durch ein magisches Bewußtsein zusammengehalten werden. Haindl identifiziert den Stab auch mit dem Phallus, dem Linga, das heißt der männlichen Zeugungskraft. Diese verbindet sich mit der weiblichen Kraft der Erde. Das Feuer ist Osten, die Erde Westen, Amerika, dessen Ureinwohner fast den gleichen Namen tragen wie die Inder. Feuer ist der Anfang der Schöpfung, Erde das Ergebnis. Feuer kann man nicht festhalten oder einschließen, während die Erde fest und materialisiert ist.

Indien repräsentiert nicht nur eine alte Tradition, sondern zeigt uns auch Religion und Mythologie als Kunst. Jede Geste, jede Ausschmückung, jeder Farbtupfen hat etwas zu bedeuten. Hermann Haindl sagte mir, er verbinde mit Indien vor allem die magischen Erzählungen, die Epen und die Wundererzählungen (einschließlich der arabischen Märchen aus Tausendundeiner Nacht, die in weiten Teilen indischen Ursprungs sein könnten). Der Hinduismus ist auch intellektuell, zum Beispiel in den Veden und den Yoga-Sutras von Patanjali. All dies – magische Erzählungen, Philosophie, Kunst, Sinnlichkeit – prägt eine sehr hoch entwickelte Kultur. Die Haindl-Hofkarten für die Stäbe sind eine Hommage an diese Kultur und ihre heilige Kraft.

Mutter der Stäbe – Kali

Kali Ma. Die Schwarze Mutter, Mutter Nacht. Kali Mahadeva. Die Große Muttergöttin. Der moderne Weise Sri Ramakrishna betete vor ihrer Statue um eine Vision. Da löste sich vor ihm alles auf – der Tempel, der Boden, die Wände. Er erlebte nichts als die Mutter. Später schrieb er: »Maha-Kali, die Große Macht, war eins mit Maha-Kala, dem Absoluten.« Europäische Kommentatoren und manche Inder beschreiben sie als eine »niedrigere Gottheit« oder sogar einen Dämon. Für das Volk jedoch war Kali immer wichtig, ja, trotz ihrer Schrecken, sogar populär. Sie ist Mutter Kali.
Für Anhänger des Tantra steht Kali an der Spitze der Hierarchie. Sie ist die Dreifache Göttin. Sie allein ist Schöpferin, Bewahrerin, Zerstörerin. In den tantrischen Texten heißt es, daß auch Trimurti (wie die drei primären Götter Brahma, Vishnu und Shiva zusammen genannt werden) aus Kalis grenzenlosem Sein geboren wurde. Einer der Schlüssel zum Leben, zum fröhlichen Akzeptieren der Welt, ist das Wissen, daß die Göttin, die das Universum schafft, und die Göttin, die es zerstört, dieselbe ist. Kalis Hautfarbe ist Schwarz, für das Nichtsein, das Nichts jenseits der Schöpfung. Sie erscheint jedoch auch in Rot, als die gebärende Mutter, und sogar in Weiß, als die reine Jungfrau.

Mutter der Stäbe im Osten
Königin der Stäbe

Wir sehen sie hier als die Schwarze Mutter der Stäbe. Sie trägt eine Mondkrone, wie die Hohepriesterin (II), die im Tarot das Absolute als weiblich darstellt.

Kali ist das Urbild dessen, was Erich Neumann »die schreckliche Mutter« genannt hat. Man nennt sie »Kali, die Gnadenlose«, die Blutdürstige. Joseph Campbell berichtet, daß bis 1835, als die Briten in Indien die Praxis der Menschenopfer unterbanden, Priester im Shiva-Tempel in der Stadt Tanjore vor Kalis Statue einen Knaben enthaupteten. In den Texten heißt es, daß Blut ihren Zorn besänftigt; ohne dieses wird sie unberechenbar und zerstört das Universum. Kali *ist* Feuer, und Feuer ist ebenso zerstörerisch wie schöpferisch.

Trotz der Schrecken ihres Zorns wird Kali von den Hindus nicht umgangen. In manchen Wohnungen sind Kali-Altäre aufgestellt, denn sie schützt ihr Volk vor Katastrophen. In einer Erzählung erschien Kali zum erstenmal (nahm Gestalt an aus ihrem grenzenlosen Sein), als ein großer Dämon die Götter bedrohte. Selbst Shiva war gegen das Ungeheuer machtlos, und so zog Parvati (ein weiterer Aspekt von Shivas weiblicher Seite) die Brauen zusammen, und Kali entsprang ihrer Stirn. Sie tötete den Dämon und fiel dann in eine Tanzekstase. Ekstase ist jedoch gefährlich, je intensiver, desto gefährlicher, denn die Ekstase zerstört das geordnete Universum. Als Kali schließlich das Dasein selbst bedrohte, flehte Shiva sie an einzuhalten. In ihrer Raserei warf sie ihn nieder und hätte ihn zu Tode getrampelt, wenn sich nicht ein Rest von Bewußtsein in ihrem Tanz erhalten hätte, wodurch sie im letzten Moment erkannte, daß Shiva unter ihr lag, und sie sich zum Aufhören zwang. Wenn auch der Tanz beendet war, so verschwand sie doch nicht mehr in Parvati. Wenn wir diese wilde Ekstase einmal erlebt haben, können wir ihre Existenz nicht mehr leugnen.

Zur Geschichte der tanzenden Kali gibt es eine ganze Reihe paralleler Erzählungen über Shiva. In einer von ihnen wird berichtet, wie Brahma und die übrigen Götter ihn um seine Hilfe bei der Zerstörung einer dreifachen Dämonenstadt bitten. Auch hier gerät Shiva in einen Rausch der Begeisterung und beginnt einen Tanz, der das Universum aufzulösen droht. Shiva hört im letzten Augenblick auf, verspricht jedoch, eines Tages erneut zu tanzen und das Ende des Universums unwiderruflich herbeizuführen.

Daß wir in etwa die gleiche Erzählung über Kali und Shiva finden, liegt daran, daß sie gleich *sind,* zwei Aspekte der göttlichen Energie, die die großartige Illusion des Universums schafft mit ihren Milliarden Sternen, ihren unvorstellbaren Entfernungen, ihren immer kleiner werdenden Molekülen, Teilchen und Quarks, und diese göttliche Energie wird das Universum eines Tages in nichts zurückverwandeln. Shiva und Kali sind dasselbe, denn wie der Narr entstehen sie aus der Leere, und das Nichts muß sich immer gleich sein. Und doch gibt es ein großes

Paradoxon: Kali ist älter, denn sie ist Mutter Nacht, und ohne ihre Gaben kann es kein Leben geben.
Kali ist der dunkle Spiegel der Shakti. Wir haben bei der Herrscherin (III) gesehen, wie Shiva unbeweglich wie ein Stein (ein Stein-Linga) liegt, weil ihm keine weibliche Energie Kraft gibt. Wenn aber die Göttin die Energie geben kann, kann sie sie auch zurücknehmen. Wir sehen auf dem Bild, wie Kali mit einem toten Shiva kopuliert. Hermann Haindl sagte, sie habe Shiva nicht getötet, sondern Shiva sei zu ihr zurückgekehrt, habe sich ihr geschenkt. Wir sehen ihn umgekehrt, wie den Gehängten (XII). Eine Schlange schlingt sich um ihn, ebenfalls umgekehrt, denn der Schwanz beginnt über dem Scheitel, während der Körper sich hinter Shivas drittem Auge vorbeiwindet und sich um seine Brust schlingt.
Kali ist schwarz; Sterne leuchten hinter ihr, über ihrem eigenen dritten Auge der Mond. Wenn sie das Universum zerstört, nimmt sie es wieder in sich auf; nichts wird es mehr geben als die Große Nacht, das Tiefe, dasjenige, was wahrer und älter ist als die getrennten Daseinsformen. Sie trägt einen roten Mantel, für das Feuer, und ihre rote Zunge hängt heraus, ein Symbol des Lebens und der Kraft. Erika Haindl verweist auf eine ähnliche Geste Horus', des Sohns von Isis und Osiris (Tochter und Sohn der Schwerter). Isis empfing Horus, als sie mit dem toten Osiris kopulierte. Drei parallele Linien erscheinen an verschiedenen Stellen auf Kalis Körper. Sie sind das Zeichen der Dreifachen Göttin. Man beachte, daß sie das I-Ging-Trigramm »Schöpferische Kraft« bilden. Man beachte weiterhin, daß die Figur, die auf ihrer Brust verdoppelt wird, sich in das entgegengesetzte Trigramm »Das Empfangende« verwandelt. Die Große Mutter schließt alles in sich.
Kali hat sechs Extremitäten, VI ist die Zahl der Liebenden. Wie wir bei den Großen Arkana gehört haben, entspringen spirituelle und sexuelle Ekstase der gleichen Energie. Hier sehen wir die Gefahr dieser Energie, ja sogar den Grund, warum die Menschen sie unterdrücken. Kalis obere Gliedmaßen halten Insignien ihrer Macht. Weil Hermann Haindl diese Karte direkt nach traditionellen Bildern gemalt hat, stammt der rote Reichs-

apfel vor ihrem Leib nicht von ihm selbst. Die beiden anderen Hände halten einen Dreizack (auch die Waffe Shivas) und eine Sichel. Obwohl Shiva auf einer Matte liegt, kauert Kali mit ihren Füßen auf der Erde. Sie ragt riesenhaft zum Himmel auf; hinter ihr sehen wir die Krümmung des Erdballs.
Die Karten des Ostens und des Südens stehen auf einer hohen Kulturebene. Trotz des Alters ihrer Aussage erscheint Kali stilisiert, mit spezifischen Symbolen und Gesten, die sie im Laufe der Jahrhunderte auf sich vereinigte. Die Mütter des Nordens und des Westens sind im Gegensatz dazu einfacher, direkter. Dennoch sehen wir hinter Kalis Künstlichkeit eine lebende Energie.
Bei Befragungen bezeichnet diese Karte einen Menschen, nicht unbedingt eine Frau, mit einer ungebändigten weiblichen Art von Energie. Sie kann rachsüchtig, sogar grausam sein. Sie kann aber auch eine liebende Mutter sein. Sie schwelgt in ihrer Macht. Sie kennt keine Grenzen, insbesondere nicht diejenigen der herkömmlichen Moral. Sie hat eine dunkle Macht und eine ungezähmte sexuelle Energie. Als Geliebte erweckt und schenkt sie Leidenschaft. Ihr Partner kann jedoch manchmal überfordert oder sogar schockiert sein.
Hermann Haindl beschreibt Kali als die kraftvollste, die magischste der Mütter. Er sieht sie grundsätzlich positiv, denn sie repräsentiert eine Person, die mit der dunklen Energie ihrer eigenen Triebe umgehen kann.
Die Umkehrung zeigt diese Dinge unter Kontrolle. Jemand hat ein Kali-ähnliches Potential, unterdrückt es jedoch, vielleicht weil er »nett« oder »anständig« sein will. Der Betreffende weiß vielleicht nicht einmal, daß er diese Energie hat. Kali existiert in der Welt nicht, bis die Götter ihre zerstörerische Kraft brauchen. Sie entspringt voll ausgewachsen aus der Stirn (wie die kriegerische Athene aus dem Haupt des Zeus geboren wurde). Dies zeigt an, daß die Macht im Geistig-Seelischen ruht, auch wenn sie sexueller Art ist. Wenn Kali umgekehrt ist, schließt der Geist die Energie in sich ab, ja er verbirgt sie sogar vor dem Bewußtsein. Wenn jedoch irgend etwas ihre Freisetzung auslöst – dieses Etwas mag Gegenstand der Befragung sein –, dann

kann sie den Betreffenden und die Menschen in seiner Umgebung überwältigen.
Ein anderer Aspekt der umgekehrten Karte kann das scheinbare Gegenteil sein. Sie kann anzeigen, daß die destruktive Seite Kalis ein Übergewicht gegenüber der Freude und der Liebe gewinnt. Diese beiden Aspekte hängen jedoch zusammen, denn die kraftvolle Persönlichkeit kann verkrüppelt werden, wenn Kali versucht, nach Konventionen zu handeln.

Vater der Stäbe - Brahma

Der Vater der Stäbe ist Brahma, der Schöpfer in der Trimurti Schöpfer-Bewahrer-Zerstörer. Während im Tantra Kali als der Ursprung dieser drei angesehen wird, identifizieren sie die meisten Hindus als Brahma, Vishnu und Shiva. Im Westen wird diese Gruppe vielfach als Analogon zur christlichen Dreifaltigkeit betrachtet. Während jedoch die christliche Vorstellung auf einer einzigen Gottheit basiert, sind die drei Hindu-Götter loser miteinander verknüpft. Die hinduistische Theologie lehrt, daß alle Götter Manifestationen einer einzigen Quelle sind. Historisch war es jedoch so, daß verschiedene Sekten (oder Religionen) diese einzelnen Götter verehrten. Man könnte vielleicht sagen, daß das Christentum als einheitliche Religion entstand und sich später in verschiedene Kirchen aufspaltete, während der Hinduismus aus der Vereinigung mehrerer Religionen hervorging. Gewisse Differenzen bestehen jedoch nach wie vor, wobei in manchen Gegenden Indiens ein bestimmter Gott (meist Vishnu oder Shiva) mehr verehrt wird als die übrigen. So wie das Tantra sagt, daß Kali als Hauptgottheit der Ursprung der anderen ist, so wird in verschiedenen Erzählungen Brahma, Vishnu oder Shiva als der Ursprung aller Götter beschrieben.
Brahma war ursprünglich der Gott der Priesterkaste, der intellektuellste und auch der patriarchalischste. Er hat niemals die einfachen Leute so fasziniert wie der freundlichere Vishnu oder der wilde Shiva. Nach den alten Mythen schuf der Gott Prajapati das Universum und die anderen Götter. In der *Enzyklopä-*

Vater der Stäbe im Osten
Ritter der Stäbe

die des Mythos von Larousse wird Brahma als eine Abstraktion von Prajapati beschrieben, mehr als Idee (man sollte dies nicht absolut sehen; Brahma erscheint in vielen Mythen als aktive Gestalt und ist weit weniger eine Idee als der Gottvater im Christentum).

Der Name geht vermutlich auf Brahman zurück, die heilige Kraft, die dem Kosmos und allen Dingen in ihm Leben gibt. Als Schöpfer wäre Brahma die erste Manifestation dieser Kraft. Wir sollten ihn nicht mit dem Gott der Genesis verwechseln. JHWH ist der nicht erkennbare Ursprung, während Brahma die Form ist, die das nicht Erkennbare annimmt. Die Schöpfung in der Genesis erfolgt zudem einmal und für ewig. Im hinduisti-

schen Mythos dauert das Universum unvorstellbar lange Zeit, wobei es von Vishnu in gefährlichen Augenblicken gerettet wird, bis es schließlich Shiva (oder Kali) tanzend auflöst. Dann, nach der langen Nacht, in der nur Brahma existiert, ereignet sich die Schöpfung erneut, und der Zyklus beginnt von neuem. Auch Brahma wird letztlich verschwinden.
Auf der Karte sehen wir eine traditionelle Darstellung Brahmas. Der Fußabdruck über seinem Haupt entstammt der authentischen Symbolisierung. Er verbindet auch den Vater des Ostens mit dem Vater des Westens. Hermann Haindl hat das Bild in weichen Farben gemalt, wodurch wir den Eindruck der Ruhe haben und Brahma als im Gleichgewicht befindlich und unbeweglich erleben. In Verbindung mit der ungebändigten Kali vermittelt das Bild etwas von der androgynen Qualität der hinduistischen Mythologie. Wie Kali ist er vierarmig. Das Bild drückt Macht aus, die über die menschlichen Beschränkungen hinausgeht. (Wie oft hört man nicht den Stoßseufzer: »Leider habe ich nur zwei Hände.«) Die Zahl Vier verweist ebenfalls auf das universelle Gesetz. Wir sehen auch vier Gesichter. Sie symbolisieren die vier Elemente, die vier Himmelsrichtungen (die in Indien ebenso wichtig sind wie in Amerika) und die vier Yugas, die großen Zeitalter. Die vier Gesichter gehen ineinander über. Dies erinnert uns daran, daß die Trennung eine Illusion ist, ein faszinierendes Schauspiel. Weil sich die Gesichter überschneiden, gibt es nur fünf Augen. Auf Brahmas Armen sieht man fünf Linien. Beim Tarot erinnert dies an den Hierophanten (V), das Symbol der traditionellen Weisheit.
Brahma trägt eine Schnur auf der Brust, das Zeichen der Priesterkaste, der Brahmanen. Das weiße Tuch drückt dasselbe aus, ebenso der gesäumte Umhang. Im Kastensystem trägt jede Gruppe verschiedene Kleider, jede nimmt andere Nahrung zu sich, hält andere Beschränkungen ein und so fort.
Die vier Hände zeigen verschiedene Aspekte des Gottes. Die obere linke Hand macht eine Geste, ein Teil des komplizierten Systems von Stellungen und einer Körpersprache, die Gebete sind. Der obere rechte Arm (auf der Seite des Bewußtseins) hält eine Schriftrolle mit den religiösen Vorschriften (vielleicht dem

Kastensystem, das die Brahmanen so deutlich bevorzugt). Die untere rechte Hand hält ein goldenes Gefäß mit Milch. Die untere linke Hand hält einen Löffel, um die Milch im heiligen Feuer zu rühren. Milch ist in Indien ein heiliges Nahrungsmittel, denn Kühe verkörpern die Göttin (Shiva reitet auf einem Stier). Die gleiche Verehrung der Kuh finden wir in Ägypten und Skandinavien. Im nordischen Mythos ist die Kuh das älteste Geschöpf.

Brahma trägt eine geschmückte Krone, die für die Religion als ausgereiftes Konzept steht. In seinen verschiedenen Formen reicht der Hinduismus Jahrtausende zurück. Brahma nimmt die Energie Kalis und beruhigt sie. Als Schöpfer gießt er sie in existierende Formen. Kali ist die Nacht, Brahma die Morgendämmerung.

Bei Befragungen steht Brahma für einen Mann (oder eine Frau), der ruhig ist und die Situation beherrscht. Er kann zur Passivität oder vielleicht zur Langeweile neigen. Er hält sich an das Überlieferte und erwartet von anderen das gleiche. Gleichzeitig sind ihm Zorn oder Aggressivität fremd. Er ist in einer Weise verwurzelt, die anderen Kraft gibt.

Die negative Seite des Vaters kann sich in Dünkel, insbesondere intellektueller Herablassung gegenüber weniger Gebildeten äußern. Er ist vielleicht zu sehr den »offiziellen« Ideen seiner Gesellschaft verhaftet und lehnt unorthodoxe Konzepte als Unsinn ab. Andererseits gibt ihm sein Traditionsbewußtsein eine Basis, die ihn anderen gegenüber freundlich sein läßt. Für ihn dient Tradition nicht nur irgendeinem Zweck, sondern er glaubt an sie. Er ist fromm, aber nicht abergläubisch. Er ist seinen Kindern ein liebevoller Vater, wenn auch diese den Drang verspüren, sich gegen ihn aufzulehnen.

Umgekehrt wird der Vater der Stäbe erdverhafteter. Er erlebt Zweifel, Schwäche, Unsicherheit. Wenn er durch diese Erfahrung hindurchgegangen ist, wird er am Ende anderen gegenüber, insbesondere solchen, die nicht in das traditionelle Muster passen, toleranter sein.

Tochter der Stäbe – Radha

Die Mütter und Väter in den vier Sätzen bezeichnen die Tradition selbst. Die Töchter und Söhne bringen die spirituellen Wahrheiten auf die menschliche Ebene. Sie zeigen uns eine Realisierung der Werte im persönlichen Bereich. Dies trifft insbesondere auf die Stäbe zu. Krishna ist vielleicht die am meisten verehrte Gestalt der indischen Mythologie. Er ist mit seiner Gemahlin Radha das Bild des vollkommenen Paars. Sie genießen die Liebe, den Körper und den Geist des jeweils anderen. Sie zeigen uns die Liebe als verspielt und fröhlich. Als Hermann Haindl Indien besuchte, insbesondere Vrindavan, war es für ihn eine wunderbare Überraschung, eine Göttin und einen Gott in so sinnlicher Weise dargestellt zu sehen. Die Bilder schienen ihm ein echtes Gleichgewicht zwischen männlich und weiblich zu schaffen. Sie waren keine fernen Pole, die sich als Gegengewichte die Waage hielten. Sie vermischten sich miteinander, gingen ineinander über, jeder stark und sanft zugleich, aktiv und passiv, hingebungsvoll und verspielt. In den Mythen heißt es, daß sie ihre Kleider vertauschen, ja sogar ihr Geschlecht verändern, so daß Krishna Radha und Radha Krishna wird (ein absolutes Tabu in der westlichen Tradition). Gleichzeitig traf es Haindl wie ein Schock, daß diese wunderbare Harmonie das tatsächliche Verhalten der Menschen in keiner Weise zu beeinflussen schien, denn in der indischen Gesellschaft stehen Frauen auf einer sehr niedrigen Ebene, fern von dem, was das Bild Radhas ausdrückt.

Radha und Krishna sind Götter, die Inkarnationen von Lakshmi und Vishnu. Sie sind aber auch Menschen. Auf den Karten sehen wir sie jung und verliebt. Sie halten beide Flöten, die Macht der Stäbe, in Musik verwandelt. Auf Radhas Flöte vermischen sich die Farben des Regenbogens, wodurch der sinnliche Genuß des Schauens mit demjenigen des Hörens verbunden ist. Im Spiel teilt sie ihre Seele der Flöte mit. Die Musik beseelt die materielle Welt. In Europa haben sich Philosophen wie Platon und Aristoteles den Kosmos als dem Tonsystem entsprechend vorgestellt (Sphärenharmonie).

Tochter der Stäbe im Osten
Prinzessin der Stäbe

Das Bild Kalis entstammt einer alten Tradition. Im Gegensatz dazu gehen die Bilder der Tochter und des Sohns, die auf beliebten Plakaten beruhen, auf den Malstil des 19. Jahrhunderts zurück. Kali blickt uns direkt an und konfrontiert uns mit ihrer schrecklichen Wahrheit. Brahma blickt überall und nirgendwo hin, seine Energie ist zerstreut. Radha und Krishna blicken jedoch graziös zur Seite; sie blicken sich an, wenn man die Karten entsprechend legt.

Radha trägt einen roten Punkt auf ihrer Stirn, ein Symbol der Heiligkeit, aber auch des Lebens. Es ist das gleiche Rot wie dasjenige ihrer Lippen. Über ihrer Stirn trägt sie drei senkrecht übereinander placierte Steine. Beim Tarot erinnert dies an die

Herrscherin (III), die für Sinnlichkeit, Mutterschaft und Weisheit steht. Von den Steinen sind zwei grün, einer ist rot. Sie symbolisieren zu beiden Seiten das Leben, denn Rot repräsentiert das Tierische, Grün das Pflanzliche.
Radha trägt auch einen Ring mit einem grünen Stein. Radhas grüner Ring spielt eine Rolle in einer Geschichte, die die Verspieltheit der Verliebten zeigt. Krishna stiehlt Radhas Ring. Als sie ihn deshalb zur Rede stellt, fragt er, warum sie wegen eines Ringes soviel Aufhebens mache. Radha wartet, bis er einschläft, und schickt dann ihre Zofen, damit sie ihm seine Kleider stehlen. Dann legt sie seine Kleider an und nennt sich Krishna. Als Krishna nackt erwacht, findet er Radhas abgelegte Kleider und legt sie seinerseits an. Der Zorn löst sich in Heiterkeit auf, als die beiden sich gegenüberstehen.
Diese und ähnliche Geschichten können unterschiedliche Bedeutung haben. Sie können uns lehren, die Geschlechterrollen und sogar die persönliche Identität einfach als Konventionen zu betrachten. Dieses Thema entwickelt sich in der Bhagavadgita sogar zu einer großen Metapher. Man könnte auch daran erinnern, daß das Vertauschen der Kleider auf alte Initiationspraktiken zurückgeht. Es ist eine heilige Tradition bei Schamanen und vielen Stammeskulturen. Was uns jedoch an dieser Geschichte am meisten fasziniert, ist ihr Humor. Sie hat dadurch einen besonders menschlichen Zug, ohne etwas von ihrer Ursprünglichkeit oder heiligen Bedeutung einzubüßen.
Für Befragungen beschreibt Hermann Haindl die Tochter der Stäbe als eine wunderbare Karte, ein Zeichen großen Überflusses (die Seide und die Juwelen), aber auch der Freude. Er beschreibt Radhas Schmuck und ihren Putz als künstlich, jedoch in einem guten Sinne, als Zeichen einer hochentwickelten Kultur. Dies ist die Karte einer glücklichen Person, eines Menschen, der sanft, aber nicht passiv, ruhig, aber nicht schwach ist. Die Tochter der Stäbe ist glücklich, denn sie lebt ihr Leben in Schönheit. Wie der Sohn ist auch sie sinnenfroh, sie genießt die Sexualität. Sie ist ihrem Partner hingegeben, ohne ihr Selbstgefühl zu verlieren.
Die Umkehrung zeigt, daß man diese Qualitäten unterdrückt.

Aus Gründen der Erziehung, aus Angst oder wegen äußerer Zwänge wagt man es nicht, seine Sinnlichkeit, seine Verspieltheit oder sein Selbstvertrauen auszuleben. Die umgekehrte Karte kann einen Menschen mit großem Potential anzeigen, das jedoch nicht verwirklicht wird.

Sohn der Stäbe – Krishna

Das Mahabharata, das große indische Epos, berichtet von Vishnus Inkarnation als Krishna. In einer zentralen Szene in diesem beeindruckenden Gedicht klärt Krishna den Krieger Arjuna über die Wahrheit der ewigen Seele auf. Diese Passage, die Bhagavadgita, ist zu einem zentralen Text des hinduistischen Glaubens geworden, der manchmal mit der Bergpredigt Christi verglichen wird. Obwohl die Szene in einer Schlacht spielt, war es wegen der Betonung der Pflicht und der Erfüllung Mahatma Gandhi möglich, hieraus die Idee und Praxis des passiven Widerstands zu entwickeln.
Obwohl Vishnu kam, um die Welt zu erlösen, wurde er als Krishna ganz Mensch. Er ist in der indischen Tradition das Bild des entwickelten Mannes. Er ist verspielt, kraftvoll, ein Liebhaber von Tricks und Musik wie auch der Frauen. Diese Eigenschaften wie auch eine Kindheit unter den gewöhnlichen Menschen haben Krishna zu dem beliebtesten der hinduistischen Götter gemacht. Inmitten seines gewöhnlichen Menschseins verliert er jedoch nie seine göttlichen Ursprünge. Eine der Geschichten berichtet, daß Krishna als Kind von den Frauen des Orts des öfteren Speisen stahl. Als sich die Frauen bei Krishnas Mutter beklagten, rief sie ihn zu sich und fragte ihn, ob er von den Nachbarn etwas gegessen habe. Er setzte sein unschuldigstes Gesicht auf und sagte ihr, daß er niemals so etwas tun würde, sie könnte in seinen Mund sehen und würde dort keine Spur von Speisen finden. Als er seinen Mund öffnete und sie hineinblickte, sah sie den Nachthimmel, die Planeten und die Sterne. Die Vision wurde größer und größer, und Entsetzen erfaßte sie, als sie die Erde und sich selbst nicht mehr

Sohn der Stäbe im Osten
Prinz der Stäbe

sah, als die Unendlichkeit sie verschlang und sie erkannte, daß sie nichts war. Da erbarmte sich Krishna ihrer und gab ihr die Illusion ihres Körpers, ihres Hauses, ihres kleinen Sohnes wieder, der sie in seinen Mund blicken ließ. Sie sagte ihm, daß sie kein Essen gesehen habe, mahnte ihn aber, keinen Unfug mehr zu treiben. Dann schickte sie ihn wieder zum Spielen.

In dieser Geschichte tritt uns nicht nur der Trickster Krishna, sondern auch eines der großen Themen des indischen Mythos entgegen, daß das Universum ein Spiel ist, in dem sogar die Götter nur ihre Rolle spielen. In Krishnas Dialog mit Arjuna wird dieser Gedanke zu einer tiefen Botschaft erweitert. Arjuna

steht vor dem Kampf gegen seinen eigenen Vetter. Wie kann er weiterkämpfen, fragt er seinen Wagenlenker Krishna. Wie kann er töten? Krishna sagt ihm, daß der Leib nicht zählt. Nur die Seele ist ewig. Als Krieger muß er tun, was die Pflicht seiner Kaste ist. Wer auch immer stirbt, der kehrt in einer neuen Existenz wieder. Vielen Menschen, die vom Krieg genug haben und allen Kastensystemen gegenüber zumindest mißtrauisch sind, erscheint Krishnas Botschaft falsch, denn sie lehrt die Menschen, Unterdrückung zu akzeptieren. Die Grundaussage reicht jedoch über die engeren Umstände der Geschichte hinaus. Gandhi zeigte uns, wie wir daraus die Kraft schöpfen können, uns gegen Krieg und Kolonialismus zu wehren.
Krishna ist zwar Krieger, jedoch sehen wir ihn häufiger als Lebensgenießer. Viele Bilder zeigen ihn von tanzenden Frauen umgeben. Erika Haindl vergleicht ihn mit Dionysos, dem griechischen Gott der Ekstase. Krishna ist feminin, eine Eigenschaft, die in der indischen Kunst bewundert wird. Dieses androgyne Ideal empfindet man im Westen meist als irritierend. Es hat jedoch im Tarot seinen Platz, der die Verschmelzung der Polaritäten lehrt.
Auf dem Bild sehen wir Krishna in Bewegung und Flöte spielend. Dies steht im Gegensatz zur ruhenden Radha. In der traditionellen Symbolik repräsentiert das Männliche Aktion, das Weibliche Ruhe. Wir sehen auch drei Viertel von Krishnas Körper, während wir von Radha nur Kopf und Schulter sehen. Hierin liegt eine Betonung der sinnlichen Qualitäten für das Männliche und der geistigen für das Weibliche, eine Umkehrung unserer üblichen Anschauung.
Sowohl bei Krishna als auch bei Radha sehen wir die Füße nicht. Ihre Körper verfließen mit dem Bild, das im Hintergrund weder Gegenstände noch eine Landschaft zeigt. Dadurch erhalten sie etwas Traumhaftes. Hinter Krishnas Haupt sehen wir dunkle Bereiche. Der Rest des Bildes wirkt etwas fleckig. Dies erinnert in subtiler Weise an die rauheren Aspekte des Traums.
In den Gedichten wird Krishna stets als dunkel und Radha als hell beschrieben. Auf den Bildern erscheint Krishna blau, viel-

leicht als Symbol des Himmels oder des Meeres. Der blaue Halo hinter ihm symbolisiert das Auge einer Pfauenfeder, ein Symbol, das wir bei den Trümpfen Gerechtigkeit (XI) und Tod (XIII) sehen. Krishna trägt einen roten und einen grünen Stein. Dies sind die Symbole Feuer und Erde, eine ebenso grundlegende Polarität wie Feuer und Wasser.

Krishna spielt Flöte und läßt dadurch die göttliche Musik physische Realität werden. Ähnlich der europäischen hermetischen Tradition kennt die indische Kultur fünf Elemente, die sie mit den fünf Sinnen verknüpft. Das fünfte Element ist die Quintessenz und gehört zu den Klängen. Der Äther ist das Element der Großen Arkana, des fünften Satzes. Es gibt esoterische Kommentatoren, die jedem Trumpf einen Ton zuordnen. Das Symbol für die Quintessenz ist ein Punkt. Ein Punkt bedeutet Null, der Narr, die Quintessenzkarte des ganzen Tarot.

Bei Befragungen bezeichnet Krishna jemanden, der das Leben liebt, insbesondere seine sinnlichen Seiten. Er ist sehr an Kunst interessiert und vielleicht selbst künstlerisch tätig. Wenn nicht, betrachtet er das Leben jedenfalls als ein Stück, das er mit Stil und Eleganz zu spielen versteht. Er ist ein Trickster, der gerne seinen Spaß hat. Er kann auch ernsthaft sein und ist sicherlich loyal, insbesondere denjenigen gegenüber, die ihm am nächsten stehen. Aber selbst in den Augenblicken größter Hingabe wird das Leben für ihn immer ein Spiel bleiben.

Sinnlich, gutaussehend, offen, zieht er Frauen an. Wenn die Karte einen (heterosexuellen) Mann anzeigt, liebt er Frauen aufrichtig. Er sieht Sex nicht als Mittel zur Selbstbestätigung, sondern eher einfach als Genuß. Wenn die Karte eine Frau anzeigt, ist sie sexuell sehr freizügig. Die Krishna-Person hat viele Bewunderer, aber sie tändelt nicht mit Menschen. Anderen fällt es jedoch schwer, sie so zu nehmen, wie sie ist.

Bei der umgekehrten Karte können wir uns eigentlich kaum vorstellen, daß irgend etwas eine so fröhliche Persönlichkeit erschüttern könnte. Wir sollten uns vielleicht die umgekehrte Karte als eine Prüfung vorstellen. Irgendeine schwierige Situation, ein betrübliches Ereignis oder ein Streit zwingt den Ratsuchenden, das Leben etwas ernster zu nehmen. Dies kann im Betreffenden unerwartete Tiefen zum Vorschein bringen. Diejenigen, die seine Verspieltheit als Oberflächlichkeit ansahen, müssen vielleicht über seine Kraft und Zielstrebigkeit erstaunt sein.

Kelche – Europa

Die Stäbe wurden wegen ihres Zusammenhangs mit dem Feuer, das an die Morgenröte und damit an den Osten erinnert, Indien zugeordnet. Die Verknüpfung der Kelche mit Europa ist direkterer Art: Der Kelch ist der Heilige Gral. Deshalb werden die Kelche zu Europa, und weil Europa im Norden der anderen Kulturen liegt, wird auch das Wasser zum Norden. Wir können hier ebenso einen Zusammenhang mit dem Regenklima Nordwesteuropas sehen.
Der Gral kommt aus dem keltischen Kulturkreis, genauer gesagt aus Irland. Hermann Haindl hat dies so erweitert, daß auch seine eigene germanische Kultur eingeschlossen ist. Als Mutter zeigt er eine berühmte Statue, die in Willendorf gefunden wurde. Er stellt sie jedoch vor den Hintergrund der irischen Künste. Der Vater ist Odin, der germanische, nordische Gott, dem wir bereits in den Großen Arkana begegnet sind. Die Tochter ist Brigid von Irland. Parzival, der Sohn, ist der einzige, der direkt mit der Gralssage zu tun hat. Die Gestalt Parzivals geht jedoch weniger auf irische Legenden als auf französische und deutsche Quellen zurück, insbesondere das mittelalterliche Gralsepos des Wolfram von Eschenbach. Richard Wagner hat dieses Epos in seiner Oper »Parsifal« bearbeitet.
Weil die europäischen Karten Hermann Haindls eigene Kultur repräsentieren, fielen sie ambivalenter aus als die anderen. Im Hinblick auf die fremden Traditionen war es für Haindl selbstverständlich, dasjenige darzustellen, was er an ihnen bewunderte, insbesondere die Dinge, die er für sich selbst entdeckt hatte. Bei den Kelchen schien es ihm jedoch wichtig, auch die Schäden zu zeigen, die die europäische Kultur in der Welt angerichtet hat. Dieses Thema kommt insbesondere beim Vater und beim Sohn zum Ausdruck. Die beiden Karten zeigen auch Generationskonflikte im heutigen Deutschland, wobei Haindl, selbst Großvater, sich mit den Söhnen identifiziert.
Die Kelche umspannen einen gewaltigen Zeitraum – von der Mutter, einer etwa 30 000 Jahre alten Statue, bis hin zu einer

literarischen Gestalt aus zeitgenössischen Büchern. Dadurch konnte Haindl die Transformationen der europäischen Kultur zeigen. Die wichtigste dieser Transformationen ist der Übergang von einer Religion, deren Grundlage die Natur war, zu einer Religion, die auf Theologie und Glauben basierte. Die Venus von Willendorf führt uns in die frühe Spiritualität zurück, als die Erde die Göttin war. Bei Odin finden wir einen patriarchalischen Gott, und zwar einen heidnischen. Odin steht für die vorchristliche Zeit. Brigid zeigt uns den Übergang. Als die Dreifache Göttin der Kelten wurde sie von den Christen übernommen, die sie zu einer Heiligen machten, wobei sie die meisten ihrer heidnischen Attribute behielt. Diese eine Gestalt, die Tochter der Kelche, symbolisiert jenen ganzen Prozeß, durch den die christliche Religion die Aspekte der alten Religionen aufsog, die sie nicht zerstörte. Schließlich Parzival: Trotz der heidnischen Wurzeln der Erzählung kennen wir nur ihre christliche Version. Parzival als Gestalt kann eine spätere Entwicklung sein, jedoch wurzelt sein Typus in den alten Initiationen.

In dieser Entwicklung liegt eine Bewegung vom Heiligen zum Profanen. Die Willendorfer Statue entstammt einem Zeitalter, als die Menschen das Heilige in allen Dingen erlebten, in den Tieren, den Bäumen und den Steinen, im alltäglichen Handeln. Parzival dagegen ist eine Gestalt in einer Erzählung.

Wie wir bereits in den Großen Arkana festgestellt haben, ist das Christentum nicht in Europa heimisch. Es kommt aus einem heißen Wüstenland. Im feuchtkalten Klima Europas wurde es abstrakter, eine Religion der Ideen. Vielleicht hat auch dies die europäische intellektuelle Tradition begünstigt. Andere Religionen haben sich ebenso über ihr Ursprungsgebiet hinaus verbreitet. In der Tat ist das Eindringen in andere Kulturen ein Merkmal der theologischen Religionen. Der Buddhismus breitete sich nach Tibet, China und Japan aus, während der Islam in Asien, Indonesien, Indien und anderswo Fuß faßte. Das Christentum unterscheidet sich von beiden Religionen in zweierlei Hinsicht. Zum einen konnte es sich in seinem Ursprungsgebiet nie durchsetzen. Die meisten Juden wurden keine Christen; später wurde der Islam dominierend. Weil es im Römischen Reich entstand,

wurde das Christentum bald auch außerhalb seines Ursprungsgebiets bekannt. Philosophisch verdankt das Christentum Griechenland ebensoviel wie Israel. Diese Entwicklung ähnelt derjenigen des Buddhismus, der sich in China, Japan und Tibet verbreitete, während er in Indien wieder vom Hinduismus aufgesogen wurde, wobei Buddha offiziell als ein Avatar Vishnus bezeichnet wird. Der andere Faktor ist, daß das Christentum alle übrigen Religionen in Europa ausgelöscht hat. Auch wenn einige der alten Traditionen durch die Hexerei überlebt haben (eine umstrittene Theorie), sind ihre Reste so fragmentarisch und so am Rande der etablierten Gesellschaft, daß die meisten Menschen heute hiervon überhaupt nichts mehr wissen. Im Gegensatz dazu existiert der Buddhismus in Japan gleichberechtigt neben dem Shintoismus, in China neben dem Taoismus und Konfuzianismus. Der Islam ist in weiten Teilen Schwarzafrikas vorherrschend, jedoch nicht überall. Er existiert gleichberechtigt nicht nur neben dem Christentum, sondern auch neben dem Animismus (ein Oberbegriff, unter dem die verschiedenen einheimischen Traditionen zusammengefaßt werden).
Auf den vier Karten ist bei Mutter, Vater und Tochter das Land dargestellt. Parzival dagegen hat sich von der Natur abgelöst, ja sogar von seinem eigenen Körper. Wir sehen nur den Kopf und die Hände. Sein verwunderter Blick auf den Gral drückt unter anderem aus, daß er die Natur wiederentdeckt hat. Sowohl bei der Mutter als auch der Tochter sehen wir Wasser. Odin muß in Mimirs Quelle greifen, um die Runen heraufzuholen. Parzival dagegen ringt noch um die Entscheidung, ob er den Kelch an die Lippen führen und trinken soll. Vom Gral zu trinken bedeutet, sich selbst etwas Größerem zu unterwerfen als seinen eigenen Wünschen.
Der Gral ist sehr alt. Für Hermann Haindl bezeichnet er die ganze Menschheit, denn er glaubt, daß er von Atlantis stammt. Gleichzeitig symbolisiert er Europas spezifische Leistungen und Wertvorstellungen. Wir könnten hier Gefühl, Liebe, ein Engagement für Menschlichkeit und insbesondere die Unterdrückten als Beispiele anführen. Der Gral steht auch für das europäische Ideal des Individuums. Die Venus von Willendorf zeigt das

Heilige als etwas Abstraktes, Gesichtsloses – die Idee des Weiblichen. Wenn Parzival den Gral vor sich hält, dessen Licht über sein Gesicht flutet, muß er die Herausforderung allein bestehen.

Mutter der Kelche – Venus von Willendorf

Willendorf ist der Ort, an dem Archäologen die auf dieser Karte dargestellte alte Statue gefunden haben. Sie entstand vor etwa 25000 bis 30000 Jahren. Die Wahl ihres Namens, Venus, geht auf die Römer zurück, die regionale Göttinnen als Varianten ihrer eigenen Venus, Minerva oder einer anderen Göttin anzusehen pflegten. Die Archäologen benutzten diesen Ausdruck für vorgeschichtliche weibliche Statuen, unter anderem weil sie davon ausgehen, jede weibliche Figur müsse mit einem »Fruchtbarkeitskult« in Zusammenhang stehen – ein Ausdruck, der nicht nur eine Geringschätzung der weiblich orientierten Religionen, sondern auch des Bewußtseins der prähistorischen Menschen verrät. Diese Denkweise ist jedoch sehr stark in unserer Kultur verankert. Wir können nicht anders, als uns die Menschen immer »primitiver« vorzustellen, je weiter wir in der Geschichte zurückgehen. Dabei zeigt die Erforschung von Steinkreisen und alten Tempeln immer mehr, welch hohen Stand ihre Erbauer in Bereichen wie Technik und Astronomie bereits erreicht hatten. Je mehr wir auch versuchen, die archaische Weltsicht zu verstehen, desto mehr sehen wir sie als ein subtiles und komplexes Erkennen der Natur, der heiligen Realität und der menschlichen Psychologie. Diese Statue sollte besser die Große Göttin von Willendorf genannt werden. Damit soll nicht gesagt sein, daß die Statue nicht Fruchtbarkeit symbolisieren könnte. Natürlich repräsentiert sie mit ihren schweren Brüsten, dem gewölbten Leib und den runden Hüften die Idee der Mutterschaft. Das Problem liegt darin, daß die weibliche Fruchtbarkeit als etwas irgendwie Untergeordnetes betrachtet wird, das nicht Gegenstand einer wahren Religion sein kann, die wir uns intellektuell, von der Natur abgelöst, im Himmel – und männlich vorstellen. Manchen Menschen mag diese

Mutter der Kelche im Norden
Königin der Kelche

Gestalt grotesk, ja sogar häßlich oder komisch vorkommen. Wir haben uns angewöhnt, die ideale Frau als dünn und gewichtslos zu sehen, die nichts mit solchen »unästhetischen« Realitäten wie Gebären zu tun hat. Durch solche Einstellungen verzerren wir unsere Wahrnehmung der Schönheit.
Von allen Hofkarten ist dies die einzige, die auf einen konkreten Gegenstand und nicht auf ein Gemälde oder einen Mythos zurückgeht. Wegen ihres Altes wissen wir wenig über die Statue. Wir können natürlich Vermutungen anstellen, doch müssen wir uns darüber im klaren sein, daß wir uns dann im Bereich der Spekulation bewegen. Dennoch haben wir eine Verbindung zu solchen Gestalten zu suchen, weil sie Teil unserer Ursprünge

sind. Statuen und Höhlenmalereien sagen uns Verschiedenes. Zum einen belegen sie, daß das spirituelle Bewußtsein bis in die Anfänge der menschlichen Kultur zurückreicht. Es gibt Hinweise darauf, daß die Menschen das Feuer, nachdem sie es zu beherrschen gelernt hatten, zunächst für religiöse Zeremonien und nicht zum Erwärmen ihrer Höhlen oder zum Kochen benutzten. Zum zweiten lassen die Darstellungen ein ausgeprägtes künstlerisches Empfinden erkennen, welches belegt, daß die Kunst ein Wesensmerkmal der menschlichen Natur ist.

Auf alten Statuen und Zeichnungen fehlen meist die Gesichter. Dies kann ein Hinweis auf die fehlende Individualität sein, vielleicht aber auch auf die Empfindung, daß die heilige Realität persönliche Eigenschaften transzendiert. Diese Realität beginnt im Stein. Lucy Lippard, die über die Verbindungen zwischen prähistorischer und zeitgenössischer Kunst schreibt, hat auf die Heiligkeit des Steins hingewiesen. Höhleneingänge waren heilige Orte. In Zeiten, die näher an der unsrigen liegen, haben die Menschen ihre Tempel nach Bergen ausgerichtet, die die Form von Brüsten hatten. In vielen Kulturen waren Bergbau und Metallverarbeitung heilige Handlungen, die von speziellen Orden im geheimen ausgeführt wurden (man vergleiche dies mit der Freimaurerei, die als esoterischer Orden begann). Wenn wir die Erde als Mutter betrachten, dann sind die Erzlager Embryos in ihrem Schoß. Felsen, Kieselsteine oder einfach Umrisse, welche die Gestalt einer Frau haben, werden zu Kultgegenständen. Der nächste Schritt bestand vielleicht darin, daß die Menschen ihre eigenen Formen schufen, die sie auf Felswände malten oder aus einem Stein gestalteten. Es weist alles darauf hin, daß die Kunst als Versuch begann, das Bewußtsein mit dem Göttlichen zu verbinden.

Auf der Tarot-Karte sind einige dieser Themen gestaltet. Rechts hinter der Statue liegen kugelförmige Felsen. Links sehen wir eine »ideelle« Kugel, eine von den spirituellen Blasen des Haindl-Tarot. Beides zusammen könnte jenen großen Sprung symbolisieren, mit dem die Menschheit den abstrakten Begriff in der konkreten Realität entdeckte. Die Originalstatue hat keine Füße. Hermann Haindl malte die Beine so, daß sie in die

Erde übergehen. Die Gestalt geht nicht über die Erde, sondern wächst aus ihr heraus. Sie *ist* die Erde. Wir sehen auch die Verbindung der Göttin mit dem Mond, der oben links dargestellt ist, und dem Meer, denn Hermann Haindl hat sie vor dem Hintergrund eines Strands gemalt.
Manchen Kommentatoren zufolge sind die Wülste über den Brüsten Arme. Man könnte aber auch an Schlangen denken. Die Löcherreihen am Kopf haben zu verschiedenen Deutungen geführt. Sie dürfen als Öffnungen des Hauptes für die Energie, die vom Himmel herabströmte, gesehen werden. In Indien gewährt das dritte Auge (das manche mit der Zirbeldrüse hinter der Stirn identifizieren) Zugang zum Bewußtsein des göttlichen Lichts. Haben vielleicht frühere Völker das ganze Haupt in dieser Weise gesehen?
Daß hier eine Landschaft dargestellt ist, bedeutet eine Veränderung gegenüber den Stäbe-Karten, bei denen die Kultur die Natur verdrängt hat. Die Karte versetzt die Statue nach Irland. Wie die Mutter eine germanische Statue in Irland zeigt, so zeigt der Sohn eine Gestalt des keltischen (ursprünglich irischen) Mythos, die in Deutschland Held eines literarischen Kunstwerks wurde.
Die Landschaft ist grün und fruchtbar, aber baumlos. Das Land im Vordergrund erscheint golden, wie wenn es im Licht des Kelchs bade. Der Mond ist eine Sichel, die unten etwas dunkler ist. Dies deutet auf die Hohepriesterin (II) hin. Der Mond scheint durch ein Loch in den dunklen Wolken. Der Leib der Göttin symbolisiert wie die Kugel vor der Hohenpriesterin den Vollmond.
Bei Befragungen bezeichnet diese Karte einen sehr erdverhafteten, geradlinigen und ehrlichen Menschen. Er ist kreativ und phantasievoll, verliert jedoch nie den Bezug zu den grundlegenden Realitäten des Lebens. Die Karte kann auch eine Mutter bezeichnen, die alles für ihre Kinder tut, vielleicht eine Matriarchin, zu der die ganze Familie aufblickt.
Die Karte muß nicht für eine bestimmte Person stehen, sondern kann auch im abstrakten Sinne ein Gespür für die alten Kräfte, ein Bewußtsein für die Natur und die spirituelle Energie anzei-

gen, die in den gewöhnlichen Dingen des alltäglichen Lebens waltet.

Die Umkehrung kann bedeuten, daß der Betreffende den Kontakt zu den physischen Realitäten verloren hat, die so wichtig für ihn sind. Es kann die Situation einer Mutter sein, deren Kinder groß geworden und von zu Hause weggegangen sind, oder einer Person mit großer Energie, die sie nicht sinnvoll einzusetzen vermag.

Vater der Kelche – Odin

Für den Vater des Nordens kehrt der Haindl-Tarot zum Allvater Odin zurück, der bei den Großen Arkana eine so wichtige Rolle spielt. Dort sehen wir Haindls Neubearbeitung des Mythos, bei der Odin zuerst als der arrogante junge Herrscher und anschließend als der fröhliche Gehängte (XII) auftritt, der seine Energie der Erde zurückgibt. Hier sehen wir »das Original« der Szene des Gehängten: den einäugigen Odin, der neun Tage und Nächte am Weltenbaum hängt, »geweiht dem Odin, ich selbst mir selbst«, um die Runen aus der dunklen Quelle Mimirs aufzunehmen. Bei diesem Trumpf folgte Hermann Haindl seiner Intuition; hier bleibt er bei den Quellen, insbesondere der *Älteren Edda*. Es sind uns keine alten Odin-Darstellungen überliefert; Haindl verließ sich statt dessen auf die Gedichte. Er bemerkte dazu, er hätte Odin am liebsten mit nur einem Auge in der Mitte, wie einen Zyklopen, dargestellt. Im Mythos heißt es jedoch ausdrücklich, daß Odin zwei Augen hatte und eines davon Mimir opferte.

Odin steht für Macht; er ist der mächtigste der Väter, ein Partner für Kali. Als Himmelsvater und Gott der Unterwelt zugleich ist er Herr über Leben und Tod. Er ist Schöpfer, Denker, Krieger, Prophet – all das, was in der europäischen Kultur als wichtig betrachtet wird. Die Kelche stehen aber für Liebe und Frieden. Dadurch entsteht in der Karte eine Spannung. Odin zeigt die Dominanz der Macht, das rechte Auge. Später wird Parzi-

Vater der Kelche im Norden
Ritter der Kelche

val, der uns mit beiden Augen fixiert, die gleiche Spannung in sich selbst erleben, den Kampf zwischen Macht und Liebe.
Die Kelche sind emotional. Das männliche Ideal betrachtet Emotion als Schwäche. Odin ist aber sehr emotional. Hermann Haindl hat festgestellt, daß Aggression von Emotion herrührt. Auf dem Bild sehen wir den ausgestreckten Zeigefinger. Haindl beschreibt diese Geste als die »aggressive Liebe« des Vaters. Der Finger repräsentiert den Phallus – das Linga Shivas ohne die Yoni Parvatis. Erinnern wir uns, daß die Venus von Willendorf aus einer viel älteren Zeit stammt als Odin und daß Odins Religion der Asen diejenige der friedlicheren Wanen ersetzt hat, die die Mutter verehrten.

Für Hermann Haindl symbolisiert Odin die Eigenschaften, die er in Europa und insbesondere in Deutschland problematisch findet. Er betrachtet Odin als aggressiv und herrschsüchtig. Gleichzeitig bewundert er ihn aber auch als den Schamanen, das Orakel, den Vater der Weisheit. Er meinte auch, vielleicht seien Schwierigkeiten mit seinem eigenen Vater in diese Karte eingeflossen. Man könnte hinzufügen, daß es die Generation seines Vaters war, die die Nazis an die Macht brachte und Hermann Haindl und andere junge Männer dazu verführte, für die Sache des Bösen in den Krieg zu ziehen.

Wir haben an anderer Stelle gesehen, wie sich Odin umgekehrt aufhängen mußte, um die Runen aufnehmen zu können. Die Runen kommen von der Erde. Man vergleiche dies mit Moses, der das Gesetz vom Himmel empfängt und es dann in Stein eingraviert. Jesus erhob sich mit dem Haupt voran zum Himmel. Odin geht mit dem Haupt voran zur Quelle. Sein Haar und sein Bart strahlen wie die Sonne, das heißt, das Licht unterwirft sich der Finsternis, um Wissen zum Vorschein zu bringen.

Als der Herrscher erkennt Odin einzig sich selbst an. Er kann jedoch die Runen nur bekommen, indem er sich am Weltenbaum aufhängt. Der Baum hier hat einen doppelten Stamm, womit er Dualität symbolisiert. Wir sehen auch die beiden Vögel, Gedanke und Erinnerung. Hermann Haindl hat als Vorlage für den Baum Olivenbäume genommen; diese sind sehr häufig unten hohl. Die südlichen Bäume mit dem nördlichen Gott bringen die Kulturen Europas zusammen. Im Hintergrund sehen wir auch eine Zypresse. Wie die Raben stehen die Zypressen für den Tod. Wie Jesus oder vielleicht der umgekehrt gekreuzigte Petrus stellt Odin das Drama des transformierten Todes dar. Er erscheint größer als der Baum, ein Hinweis darauf, daß bei dieser Karte das Denken über die Natur dominiert.

Die Runen ergeben das Wort Tarot. Sie enthalten die Rune Othal. Wie wir bei den Großen Arkana gesehen haben, verbindet Zoltan Szabo diese Rune mit dem Heiligen Gral.

Bei Befragungen bezeichnet der Vater der Kelche eine kraftvolle, dominierende Person. Sie ist intelligent, kreativ, und

wahrscheinlich besitzt sie auch ein enormes Wissen. Sie kann sehr einschüchternd sein, insbesondere für ihre eigenen Kinder. Der Betreffende kann aber auch großzügig und liebevoll sein, solange ihn seine Umgebung als den Patriarchen anerkennt. Er kann ein Magier sein, vielleicht irgendwie künstlerisch tätig. Sanfte Karten, insbesondere weitere Kelche, betonen die liebevollen Züge des Vaters. »Arrogantere« Karten wie manche der Stäbe oder der Schwerter zeigen mehr seine tyrannischen Tendenzen. Der Magier (I) oder der Wagen (VII) sprechen eher für die magische Seite.
Die Umkehrung zeigt, daß die Macht des Vaters irgendwie gebrochen ist. Er herrscht nicht länger unangefochten. Andere können ihn in Bedrängnis bringen, oder er steht vor einer Situation, die er nicht im Griff hat. Dies kann verschiedene Reaktionen zur Folge haben. Er kann unausstehlich werden, aber vielleicht wird er auch zu mehr Mitgefühl angeregt. Die anderen Karten sollten einen Hinweis geben, in welcher Richtung er sich wahrscheinlich entwickeln wird.

Tochter der Kelche – Brigid von Irland

Hermann Haindl malte die Hofkarten zuletzt, denn er wußte nicht von Anfang an, wie er sie gestalten sollte. Als er sich entschlossen hatte, sie auf den Himmelsrichtungen aufzubauen, reiste er, bevor er begann, nach Amerika. Dort besprach er die verschiedenen Möglichkeiten mit einem indianischen Freund. Dieser erzählte ihm von Bigfoot, der zum Vater der Steine wurde. Dann sagte er, daß Hermann »natürlich« Brigid zur Tochter der Kelche machen sollte. Obwohl Hermann über diese Gestalt sehr wenig wußte, beschloß er, dem Vorschlag zu folgen. Er malte ein Gesicht, für das ihm seine Frau als Modell diente, und versetzte es in eine Landschaft, die die alte europäische Spiritualität anzeigt: einen Kreis von Aufrechtsteinen und einen Fluß, der in eine Höhle führt.
Die Wahl erwies sich als glücklich. Haindl wußte von Brigid nur, daß sie eine Nonne aus frühchristlicher Zeit war, die eine

Tochter der Kelche im Norden
Prinzessin der Kelche

Heilige wurde. In Irland ist ihr Ansehen fast so groß wie desjenige des heiligen Patrick. Brigid reicht allerdings viel weiter zurück als das Christentum. Als Bride in Schottland und Brigantia in England war sie eine Göttin der Kelten. Brigid war die Göttin der Dichtkunst, Prophezeiung und Divination – eine ideale Gestalt für den Tarot. Sie hat zwei Schwestern, die ebenfalls Brigid hießen, von denen die eine die Patronin der Heilkunst, die andere der Schmiedekunst war (die Metallbearbeitung galt als heilig). Die drei Gestalten waren wahrscheinlich eine einzige, eine Version der Dreifachen Göttin. In der Tat bedeutete der Name Brigid ursprünglich Göttin. Buchstäblich heißt das Wort »die Erhöhte«.

Als Irland christianisiert wurde, wurde Brigid zu einer Heiligen. Ansonsten änderte sich kaum etwas an ihr. Ihre Bedeutung nahm eher noch zu, denn sie wurde nicht nur von den Dichtern besungen, sondern wurde auch Patronin des Viehs und der Feldfrüchte. Ihr Festtag, der 1. Februar, war ursprünglich Frühlingsanfang. Die heilige Brigid wurde bei Sonnenaufgang, nicht in einem Haus und nicht außerhalb eines Hauses geboren – das heißt auf der Schwelle. In der keltischen Tradition öffnen Augenblicke oder Orte, die keines von zwei Dingen sind – die Morgendämmerung ist weder Tag noch Nacht – die Pforte zur anderen Welt. In den Erzählungen heißt es, daß sich Brigid von der Milch einer weißen Kuh mit roten Ohren nährte. Diese Farben weisen auf einen übernatürlichen Ursprung hin. Wie die Skandinavier und Inder verehrten Iren Kühe als heilig. Wenn die heilige Brigid in einem Haus weilte, sandte sie solches Licht aus, daß es zu brennen schien. Von Zarathustra lesen wir, er habe schon im Mutterschoß so viel Licht ausgesandt, daß die Nachbarn herbeieilten, um das Feuer zu löschen. Nach Giraldus Cambrensis hüteten Brigid und neunzehn weitere Nonnen im Wechsel ein heiliges Feuer. Das Feuer war von Hecken umgeben, die kein Mann betreten durfte. Im römischen Britannien brannte im Heiligtum der Göttin Minerva, zu dem Männer keinen Zutritt hatten, eine ewige Flamme. Man könnte auch an Dornröschen erinnern, deren Schloß durch eine magische Dornenhecke von der Außenwelt abgeschlossen war.

Brigid steht exemplarisch für den Übergang von der heidnischen Religion zum Christentum. Im alten Irland herrschten neben den Königen drei Klassen von Dichtern/Priestern. Es waren die Druiden, die Filidh und die Barden. Als das Land christianisiert wurde, wurden die Druiden vertrieben, jedoch übernahmen die Filidh von ihnen viele ihrer Befugnisse und Funktionen. Die Filidh verehrten Brigid. In der Entwicklungsreihe der Kelche-Karten von einer lange verlorengegangenen Erdenreligion zum modernen Christentum paßt Brigid sehr gut zwischen Odin und Parzival.

Die Karte hat in gewisser Weise eine Geschichte des Sakralen in Europa zum Inhalt. Die Höhle zeigt die früheste Form eines

Tempels. Der Steinkreis stellt die Anfänge menschlicher Schöpfungen dar, die natürliche Formationen nachahmen. Der heilige Kelch des Grals ist ein christliches Symbol. Die sanft geschwungenen Hügel bilden Schichten wie die Abstufungen der Geschichte und des Mythos. Brigids Antlitz erhebt sich hinter den Hügeln. Sie ist der Ursprung aller Mythologien und Religionen. Die Hügel bilden ihr Kleid oder ihren Leib, während die Höhle in ihre Mysterien führt.

Die Steine stehen nicht für einen bestimmten Steinkreis, sondern für die Idee. Sie bilden Lingas, während der Kreis eine Yoni ist; die Höhle und der Fluß gehören jedoch zur Göttin. Wir sehen sechs Steine. Beim Tarot steht die Zahl Sechs für die liebevolle Vereinigung des Männlichen und des Weiblichen. Die gleiche Vereinigung ist hier angedeutet in der rosa Farbe an der Basis der Steine und dem Blau des Flusses sowie der Augen Brigids.

Bei Befragungen zeigt diese Karte eine Person von einer ruhigen Art, aber gleichzeitig starker Ausstrahlung. Sie kann auf andere zurückgezogen wirken. Viele Menschen werden sich jedoch von ihrer Ausgeglichenheit und Charakterstärke angezogen fühlen. In ihrer Nähe bekommen sie eine Empfindung für ihre eigene Tiefe, ihre eigenen Möglichkeiten. Als Prinzip steht die Karte für Dichtkunst und Divination. Ursprünglich machten die Menschen keinen Unterschied zwischen Dichtkunst und ewiger Wahrheit. Odin benutzte die Macht der Magie. Brigid erinnert an die Quelle dieser Kraft, ähnlich der Shakti Shivas. Sie gewährt uns einen Blick in die alten Höhlen. Odin war geschriebene Geschichte. Brigid bringt uns zurück zu den Steinkreisen.

Umgekehrt zeigt diese Karte einen Menschen, der seine gelassene Selbstsicherheit verloren hat. Irgend etwas – Schwierigkeiten, Druck von anderen – hat ihn aus seinem Gleichgewicht gebracht. Die umgekehrte Tochter der Kelche muß vielleicht erst ihr Ichbewußtsein zurückgewinnen, bevor sie wieder aktiv werden kann. Die Karte zeigt die Bedeutung der persönlichen Biographie. Wenn man ihre Ursprünge und die eigene Kraft kennt, kann man durch nichts erschüttert werden. Dies gilt vor allem dann, wenn die Karte aufrecht mit der Kraft (VIII), dem Stern (XVII) oder der Vier der Steine erscheint. Die Umkehrung zeigt an, daß der Betreffende diese fundamentale Wahrheit aus den Augen verloren hat. Trotzdem ist sie nach wie vor vorhanden. Der Ratsuchende muß seine Vergangenheit erforschen, um Selbstvertrauen aufbauen zu können.

Sohn der Kelche – Parzival

Von der ältesten Karte, der Göttin von Willendorf, gelangen wir nun zur modernsten, Parzival, der eher eine literarische als eine religiöse Gestalt ist. Die Gralserzählung begleitet uns von den alten Kelten bis zur Jetztzeit, denn neben den mittelalterlichen Romanen und der Wagneroper sehen wir ihn beispielsweise in Eliots Gedicht »The Wasteland«, verschiedenen modernen Romanen wie demjenigen von Richard Monaco und in John Boormans Film »Excalibur«, worin Parzival auch zum Gehängten (XII) wird, denn er findet den Gral, während er an einem Baum hängt.
Auch beim Haindl-Tarot entdeckt Parzival den Gral. Wir sehen, daß er ihn mit einem Ausdruck des Erstaunens, ja fast des Schreckens fixiert. Diese Szene enthält verschiedene symbolische Wahrheiten. Sie drückt die Entdeckung der spirituellen Wahrheit aus, die größer und tiefer ist als die oberflächlichen persönlichen Wünsche. Parzival war ein normaler junger Mann (wenn auch außerordentlich naiv), der den Ehrgeiz hatte, ein Ritter zu werden und wie die anderen Helden seiner Zeit König Artus zu dienen. Dann begegnet er dem Gral, das heißt, er wird gezwungen, sich mit dem Gral auseinanderzusetzen. Er erkennt die göttliche Wahrheit und die Anwesenheit des Heiligen Geistes. Dies veranlaßt ihn, Ziele anzustreben, die über persönliches Genußstreben hinausgehen.
Wir können jedoch Parzivals Entsetzen anders deuten – als den Schock über die Entdeckung, was der »Vater«, also die früheren Generationen, in der Welt angerichtet haben. Vielerorts lehnen sich junge Menschen (und ältere, die sich mit der Zukunft

Sohn der Kelche im Norden
Prinz der Kelche

identifizieren) gegen die Schäden auf, die in der Natur angerichtet wurden, die Gefahren des Wettrüstens, das weniger mit Verteidigung als mit Profitgier zu tun hat, und die Ideologien der Eroberung, der Unterdrückung und des Völkermords. Hermann Haindl glaubt, daß Europa heute endlich zu erkennen beginnt, was es der übrigen Welt angetan hat. Deshalb verwundert es nicht, daß Parzival schockiert und entsetzt blickt. Er hat nicht nur die Vergangenheit, sondern auch die Zukunft vor Augen: seine eigene Verantwortlichkeit, als Sohn des Nordens, zur Vollendung der Gralssuche. Modern ausgedrückt heißt dies, an der Wiederherstellung der Erde mitzuwirken und die Menschen wieder auf den spirituellen Pfad zurückzubringen.

Beim Narren (0) haben wir gesehen, daß Parzival einen Schwan tötete. Er tat dies, weil er wie ein echter Ritter eine Waffe führen wollte. Andere Geschöpfe nahm er nicht als solche wahr. Dies spiegelt die Mentalität des Kolonialismus, der Sklaverei und der Zerstörung der Natur aus Profitgier wider. Parzival entdeckte jedoch durch sein Tun die Sünde, den Tod und letztlich die Verantwortung. Wir sehen, daß er gezwungen ist, den Gral aufzunehmen.

In unterschiedlicher Form gibt es Ausbeutung und Rassismus in der ganzen Welt. Hermann Haindl hat diese Problematik aus zwei Gründen auf Europa konzentriert. Zum einen ist er selbst Europäer. Zum anderen weiß er, welchen Einfluß Europa auf die übrige Welt hatte. Geographisch ist Europa nicht einmal ein selbständiger Kontinent: Es ist ein Zipfel Asiens. Dennoch hat es Afrika, Amerika, Australien, Ozeanien und einen großen Teil Asiens erobert und zersplittert. Ganze Völker wurden von einer Kultur ausgelöscht, die von sich selbst behauptet, einem Gott der Liebe zu folgen.

Wir sehen Parzival, wie er gerade die Herausforderung annimmt, das heißt, er ist noch nicht am Ende seines Weges. Im Gegensatz zum Gehängten (XII) oder auch zu seiner Schwester, der Tochter der Kelche, erscheint er von der Natur abgelöst. Sie blickt von den Hügeln nach oben; er blickt nach unten und sieht nur den Gral. Seine Hände erscheinen wie Wolken. Sie werden auch zu Händen von Geistern, die ihm den Gral reichen, den er nehmen muß. Sein Mund ist geschlossen wie derjenige des Narren (0). Dies zeigt Unwissenheit an, aber auch ein Zögern, die Herausforderung anzunehmen. Als Parzival in der Gralssage zum erstenmal dem Gral begegnet, unterläßt er es, die Schlüsselfrage zu stellen: »Wem dient der Gral?« Er muß dienen lernen, er muß einsehen, daß er selbst für das wüste Land verantwortlich ist.

Beim Entwurf der Hofkarten stellte sich für Hermann Haindl das Problem, wo er Jesus einordnen sollte. Die Lösung ergab sich schließlich von selbst, als er erkannte, daß Jesus in Parzival lebt. Jesus ist hier mehr Mensch als Gott. Auch für ihn kam der Augenblick, in dem er seine eigentliche Aufgabe übernehmen mußte. Parzival zeigt den zur göttlichen Realität erwachenden Jesus, der sich auf den Weg zu seiner eigenen Kreuzigung begeben muß.

Bei Befragungen zeigt diese Karte einen Menschen, der sanftmütig, aber auch naiv ist. Er kann anderen als egozentrisch oder gefühllos erscheinen, doch hängt dies mehr mit einem Mangel an Erfahrung zusammen. Möglicherweise haben ihn seine Eltern zu sehr behütet und ihm immer alles gegeben, was er verlangte, so daß er nicht weiß, was Leiden bedeutet. Die Nöte anderer Menschen berühren ihn nicht, weil er sie mit nichts in seinem Erfahrungsschatz vergleichen kann. Im Grunde hat er jedoch ein gutes Herz. Auch wenn er selbstsüchtig handelt, ist die Grundlage seines Handelns Liebe. Er selbst muß vielleicht erst entdecken, was Liebe bedeutet. Er kann sehr offen und gutmütig sein. Er möchte gern, daß die Menschen glücklich sind. Wenn sie unglücklich sind oder sich verletzt zeigen, würde er vielleicht am liebsten weglaufen.

Mehr als die anderen Karten stellt der Sohn der Kelche eine Stimmung wie auch eine Persönlichkeit dar. Wir sehen, daß er geprüft wird. Er steht vor der Erkenntnis des Leidens wie auch seiner eigenen Verantwortung, hier einzugreifen. Dies kann zu größerer Selbsterkenntnis, ebenso zu größerem Mitgefühl mit anderen führen.

Die Umkehrung zeigt, daß der Betreffende versucht, sich seiner Verantwortung zu entziehen. Sie drückt aus, daß Parzival den Gral ausschlägt. Wir können ihn als jemanden sehen, der verbittert oder desillusioniert ist, weil die Welt weniger freundlich ist, als er immer glaubte. Das Leid anderer Menschen überwältigt ihn. Seine Empfindungslosigkeit kann sich noch steigern, wenn er seine eigenen Regungen der Liebe mißachtet.

Schwerter – Ägypten

Europäer betrachten Ägypten gern als europäische Kultur, und in der Tat ist vieles, was typisch europäisch ist, über Griechenland und Israel nach Europa gelangt. Ägypten gehört kulturell jedoch auch sehr stark zu Afrika.

Nachdem Hermann Haindl sich in die ägyptische Mythologie und Gedankenwelt vertieft und festgelegt hatte, welche Gestalten er für seine Karten verwenden wollte, reiste er nach Ägypten, um Land und Leute zu erleben. Die Gemälde entstanden in Ägypten selbst, wobei Haindl sich vom Licht und den Farben, aber auch von Vorlagen in Tempeln und Grabmälern inspirieren ließ. Dies ist der Grund, warum die südlichen Karten eine so lebhafte und tief empfundene Unmittelbarkeit ausstrahlen.

Wenn wir uns mit der ägyptischen Religion beschäftigen, insbesondere mit Osiris, entdecken wir, daß diese uralte Religion direkt zum Christentum hinführt. Wir können aber auch viele Parallelen zum indischen Mythos finden. Hier sehen wir ebenfalls eine alte Göttin, die im Zusammenhang mit der Nacht steht. Wir erkennen auch einen etwas fernen Schöpfer, den Gott der klerikalen und königlichen Schichten der Gesellschaft. Re geht – wie Brahma – teilweise auf frühere Gestalten zurück. Sie wurden schließlich Teil von ihm, und aus Atum wurde Atum-Re. Analog zu Brahma sagten Res Anhänger, daß er aus dem Nichts hervorging. Während in einigen früheren Texten Nut als seine Mutter bezeichnet wird, ist sie in späteren Versionen Res Enkelin. Schließlich verehrte das einfache Volk im alten Ägypten Osiris als den geliebten Erlöser, wie das einfache Volk in Indien Krishna verehrte.

Wie die indische Mythologie sind auch die ägyptischen Göttersagen sehr kompliziert, und zwar aus ähnlichen Gründen. Ursprünglich hatte jede Religion ihre eigenen Götter. Als sie miteinander verschmolzen, erfüllten verschiedene Gestalten zu den entsprechenden Zeiten unterschiedliche Aufgaben. Bei Nut tritt ein Generationswechsel ein. Thoth und Hathor sind in manchen Versionen untergeordnet, in anderen gerade von gro-

ßer Bedeutung. Isis übernahm verschiedene Eigenschaften von Nut und Hathor, während Osiris sich vom Gott der Vegetation in den Herrn des Totenreichs verwandelte.
Bestimmte Attribute oder Motive bleiben unverändert. Die Sonne erscheint als rote Scheibe in vielen Mythen und Gemälden, insbesondere Darstellungen von Re, aber auch von Isis und anderen. In einem Wüstenland wie Ägypten spielt die Sonne eine ambivalente Rolle als Spenderin der Lebensenergie einerseits und das brennende Auge andererseits, das gnadenlos herniederblickt. In der ganzen ägyptischen Mythologie finden wir das Motiv des Auges. Zur Niederschlagung eines Aufstandes gibt Re sein Auge Hathor, der damit die ungehorsamen Menschen erschlägt. Horus' Auge bringt Offenbarung. Das Bild, das Hermann Haindl als Modell für Osiris wählte, zeigt je ein stilisiertes Auge zu beiden Seiten des Gottes.
Anders als bei den meisten Kulturen war bei den Ägyptern der Himmel weiblich, die Erde männlich. Nut symbolisiert das Gewölbe des Nachthimmels, in welcher Gestalt sie mit ihrem Bruder Geb vereinigt ist, der Erde, dessen Phallus der Obelisk ist. Der Obelisk symbolisierte jedoch auch Re, denn er enthält die männliche Kraft des Schöpfers. Hathor war ebenfalls der Himmel, jedoch verlor sie viel von ihrem Einfluß an Nut und Isis.
Anders als die indische Religion verloren die Glaubensvorstellungen des alten Ägypten ihre Anhänger schon vor vielen Jahrhunderten. Ihr Einfluß besteht jedoch weiter. Den Griechen und Juden galt Ägypten als das Land der Magie, der esoterischen Wahrheit und der Initiation. Die Mysterienreligionen im alten Rom basierten auf dem ägyptischen Mythos. Die Faszination der Pyramiden, die Bilderschrift der Hieroglyphen und der komplexe Bestattungskult trugen ebenso zur Festigung eines Ägyptenmythos bei wie das Totenbuch. Dieser Mythos hat seine Kraft bis heute nicht verloren. Es erscheinen Bücher über die Geheimnisse der Pyramiden; Okkultisten bezeichnen die Ägypter als die Erben von Atlantis. Ob all dies zutrifft oder nicht – das gängige Bild von Ägypten hat jedenfalls die hermetische Tradition jahrhundertelang beherrscht.

Der Ägyptenmythos hat auch den Tarot stark beeinflußt. Court de Gébelin hat als erster geäußert, der Tarot sei »Das Buch Thoth«, der geheime Text des universellen Wissens. In späteren Spielen wurde die Hohepriesterin (II) als Isis dargestellt, eine Praxis, die dadurch gefestigt wurde, daß Madame Blavatsky ihre eigenen Lehren (die teilweise indischen Ursprungs sind) auf Isis zurückführte. Viele Tarot-Spiele zeigen ägyptische Gestalten auf dem Schicksalsrad (X), und viele Kommentatoren identifizieren die Karten mit der Maat, der ägyptischen Idee der universellen Ordnung. Die Maat wurde von Hathor, der Göttin der Liebe und des Lebensgesetzes, aufrechterhalten, und hierin ist die Grundlage für den berühmten Satz »Rota Taro Orat Tora Ator« (»Das Rad des Tarot spricht das Gesetz des Lebens«) zu suchen.

Im esoterischen Tarot wird der Magier (I) mit Thoth gleichgesetzt, der wiederum in einer Verbindung mit Hermes steht, dem griechischen Gott der Weisheit. Thoth ist eine außerordentlich interessante Gestalt. In Memphis, wo die Menschen Ptah verehrten, den Gott der Lebensenergie, fungierte Thoth als Ptahs Mittler sowie als der Gott des Mondes und der Weisheit. An anderen Orten und zu anderen Zeiten galt er als Horus' Mittler oder Osiris' Schreiber. Thoth erfand die Schrift wie auch die Magie und lehrte beides seine Schüler. Als Re Nut verbot, an irgendeinem Tag des Jahres Kinder zu gebären, spielte Thoth mit dem Mond ein Glücksspiel, um fünf zusätzliche Tage zu bekommen, und ermöglichte so die Geburt von Isis und Osiris. In einer Erzählung über Re heißt es, daß Re nach seinem Rückzug Thoth die Weltherrschaft übertrug.

In allen diesen Mythen erscheint Thoth als Helfer. Im zentralen Mythos von Re, Nut, Isis und Osiris ist Thoth der Außenseiter, die einzige bedeutende Gestalt, die nicht Mitglied der Familie ist. Dies steht in Übereinstimmung mit einem bestimmten okkulten Ideal, demjenigen der Gestalt im Hintergrund, die im geheimen die Geschichte gestaltet. Thoth ist wahrscheinlich eine sehr alte Gottheit, die durch spätere Religionen verdrängt wurde, aber niemals ganz in Vergessenheit geriet. Vielleicht war Thoth wie Odin eine wirkliche Person, ein Schamane, dessen

Wissen und magische Kunst ihn auf die Ebene der Götter erhob.
Thoth ist eine ideale Gestalt für den Tarot-Schüler und insbesondere den Satz der Schwerter, auch wenn er selbst in den vier Karten nicht erscheint. Er repräsentiert den Geist, die esoterische Wahrheit und den Gebrauch der Macht im Dienste der Weisheit.

Mutter der Schwerter – Nut

Die meisten Menschen kennen Nut (die manchmal »Mutter der Neun« genannt wird) als den Nachthimmel, der sich über die Erde wölbt, den Leib von Sternen erfüllt. Sie wird sehr schlank dargestellt, auf manchen Bildern fast wie ein Band, wodurch angedeutet wird, daß sie die ganze Erde umspannt. Hermann Haindl hat für dieses Bild die Tempel in Dendara und Edfu sowie die Decke der Grabkammer von Ramses VI. zugrunde gelegt. Das Bild ist sehr alt, denn Nut reicht wie die indische Kali in Urzeiten zurück; ihre libysche Variante, Neith, wird von Vicki Noble als »die möglicherweise älteste Göttin der Welt« bezeichnet.
Manche Bilder zeigen Nut in sexueller Vereinigung mit ihrem Bruder Geb, der Erde, der auf dem Rücken liegt, während Nut sich über ihm wölbt (das Gegenteil der »Missionarsstellung«, mit der die christliche Kirche diktierte, daß der Mann immer oben sein muß). Der Obelisk symbolisierte Gebs Penis wie auch die Macht des Re. Dieses Bild weist Ägypten als eine der wenigen Kulturen aus, in denen der Himmel weiblich und die Erde männlich ist. Nut ist allerdings der Nachthimmel, wodurch sich auch hier der Gedanke behauptet, daß der Tag, das Licht, männlich ist (Re, die Sonne) und das Dunkle, das Alte und Mysteriöse weiblich.
Nut erscheint manchmal gestreckt auf ihren Zehen, wie es hier in der Version hinter der eine Brücke bildenden Frau dargestellt ist. Diese beiden Bilder sind in Wirklichkeit identisch, denn die aufrechte Haltung zeigt Nut lediglich aus der Perspektive von

Mutter der Schwerter im Süden
Königin der Schwerter

unten. Diese Darstellung erscheint auf der Innenseite von Särgen (Hermann Haindl sah dies in Medinet Habu und auf einem Sarg im Ägyptischen Museum in Kairo). Nut neigt sich über den Toten, der sie von unten »sehen« würde. Nacht und Tod fallen bei diesem doppelten Bildnis der Göttin zusammen. Der Tod umfängt uns ebenso vollständig, wie die Nacht die Erde umfängt. Während Mutter Nut uns mit der Angst vor der Dunkelheit konfrontiert, beschützt sie uns auch. Ihre Darstellung im Sarg sollte den Übergang der Seele durch das Chaos des Todes zur Ordnung eines neuen Lebens im Jenseits sicherstellen. Wie die Sonne wiedergeboren wird, so wird auch die Seele wiedergeboren. Indem die Karte beide Darstellungen von Nut zeigt, diejenige im Tempel und diejenige im Grab, macht sie deutlich, wie die Göttin für den einzelnen wie für den Kosmos wirkt.

Wie viele andere Völker entwickelten die Ägypter Mythen, um das ständige Verschwinden und Wiederkehren der Sonne zu »erklären«. Diese Erzählungen erklären nicht im modernen wissenschaftlichen Sinne, sondern drücken vielmehr aus, wie wir die mächtigen Realitäten der Natur erleben und uns mit ihnen auseinandersetzen. Es gibt verschiedene Erzählungen darüber, wo die Sonne nachts ist. Als Re altert die Sonne und stirbt einfach. In den Mythen, in denen Nut zentral steht, heißt es jedoch, daß die Mutter die Sonne abends aufißt, sie durch ihren Leib hindurchgeht und am Morgen wieder erscheint. Auf der Karte ist dieser Vorgang durch die drei roten Kreise dargestellt, die sich längs des aufrechten Körpers bewegen. Die Zahl Drei erinnert uns an die Herrscherin (III), wie auch die Form der eine Brücke bildenden Nut an die Rune Uruz erinnert und damit an die Hohepriesterin (II).

Daß Nut die Sonne ißt, setzt sie wiederum in eine Beziehung mit Kali, die in einem viel umfassenderen Sinne die Lebensenergie des Universums aufzehrt und es in die Urnacht zurückversetzt. Anders als Kali ist Nut nicht die ursprüngliche Schöpferin (jedenfalls nicht in den späteren Mythen, die uns überliefert sind). Nut ist der Urgrund des Daseins, das dunkle chaotische Wasser. Atum (der später mit Re verknüpft wurde) taucht auf, und die beiden erzeugen zusammen Shu und Tefnut, den Wind und den Tau. In anderen Texten wiederum wird Re als der Sohn Nuts bezeichnet.

Der Tau symbolisierte in gleicher Weise das Urmuster, wie Hagal, das Hagelkorn, es für die viel kühleren Skandinavier repräsentierte. Wenn wir hören, daß die Ägypter Nut auch mit einer Kuh verglichen (eine Verbindung zu Hathor), deren Euter die Milchstraße hervorbringt, erkennen wir, welche bemerkenswerten Gemeinsamkeiten zwischen dem Süden (Ägypten) und dem europäischen Norden bestehen.

Auf Bildern wird Nut von Sternen umgeben dargestellt, wie der Himmel in einer wolkenlosen Nacht erscheint. Die Sterne haben stets die gleiche Gestalt wie auf dieser Hofkarte. Sie ähneln einem Menschen mit feierlich ausgebreiteten Armen und Beinen: Sie sind die Kinder der Großen Mutter.

Die Pharaonen nannten sich manchmal die Söhne und Gemahle von Nut. Pepi II. sagte von sich, er lebe »zwischen den Schenkeln von Nut«. Auf späteren Bildern wird der Pharao auf dem Schoß der Isis sitzend dargestellt. Das ägyptische Wort »Nutrit«, Frau, bedeutete »kleine Göttin«.

Divinatorisch steht Nut für einen Menschen, der geheimnisvoll und unnahbar ist und den Menschen in seiner Umgebung fern und unerreichbar erscheint. Er kann sehr liebevoll, sogar hingebungsvoll sein, jedoch behält er seine privaten Dinge stets für sich. Er wahrt seine Autonomie in allen Situationen, selbst wenn er leidenschaftlich verliebt oder seinen Kindern liebevoll zugetan ist. Dies kann für manchen der Anlaß sein, sich von ihm abzuwenden; wenn Sie es jedoch akzeptieren können, daß er manches für sich behalten möchte, werden Sie entdecken, daß er diejenigen, die er liebt, reichlich beschenkt. Wessen Leben dem Mythos der Nut ähnelt, der wird die Nacht dem Tag, die Dunkelheit dem Licht vorziehen. Ihm wird das Geheimnisvolle mehr bedeuten als irgendwelche Erläuterungen.

Die Umkehrung kann eine Übersteigerung des Bedürfnisses nach privater Zurückgezogenheit anzeigen. Der Betreffende hat vielleicht Schwierigkeiten, mit anderen in Kontakt zu kommen, sich denjenigen zuzuwenden, die ihn ansprechen möchten. Es kann aber auch das Autonomiebedürfnis des Ratsuchenden bedroht sein. Er hat eine Beziehung mit einem Menschen, der zuviel von ihm verlangt. Er könnte ebenso in sich einen Widerstreit zwischen seinem Wunsch nach Ruhe und Mysterium einerseits und seiner Liebe zu anderen, insbesondere seinen Kindern, andererseits verspüren.

Vater der Schwerter – Re

Mit der Gestalt des Re dringen wir in die komplexeren Schichten der ägyptischen Mythologie ein. Wie Brahma war er wahrscheinlich zunächst der Gott einer bestimmten Klasse, der Priester und Pharaonen. Im Gegensatz zu dem beliebten Osiris schien er fern, vergleichbar mit dem Verhältnis zwischen Brahma und Krishna. Später wurde Re der höchste Gott – wiederum wie Brahma –, und verschiedene andere Götter, wahrscheinlich aus anderen Gebieten, verschmolzen mit ihm. Er wird als Amen-Re, Atum-Re oder Re-Harakhte bezeichnet, und diese letztere Gestalt mit dem Falkenkopf, die später zu Horus, dem Sohn von Isis und Osiris, wurde, sehen wir auf der Karte.

Einigen Schöpfungsmythen zufolge schuf Re sich selbst aus dem Nichts. In einer Hymne heißt es: »Er wurde aus sich selbst.« In der gleichen Hymne wird er aber auch als der Sohn Nuts bezeichnet. Hier sehen wir wiederum das Drama des Herrschers, der seine Abkunft von der Herrscherin verleugnet, den patriarchalischen Gott, der alle Macht und gleichzeitig auch den grundsätzlich weiblichen Akt der Schöpfung für sich beansprucht.

In einigen Mythen heißt es, daß Re alt wurde, denn schließlich existierte er länger als alle anderen Götter und die Welt selbst. Müde geworden, zog er sich von der Ausübung seiner Macht und der Welt selbst etwas zurück. Dies hatte eine Rebellion der Menschen zur Folge. Re gab Hathor sein Auge, das seine Macht besaß, und Hathor tötete damit die sündigen Menschen. Schließlich gebot der gnädige Re dem Schlachten Einhalt. Er schuf die Maat, das System von Recht und Ordnung, über das Hathor herrschte. Dann übergab er Thoth seine Macht, damit dieser in seinem Namen herrsche, und trat von der direkten Herrschaft über die Welt zurück.

Diese Erzählung hat viele Dimensionen. Politisch weist sie auf das schreckliche Chaos der Bürgerkriege zwischen den verschiedenen Königreichen des alten Ägypten hin. Nach diesen Konflikten standen Begriffe wie Ordnung und Hierarchie in hohem

Vater der Schwerter im Süden
Ritter der Schwerter

Ansehen. Für uns moderne Menschen, die wir Freiheit und Demokratie zu unseren höchsten Gütern zählen, erscheint die Maat vielleicht als Instrument der herrschenden Klassen, der Priester und Pharaonen. Auf der spirituellen Ebene bezeichnet Maat jedoch rechtes Handeln in allen Situationen. In der Wertschätzung der Ordnung drückt sich auch die Bedrohtheit der Existenz eines Volkes aus, dessen Überleben von den regelmäßigen Überschwemmungen des Nils abhing, durch die die Wüste fruchtbar wurde.

Res Abtreten entspricht einem mythologischen Muster, das in vielen Kulturen auftritt. Die Religionswissenschaft spricht hier von einem »Deus absconditus«, dem Gott, der sich zurückzieht.

Für viele Völker ereignete sich die Schöpfung in Phasen. Man findet dies beispielsweise im griechischen Mythos (wo die älteren Göttergenerationen von den jüngeren ermordet wurden), in der skandinavischen und in weniger bekannten Mythologien, zum Beispiel im Südpazifik, wo es keinerlei Verbindung zu Ägypten gibt. Vielfach übergibt der Gott, der die Welt erschaffen hat, die Macht an eine jüngere Gruppe. Wir finden etwas Ähnliches im Christentum angedeutet, wo Gottvater sich zurückzieht und durch den Heiligen Geist seine Macht an den Sohn übergibt, der in die Welt der Menschen eintritt.

Re repräsentierte die Sonne. Auf der Karte sehen wir den großen Sonnenball (man beachte die Spiralen, die an den Trumpf der Sonne erinnern) über seinem Haupt. In manchen Mythen heißt es, daß er die Sonne in seinem Wagen über das Meer des Himmels trieb. In anderen ist er selbst die Sonne. Jeden Tag wird Re aus Nut neu geboren. Bei seiner Reise über den Himmel wird er alt und stirbt schließlich, um am nächsten Morgen wiedergeboren zu werden. Auf manchen Bildern ist Re in seiner Nachtgestalt, das heißt tot und als Mumie, dargestellt. Hier sehen wir ihn als die machtvolle Tagesgestalt.

In nördlichen Ländern werden der Sonne nur positive Eigenschaften zugeordnet. Für Ägypten bringt die Sonne auch den Tod. Die Karte zeigt die Sonne riesenhaft und rot. Die todbringende Uräusschlange umschlingt sie. Wenn Re Hathor sein »Auge« gibt, um die Rebellen zu töten, können wir ihn uns als die Wüstensonne vorstellen. Und doch ist die Uräusschlange im Gegensatz zu der roten Scheibe grün. Denn wiewohl die Schlange tötet, symbolisiert sie zudem das Geheimnis der Wiedergeburt. Beim Haindl-Tarot erinnert uns die grüne Viper auch an den Drachen auf dem letzten Trumpf (XXI).

Als Licht und Klarheit symbolisiert die Sonne Recht und Gesetz, aber ebenso die lebenspendende Energie, das Prinzip der Energie. Hermann Haindl vergleicht Re mit der indianischen Idee des Großvaters, der Grundenergie, von welcher der Vater kommt, der unmittelbarere Gott, der in der Welt handelt. Re war der Urgroßvater von Osiris, der wiederum Horus zeugte. Als Hintergrund für diese lebendige Karte nahm Haindl die

Farben des Lichts, wie er es in der ägyptischen Landschaft erlebte.
Res Symbol war der Obelisk, den man in Europa fälschlicherweise als »Nadel Kleopatras« bezeichnet. Jeden Tag sitzt er dort, um die Opfergaben und Gebete seines Volkes entgegenzunehmen. Wir haben jedoch bereits gehört, daß die Ägypter die Obelisken auch als Gebs Penis bezeichneten. Der Obelisk ist offensichtlich ein Linga, ein Symbol für die männliche Zeugungskraft.
Re trägt ein Zepter, das Symbol seiner Macht (das ebenfalls phallische Gestalt hat). Das Ende ist gespalten, möglicherweise ein Hinweis auf die Vereinigung der oberen und unteren Königreiche. Die Spaltung steht auch für Dualität, während die Zusammenführung die Einheit symbolisiert. Den gleichen Gedanken finden wir beim indianischen Sonnentanz, der nur beginnen kann, wenn ein gegabelter Baum gefunden ist. Re hält auch ein Ankh. Als eine Art Schlüssel öffnete das Ankh den Mund eines Toten, um die Seele in ihr neues Leben zu entlassen. Das Ankh wurde ein modernes okkultes Symbol, das in vielen Tarot-Spielen auftaucht, auch in solchen, die im übrigen nichts mit der ägyptischen Bilderwelt zu tun haben.
Rechts erscheint, unschärfer als Re selbst, die Gestalt eines Skarabäus. Skarabäen rollen Dungballen vor sich her. Man kann die Imagination der Ägypter nur bewundern, die dies als ein Symbol der Schöpfung der Welt ansahen. In einer wieder anderen Deutung der Tagesreise der Sonne heißt es in manchen Mythen, daß Khepera die Sonne auf ihrem Weg durch den Himmel vor sich herrollt.
Bei Befragungen steht diese Karte für einen dominanten und autokratischen Menschen. Er delegiert gerne Autorität an andere, jedoch bleiben sie immer unter seiner Führung. Wenn gleichzeitig der Herrscher (IV) erscheint, würden die beiden Karten gegenseitig ihre Arroganz verstärken. Andere Karten könnten jedoch den König der Schwerter abmildern.
Der König ist eine Person von scharfem Verstand, kreativ, aber weniger in intuitiver als in analytischer Weise. Für ihn zählt nur die Logik, und er blickt vielleicht auf diejenigen herab, die mit

Logik Mühe haben. Er ist aber auch bereit, Argumente anderer Menschen zu hören und gegebenenfalls seine Meinung zu ändern. Fairneß ist ihm so wichtig wie Intelligenz.
Umgekehrt wacht der König der Schwerter eifersüchtig über seine Macht. Wie Re wird er versuchen, eine Rebellion derer niederzuschlagen, die er als seine »Untergebenen« betrachtet. Der scharfe Verstand wird zur Manipulation benutzt, wenn er die Logik einsetzt, um andere lächerlich zu machen und an der Macht zu bleiben, statt eine gerechte Analyse anzustreben.

Tochter der Schwerter – Isis

Mit Isis kommen wir zu einer Gestalt, die für die europäische okkulte Tradition und insbesondere den Tarot von großer Bedeutung ist. In vielen modernen esoterischen Spielen hat Isis (oder ihre Priesterin) den weiblichen Papst als zweite Karte ersetzt. Ihre Krone, die Sonnenscheibe zwischen Kuhhörnern, die den Mond symbolisieren, wurde zum Standardsymbol für Polarität. Wir sehen sie hier nicht als wirkliche Krone, sondern als doppeltes Bild über ihrem Haupt.
Isis war nicht nur in Ägypten selbst populär; ihr Kult lebte über das alte Griechenland bis in die Zeit des frühen Christentums fort und ist im Norden sogar noch in der Gegend um Köln nachweisbar. Sie stand im Zentrum der Mysterienreligionen in Rom. Der Schriftsteller Apuleius zitiert sie mit folgenden Worten: »Ich bin die Natur, der Urgrund der Dinge ... Die erste der himmlischen Götter und Göttinnen, die Königin der Toten.« Er führt dann eine Liste von Göttinnennamen in verschiedenen Ländern an und schließt mit der Feststellung: »Die Ägypter ... nennen mich bei meinem wahren Namen, Königin Isis.«
Die Griechen haben Isis in gewissem Umfang mit anderen Göttinnen verwechselt. Sie setzten sie mit Aphrodite gleich, der Göttin der Liebe, während die richtige Entsprechung für Aphrodite/Venus Hathor war. Andererseits neigten die Ägypter selbst dazu, ältere Gottheiten mit anderen zu vermischen, die gerade besonders beliebt waren, weshalb einige von Hathors

Tochter der Schwerter im Süden
Prinzessin der Schwerter

Attributen auf Isis übergingen. So stammen auch die Kuhhörner für den Mond von Hathor. Die Sonnenscheibe stammt von Re, denn in der osirischen Religion zwang Isis Re, seine Macht an sie abzutreten, die sie dann ihrem Sohn Horus übertrug. Das Auge Horus' trat an die Stelle des Auges von Re. In einem ägyptischen Text heißt es: »Im Anfang war Isis, die älteste der Alten.«
Die große Bedeutung der Isis hat zwei Ursachen. Die erste hängt mit dem Nil zusammen. Isis gehört astrologisch zum Sirius, der zum Zeitpunkt der jährlichen Überschwemmung am Himmel aufstieg. Isis und Osiris wurden mit dem lebensspendenden Wasser assoziiert, während Seth, der böse Bruder, die

lebensfeindliche Wüste symbolisierte. Auf der Karte sehen wir ihr Haar wie Wasser fallen, wobei unten Wellen angedeutet sind. Wie das Haar der Gaia beim Stern (XVII) enthält auch Isis' Haar die Farben des Regenbogens. Der zweite Faktor war die Rolle der Isis und ihrer Familie für das Leben nach dem Tode. Osiris wurde zum gütigen Herrn der Wiedergeburt, während Horus die Seelen auf ihrer Reise geleitete. Als Mutter und Ehefrau, als die Heldin der Schlacht gegen Seth repräsentierte Isis Liebe, Mut und Hingabe. Auf Bildern wird häufig dargestellt, wie sie ihrem Kind Horus die Brust gibt, eine Szene, die an die christlichen Darstellungen der Madonna mit dem Kind erinnert.
Isis wurde die Mutter der Pharaonen. Ihr Name Eset (Isis ist ein hellenistisch-griechischer Ausdruck) bedeutet »Sitz«. Auf dem Thron zu sitzen hieß buchstäblich, auf dem Schoß der Isis zu sitzen. Auf der Karte sehen wir eine abstrakte Darstellung eines Thrones über ihrem Haupt. Isis erscheint häufig geflügelt, wobei die Flügel meist ein kleines Pharaonenbild beschützen. Für die Ägypter war der Pharao die Autorität; die Macht des Landes lag jedoch in den Händen der Frau. Aus diesem Grund – und um dem mythologischen Vorbild nachzufolgen – heiratete der Pharao seine Schwester. Über Isis' drittem Auge sehen wir die Kobra, die königliche Schlange, die den König mit den spirituellen Kräften verbindet. Das Bild erinnert an Shiva/Shakti und die Kundalini-Schlange.
Das Band um Isis' Haar zeigt ein Türenmotiv. Im Totenkult wurden häufig bemalte Türen dargestellt. Da sie nicht real waren, konnten sie sich nicht öffnen; nur die Geister der Toten oder die Astralleiber der Initiierten konnten sie durchschreiten. In der okkulten Tradition entstand das Bild des Schleiers der Isis, der es dem Ungeweihten verwehrt, die Geheimnisse des Tempels zu schauen. Die Begründerin der Theosophischen Gesellschaft, Madame Blavatsky, gab ihrem Buch den Titel *Isis Unveiled (Die entschleierte Isis)*. Beim Haindl-Tarot verbindet das Bild der Tür Isis mit der Herrscherin (III) wie auch der Hohenpriesterin (II).
Im Gegensatz zu vielen anderen ägyptischen Gottheiten, die

verschiedene Tierköpfe trugen, wurde Isis stets in Menschengestalt dargestellt (wenn auch gelegentlich mit Flügeln). Dies gibt uns eine weitere Erklärung dafür, warum sich die Menschen ihr so nahe fühlten. Auf der Karte sehen wir ein naturalistisches Porträt der Göttin als junge Frau. Der Stil ähnelt den Skulpturen aus der Zeit der Fünften Dynastie. Um ihre Statuen realistischer zu machen, setzten die Bildhauer Glasaugen ein. Für die Wimpern und die Augenbrauen verwendeten sie Lapislazuli, einen Stein, von dem die Menschen glaubten, er stamme direkt von den Sternen ab.

Rechts sehen wir Hathor als schemenhafte Gestalt im Hintergrund. Sie ist älter als Isis und verschmolz im Neuen Reich teilweise mit dieser. Hathor wurde ursprünglich als Kuh dargestellt, denn die Menschen stellten sich den Himmel als große Kuh vor, aus deren Euter die Milchstraße strömte. Der Körper und die Hörner der Kuh verschwanden im Laufe der Zeit; nur die Kuhohren blieben erhalten. Hathor war die Göttin der Liebe, des Tanzes und der Ekstase. Sie repräsentierte aber auch die Maat, die Ordnung, in gewisser Weise das Gegenteil ihrer übrigen Eigenschaften. Weil Hathor die weibliche Macht verkörperte, wurden später viele ihrer Statuen verunstaltet, das Gesicht wurde häufig zerstört. Hermann Haindl hat sie unversehrt gemalt, um die Rückkehr der Göttin zu symbolisieren. Die Farben von Isis und Hathor sind Rot und Blau, Feuer und Wasser, Geist und Gefühl.

Bei Befragungen zeigt die Tochter der Schwerter einen kraftvollen Menschen an, selbstbewußt und dynamisch, der seine Kraft für ein hohes Ziel einsetzt. Er wird seiner Familie sehr zugetan sein. Isis erfüllt die traditionellen weiblichen Rollen der Ehefrau und Mutter. Sie ist aber weder passiv noch unselbständig. Sie braucht auch nicht die Bestätigung durch andere. Sie glaubt an sich selbst und ihre Ziele. Wie die Herrscherin (III) verbindet die Tochter der Schwerter Sexualität mit Mutterschaft und Hingabe.

Umgekehrt erleidet sie einen Verlust des Selbstbewußtseins. Sie beginnt an ihren Zielen oder an der Berechtigung ihres Tuns zu zweifeln. Die Tochter der Schwerter braucht ein Ziel, das ihrer

Kraft und ihrem Mut angemessen ist. Ohne ein solches Ziel kann sie depressiv oder unsicher werden.

Sohn der Schwerter – Osiris

Osiris war der Erstgeborene von Geb und Nut. Bei seiner Geburt rief ihn eine Stimme zum »Herrn des Universums« aus. Die Freude schlug in Klagerufe um, als Osiris' schreckliches Schicksal geweissagt wurde. Als Herrscher lehrte Osiris die Menschen die Kunst des Ackerbaus. Er war der Feind der Gewalt und verbreitete sein Gesetz durch Sanftmut und Unterweisung in der Welt. Sein Bruder Seth (der auf dem Schicksalsrad [X] häufig als die Schlange dargestellt ist, die sich auf dem Rad nach unten ringelt) wurde jedoch eifersüchtig und schmiedete ein Komplott. Bei den Feierlichkeiten für Osiris' Triumphe in der ganzen Welt brachte Seth eine Kiste und scherzte, daß sie derjenige bekäme, der genau hineinpassen würde. Als sich Osiris hineinlegte, nagelten die Verschwörer sie zu und ließen sie den Nil hinab ins Meer treiben. Die ägyptischen Sarkophage, die dem Körper des Pharaos angepaßt sind, sind eine Wiederholung von Osiris' Sarg.
Isis barg den Leichnam und brachte ihn zurück. Sie kopulierte mit ihrem toten Gemahl/Bruder (siehe Kali und Shiva) und empfing durch ihren Zauber Horus. Seth beschaffte sich aber den Leichnam von Osiris wieder und zerstückelte ihn in vierzehn Teile (die Hälfte der Zahl der Tage im Mondmonat). Isis suchte überall im Land und fand dreizehn der Teile (das Mondjahr hat dreizehn Monate); nur der Phallus fehlte, den ein Krebs verschlungen hatte. Isis setzte den Körper sorgfältig wieder zusammen und bildete einen Phallus aus Lehm oder Holz. Dann erfand sie mit Hilfe von Horus, Thoth und Anubis (des schakalköpfigen Gottes, der ebenfalls auf vielen Versionen des Schicksalsrads erscheint) die Einbalsamierung, die Osiris ewiges Leben verlieh. Nachdem Osiris durch den Tod hindurchgegangen und ins Leben zurückgekehrt war, zog er sich aus der Welt zurück, um über das Reich der Toten zu herrschen.

Sohn der Schwerter im Süden
Prinz der Schwerter

Christen werden hierin zweifellos viele Elemente des Lebenslaufs Christi wiedererkennen – der sanftmütige Lehrer, der verraten wird, wiederaufersteht und über die Seelen herrscht, die ihm über die Schwelle des Todes nachfolgen. Wenn wir an Details denken wie die Verkündigung seines Kommens durch drei weise Männer oder die Tatsache, daß die Ägypter Weizenfladen aßen, die man als Osiris' Fleisch betrachtete, dann wird uns klar, wie sehr die alte Osiris-Religion das Christentum beeinflußt hat. Die Historiker sagen, daß Osiris zunächst ein Gott der Vegetation war, die durch den Nil, der die Wüste überschwemmte, wieder zum Leben erweckt wurde. Später betrachteten ihn die Menschen bevorzugt als Garant des eigenen ewi-

gen Lebens nach dem Tode. Ein wesentlicher Unterschied zum
Christentum liegt darin, daß Osiris ebensosehr zur Natur wie
zur Menschheit gehört. Die drei weisen Männer sind Sterne im
Sternbild Orion. Der Gürtel des Orion weist in Richtung des
Sirius, der in einem Zusammenhang mit Osiris wie auch Isis
steht.
So wie Christus meist als Gekreuzigter oder Auferstandener
dargestellt wird, so erscheint Osiris meist, in weiße Tücher
gehüllt, als die erste Mumie. Hermann Haindls eigenes Bild
stammt von einem Grabgemälde in Deir el Medina, einem
Künstlerdorf. Mit dieser Karte ist Haindl ganz besonders verbunden, denn er konnte zunächst keine Osiris-Darstellung finden, die ihn wirklich inspirierte. In einer Broschüre entdeckte er
schließlich eine Darstellung des Gottes in Weiß mit einer mehrfarbigen Krone über einem türkisfarbenen Gesicht und mit
einem Auge auf jeder Seite. Als er das Bild in Deir el Medina
fand, fiel ihm plötzlich auf, daß die Könige und der Adel, die
sich als einzige ihre Gräber bemalen lassen konnten, hierfür
doch auf die Künstler angewiesen waren. Das Werk des Künstlers überlebt also das Werk der Könige. Das Bild, das er in der
Broschüre gesehen hatte, entstand 1292 v. Chr., vor über dreißig
Jahrhunderten!
Die Haindl-Version des Osiris von Deir el Medina ist von gelbem Licht umgeben. Die Farben in der Krone, Blau und Rot,
erinnern an Isis und Hathor. Türkis besteht auch aus Grün, der
Farbe des neuen Lebens, des Osiris als Vegetationsgott. Osiris
trägt das Symbol seines Herrschertums, Dreschflegel und
Krummstab. Wie Hathor ist Osiris eine Gestalt der Ordnung,
der Autorität wie auch des ewigen Lebens. Durch diese Symbole ist er in subtiler Weise mit dem Satz der Schwerter verbunden. Die beiden Symbole, die Osiris' Kopf einrahmen, bilden
die Rune Algiz, die auf der Karte des Teufels (XV) erscheint.
(Auf anderen Bildern ist Osiris mit über der Brust gekreuzten
Armen dargestellt, wiederum eine Version dieser Rune, wie
wenn Osiris und die Runen tatsächlich einem einzigen System
entstammten.) Manche Kommentatoren betrachten Algiz als die
Macht der menschlichen Intelligenz, die Grundqualität der

Schwerter. Da der Leib Nuts (Osiris' Mutter) die Rune für die Hohepriesterin (II) bildet, können wir die Hohepriesterin als die Mutter des Teufels beschreiben. Insofern der Teufel die Shakti-Energie symbolisiert und die Hohepriesterin deren Quelle, gewinnen wir aus dieser Beziehung einen neuen Tarot-Mythos. Wenn man will, könnte man hieraus die Geschichte der Göttin und ihres widerspenstigen Sohnes gestalten. Als Gestalt der Destruktion repräsentiert der Teufel Seth (beide werden als Schlange dargestellt). Auf einer symbolischen Ebene werden daher Seth und Osiris, die großen Feinde/Brüder, zu zwei Aspekten des gleichen Wesens.

Bei Befragungen symbolisiert Osiris einen sanften Menschen, der aber große Überzeugungskraft besitzt. Er ist außerordentlich intelligent und vielleicht in Mysterien eingeweiht oder zumindest sehr stark an esoterischen Dingen interessiert. Im Vergleich zu Re fordert er weder Zustimmung, noch argumentiert er aggressiv; er ist vielmehr jemand, der die Menschen einfach überzeugt, teilweise durch die Kraft seines Charakters. Er ist gutmütig und würde alles für die Menschen in seiner Umgebung tun. Gelegentlich aber ist er auch schwach oder naiv, weshalb ihn andere ausnutzen können. Er braucht vielleicht die Unterstützung anderer Menschen – seiner Isis –, um mit Zorn oder Aggression zurechtzukommen.

Die Umkehrung bringt die Schwäche zum Vorschein, aber auch die Möglichkeit der Verderbnis. Er kann sich in seinen bösen Schatten, seinen Bruder Seth, verwandeln. Dies mag beispielsweise dann eintreten, wenn er in einer Machtposition steht.

Das Symbol des Dreschflegels, der Peitsche, bekommt ein Übergewicht gegenüber anderen Aspekten der Karte.

Steine – Amerika

Wenn von den Machtblöcken der Welt die Rede ist, bezeichnet man mit dem Ausdruck »der Westen« die europäische Kultur und ihre Ableger in Amerika, Australien, Neuseeland und anderswo. Daß wir dies tun, hat seinen Ursprung möglicherweise im alten Griechenland, wo der Gedanke Europas als einer gegenüber Kleinasien selbständigen kulturellen Einheit zuerst entstand. Als sich die Europäer mehr mit Indien, China und Japan auseinandersetzten, teilten sie die Menschheit wiederum in West und Ost ein. Heute betrifft diese Gliederung mehr Europa allein, wobei der Westen die kapitalistischen Länder und der Osten die Länder hinter dem Eisernen Vorhang sind. Die Welt besteht jedoch nicht nur aus Europa, und selbst wenn wir ein imaginäres Zentrum irgendwo im Mittelmeergebiet annehmen (dem Zentrum der Welt im alten Europa), kann der Westen nur Amerika sein.

Mit dem Satz der Steine kommen wir zu dem Volk, das Hermann Haindls spirituelle Entwicklung wie kein anderes beeinflußt hat. Wie viele Europäer glaubte Haindl, der Geist sei dasjenige, was die Kirche darüber lehrte. Dies ist ein interessanter, sogar ein wichtiger Gedanke, der aber vom täglichen Leben weit entfernt ist. »Vater unser im Himmel« bedeutet für viele Menschen, daß der Geist irgendwo weit weg ist. Von den Indianern erfuhr Haindl, daß uns der Große Geist zeigt, wie man leben soll und kann. Geister sind real; sie leben mit uns. Er glaubt, daß die heutigen Menschen sehr viel von den Indianern lernen können. Als wichtigste Lehre könnten wir den Realismus nennen, denn durch ihn lernen wir, die heilige Realität zu akzeptieren, die in der Erde lebt, die sich im Himmel und im Wasser zeigt, die zu uns in den Feuern des Lebens spricht.

Der Ausdruck »Indianer« ist im Grunde ebenso schlecht wie »amerikanische Eingeborene«. Zunächst einmal stammen diese beiden Bezeichnungen aus Europa. Sie tragen dazu bei, das verzerrte Bild aufrechtzuerhalten, das sich die Europäer in den fünfhundert Jahren seit Kolumbus gemacht haben. Zu diesem

Bild gehört die Vorstellung des »edlen Wilden« und des »blutdürstigen Wilden«. Wie Stammesgesellschaften in anderen Ländern auch, haben die Völker Amerikas eine hochentwickelte Kultur mit komplexen Ideen und Philosophien aufgebaut. Man kann die Sprache als Beispiel anführen. In Büchern und Filmen reden Indianer meist etwa so: »Ich dir geben Wampum.« Oder: »Was sagen großer weißer Vater?« Die meisten Weißen kommen dabei nicht auf den Gedanken, daß die Indianer in aller Regel besser Englisch sprechen als die Weißen die Sprache der Lakota oder Cherokee. Die Sprache der Hopi ist philosophisch so differenziert, daß man mit ihr die Quantentheorie beschreiben kann, was viele europäische Physiker für unmöglich halten. Linguisten nennen die Zeichensprache der Prärieindianer, die für die Kommunikation zwischen unterschiedlichen Kulturen entwickelt wurde, die einzige Universalsprache der Welt, mit der Menschen verschiedener Nationen abstrakte Diskussionen führen können. Und was die »Blutdürstigkeit« betrifft – bei einigen, längst nicht allen indianischen Kulturen stand der Krieger im höchsten Ansehen, jedoch häufig mehr wegen seines Mutes als wegen seiner Gewalttätigkeit. Bei manchen Stämmen zählte es mehr, seinen Feind zu berühren, als ihn zu töten. Manche Völkerkundler sagen, daß die meisten Indianerstämme den Frieden höher schätzten als den Krieg.

Die Bezeichnungen »Indianer« und »amerikanische Eingeborene« sind auch deshalb irreführend, weil sie den Eindruck erwecken, als gäbe es eine einzige indianische Kultur in beiden Amerikas. Wie aber Europa aus vielen Völkern und Sprachen besteht, so gibt es auch in Amerika viele Nationen, von den Irokesen bis zu den Azteken, von den Inuit bis zu den Lakota. Wie bei den europäischen Kulturen, so findet man auch bei den Indianern bestimmte gemeinsame Merkmale. Einige dieser Merkmale haben wir bereits erwähnt, etwa die Ehrfurcht vor der Erde, die Erkenntnis des Geistes im alltäglichen Leben. Wir sollten aber auch die Unterschiede sehen. Als ein Beispiel für Einheit in der Vielfalt sei angeführt, daß viele Indianervölker die Welt auf der Grundlage der Himmelsrichtungen in vier Viertel einteilen. Jeder Richtung ordnen sie eine Farbe zu. Die unterschiedlichen Kulturen benutzen jedoch unterschiedliche Farben. Der Gedanke ist der gleiche, aber die Details sind anders. Bei den Haindl-Hofkarten für den Westen sehen wir unterschiedliche Traditionen, von der Spider Woman der Hopi als Mutter bis zum Chief Seattle als Sohn. Sie zeigen auch die Gemeinsamkeiten zwischen den Völkern. Seattle trägt eine Adlerfeder, wodurch er in einem Zusammenhang mit der Lakota-Tochter mit ihrer Federpfeife steht (es ist hier anzumerken, daß die Karten nur Nordamerika zeigen, denn Hermann Haindl legte ihnen seine eigenen Erfahrungen zugrunde, und er hat Südamerika nicht besucht).

Die Bilder auf den Karten stammen nicht von vorhandenen Gemälden wie etwa diejenigen der Stäbe oder Schwerter. Haindl hat hier unter Bezugnahme auf die traditionellen Symbole der verschiedenen Stämme seine eigenen Bilder geschaffen. Dies sehen wir exemplarisch bei der Tochter mit ihrer heiligen Pfeife und den drei Büffeln. Dieses Thema gehört zur Religion der Lakota.

Weiße Amerikaner betrachten die Indianer gern als Geschichte. Diejenigen, die den Indianern feindlich gegenüberstehen, sprechen heroisch von der »Eroberung des Westens«. Weiße, die den Indianern mehr Sympathie entgegenbringen, nennen es eine furchtbare Tragödie, daß so edle Völker verschwunden sind. Die Indianer sind aber nicht völlig vernichtet worden. Natürlich wurden viele einzelne Stämme ausgelöscht, von einer Bevölkerung zwischen 25 und 40 Millionen vor der Eroberung (diese Zahlen stammen aus Paula Gunn Allens Buch »The Sacred Hoop«) ist heute nur mehr knapp eine Million vorhanden, die alten Traditionen leben aber wieder auf – und mit ihnen die Kraft des Volkes.

Wenn wir uns vor Augen halten, daß die Erde der letzte Satz und der Sohn die letzte Karte ist, dann »endet« das Spiel mit Chief Seattle. Der Weg führt also von der spirituellen Abstraktion des Narren zu einer historischen Gestalt. Diese beiden Karten sind aber benachbarte Punkte in einem großen Kreis: Beim Narren muß Parzival lernen, das verwundete Land wiederherzustellen. Er muß Weisheit lernen, die durch das Sprechenlernen symbolisiert wird. Als ein Mann der Weisheit wandte sich Seattle an die Vereinigten Staaten. Er *sprach* für die Erde und alle ihre Völker.

Mutter der Steine – Spider Woman

Welch ein wunderbares Bild haben wir hier vor uns: das Gelassenheit und Ruhe ausstrahlende Gesicht der Mutter, von dem das Labyrinth ihrer Gedanken ausgeht. Durch dieses Labyrinth ist die amerikanische Spider Woman in subtiler Weise mit ihrer griechischen Schwester Ariadne verbunden, die Theseus ihren Faden gab, so daß er in die Außenwelt zurückfinden konnte, nachdem er den Minotauros erschlagen hatte.
Viele Kulturen haben Spinnen mit der Göttin gleichgesetzt. Dies besagt nichts anderes, als daß Weben allgemein den Frauen zugeordnet wird, häufig als heiliges Mysterium. Wie die Spinne ein Netz webt, ein elegantes Muster, so schafft die Göttin das Netz der komplizierten und wunderbaren Muster der physischen Welt. Die Spinnen und das Weben waren auch das Modell für die skandinavischen Nornen und die griechischen Parzen, jeweils drei Schwestern, die den Lebensfaden eines Menschen weben und ihn im rechten Augenblick durchschneiden. Die Herstellung von Tuch aus Pflanzen ist ein heiliger Akt, denn sie transformiert ein Gebilde in ein anderes. Sie führt auf eine höhere Organisationsstufe und gibt dem Dasein Sinn, symbolisiert ein Grundelement der menschlichen Kultur, die aus den Rohstoffen der Natur Dinge schafft, die es zuvor nicht gab. Weil die Spinnen ihre Netze aus ihrem eigenen Körper schaffen, sind sie ein Bild der Göttin, die das Universum aus ihrer eigenen Existenz schafft.
Hermann Haindl hat seine Impressionen der Spider Woman nach den Schöpfungsberichten der Hopi gemalt. Spider Woman erscheint darüber hinaus in anderen amerikanischen Kulturen als zentrale Gestalt, so wie auch der Gedanke eines »Großen Geistes« oder »Großvaters« bei verschiedenen Völkern vorhanden ist. Viele Indianerstämme unterscheiden zwischen einer

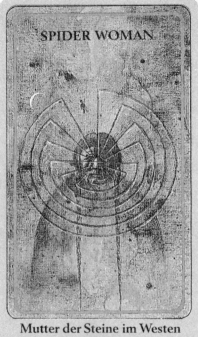

Mutter der Steine im Westen
Königin der Scheiben

göttlichen »Mutter« und einer »Großmutter«. Die Großmutter ist die letzte Quelle, das Potential für alle Dinge. Die Mutter ist der Geist, der die Welt schuf. Im Zusammenhang mit dem Tarot könnte man die Hohepriesterin (II) als die Großmutter und die Herrscherin (III) als die Mutter bezeichnen. Das Bild der Spider Woman erinnert uns an beide Karten. Sie steht sehr fest und wirklich wie die Herrscherin, wobei ihre langen Zöpfe an die Pforten der Hohenpriesterin bei traditionellen Tarot-Spielen erinnern.

Die Inspiration für dieses Bild geht zum Teil auf eine Hopi-Prophezeiung über das Schicksal der Erde zurück. Einige der Gedanken dieser Prophezeiung haben auch Karten wie das

Aeon (XX) beeinflußt. Wie für viele Völker in Amerika und anderswo hat auch für die Hopi die Schöpfung mehrere Stufen. Sie sagen, daß die Menschen durch sieben Welten hindurchgehen, die auf der Karte als die sieben Schichten des Labyrinths dargestellt sind. Alle bisherigen Versionen der Schöpfung sind gescheitert, weil es die Menschen nicht verstanden haben, sie zu erhalten. Unserer heutigen Welt droht nun das gleiche Schicksal.
Der Zusammenbruch der früheren Welten hing mit der Unvollkommenheit ihrer Bewohner zusammen. Die Welt, in der wir heute leben, ist aus den früheren hervorgegangen. In manchen Versionen des zentralen Mythos beginnen die Menschen im Mittelpunkt der Erde und müssen einem Führer folgen, der sie durch mehrere Schichten an die Oberfläche bringt. Dies erinnert an den Gedanken, den wir beim Eremiten (IX) und dem Mond (XVIII) geäußert haben, daß wir im Inneren der Erde leben und noch nicht wirklich nach außen gelangt sind.
In der auf der ganzen Welt anzutreffenden Auffassung, die Schöpfung erfolge in Stufen, äußert sich der Gedanke, daß etwas so Komplexes wie das Universum nicht als »Fertiges« begonnen haben kann. Es mußte mehrere Entwicklungsebenen durchlaufen. Für viele Indianer sind nicht nur die Menschen, sondern auch die Tiere für diese Evolution wichtig. In manchen Erzählungen muß ein Vogel oder ein Fisch einen Schlammklumpen aus den Wassern heraufholen. Aus diesem Klumpen entsteht die Erde. Hier tauchen viele Themen wieder auf, die wir bereits bei den Großen Arkana angesprochen haben – Entwicklung als physischer wie spiritueller Prozeß, die Entwicklung als unvollendeter Prozeß, die Verantwortung der Menschen für ihren Fortgang.
Auf dem Bild der Spider Woman sehen wir eine Gestalt, die so archaisch ist wie Gaia beim Stern (XVII). Sie steht unbeweglich vor einem Hintergrund, auf dem sich Erde und Himmel zu vereinigen scheinen. Sie ist gleichzeitig zugänglicher, uns näher als Gaia. Wir sehen ihr Gesicht, es ist dasjenige einer alten Frau. Der Gebrauch der Bezeichnung »Großmutter« zeigt enge Vertrautheit mit der Welt des Geistigen an.
Hermann Haindl sagte, daß er sich für das Labyrinth von Hopi-

Schmuck inspirieren ließ, für den nur Silber und abstrakte Muster verwendet werden. Hieraus ergeben sich interessante Fragen, denn das Muster entspricht dem berühmten kretischen Labyrinth. Wenn man es, von der Stelle ausgehend, an der der Mensch den Irrgarten betritt, mit dem Finger nachfährt, gelangt man zuerst auf die dritte Ebene, dann zu den ersten Ebenen, von wo aus man schließlich zur Mitte vordringt. Auch dies drückt wieder eine spiralförmig verlaufende Entwicklung (und die Windungen einer Schlange) aus. Wir springen nach vorn, um dann wieder zurückzufallen und langsam zur Wahrheit fortzuschreiten.

In gewisser Weise repräsentiert die kleine Gestalt die Schöpfung, die innerhalb der Göttin, in der Mitte, beginnt und sich durch die verschiedenen Stufen zum Äußeren hindurcharbeitet. Man könnte aber auch sagen, daß die Seele das Labyrinth betritt, wie der Narr (0) in die Großen Arkana eintritt (um drei mal sieben Stufen zu durchlaufen). Können wir zum Heiligen zurückkehren, ohne unsere individuelle Existenz aufzugeben? Können wir uns mit der Großmutter verbinden und trotzdem wir selbst bleiben? Diese Frage gewinnt immer mehr an Bedeutung, je mehr Menschen nach einer neuen/alten Existenzform suchen. Eine einfache Antwort hierauf gibt es nicht. Wir sollten uns jedoch darüber im klaren sein, daß im Inneren dieses Labyrinths kein Ungeheuer lauert, kein gefräßiges Untier aus dem Unbewußten, das die bewußte Persönlichkeit zerstören möchte. Wir finden vielmehr nur das gelassene Gesicht der Schöpferin.

Bei Befragungen bezeichnet diese Karte einen heiteren, möglicherweise älteren Menschen, der sehr in sich selbst ruht. Die Mutter der Steine kann sehr liebevoll sein, insbesondere ihren Kindern gegenüber, doch drängt sie sich nicht auf und verlangt keineswegs, daß sie ihr ständig ihre Liebe bezeigen. Sie kann gelegentlich etwas unerreichbar erscheinen, aber dies liegt an ihrem eigenen Selbstvertrauen und daran, daß sie die Bestätigung durch andere nicht braucht. Sie ist nicht hektisch aktiv und scheint sich sehr langsam zu bewegen. Ihr Interesse gilt mehr der Natur, nicht dem Besitz.

Natürlich ist diese Beschreibung idealistisch. Es wird nicht viele Menschen geben, denen all diese Eigenschaften zukommen. Die Karte steht vielleicht mehr für ein Prinzip als für eine Person. Sie kann anzeigen, daß ein Mensch diese Eigenschaften zu einem bestimmten Zeitpunkt oder in bezug auf andere erlebt.
Die Umkehrung zeigt einen Menschen, dem es schwerfällt, gelassen zu sein und das Leben zu schätzen. Es fehlt ihm vielleicht das Selbstvertrauen, oder er hat das Gefühl, er habe seine Mitte verloren. Die Umkehrung drückt aus, daß man irgendwie nicht in sich selbst ruht, wie wenn man außerhalb des Labyrinths stünde. Der Betreffende sollte es dann vielleicht meiden, sich immer neuen Dingen zuzuwenden oder Erfüllung nur in Beziehungen zu suchen, und statt dessen alles etwas ruhiger angehen lassen, um einen Weg zurück durch die Schichten der Verwirrung zu finden. Umgekehrt wie aufrecht hat die Karte eine tiefe Bedeutung, wie man es sonst nur bei den Großen Arkana findet.

Vater der Steine – Old Man

Bei der vorigen Karte erwähnten wir die Anschauung, daß verschiedene Tiere am Prozeß der Schöpfung mitgewirkt haben. In manchen Schöpfungsberichten sagt der Erschaffer etwa folgendes: Ich habe das Meinige getan; seht ihr zu, wie es weitergeht. Diese Auffassung bringt es mit sich, daß die Menschen sich nicht als nutzlos oder unbedeutend betrachten müssen. Sie halten sich aber auch nicht für die Herren der Schöpfung, denen alles andere Leben untertan ist. Die Hierarchie löst sich in nichts auf, wenn wir zu der Einsicht gelangen, daß das »vierbeinige Volk« und das Volk der Luft und des Wassers mit den Zweibeinern gemeinsam an der Schöpfung der Welt arbeiten. Wir sehen auf diesem Bild nicht nur die Fußspuren Gottes, sondern auch diejenigen der Tiere und Vögel und der Menschen. Manchen Menschen wird die Bezeichnung »Bigfoot« im Zusammenhang mit einem Fabelwesen geläufig sein, das, halb Tier, halb Mensch, in den Bergen Nordamerikas hausen soll,

Vater der Steine im Westen
Ritter der Scheiben

ähnlich dem Yeti des Himalaja. In unserem Zusammenhang verweist der Name auf den Gedanken, daß wir Gott niemals direkt, sondern nur an seinen »Fußspuren« erkennen können, die seine Anwesenheit in der Welt belegen. Dieser Gedanke erinnert an die Bibelpassage, in der Moses Gott nur von hinten und nicht von vorn sehen kann. Ein anderer Name für diesen Vater ist Old Man.

Der gleiche Indianer, der Hermann Haindl empfahl, Brigid als Tochter des Nordens zu nehmen, erzählte ihm von Bigfoot. Nach seinem Bericht ist es gefährlich, ein Bild des Old Man zu zeichnen oder direkt von ihm zu sprechen. Deshalb, sagte er, werden nur seine Fußabdrücke dargestellt. Für Haindl liegt das

Problem nicht so sehr darin, daß es verboten ist, den Großvater zu malen: Es ist schlicht unmöglich.

In den Höhlen von Altamira in Spanien sieht man Darstellungen von Hand- und Fußabdrücken. Beim Vater der Stäbe sehen wir ebenfalls einen göttlichen Fußabdruck. In Indien gibt es häufig Darstellungen, die den Fußabdruck Shivas symbolisieren.

Auf der Karte sehen wir verschiedene Tierfährten, aber auch die dunklen Abdrücke eines Geistwesens. Sie gehen in der Welt ebenfalls an unserer Seite. Für die Menschen sehen wir statt der Füße Hände. Unser Einfluß auf die Welt liegt mehr in dem, was wir tun, als in dem, wohin wir gehen. Hermann Haindl hat dunkle und helle Hände gemalt. Er tat dies ohne bestimmte Absicht, doch können wir sagen, daß dies eine Polarität symbolisiert. Die Abdrücke erscheinen in Stein, nicht in Erde. Sie werden von Dauer sein. (In der Kuppel des Felsendoms in Jerusalem gibt es einen Abdruck in Stein, den Mohammeds Pferd hinterlassen haben soll, als es mit ihm in das Paradies sprang.)

Der Old Man ist ein helfender Geist für die Erde, der sich um die Pflanzen und Tiere kümmert. Hermann Haindl nennt ihn nicht Großvater, sondern Vater. Gleichzeitig vergleicht er ihn auch mit dem Großen Geist (Wakan Tanka) der Lakota. Erika Haindl sagte, daß die Indianer nicht gern direkt über Bigfoot sprechen, sich aber manchmal mit Außenstehenden scherzhaft über ihn äußern. Ähnlich wie die intime Vertrautheit bei der »Großmutter« sind diese Scherze keine Respektlosigkeit. Auf der Karte sehen wir, daß gelbes und oranges Licht die Fußspuren umgibt. Durch die Anwesenheit des Old Man bleibt die Welt mit Geist erfüllt.

Als wir diese Karte besprachen, fragte ich Hermann Haindl, wie er sie bei einer Befragung deuten würde. Er beschrieb sie mir als schöpferische Energie und als das grundlegende männliche Prinzip. Dadurch wird sie zu einer archaischen Form des Magiers (I). Man kann es auch so sehen, daß der Magier die Energie des Old Man bündelt. Als Person würde der Vater der Steine jemanden bezeichnen, der sehr seiner Familie, seiner

Umgebung, aber auch der Natur zugetan ist. Er arbeitet hart, sehr wahrscheinlich erfolgreich. Gleichzeitig kann es schwierig sein, an ihn heranzukommen oder seine innersten Regungen zu durchschauen. Er drückt seine Liebe mehr durch Handeln als durch direkte Wärme aus.

Die Umkehrung könnte eine Übersteigerung dieser letzten Eigenschaft anzeigen. Die Menschen halten ihn für kalt und lieblos. Die Umkehrung mag aber auch darauf hinweisen, daß es Hindernisse gibt, die ihn nicht das erreichen lassen, was er anstrebt. Es fehlt ihm ein Erfolgserlebnis. Etwas erreicht zu haben ist für eine solche Person sehr wichtig, jedoch weniger aus Statusgründen als deshalb, weil er gut für seine Familie sorgen möchte. Wenn er dies nicht tun kann – oder seine Hilfe zurückgewiesen wird –, wird sein Glaube an sich selbst erschüttert. Schließlich kann die Umkehrung auch noch bedeuten, daß den Betreffenden das Leid in der Welt um ihn quält. Er möchte, daß er mehr tun könnte.

Tochter der Steine – White Buffalo Woman

Diese Karte drückt einen zentralen Mythos der Lakota aus. In seiner berühmten Vision sagt Black Elk, wie zwei jungen Männern bei der Jagd eine schöne Frau begegnet. Einer von ihnen wollte auf der Stelle von ihr Besitz ergreifen, jedoch erkannte der andere sie als »wakan«, als heilig. Sie war der Geist der Cow Buffalo (wiederum die heilige Kuh, das Tier, das bei allen vier Himmelsrichtungen auftaucht). Als der junge Mann sie in die heilige Hütte der Gemeinschaft geleitet hatte, sagte sie den Menschen, daß sie gekommen war, um sie in den Ritualen zu unterweisen.

Die Pfeife verkörpert den Kosmos: männlich und weiblich (der Pfeifenkopf und das Rohr), Stein und Holz, die Pflanzen der Erde und das Feuer, das sie transformiert. Das Pfeifenrohr kommt von der Erde, das Holzrohr repräsentiert alle Pflanzen, während der Büffelkopf das ganze vierbeinige Volk, die Adlerfeder die Vögel symbolisiert. Die zwölf Federn repräsentieren

Tochter der Steine im Westen
Prinzessin der Scheiben

die zwölf Monate des Jahres. Wer die Pfeife raucht, wird mit der Welt verbunden (obwohl wir auf dem Bild kein Wasser sehen). Wenn der Rauch durch das Loch oben im Zelt abzieht, kann die Seele seinem Weg in das Land der Geister folgen.
Als die Frau den Stammesführern die Pfeife gegeben hatte, ging sie aus der Hütte hinaus. Nach einer Weile setzte sie sich, und als sie sich wieder erhob, war sie zu einem rotbraunen Büffelkalb geworden. Das Kalb ging einige Schritte, legte sich hin und wälzte sich; als es sich erhob, war es zu einem weißen Büffel geworden. Einen Augenblick später wälzte sich der weiße Büffel über die Erde und wurde schwarz. Wir sehen diese drei Transformationen auf der Karte. Der schwarze Büffel verneigte

sich in die vier Himmelsrichtungen, schritt über den Hügel und verschwand.

Wie bei den anderen Karten dieses Satzes sehen wir einen Felsenhintergrund. Ein goldenes Licht umgibt das Haupt der Tochter der Steine, was die heilige Energie symbolisiert. Wir sehen eine Frau, die sich nicht schminkt oder ein aufgesetztes Lächeln zeigt. Sie strahlt eine natürliche Schönheit aus. Als Brave Buffalo Hermann und Erika Haindl vom Sonnentanz berichtete, wies er mit Nachdruck darauf hin, wie wenig die Menschen der Erde zum Leben bräuchten. Statt gewaltiger Budgets für Kirchen und aufgeblähte Bürokratien bräuchten sie nur einfache Hütten als Unterkunft und einige kleine Bäume, dazu Steine und Pflanzen für die Schweißzeremonie. Das indische und das indianische Volk, die praktisch den gleichen Namen haben, symbolisieren im Haindl-Tarot als Ost und West zwei Pole. Während Indien die Eleganz der Kultur repräsentiert, wie sie durch Radha exemplarisch dargestellt ist, zeigt Amerika hier die Einfachheit der Natur.

Bei Befragungen deutet diese Karte eine Person an, die bereit ist, Verantwortung für etwas Größeres, nicht nur für sich selbst zu übernehmen. Sie bemüht sich, den Menschen in ihrer Umgebung zu helfen. Sie zeigt ihnen vielleicht, wie sie sich selbst helfen können. Sie ist von großer Liebe und großem Mut, aber auch Hingabe erfüllt. Zu ihren Vorzügen gehört ein scharfer Verstand, denn sie versteht, was die Dinge bedeuten, und kann es anderen erklären. Als Führer kann sie andere zum Handeln inspirieren. Ihre Schönheit kommt von innen. Sie ist nicht unbedingt weltgewandt, und sie fühlt sich vielleicht in Situationen unbehaglich, in denen Eleganz, Schlagfertigkeit oder gepflegtes Äußeres wichtig sind. Sie interessiert sich mehr für die Natur als für die Kunst. Wie bei den anderen Karten ist dieses Bild idealistisch. Die Tochter der Steine steht eher für einen Aspekt eines Menschen oder eine Phase in seinem Leben.

Die Umkehrung kann auf eine Person hinweisen, die andere inspirieren möchte, jedoch hiermit Schwierigkeiten hat. Sie würde gern helfen, weiß jedoch nicht, wie sie ihre Gedanken oder Gefühle mitteilen soll. Die umgekehrte Karte kann auch eine schlichte Person in einer künstlichen Umgebung zeigen. Sie hat das Gefühl, am falschen Platz und unter den falschen Menschen zu sein.

Sohn der Steine – Chief Seattle

Der Sohn des Westens ist die einzige Hofkarte (und eine der ganz wenigen in Tarot-Spielen überhaupt), die eine historische Person zeigt. Es ist Chief Seattle, einer der letzten Anführer des Volkes, das an der Nordwestküste Amerikas lebte. Diese Menschen führten ein friedliches Leben und nährten sich weitgehend vom Fischfang und der Jagd auf den Orka oder Schwertwal. Auf der Karte sehen wir eine Darstellung eines Schwertwals über dem Häuptling. Die starke Stilisierung des Fisches zeigt, daß Seattles Volk den Schwertwal als heiliges Tier ansah, wie es der Büffel für die Prärieindianer war. In der ganzen Welt haben Stammesvölker eine spirituelle Beziehung zu ihren Beutetieren entwickelt. Wie die Höhlenmalereien zeigen, reicht diese Art von Beziehung Zehntausende von Jahren zurück.
Als die Weißen mit ihren Schiffen kamen und in der Bucht der heutigen Stadt Seattle vor Anker gingen, ruderte ihnen der Häuptling entgegen, um sie zu begrüßen. Die Weißen waren damals nicht mehr unbekannt. Leute, die wußten, was die Europäer an anderen Orten getan hatten, rieten Seattle, entweder gegen sie in den Kampf zu ziehen oder zu fliehen. Die Bucht war jedoch heilig, der Ort des jährlichen »Potlach«, anläßlich dessen die Menschen ihre kostbaren Besitztümer brachten, um sie anderen zu schenken (mit dem amerikanischen Ausdruck »pot luck« wird ein Essen bezeichnet, zu dem jeder ein Gericht mitbringt). Seattle war ein friedlicher Mann. Möglicherweise wollte er nicht ein Spiegelbild seiner Feinde werden. Er begrüßte die Weißen und lud sie ein, mit ihm das Land und den heiligen Fisch zu teilen, den Gott ihnen gegeben hatte. Heute sind von Chief Seattles Volk nur mehr zersplitterte Gruppen vorhanden. Die Wale, alle Wale, stehen kurz vor der Ausrottung.

Sohn der Steine im Westen
Prinz der Scheiben

Die Bucht und das angrenzende Gebiet bleiben heilig. Auch wenn die Luft hier so verschmutzt ist wie an kaum einem anderen Ort der Vereinigten Staaten, bleibt die Macht in der Erde.
Vor seinem Tod, als es nur zu deutlich geworden war, was die Weißen mit seinem Volk und seinem Land vorhatten, wandte sich Seattle mit einer Rede, in der es um die Rechte der Indianer ging, an den Präsidenten der Vereinigten Staaten. Er sprach nicht einfach über die politischen Rechte, sondern über die Erde. Die Rede war ein Gebet; für traditionelle Völker sind Politik und das Heilige untrennbar. Auch heute beten die Indianer, bevor sie eine Rede halten. In der indianischen Bewegung, die das Land zurückfordert und die Traditionen wiederbeleben

will, sind Religion und politische Freiheit wieder eine Einheit geworden. Der ursprüngliche Text von Seattles Rede ist nicht mehr vorhanden. Wir besitzen nur ein späteres Exemplar, in dem seine Botschaft enthalten ist. Trotzdem bekommt diese Botschaft, die einst vergessen war, für uns immer größere Bedeutung.

Seattles Gesicht auf der Karte scheint Teil des Landes selbst geworden zu sein. Das Gesicht ist kantig, das Haar geht in den Fels über. Hermann Haindl hat ihn mit einer Adlerfeder dargestellt, einem Symbol der Prärieindianer: Seattle sprach nicht nur für sein eigenes Volk. Eine Art Blitz zuckt vom Wal auf die Feder und den Scheitel des Hauptes nieder. Das Licht zeigt das Band zwischen Mensch und Tier an. Ein goldenes Licht leuchtet um den Schwertwal, das gleiche Licht, das um Buffalo Woman leuchtete. Man mag sich vielleicht fragen, warum Haindl für den Sohn einen Mann gewählt hat, der als Vater seines Volkes auftrat. Die Vorstellung des Sohnes ist heilig. Er läßt die Eigenschaften des Satzes zu Taten werden. Er ist ein Sohn des Geistes.

Die Hofkarten des Haindl-Tarot ergänzen einander. Sie zeigen unterschiedliche Möglichkeiten, sich in der Welt zurechtzufinden. Bei der Besprechung dieser Karte sagte Haindl, daß die indianische und ägyptische Kultur sehr alt sind, aber auch sehr unterschiedlich. Der Pharao trägt einen Dreschflegel, der verschiedenes symbolisieren kann, in erster Linie jedoch dazu dient, sein Volk zum Gehorsam zu zwingen. Wenn wir den Sohn der Erde neben den Sohn des Feuers legen, haben wir auch den Gegensatz zwischen einem Führer und einer Gestalt vor uns, die die Welt und ihre eigenen Gaben zu genießen versteht. Der frappierendste Gegensatz ergibt sich, wenn wir den Sohn des Westens dem Sohn des Nordens gegenüberstellen. Parzival zeigt sich entsetzt, als er entdeckt, was sein Volk der Welt angetan hat. Er steht vor der schweren Herausforderung, daß er selbst für einen Wandel verantwortlich ist. Seattle blickt uns mit Gelassenheit und Vertrauen an. Er weiß, wie er mit der Erde verbunden ist, und er glaubt an sein Volk.

Seattle und sein Volk haben das schrecklichste Schicksal erlitten, das man sich denken kann: ihr Land enteignet (und mißbraucht), ihre Kultur zerrissen, ihre Nation am Rande der Auslöschung. Und doch ist das indianische Amerika insgesamt nicht verschwunden. Wir sehen heute nicht nur eine Wiederkehr ihrer traditionellen Lebensweise und ihres überlieferten Wissens, sondern stellen auch fest, daß ihre Wahrheiten allmählich auf die Eindringlinge zu wirken beginnen, die versucht haben, sie auszulöschen. Inmitten ihrer hoffnungslosen Situation haben die Indianer heute erkannt, daß ihr Volk seit Zehntausenden von Jahren in Amerika lebt. Was auch immer die europäische Kultur in den vergangenen vierhundert Jahren angerichtet hat, das Land bleibt. Und solange das Land lebt, lebt auch das Volk.

Bei Befragungen kommt bei dieser politischsten der Hofkarten der Gedanke der Verantwortlichkeit zum Tragen. Sie fordert uns auf, in der Gesellschaft tätig zu sein, im Interesse einer positiven Veränderung aktiv zu sein. Haindl zufolge sagen die Indianer, daß ein Mensch in der Welt tun und lassen kann, was er will – solange er nur die Bedürfnisse der nächsten sieben Generationen im Auge behält. Der Sohn der Steine fordert uns auf, das Handeln mit moralischen Werten zu verbinden. Wir müssen die Erde und die Menschen in unserer Umgebung respektieren.

Vor einiger Zeit führte die Ministerpräsidentin Norwegens den Vorsitz über eine UN-Kommission für Umweltfragen. In ihrem Bericht heißt es, daß Umweltschutz und wirtschaftliche Entwicklung Hand in Hand gehen müssen, insbesondere bei den ärmeren Ländern. Kurz nach dem Erscheinen des Berichts stellte sich die Ministerpräsidentin im Rundfunk Hörerfragen. Immer wieder wollten Anrufer aus der ganzen Welt sie zu dem Eingeständnis bewegen, daß die Situation hoffnungslos sei, daß man den Kräften, die heute die Natur zerstören, nichts entgegensetzen könne. Sie antwortete ihnen, man könne mit Verzweiflung nichts, mit Handeln sehr wohl etwas bewegen. Mit ihrem Vertrauen und Engagement ist sie ein modernes Beispiel für den Sohn der Steine.

Bei der Umkehrung beginnt das Vertrauen des Sohnes der Steine zu wanken. Er hört auf diejenigen, die ihm zur Aufgabe raten, oder auf diejenigen, die sagen, er solle nur mehr an sich selbst denken. Er versucht vielleicht, egoistisch zu handeln. Er wird sich jedoch dabei nicht wohl fühlen. Auf den ersten Blick mag es ihm als Erleichterung erscheinen, nur das zu tun, was er selbst will. An einem bestimmten Punkt überkommt ihn jedoch das Gefühl der Verlorenheit. Er zweifelt an sich selbst oder fühlt sich ohne Verbindung zu anderen Menschen und der Welt um ihn. Aufrecht wie umgekehrt verlangt der Sohn der Erde von uns vor allem eines: Handeln aus der Achtung für die Erde und alle ihre Kinder.

BEFRAGUNGEN

Stellen Sie sich den Tarot als ein ganz besonderes Buch vor, das jedesmal einen neuen Inhalt hat, sooft Sie es zur Hand nehmen. Indem Sie die Karten mischen und auslegen, schaffen Sie eine neue Ordnung und daher neue Beziehungen zwischen den Karten. Dies erweitert den Bedeutungsgehalt der einzelnen Karten und daher des ganzen Spiels. Wir können den Tarot nicht nur studieren; wir können ihn als Werkzeug zur Selbsterkenntnis, aber auch zum Erkennen der Welt benutzen.
Früher hoffte man, durch Tarot-Befragungen klare Antworten auf direkte Fragen zu erhalten: Werde ich die Stelle bekommen? Werde ich das Mädchen bekommen? Heute sehen wir Befragungen eher als einen komplexen Spiegel unserer selbst. Eine Frage zu einer Beziehung kann dem Betreffenden seine innere Einstellung zu Partnern oder zur Sexualität zeigen. Sie kann ihm etwas darüber sagen, wie er sich in früheren Beziehungen verhielt, wie er durch seine Erziehung beeinflußt ist oder was er wirklich will. Gleichzeitig ist eine Befragung nicht ausschließlich persönlich. Sie zeigt nicht nur die Gefühle und Einstellung des Betreffenden; sie gibt uns eine Vorstellung von den Mustern in der Welt um uns. Wie steht der andere zu der Beziehung? Ist der Zeitpunkt für eine Annäherung der beiden günstig, oder sollte man eine bessere Gelegenheit abwarten? So lehrt uns der Tarot (wie auch andere Orakel, insbesondere das I Ging) die Erkenntnis, daß wir mit der Welt um uns zu einem komplexen Muster verwoben sind.
Viele Menschen können es nur schwer akzeptieren, daß der Tarot uns irgend etwas Objektives über uns selbst, geschweige denn über Situationen sagen könnte. Sie fragen sich, was ein Kartenspiel mit der Realität zu tun haben soll und ob denn nicht eine völlig andere Aussage entsteht, wenn der Betreffende die Karten ein zweites Mal mischt? Um die letzte Frage zuerst

zu beantworten: In der Praxis ist dies üblicherweise nicht der Fall. Wenn man die Karten erneut auslegt, bekommt man meist die gleiche Auskunft, vielfach mit vielen der vorherigen Karten (wenn man die Beschreibungen der Karten durchgelesen hat, wird man sehen, daß sich die Bedeutung vieler Karten überschneiden, so daß man bei einer zweiten Befragung mit etwas anderen Karten eine ganz ähnliche Antwort bekommt). Sehr häufig findet man feine, jedoch bedeutsame Unterschiede zwischen den beiden Befragungen. Tatsächlich ist der einzige Grund, warum man eine Befragung zweimal durchführen sollte, der Wunsch, mehr Klarheit zu bekommen oder die Situation aus einem anderen Blickpunkt zu betrachten.
Damit ist noch nicht geklärt, warum die Befragung überhaupt »funktionieren« sollte. Hierzu ist zunächst zu sagen, daß der Tarot nicht irgendwelche Dinge eintreten lassen kann. Die Karten besitzen keine Zauberkraft, um Ereignisse herbeizuzwingen. Sie zeigen vielmehr die Richtung, in die die Ereignisse von sich aus laufen würden. Sie zeigen, was eine Person wahrscheinlich tun wird und welche Situationen wohl eintreten werden. Der wichtigste Punkt ist jedoch, daß sie uns die unmittelbare Situation besser verstehen lassen, so daß wir etwas tun können, um die Zukunft positiv zu gestalten.
In jedem Augenblick bildet die Welt mit den Menschen in ihr ein komplexes Gewebe. Denken wir an das Labyrinth, das vom Gesicht der Spider Woman ausgeht. Es gibt Kräfte, die wir kennen, und sehr viel mehr weitere Kräfte, die wir nicht kennen. Bedingungen und Handlungen schaffen zusammen die Realität. Eine Tarot-Befragung (oder ein I-Ging-Hexagramm oder das Werfen von Runen) schafft nun ebenfalls ein Muster. Weil sie dieses kleine Muster innerhalb des größeren liefert, gibt sie uns ein Abbild der größeren Realität. Es zeigt sie wie in einem Spiegel. Dies mag für viele Menschen eine extreme (und irrationale) Vorstellung sein. Wir sind mit dem Glauben aufgewachsen, daß Ereignisse eine unmittelbare Ursache haben müssen. Wenn ein Baum umstürzt, muß ihn irgend etwas – der Sturm oder eine Planierraupe – umgelegt haben. Wenn zwei Menschen im Büro sich in die Haare geraten, müssen sie sich irgendwie auf die

Nerven gegangen sein. Der Tarot stellt nun nicht das Gesetz von Ursache und Wirkung in Abrede. Er fügt lediglich eine weitere Dimension hinzu. Er sagt, daß das Umstürzen des Baums und die Auseinandersetzung der Menschen, wenn diese Ereignisse gleichzeitig stattfinden, etwas miteinander zu tun haben. Die beiden Ereignisse sind zusammen mit den übrigen Faktoren, die diesen bestimmten Augenblick ausmachen, Bestandteil eines Musters. Wenn wir die Karten mischen und auslegen, schaffen wir uns eine Spiegelung unseres eigenen kleinen Anteils an der Gesamtsituation. Das Problem ist dann die Interpretation.

Der Ausdruck »Divination« bezeichnet eigentlich den Verkehr mit Geistern. Man könnte dies als die »archaische« Auffassung von Befragungen bezeichnen. Weil wir auf das Mischen der Karten nicht bewußt Einfluß nehmen, erlauben wir Gott oder den Geistern, unsere Hände zu führen. Manche Menschen, die Runen werfen, rufen Odin an, daß er sie führe. Wir brauchen aber bei einer Tarot-Befragung nicht an wirkliche Hilfe zu glauben. Wir müssen nur das Vertrauen haben, daß die Karten eine Botschaft für uns enthalten, und dann versuchen, diese Botschaft so gut wie möglich zu verstehen.

Wir sollten uns jedoch darüber im klaren sein, daß der Tarot eine spirituelle Philosophie ist. Dies bedeutet aber, daß uns eine Befragung nicht nur rät, wie wir eine Stelle suchen oder wie wir uns in einer Beziehung verhalten sollen. Man hat für Divinationen Teeblätter, Würfel, Kieselsteine, tropfende Kerzen und ähnliches mehr verwendet. Der besondere Wert des Tarot liegt in der Tiefe und Subtilität seiner Botschaften. Weil jede einzelne Karte eine vollgültige Aussage zum Inhalt hat, gibt uns die ganze Befragung ein vertieftes Verständnis für die Welt und unseren eigenen Platz in ihr.

Manche Menschen fürchten, wenn sie an den Tarot glaubten, müßten sie die Vorstellung des freien Willens aufgeben. Eine Tarot-Befragung nimmt uns aber keineswegs die Wahlmöglichkeit. Dies liegt daran, daß sie eigentlich keine Vorhersage gibt, jedenfalls nicht im absoluten Sinne. Sie zeigt vielmehr die Wahrscheinlichkeit von Ereignissen. Ihre Aussage ist: Unter den gegebenen Umständen und unter Berücksichtigung der

Kräfte, die sie gestaltet haben, tendieren die Dinge in diese oder jene Richtung. In Wirklichkeit kann und sollte eine Tarot-Befragung sogar dem freien Willen mehr Möglichkeiten geben: Weil sie unser Wissen vermehrt, ermöglicht sie es uns, bessere Entscheidungen zu treffen. Dieses Wissen bezieht sich nicht bloß auf uns selbst, sondern auf den Augenblick allgemein. Eine Befragung kann dem Betreffenden sagen, daß die Umstände zum gegebenen Zeitpunkt für neue Beziehungen nicht günstig sind; er wird in der Beschaulichkeit des Eremiten jetzt größere Erfüllung finden. Insbesondere bei den Karten der Kleinen Arkana ist der Gedanke häufig, daß eine Person zu bestimmten Zeiten handeln und zu anderen Zeiten abwarten sollte. Zwei Dinge sind es also vor allem, die uns eine Befragung zeigt: zum einen unsere Motive und Ziele in einer bestimmten Situation, zum anderen die Art der Situation selbst.

Es gibt viele verschiedene Möglichkeiten, die Karten zu legen. Manche Menschen arbeiten bevorzugt so, daß sie einfach eine Reihe von Karten umdrehen und prüfen, was sie sagen. Die meisten Menschen arbeiten jedoch vorzugsweise mit einem Legemuster, bei dem die Karten in einer bestimmten Reihenfolge und Anordnung ausgelegt werden. Die Aussage einer Karte hängt dann sowohl von der Position als auch von der Karte selbst ab. Wir werden anschließend einige dieser Legemuster behandeln.

Unabhängig vom Legemuster gelten jedoch für die Ausführung der Befragung einige Grundregeln. Die erste betrifft die Art der Fragestellung. Man muß nicht unbedingt eine ganz spezifische Frage stellen; vielleicht möchte man nur sehen, was einem die Karten in einem ganz bestimmten Augenblick zu sagen haben. Wenn Sie jedoch eine Frage haben, sollten Sie sie präzise stellen. Dies wird es Ihnen erleichtern, die Bedeutung zu interpretieren. Wenn Sie die Befragung für sich selbst durchführen, formulieren Sie die Frage in Ihrem Kopf, oder – besser noch – schreiben Sie sie auf einem Zettel auf. Wenn Sie die Befragung für jemand anderen machen, bitten Sie den Betreffenden, Ihnen die Frage zu sagen.

Diese letztere Empfehlung mag manchen erstaunen. Man

erwartet doch eher, daß der Wahrsager die Geheimnisse des Klienten errät. Wir sollten aber Befragungen nicht als Spiel oder Test verstehen. Wir führen sie durch, um Erkenntnisse zu erlangen. Wenn der Befragende von Anfang an das Ziel der Befragung kennt, kann er die Antwort viel ausführlicher interpretieren. Freilich gibt es auch Tarot-Deuter, die die Frage lieber nicht wissen wollen. Sie möchten völlig unbefangen an das Legebild herangehen. Andere wiederum möchten vielleicht nur ungefähr wissen, um welchen Bereich es geht (Liebe, Geld und spirituelle Entwicklung sind die häufigsten Fragestellungen). Wenn man erste eigene Erfahrungen gesammelt hat, weiß man, wie man selbst am besten arbeiten kann.

Hier sollte auch darauf hingewiesen werden, daß es Deuter gibt, die die Karten nur für sich selbst, und solche, die sie nur für andere legen. Man könnte meinen, Befragungen für einen selbst seien leichter, doch finden viele Menschen dies gerade am schwierigsten. Zunächst einmal hat man mehr Distanz, wenn man für jemand anderen liest. Falls irgendwo im Legebild eine schwierige Karte erscheint, gerät man weniger leicht in Panik. Sofern umgekehrt gerade etwas sehr Schönes erscheint, kann man dies objektiver betrachten, wenn es jemand anderen betrifft. Wenn man die Karten für einen anderen legt, muß man schließlich auch Erläuterungen geben. Dies bedeutet, daß man langsam vorgehen, jede Karte besprechen und eine Gesamtinterpretation finden muß. Dabei gelangt man weit über seinen ursprünglichen Eindruck hinaus. Man findet neue Bedeutungen und neue Beziehungen zwischen den einzelnen Karten. Wenn man die Karten für sich selbst legt, hört man vielleicht bei den ersten Gedanken schon auf, die sich einem aufdrängen. Lange Zeit führte ich niemals für mich selbst Befragungen durch, sondern tat dies gegenseitig mit einer guten Freundin. Erst nach Jahren war ich so weit, daß ich meine eigenen Befragungen mit der gleichen Sorgfalt vornahm, wie ich sie bei Befragungen für andere anwende. Auch heute noch bitte ich lieber jemand anderen, für mich die Karten zu legen. Dies hat den Vorteil, daß meine Fragen und Entscheidungen der Perspektive eines Dritten unterzogen werden.

Wenn der Befragende oder der Klient die Frage formuliert hat, ist der nächste Schritt die Auswahl des »Signifikators«. Dies ist eine Karte, die den Betreffenden bei der Befragung repräsentieren soll. In der Regel wählt man diese Karte vorab und legt sie aufgedeckt vor demjenigen, der die Karten mischt, auf den Tisch. Traditionellerweise ist der Signifikator eine der Hofkarten (manche Menschen bevorzugen eine Karte der Großen Arkana, meist den Narren; ich persönlich ziehe es vor, die Trümpfe im Spiel zu lassen). Bei gewöhnlichen Spielen könnte man einen König für einen älteren Mann, eine Königin für eine ältere Frau, einen Ritter für einen jüngeren Menschen beiderlei Geschlechts und einen Buben für ein Kind nehmen. Beim Haindl-Tarot würde ich einen Sohn oder eine Tochter empfehlen. Am einfachsten sucht man hierzu die Karten aus dem Spiel aus und deckt sie auf. Dann bittet man den Betreffenden, eine Karte auszuwählen, die ihm zusagt. Man kann den Signifikator auch nach astrologischen Kriterien wählen. Wie wir bei den Großen Arkana gesehen haben, ist jedes Zeichen einem der vier Elemente zugeordnet. Deshalb würde zum Beispiel eine Löwe-Frau die Tochter des Feuers nehmen. Wenn der Betreffende sich für einen Signifikator entschieden hat, legt man diese Karte auf den Tisch und gibt die restlichen in das Spiel zurück.

Nun können die Karten gemischt werden. Der Klient oder »Fragende« mischt das Spiel so, daß er die Bilder nicht sehen kann. Ich habe in diesem Buch jeweils Bedeutungen für die umgekehrten Karten angegeben. Deshalb müssen sie so gemischt werden, daß sie beim Aufdecken nicht alle aufrecht erscheinen.

Wenn der Betreffende die Karten gemischt hat, legt er sie wieder in einem ordentlichen Stoß ab. Dann hebt er mit der Linken einen Packen nach links ab, dann von diesem Packen wiederum einen Packen nach links, so daß man drei Stöße erhält. Der Befragende fügt ebenfalls mit der Linken die Stöße so wieder zusammen, daß der unterste Packen zuoberst liegt. Dieses zweimalige Abheben ist Tradition. Beim Haindl-Tarot können wir uns auch vorstellen, daß wir dadurch die Macht der Herrscherin anrufen, die die Dreifache Göttin repräsentiert.

Dann legt der Befragende die Karten nach einer bestimmten Anordnung aus, wie sie das Legemuster vorschreibt. Manche drehen die Karten nacheinander um, andere alle zugleich, um vor der Deutung der einzelnen Karten bereits einen allgemeinen Eindruck zu bekommen. Mit einiger Erfahrung werden Sie herausfinden, wie Sie selbst am besten arbeiten. Bei der Deutung der Karten sollte man sich immer bewußt sein, daß es um Erkenntnis, nicht um die Demonstration magischer oder psychischer Kräfte geht. Wenn wir glauben, daß uns die Karten etwas sagen können, dann müssen wir ihnen dazu die beste Möglichkeit geben. Hierzu kann beispielsweise gehören, daß man eine Karte (oder mehrere) mit dem Klienten bespricht. Wenn Sie verschiedene Möglichkeiten sehen, ist es gut, diese mit dem Fragenden zu erörtern. Gehen Sie taktvoll und mit Fingerspitzengefühl vor, wenn Sie meinen, die Karten sagen etwas Schwieriges aus. Bedenken Sie auch, daß eine Befragung immer eine positive Erfahrung sein sollte. Wenn die Karten Probleme anzeigen, versuchen Sie, eine Möglichkeit zu finden, wie der Betreffende mit der Erfahrung umgehen kann. Was Sie ehrlicherweise in den Karten sehen, sollten Sie nicht leugnen oder verzerren; helfen Sie aber dem Betreffenden, damit bestmöglich umzugehen. Vergessen Sie auch nie, daß Sie selbst nicht unfehlbar sind. Auch wenn wir überzeugt sind, daß die Karten stets tatsächliche Situationen widerspiegeln, so ist damit noch nicht gesagt, wir verstünden ihre Botschaft immer richtig.

Sofern Sie zum erstenmal eine Befragung machen, werden Sie die Karten vielleicht zunächst überhaupt nicht verstehen. Bei vielen Menschen ist es so, daß sie ganz gut erfassen, was eine bestimmte Karte bedeuten könnte, jedoch gelingt es ihnen nicht, die Einzelteile zu einer Gesamtaussage zusammenzufügen. Lassen Sie sich dadurch nicht entmutigen. Tarot-Karten zu lesen ist eine Fertigkeit, und wie jede Fertigkeit verlangt sie etwas Übung. Wenn Sie eine Zeitlang Deutungen durchgeführt haben, werden Sie plötzlich sehen, daß Sie Dinge entdecken, die Ihnen am Anfang vollständig entgangen wären.

Bevor Sie mit den Karten zu arbeiten beginnen, sollten Sie sich zwei Notizbücher anlegen. In dem einen tragen Sie alle Befragungen ein, die Sie durchführen, und zwar mit dem Datum und einer Zusammenfassung Ihrer Interpretation. Wenn Sie mit dem Betreffenden in Kontakt bleiben, können Sie sehen, inwieweit sich die Ereignisse mit ihren Eindrücken decken. Wenn jemand nochmals zu einer Befragung kommt, kann man außerdem anhand der letzten Befragung prüfen, wie sich die Situation entwickelt hat. Sehr häufig kommen in einer Serie von Befragungen eine oder mehrere Karten immer wieder vor. Diese Karten werden dann für den Betreffenden von besonderer Bedeutung sein.

In das andere Notizbuch tragen Sie Ihre eigenen Gedanken zu den Karten ein. Reservieren Sie für jede Karte mehrere Seiten. Schreiben Sie Ihre unmittelbaren Eindrücke von dem Bild selbst und den Bedeutungen auf, die in diesem Buch angegeben sind. Wenn Ihnen zu bestimmten Karten etwas einfällt, vermerken Sie dies in Ihrem Notizbuch. Bei einer Befragung kann sich eine neue Deutungsmöglichkeit ergeben, oder sie kann eine bestimmte starke Empfindung auslösen. Wenn Sie mit den Karten meditieren, möchten Sie vielleicht Ihre Erfahrungen festhalten. Schreiben Sie in einem getrennten Abschnitt des Notizbuchs Ihre Gedanken auf, die Ihnen zu den Karten im allgemeinen kommen. Vielleicht möchten Sie auch Bilder oder Geschichten aufnehmen, an die Sie die Bilder erinnern. Lesen Sie von Zeit zu Zeit Ihre Notizen durch. Auf diese Weise können Sie alte Gedanken ausbauen, die Sie vielleicht vor Monaten aufgeschrieben haben. Dadurch und durch Ihre praktischen Erfahrungen bei Befragungen und Meditationen werden Sie schließlich mit dem Tarot ganz vertraut werden.

Legebilder

Es gibt eine Vielzahl von Möglichkeiten, die Tarot-Karten auszulegen, und in jedem Tarot-Buch sind mehrere von ihnen beschrieben. Es gibt sogar Bücher, die von nichts anderem als den verschiedenen Legemustern handeln. Es gibt Verfahren, durch die der Tarot mit der Astrologie, mit dem Kalender, mit kabbalistischen Systemen wie dem Baum des Lebens oder mit anderen esoterischen Diagrammen verknüpft wird. Es gab eine Zeit, in der ernsthafte Tarot-Anhänger Befragungen als billige Wahrsagerei ablehnten. Heute sind jedoch Befragungen zu einem seriösen Werkzeug der Selbsterkenntnis geworden, und es gibt viele hervorragende Bücher, die Ihnen helfen können, Ihr Tarot-Wissen praktisch nutzbar zu machen.

Legebilder mit drei Karten

Eine der einfachsten Methoden, um mit Tarot-Befragungen zu beginnen, ist die Arbeit mit drei Karten. Bei drei Karten ist es nicht so schwierig, die Zusammenhänge zwischen ihnen zu

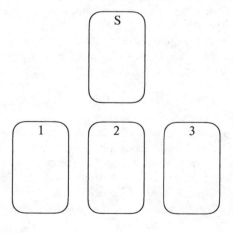

erkennen. Andererseits kann ein Muster mit nur drei Karten manchmal bemerkenswert subtile Befragungen ermöglichen.
Im folgenden gebe ich zwei Möglichkeiten für jeweils drei Karten an. Beide Male werden die drei Karten in einer Reihe unterhalb des Signifikators ausgelegt.
Bei der ersten Methode (siehe vorige Seite unten) steht Karte 2, die Zentrumskarte, für die derzeitige Situation. Sie zeigt einen aktuellen Sachverhalt im Leben des Betreffenden an. Karte 1, links davon, steht für die früheren Erfahrungen, für etwas, das zur derzeitigen Situation geführt hat. Die dritte Karte, rechts davon, zeigt die Zukunft. Dabei handelt es sich nicht um eine feste Vorhersage, sondern einfach um eine Entwicklungstendenz. Der Betreffende kann die Richtung verändern (oder die Tendenz festigen), wenn er verstanden hat, warum die Dinge so laufen, wie sie laufen.
Bei der anderen Methode geht es um Entscheidungsmöglichkeiten. Auch hier beschreibt die Karte in der Mitte die aktuelle Situation, doch zeigen die Karten an jeder Seite zwei Wahlmöglichkeiten, die dem Betreffenden offenstehen. Anhand eines Beispiels (siehe rechte Seite) soll gezeigt werden, wie dies in der Praxis aussehen kann.
Radha, die Tochter der Stäbe, dient als Signifikator; die Frage betrifft eine Beziehung. Wenn die Befragende die Karte aufdeckt, erscheinen der Wagen, die umgekehrte Drei der Kelche und die Tochter der Steine.
Nehmen Sie sich einen Augenblick Zeit, um die Bilder zu betrachten. Lassen Sie ihren Gehalt auf sich wirken. Versuchen Sie herauszufinden, ob Sie einen Zusammenhang entdecken können.
In der folgenden Interpretation werden die Möglichkeiten, die bei dieser Kartengruppe vorhanden sind, nur grob skizziert. Die Zentrumskarte sagt der Klientin, daß die Situation mit zu vielen Emotionen befrachtet ist. Die überschießenden Gefühle zwischen den beiden Menschen haben Probleme und Traurigkeit hervorgerufen. Der Wagen deutet darauf hin, daß sie versuchen kann, sich von der Woge der Emotion tragen zu lassen, all die Gefühlsflut zu nutzen, um ihre eigenen Reaktionen auf Liebe

und Beziehungen zu erkunden. Es weist alles auf einen Sieg hin, das heißt, sie bekommt das Ersehnte. Es kann allerdings sein, daß es keine leichte Zeit für sie wird, daß sie Mut und Willenskraft brauchen wird. Auf der anderen Seite sehen wir die Tochter der Steine. Diese Karte würde ihr empfehlen, Distanz zur Situation zu suchen. Buffalo Woman würde in erster Linie Gelassenheit statt Emotion empfehlen. Zum anderen würde die Karte sagen, daß die Betreffende diese Gelassenheit finden kann, indem sie ihre Energien außerhalb der Beziehung einsetzt. Dienst an anderen Menschen könnte ihr helfen, ihre Gefühle auf einen festen Boden zu stellen.

Derjenige, um den es bei einer solchen Befragung geht, möchte vielleicht wissen, welche Folgen die entsprechenden Entscheidungen jeweils haben könnten. Hierfür gibt es zwei Möglichkeiten. Man könnte eine komplexere Befragung durchführen (etwa mit dem nachfolgend beschriebenen Keltischen Kreuz) und zum Beispiel fragen: »Was wird geschehen, wenn ich dem Wagen folge?« Eine einfachere Möglichkeit besteht darin, zwei weitere Karten umzudrehen und die eine direkt unter den Wagen, die andere unter die Tochter der Steine zu legen. Diese beiden würden dann die wahrscheinliche Entwicklung anzeigen. Nehmen wir an, daß die beiden Karten die umgekehrten Liebenden und der Eremit sind (siehe rechte Seite).
Die umgekehrten Liebenden würden fortgesetzte Probleme in der Beziehung anzeigen. Die beiden Menschen würden vielleicht zusammenbleiben, jedoch ohne Harmonie. Die Kämpfe könnten noch eine Weile weitergehen, bis alles wieder ins Lot käme. Der Eremit auf der anderen Seite würde die Tochter der Steine einen Schritt weiterführen. Er würde anzeigen, daß die Betreffende sich zwar gelassener fühlt, aber auch allein ist. Sie wird mit sich und der Welt zufrieden sein, jedoch ohne den anderen. Man sieht hier, daß die Karten keine einfachen Lösungen anbieten. Die Entscheidung bleibt schwierig, doch kann die Befragung helfen, sie bewußter zu fällen. Die obigen Legemuster sind nur zwei der vielen Möglichkeiten für drei Karten. Eine andere Möglichkeit wäre zum Beispiel auch, daß in der Mitte die aktuelle Situation, links das Verhalten des Betreffenden und rechts das Verhalten der anderen Menschen angezeigt wird.

Das Keltische Kreuz

Das beliebteste Tarot-Legemuster ist wohl das Keltische Kreuz, das nach der Figur genannt ist, die die ersten sechs Karten bilden. Es erscheint in vielen Büchern, meist jeweils mit geringfügigen Abwandlungen. Die hier vorgestellte Version ist diejenige, mit der ich selbst seit Jahren arbeite. Nachdem wir die Karten

Legebilder

Tochter der Stäbe im Osten
Prinzessin der Stäbe

Der Wagen

Überfluß
Drei der Kelche

Tochter der Steine im Westen
Prinzessin der Scheiben

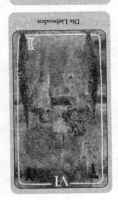
Die Liebenden

Der Eremit

in der üblichen Weise gemischt haben, drehen wir die erste Karte um und legen sie oben auf den Signifikator. Die zweite Karte legt man waagerecht quer über die erste.

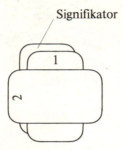

Die Karten 3 bis 10 legt man nach dem Schema auf der rechten Seite um die ersten beiden aus.
Karte 1 und 2 bilden das »Kleine Kreuz« oder die »Zentrumskarten«. Die Karten 3 bis 6 bilden das »Kreuz«, die Karten 7 bis 10 die »Stütze«. Die Bedeutung der einzelnen Positionen ist wie folgt:

1. Die Deckkarte. Sie zeigt die Grundsituation, das zentrale Problem.

2. Die Kreuzkarte. Diese Karte formuliert in Verbindung mit der ersten die Grundaussage der Befragung. Manchmal fungiert sie als Opposition zu Karte 1. So könnte beispielsweise der Stern als eine Karte der Hoffnung eine »Opposition« zu einer der negativeren Schwerter-Karten wie etwa der Fünf bilden. Die Kreuzkarte kann aber auch ein Ergebnis anzeigen, das sich aus der ersten Karte entwickelt hat. Nehmen wir als Beispiel für ein Ergebnis einmal an, daß die Deckkarte die umgekehrte Kraft und die Kreuzkarte die Fünf der Stäbe ist. Dies würde anzeigen, daß sich der Betreffende derzeit schwach fühlt und infolgedessen mit seiner Umgebung in Konflikt gerät. Die Kreuzkarte wird immer aufrecht gedeutet.

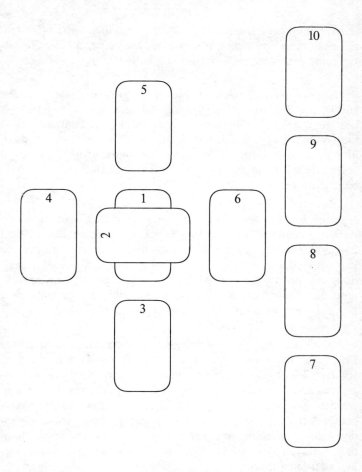

3. Grundlage. Diese Karte beschreibt eine – meist in der Vergangenheit liegende – Erfahrung, die die Wurzel oder Ursache der derzeitigen Situation ist. Sie kann zwar auch ein ganz bestimmtes Ereignis anzeigen, charakterisiert jedoch in der Regel eher einen allgemeinen Zustand, der die in den beiden Zentrumskarten bezeichneten Entwicklungen ausgelöst hat. Diese Karte kann manchmal weit in das Leben des Betreffenden zurückreichen. Bei einer Befragung, bei der es um die sexuellen Schwierigkeiten einer Frau ging, förderte der Herrscher als die Grundlage eine problematische Beziehung zu ihrem Vater zutage.

4. Jüngere Vergangenheit. Diese Karte reicht nicht so weit zurück wie die Grundlage. Sie zeigt an, was sich in jüngster Zeit bezüglich der Frage der Person ereignet hat. Sie kann auf etwas hinweisen, das abgeschlossen ist, den Betreffenden jedoch immer noch berührt. Möglicherweise besteht diese Situation sogar noch fort; in diesem Fall wird ihr Einfluß jedoch relativ bald aufhören.

5. Mögliches Ergebnis. Diese Karte zeigt eine allgemeine Entwicklungstendenz an. Im Gegensatz zur letzten Karte, dem Ergebnis, ist sie weniger spezifisch und weniger definitiv. So kann etwa der Sohn der Kelche als Ergebnis auf eine Entscheidung hinweisen, die bezüglich einer Sache gefällt wurde, während das Universum als Mögliches Ergebnis angibt, daß diese Entscheidung wahrscheinlich sehr positive Folgen haben wird.

6. Nähere Zukunft. Diese Karte zeigt unmittelbar bevorstehende Entwicklungen an. Sie ist nicht das Endergebnis der Situation, sondern Teil ihres weiteren Fortgangs. Wie die Jüngere Vergangenheit zeigt sie eher Bedingungen an, die nicht von Dauer sein werden. Wenn die Karte ein Problem anzeigt, kann der Befragende darauf hinweisen, daß die Schwierigkeiten vorübergehender Art sein werden. Wenn es sich um etwas Erwünschtes handelt, kann der Befragende dem Betreffenden raten, die Gelegenheit optimal zu nutzen, solange sie währt.

7. Selbst. Diese Karte zeigt, was der Betreffende selbst zur Situation beiträgt. Sie kann eine Haltung oder eine Handlung darstellen. Diese Karte kann Schlüsselbedeutung haben: In einer Befragung, die ich einmal durchführte, zeigte der umgekehrte Wagen an, daß dem Betreffenden der Wille fehlte, die bestehende Situation durchzustehen.

8. Umwelt. Diese Karte zeigt Einflüsse von außerhalb des Befragenden. Sie kann sich auf eine bestimmte Person beziehen (insbesondere wenn es bei der Befragung um eine Beziehung geht) oder auf die allgemeine Atmosphäre.

9. Hoffnungen und Ängste. Diese Karte beleuchtet, welche Ereignisse der Betreffende erwartet. Die Position hat häufig entscheidenden Einfluß auf das Ergebnis, weil sie die Einstellung und die Wünsche des Betreffenden zeigt. Die Fünf der Schwerter würde an dieser Stelle beispielsweise deutlich machen, daß der Betreffende eine Niederlage fürchtet; ein solcher Pessimismus kann tatsächlich zu einer Niederlage führen. Der Stern würde ein viel positiveres Ergebnis hervorbringen. Diese Position kann dem Betreffenden manchmal helfen, über unbewußte Einstellungen Klarheit zu gewinnen.

10. Ergebnis. Diese Karte faßt die neun übrigen zusammen. Sie zeigt, welches Ergebnis unter den gegebenen übrigen Einflüssen wahrscheinlich eintreten wird. Das Ergebnis darf dabei niemals als feststehend betrachtet werden. Wir können immer eine andere Richtung einschlagen, und in der Tat kann die Befragung selbst als Ausgangspunkt für eine Veränderung dienen, weil sie die Entwicklungstendenz der Ereignisse zeigt. Allerdings dürfen wir nicht meinen, wir könnten die Situation ohne ernsthafte Anstrengung ändern. Eine Befragung vermag sehr starke Einflüsse im Leben des Betreffenden anzuzeigen. Ein Angehen gegen diese Einflüsse wird sehr bewußte Bemühungen notwendig machen. Wenn die Befragung irgendein unerfreuliches Ergebnis anzeigt, sollte der Befragende dem Betreffenden helfen, Wege zur Verbesserung der Situation zu finden.

Der Zyklus der Arbeit

Tarot-Legebilder geben Ihnen Auskünfte. Gleichzeitig liefern sie Ihnen ein Abbild Ihres Lebens. Sie können dieses Abbild benutzen, um Ihr Streben auf Veränderungen zu richten. Die

meisten Befragungen sagen Ihnen allerdings in erster Linie, was derzeit geschieht. Bei dem unten dargestellten Legebild, das ich selbst entwickelt habe, liegt der Schwerpunkt darauf, was Sie in einer gegebenen Situation tun können. Anders als bei anderen Legebildern besteht hier auch die Möglichkeit, weitere Karten umzudrehen, wenn die Antwort der ersten Reihe nicht eindeutig ist.
Wählen Sie den Signifikator aus, und mischen Sie die Karten wie üblich. Legen Sie die erste Karte über den Signifikator und die zweite Karte wie beim Keltischen Kreuz quer über die erste. Legen Sie dann die nächsten sieben Karten offen in einer Reihe unter den ersten beiden Karten aus (siehe rechte Seite).
Karte 1 und 2 zeigen ähnlich den ersten beiden Karten beim Keltischen Kreuz die Grundsituation. Karte 3 bezieht sich auf die »früheren Erfahrungen«. Sie zeigt einen Teil des Hintergrunds der Situation. Sie hat eine ähnliche Funktion wie die Grundlage beim Keltischen Kreuz. Karte 4 steht für »Erwartungen«. Sie drückt die Haltung des Betreffenden aus, seine Erwartungen bezüglich der künftigen Ereignisse. Damit können positive oder negative Einstellungen ermittelt werden. Diese müssen nicht immer bewußt sein. Die nächsten drei Karten, 5, 6 und 7, werden zusammen als die »Arbeit« gedeutet. Sie zeigen die Chancen und Hemmnisse an, mit denen der Betreffende zu tun hat.
Die sechste Karte ist das »Ergebnis«. Sie zeigt die wahrscheinlichste Entwicklung. Die siebte Karte ist die »Folge«. Sie gibt an, was *wegen* des Ergebnisses geschehen wird. Nehmen wir zum Beispiel an, daß Karte 6 die Zwei der Schwerter ist. Dies zeigt einen Waffenstillstand zwischen Menschen an, die vielleicht Probleme hatten. Was wird jedoch geschehen, wenn die Waffenruhe endet? Werden sie weiterhin miteinander auskommen, oder wird der Streit erneut aufflammen? Die Zwei der Steine als Ergebnis würde darauf hinweisen, daß sich aus dem Waffenstillstand Harmonie entwickeln kann.
Wenn die Aussage dieser Karten klar ist, können Sie hier aufhören. Wenn Ihnen jedoch noch nicht alles klar ist, legen Sie unter Karte 3 bis 9 eine weitere Siebenerreihe aus. Für diese Karten gelten die gleichen Positionen. Sie zeigen insgesamt einen ande-

Legebilder

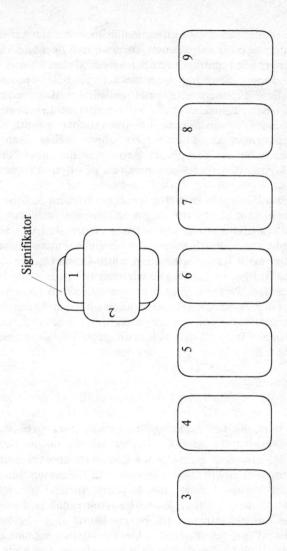

ren Aspekt der Situation und ermöglichen es dem Betreffenden, die Dinge aus einem anderen Blickwinkel zu sehen. Dieser Blickwinkel wird häufig durch die beiden ersten Karten in der Reihe definiert, die früheren Erfahrungen und die Erwartungen. Wenn diese beispielsweise eine realistische Haltung zeigen, dann werden wahrscheinlich die Arbeit und die Ergebnisse positiv sein. Wenn jedoch die Erwartungskarte einen überzogenen Optimismus oder übertriebene Ängste anzeigt, dann kann sich dies auch auf die übrige Reihe negativ auswirken. Die Arbeit könnte den Betreffenden etwa auffordern, die Situation realistisch zu sehen.
Im Prinzip kann man in dieser Weise bis zu zehn Reihen auslegen, wobei fünf Karten für einen »Kommentar« übrigbleiben. In der Praxis habe ich es selten erlebt, daß mehr als zwei oder drei Reihen notwendig waren. Bei vielen Befragungen werden die ersten neun Karten eine eindeutige Antwort geben. Dieses Legebild ist optimal für Fragen wie zum Beispiel: »Wie soll ich mich meinem Problem gegenüber verhalten?« oder »Wie soll ich mit einer Person, einer Gelegenheit umgehen?« Sie können etwa fragen: »Wie soll ich vorgehen, um die Stelle zu bekommen?« oder »Wie soll ich mich meinem Partner gegenüber verhalten?«

Das Hagal-Legebild

Zu einem neuen Tarot sollte es auch ein neues Legebild geben. Bei der Arbeit mit dem Haindl-Tarot fiel mir auf, wie sehr die drei Teile von einem ganz eigenen Charakter geprägt sind. Dies könnte man in einem speziellen Legebild für diesen Tarot zum Ausdruck bringen, wobei die Großen Arkana, die Kleinen Arkana und die Hofkarten jeweils getrennt gemischt und ausgelegt werden. Bei der Ideensuche für die Karten der Kleinen Arkana und die Trümpfe entdeckte ich, daß sie zusammen die Rune Hagal bilden können, die ein so wichtiges Symbol für das ganze Spiel ist.
Für das Hagal-Legebild ordnet man die Karten zunächst ent-

sprechend ihrer Zugehörigkeit in drei Stapel, das heißt einen für die Trümpfe, einen für die Augenkarten und einen für die Hofkarten. Ein Signifikator ist bei diesem Muster nicht notwendig, es bleiben alle Karten im Spiel.
Beginnen Sie mit den Karten der Kleinen Arkana. Mischen Sie die vierzig Karten, wobei Sie wie üblich an Ihre Frage denken. Nach dem Mischen drehen Sie vier Karten um und legen sie zu einer Raute aus.

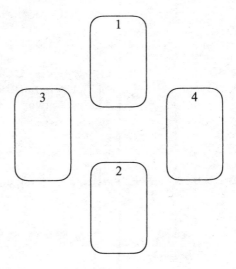

Diese Karten beschreiben die aktuellen Ereignisse. Karte 1 zeigt die allgemeine Situation. Die darunter liegende Karte 2 drückt etwas aus, was Sie getan oder erlebt haben und was die derzeitigen Verhältnisse mit verursacht hat. Karte 3 zeigt Ihre Einstellung - Ihre eigenen Eindrücke und Erwartungen, bewußte und unbewußte, bezüglich der Situation und ihrer weiteren Entwicklung. Sehr häufig beeinflußt unsere Haltung die Situation viel stärker, als wir glauben. Karte 3 kann Ihnen helfen, diese Haltung zu erkennen und zu entscheiden, ob sie Ihnen nutzt oder schadet. Sie können sie beibehalten oder ändern. Karte 4 drückt den möglichen Ausgang der Situation unter den gegebenen Bedingungen aus.

Als nächstes folgen die Karten der Großen Arkana. Mischen Sie die 22 Trümpfe, und legen Sie drei von ihnen in einem Dreieck über die Karten der Kleinen Arkana. Dadurch entsteht Hagal.

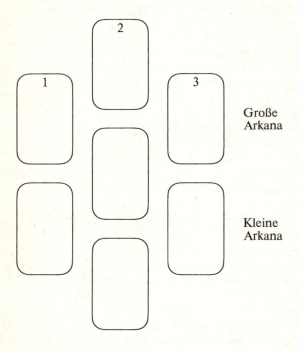

Die Großen Arkana drücken unsere spirituellen Aufgaben im Leben aus. Manche von ihnen stellen eine Herausforderung für uns dar, zum Beispiel der Wagen, der Gehängte oder der Teufel. Vielleicht müssen wir Hindernisse entweder in uns selbst oder in der äußeren Welt überwinden, um vor diesen Herausforderungen zu bestehen. Andere Karten, etwa die Liebenden oder den Stern, empfangen wir als wunderbare Geschenke. Die Aufgabe bei diesen Karten liegt darin, sie zu schätzen und sie in einer Weise zu nutzen, die nicht nur uns selbst, sondern auch der Welt hilft. Beim Dreieck bezeichnet Karte 2 an der Spitze die spirituelle Aufgabe zum jetzigen Zeitpunkt. Sie zeigt die Herausforderungen und Chancen der aktuellen Situation, die die Karten der Kleinen Arkana darstellen. Karte 1, links, repräsentiert den spirituellen Werdegang. Sie sagt etwas darüber aus, wie Sie sich in der Vergangenheit verhalten haben und was Sie gelernt haben. Karte 3, rechts, zeigt eine »Metamorphose« an. Sie gibt auf einer spirituellen Ebene an, wie sich die Situation verändern wird und welche spirituellen Aufgaben sich Ihnen in der Folge stellen werden. Man könnte sie in eine Beziehung setzen zu Karte 4 aus den Kleinen Arkana, dem wahrscheinlichen Ergebnis.

Nun kommen wir zu den Hofkarten, die vielleicht der interessanteste Aspekt des Legebildes sind. Mischen Sie diese, und legen Sie drei von ihnen in einer Reihe unter den übrigen aus (siehe folgende Seite).

Bei dieser Befragung werden die Hofkarten immer aufrecht gedeutet. Wenn sie umgekehrt erscheinen, werden sie vor der Deutung umgedreht. Die Karte in der Mitte sind Sie selbst. Sie drückt aus, welche Haltung Sie in dieser Situation eingenommen haben. Sie sagt nicht, Sie seien wirklich Radha oder Osiris geworden, sondern nur, daß Sie momentan diese Eigenschaften aufweisen. Wir können die Hofkarten als verschiedene Seinsformen in der Welt beschreiben. Zu verschiedenen Zeiten und in unterschiedlichen Situationen mit verschiedenen Menschen werden wir wahrscheinlich alle von ihnen durchlaufen. Die Karte in der Mitte zeigt Ihnen, in welcher Phase Sie sich gerade befinden.

Karte 3, rechts, symbolisiert den »Lehrer«. Hier betrachten wir die Karte ganz persönlich. Wenn zum Beispiel Brigid erscheint, halten Sie sich deren besondere Eigenschaften vor Augen, und stellen Sie sich vor, daß sie eine wirkliche Lehrerin ist. Stellen Sie sich vor, welche Forderungen sie an Sie stellen würde, welche Hilfe oder Anleitung sie Ihnen in dieser Situation geben könnte. Brigid wäre eine sehr freundliche Lehrerin. Odin oder

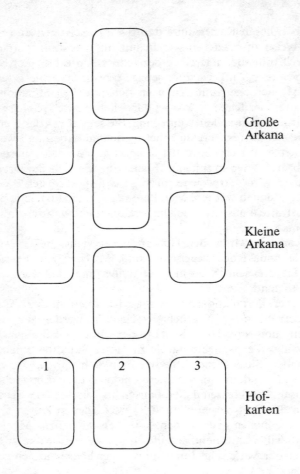

auch Kali wären ziemlich streng, vielleicht einschüchternd. Stellen Sie sich aber auch hier vor, wieviel Sie von einer Gestalt wie Odin lernen könnten.

Karte 1, links, symbolisiert den »Helfer«. Konzentrieren Sie sich wieder auf die konkrete Person auf der Karte. Hier ist es nun so, daß Sie nicht gefordert oder unterwiesen werden, sondern alle erdenkliche Hilfe bekommen. Der oder die Darge-

stellte wird Ihnen helfen, mit den Bedingungen der Karten der Kleinen Arkana und den spirituellen Aufgaben der Karten der Großen Arkana fertig zu werden. Denken Sie an die Mythen und Märchen, in denen Athene, Ariadne, Merlin oder ein Fabeltier in den Wäldern einem Helden hilft, irgendeine unmögliche Aufgabe zu lösen. Als Lehrer würde Odin sehr viel von uns verlangen. Weil Odin ein Trickster ist, könnte er uns in Situationen führen, die wir nicht mehr durchschauen. Als Helfer andererseits würde uns Odin seine große Macht zur Verfügung stellen. Wir dürfen uns vorstellen, daß uns magische Kräfte zu Gebote stehen und wir Zugang zu Weisheit haben. Wenn andererseits Radha Ihre Helferin wäre, könnten Sie alles etwas lockerer sehen. Sie könnten sich Unbeschwertheit und Sinnlichkeit leisten.
Zweifellos sind manche Helfer stärker als andere. Parzival würde Ihnen weniger magische Kraft geben als Kali. Aber möglicherweise brauchen Sie Kali zum gegebenen Zeitpunkt gar nicht. Vielleicht ist Parzival mit all seinen Zweifeln gerade richtig für Sie. Wenn Ihnen die Empfindung hilft, daß Ihr Helfer bei Ihnen ist, dürfen Sie die Karte in Ihre Tasche stecken. Sie können auch Ihre eigene Version der Karte zeichnen und diese mit sich tragen. Wenn Ihnen Worte mehr sagen als Bilder, versuchen Sie, eine Geschichte zu schreiben (oder sich selbst zu erzählen), in welcher der Helfer (und vielleicht der Lehrer) und Sie als Akteure auftreten. Diese letztere Übung kann Ihnen sehr viel dabei helfen, in der Situation neue Möglichkeiten zu entdecken.
Bei dieser Befragung werden die Hofkarten in einer ganz anderen Weise betrachtet als bei den meisten Legebildern. Hier steht nicht der streng psychologische Aspekt im Vordergrund, sondern die Betrachtung der Götter und Göttinnen als lebendige Wesen. Manche Menschen sehen hierin vielleicht einen Aspekt ihrer selbst (oder von Menschen in ihrer Umgebung). Andere gehen wahrscheinlich in genau die andere Richtung und betrachten sie als wirkliche Gottheiten. Wieder andere entscheiden sich für einen Mittelweg und sehen Spider Woman, Osiris oder die Venus von Willendorf als Energiemuster, denen wir

menschliche Gestalt geben. Vergessen Sie schließlich auch nicht, daß eine der drei Karten Sie selbst bezeichnet. Dies kann Ihnen helfen, die Brücke zwischen den persönlichen und den mythologischen Aspekten der Bilder zu schlagen. Wie auch immer Sie sich entscheiden – probieren Sie das Hagal-Legebild aus, und prüfen Sie, wie es auf Sie wirkt.

Meditation

Die Meditation mit dem Tarot ermöglicht es uns, eine persönliche Beziehung zu den Karten aufzubauen. Manchmal ergibt sich die Meditation als Folge einer Befragung. Der Betreffende legt die Karten aus, und eine davon scheint für ihn plötzlich ganz besondere Bedeutung zu haben. Dies wird meist eine Karte der Großen Arkana oder eine Hofkarte sein, denn diese enthalten machtvolle mythische Bilder. Wir sehen den Magier in unserer Befragung, wir erkennen seine Bedeutung zum gegebenen Zeitpunkt in unserem Leben, und nun wollen wir mehr, als nur seine Bedeutung zu verstehen: Wir wollen die schöpferische Kraft des Magiers konkret erleben. Deshalb führen wir eine Meditation mit dem Magier durch und begeben uns in dieser Weise in die Welt der Bilder hinein.

Meditationen müssen nicht auf Befragungen beruhen. Man kann immer eine Karte auswählen, die einem zum gegebenen Zeitpunkt besonders viel sagt. Viele Menschen, die sich intensiv mit den Großen Arkana befassen, meditieren nach einem bestimmten Schema mit jeder einzelnen Karte. Wenn Sie Anhänger einer kabbalistischen Lehre sind, werden Sie diese Meditationen vielleicht mit den 22 Verbindungspfaden der Sephiroth (Baum des Lebens) verbinden. Wir müssen aber kein so strenges Programm einhalten, um mit den Trümpfen zu arbeiten. Wir können uns einzeln oder in Gruppen mit ihnen befassen. Eine lohnende Meditation mit dem Haindl-Tarot ist mit dem Trio Wagen/Gehängter/Stern möglich.

Die Meditation bringt uns eine nicht rationale Erfahrung der Karte. Sie führt uns direkt zum Kern des Bildes und erlaubt uns, sie zu einem Teil unseres eigenen Lebens oder unseres Wissens zu machen. Jede Karte hat ihre eigenen Qualitäten, so daß beispielsweise die Verbindung mit dem Mond eine ganz andere Erfahrung ist als diejenige mit dem Magier. Zwei Menschen, die die gleiche Meditation mit der gleichen Karte durchführen, erleben nicht die gleichen Bilder und Gefühle; sie werden aber beide von den spezifischen Werten dieser Karte profitieren.

Vielleicht wird Ihnen dieses »Sichverbinden« nicht auf Anhieb gelingen. Bei Ihren ersten Meditationsversuchen stellen Sie vielleicht fest, daß Sie immer wieder abgelenkt werden oder daß Ihre Gedanken wandern und sich überhaupt nichts zwischen Ihnen und dem Bild ereignet. Sofern Sie nicht eine unüberwindliche Abneigung gegen die Meditation entwickeln, sollten Sie es weiterhin versuchen. Nach und nach werden Sie entdecken, daß Ihre Entspannung tiefer, Ihr Kontakt zu den Karten intensiver, Ihre Erfahrungen persönlicher werden. Die Meditation hat neben dem vertieften Verständnis des Tarot noch eine Vielzahl weiterer Vorteile. Sie erleben sich selbst intensiver als handelndes Wesen in Ihrem Lebensumkreis, Sie erlangen eine entspanntere Einstellung zu Problemen und Zugang zu der Dimension des Heiligen in Ihrem täglichen Leben und der Welt, die Sie umgibt. Die Meditation kann Ihr Wahrnehmungsvermögen erweitern und Sie gleichzeitig fest in der unmittelbaren Realität Ihres eigenen Atems verankern.

Es gibt verschiedene Möglichkeiten, mit Tarot-Karten zu meditieren. Am Anfang steht jedoch immer eine intensive Entspannung. Dies erlaubt es Ihnen, Ihren Geist von all den üblichen Gedanken, Sorgen, Spannungen, Aufregungen und so fort frei zu machen, die uns tagtäglich beschäftigen. Entspannung ist schon für sich genommen ein lohnendes Ziel. Sie beruhigt die Nerven, sie regeneriert den Körper und läßt freier atmen. Sie schafft aber auch Raum für die spirituellen Botschaften der Karten.

Vor Beginn der Meditation sollten Sie sicherstellen, daß Sie in Ruhe sitzen können, ohne durch Familienmitglieder, Besucher oder äußeren Lärm gestört zu werden. Dies kann für manche Menschen, zum Beispiel Eltern mit kleinen Kindern, etwas schwierig sein. Allerdings muß eine Meditation nicht länger dauern als fünfzehn bis dreißig Minuten. Wenn Sie regelmäßig meditieren wollen, sollten Sie dies immer zur gleichen Zeit und am gleichen Ort tun. Sitzen Sie in einer bequemen Haltung und mit geradem Rücken. Vermeiden Sie es, die Knie zur Brust zu ziehen, da dies die Atmung behindert. Sie können sich auf einen geraden Stuhl oder im Schneidersitz auf den Boden setzen. Setzen Sie sich so hin, daß Sie sich nicht ständig bewegen müssen, da dies von der Meditation ablenkt. Sofern Sie wegen Rückenschmerzen oder ähnlichem nicht bequem sitzen können, legen Sie sich hin, und zwar möglichst auf den Boden und ohne Kissen. Der Rücken sollte gerade sein.

Wenn Sie das Bedürfnis haben, am Ende der Meditation etwas in ein Tagebuch zu schreiben oder zu zeichnen, legen Sie die benötigten Utensilien neben sich. Dadurch vermeiden Sie ein abruptes Ende der Meditation, wenn Sie aufstehen und Papier oder Stifte suchen müssen. Manche Menschen besitzen einen speziellen Gegenstand, der für sie eine heilige Kraft hat. Hierbei kann es sich um ein rituelles Objekt wie einen Stab oder ein Pentagramm, aber auch einen Kristall oder Stein handeln. Wenn Sie ein solches Objekt besitzen, möchten Sie es vielleicht in Ihre Meditation einschließen; legen Sie es dann neben die Karte, oder halten Sie es in der Hand.

Beginnen Sie mit der Meditation, indem Sie sich ganz ruhig und gelassen hinsetzen. Schließen Sie die Augen, und spüren Sie, wie Ruhe in Sie einströmt. Lassen Sie ihren Atem länger und tiefer werden, aber ohne Anstrengung. Lassen Sie den Atem bis ganz zum Zwerchfell strömen; beim Ausatmen entlassen Sie allen Atem aus dem Körper, bevor Sie den nächsten Atemzug tun. Konzentrieren Sie sich weiterhin auf Ihren Atem, und lassen Sie mit jedem Atemzug Ruhe und Frieden in ihren Körper einströmen. Lassen Sie alle Ablenkungen und alle Aufregungen von sich wegfließen. Spüren Sie, wie Sie sich entspannen. Lösen Sie die Spannungen, die die meisten von uns in ihrem Körper haben, insbesondere an Stellen wie den Schultern, dem Nacken, dem Rücken, dem Nasenrücken, dem Kiefer. Lassen Sie all dies mit Ihrem Atem ausströmen.

Die einfachste Meditation mit dem Tarot besteht vielleicht darin, die Qualitäten der Karten in sich aufzunehmen. Hierfür eignen sich Karten, die in Befragungen erschienen sind, aber auch Karten, von denen Sie glauben, daß Sie sie gerade jetzt brauchen. Wenn Ihnen Ihr Leben verworren erscheint und Sie sich schwach fühlen, werden Sie vielleicht die Karte der Kraft oder den Gehängten für eine Meditation auswählen.

Wenn Sie bequem sitzen und vorbereitet sind, nehmen Sie die
Karte in die Hand. Betrachten Sie das Bild. Versuchen Sie nicht,
es zu analysieren oder sich an eine ihrer »offiziellen« Bedeutungen zu erinnern. Lassen Sie einfach ihre Qualitäten auf sich wirken. Vielleicht denken Sie an eine Zeit, in der sich in Ihrem
Leben diese Art von Energie, dieser Frieden oder diese Weisheit
eingestellt hatte. Stellen Sie sich vor, was Sie in Ihrem Leben
tun könnten, wenn diese Qualitäten wiederkehrten. Legen Sie
nun die Karte wieder hin, bleiben Sie entspannt sitzen, und
schließen Sie die Augen. Wenn Sie mit der Entspannung beginnen, versuchen Sie nicht, sich an alles zu erinnern, woran Sie
dachten. Lassen Sie es mit allen anderen Gedanken von sich
wegströmen, die Ihren Geist belasten.
Wenn Sie sich entspannt fühlen, lassen Sie das Bild der Karte in
Ihren Geist zurückkehren. Es spielt dabei keine Rolle, wie
genau Ihr geistiges Bild ist. Wenn Sie jetzt einatmen, lassen Sie
die Qualitäten der Karte mit jedem Atemzug in sich einströmen.
Fühlen Sie beim Ausatmen, wie diese Qualitäten Ihren ganzen
Körper ausfüllen. Manche Menschen stellen sich vor, wie eine
Hülle aus reinem Licht sie und die Karte umgibt. Dies vertieft
das Band zwischen Ihnen und dem Bild. Wenn Sie glauben,
lange genug bei der Karte verweilt zu haben, nehmen Sie einen
letzten tiefen Atemzug und öffnen die Augen, während Sie ausatmen. Bleiben Sie noch eine Weile ruhig sitzen, bevor Sie zu
Ihrer normalen Arbeit zurückkehren. Nehmen Sie die Karte
nochmals auf, und betrachten Sie das Bild. Vielleicht möchten
Sie die Meditation an mehreren Tagen hintereinander wiederholen. Sie können dabei die Entdeckung machen, daß Sie
inmitten anderer Tätigkeiten nur an diese Karte zu denken
brauchen, um Ihre besonderen Qualitäten in sich aufzunehmen.
Bei einer komplexeren Form der Tarot-Meditation wird mit
Hilfe der Karten eine Art Geschichte entwickelt. Am Ende meines Kommentars zum Stern erwähnte ich eine Meditation, die
ich in Hermann Haindls Studio in Hofheim geleitet hatte. Bei
dieser Visualisierung, in der auch der Gehängte eine Rolle
spielte, sahen sich die Menschen auf einen Baum klettern, der

größer und größer wurde, je höher sie kletterten, bis es sich zeigte, daß es der Weltenbaum selbst war. Als sie einen bestimmten Punkt erreicht hatten, stellten sie sich vor, daß sie sich mit einem Fuß am Baum festbanden, so daß sie sich herabhängen lassen konnten und den Himmel und die Zweige des Baums hinter sich sahen. Tief unten sahen sie die alte Frau, die ihr Haar wusch, und während das klare Wasser über die Felsen sprudelte, nahmen sie die Erfahrung der Hoffnung auf Erneuerung in ihr eigenes Leben auf.

Für Meditationen dieser Art ist meist ein Lehrer notwendig, nicht wegen des Fachwissens, sondern einfach weil jemand als Führer fungieren muß. Die Meditation gelingt am besten, wenn Sie sitzen oder liegen, ohne zu denken oder sich zu bewegen, und Ihre Phantasie und Gefühle ganz für die Bilder öffnen, die Ihnen der Führende gibt. Sie möchten den Baum sehen; Sie möchten sich selbst in den Zweigen sehen und das Licht der Sterne, das auf Ihre Hände fällt. Falls Sie innehalten müssen und nachdenken, was als nächstes folgt, bleiben Sie nicht völlig in die Erfahrung eingetaucht. Wenn Sie solche Meditationen allein durchführen wollen, ist es vielleicht am besten, daß Sie die Anleitungen zuvor auf Band aufnehmen. Denken Sie an die Geschichte (Mythos), die Sie schaffen wollen. Entwickeln Sie nicht vorab zu viele Einzelheiten, damit Sie noch Raum für spontanes Erleben haben. Durchaus sinnvoll sind aber Anweisungen wie zum Beispiel: »Fühle die Rinde des Baumes unter deinen Händen. Rieche die Luft, und höre den Gesang der Vögel.« Solche sinnlich erlebbaren Details führen, wie bei einer geschriebenen Erzählung, zu der Erfahrung einer tieferen Realität. Hier ist es nur so, daß Sie diese Details selbst schaffen.

Wenn Sie die einzelnen Schritte ausgearbeitet haben, nehmen Sie sie auf Band auf, wobei Sie ruhig, jedoch mit Ihrer normalen Stimme sprechen. Lassen Sie zwischen den einzelnen Abschnitten der Erzählung Pausen, damit Sie spontane Details erleben können. Wenn Sie dann die Meditation durchführen möchten, entspannen Sie sich einfach kurz, wie oben beschrieben wurde, und spielen das Band ab.

Für all dies ist einiges Experimentieren notwendig. Sie werden herauszufinden haben, wie groß die Pausen sein müssen, wieviel beschreibender Text notwendig ist und so fort. Es wird jedoch nicht sehr lange dauern, bis Sie das Verfahren gefunden haben, das bei Ihnen am besten klappt. Es gibt zudem bereits verschiedene Bücher zu dieser Art von Meditationen (ähnliche Bezeichnungen, die Ihnen begegnen können, sind »geführte Phantasien« oder »Visualisierungen«). Sie können die Texte auf Band sprechen und dann zur Meditation abspielen. Vielleicht möchten Sie auch mit anderen Menschen, die sich ebenfalls mit dem Tarot befassen, eine Gruppe bilden. Dann können Sie über Ihre Erfahrungen sprechen, sich gegenseitig die Karten legen oder sich bei der Führung von Meditationen abwechseln. Neben den positiven Wirkungen der Meditationen kann sich dabei jeder einmal selbst als Lehrer wie auch als Schüler erleben.

Eine Meditation, die beim Tarot bereits Tradition hat, besteht darin, daß Sie sich in die Karte selbst begeben. Beginnen Sie Ihre Meditation wie üblich, indem Sie das Bild anschauen und es dann ablegen, um sich zu entspannen. Wenn Sie sich bereit fühlen, nehmen Sie die Karte wieder auf. Fühlen Sie sie mit noch geschlossenen Augen in Ihren Händen. Versuchen Sie, sich das Bild vorzustellen und dabei möglichst viele Details zu sehen. Bleiben Sie in der Meditation, und öffnen Sie Ihre Augen. Betrachten Sie dann die Karte, und stellen Sie fest, inwieweit Ihre Vorstellung nicht mit dem tatsächlichen Bild übereinstimmte. Schließen Sie jetzt die Augen wieder, und lassen Sie erneut das Bild in Ihrer Phantasie entstehen. Wenn es Ihnen vollständig zu sein scheint, lassen Sie das Bild größer werden. Stellen Sie sich vor, wie es sich vor Ihnen ausdehnt, bis es größer wird als Ihr Zimmer. Lassen Sie es lebensgroß werden, und zwar nicht mehr als zweidimensionale Karte, sondern als wirkliche Szene mit wirklichen Menschen und Gegenständen. Stellen Sie sich jetzt vor, daß Sie aufstehen und die Welt des Bildes betreten, ohne sich jedoch wirklich zu bewegen.

Halten Sie einen Moment inne, um sich zu orientieren. Lassen Sie wie bei der oben erwähnten »Meditationserzählung« Ihre Sinne für diesen neuen Ort erwachen. Fühlen Sie die Erde unter sich, riechen Sie die Luft, hören Sie, welche Töne die Luft erfüllen. Lassen Sie die Szene jetzt lebendig werden. Vielleicht tun Menschen etwas, oder sie sprechen mit Ihnen. Vielleicht betritt auch jemand anders die Szene. Entscheiden Sie nicht bewußt, was geschehen soll; halten Sie sich einfach für alles offen, was geschieht. Wenn Sie bemerken, wie Sie selbst in das Ganze einbezogen werden, lassen Sie auch dies spontan geschehen. Kommen Sie zu dem Gefühl, daß die Szene und die Handlungen ihren Zweck erfüllt haben, treten Sie einen Schritt zurück. Kehren Sie durch die »Pforte« des Bildes an Ihren Platz im Zimmer zurück. Sehen Sie nun zu, wie die Szene wieder auf die Größe der Karte schrumpft. Nachdem dies geschehen ist, lassen Sie das Bild sich auflösen. Wenn Sie fühlen, daß Sie fertig sind, holen Sie ein letztes Mal Atem und öffnen beim Ausatmen die Augen.

Mit dieser Meditation können Sie sogar Ihre eigene Tarot-Karte schaffen. Nehmen Sie, bevor Sie mit der Meditation beginnen, ein großes Blatt Papier und mehrere Farbstifte oder Filzstifte, und legen Sie diese neben sich. Wenn Sie aus der Welt der Karte zurückkehren, halten Sie Ihre Erlebnisse mit einer Zeichnung oder schriftlich fest. Ihr Bild kann der Originalversion sehr ähnlich werden, es kann aber auch völlig anders sein. Wenn Sie wollen, können Sie dies für das ganze Spiel ausprobieren, aber auch nur für die Trümpfe oder einfach für einige wenige Karten, die ihnen besonders wichtig sind. Wie auch immer Sie diese oder ähnliche Meditationen gestalten – sie werden Ihnen ein Verständnis für die Karten vermitteln, wie Sie es sonst kaum erreichen könnten.

Erika Haindl

Nachwort
oder
Der Haindl-Tarot
ist auch die Widerspiegelung
einer Lebensgeschichte

Es gibt Zeitpunkte auf der persönlichen Lebenslinie, an denen Hermann Haindl begonnen hat, seine Tarot-Karten zu malen, ohne es zu wissen. Da diese Karten zentral in seinem künstlerischen Werk stehen, ist es lohnend, diesen Wurzeln nachzuspüren. Dabei ist mir klar, daß es nur eine verschwindende Anzahl sein kann, die ich hier offenlege; denn dieses Tarot-Deck ist als Gesamtsumme seines bisherigen Lebens einem Baum vergleichbar, der mit seinem Wurzel- und Astwerk an abertausend Stellen aus der Berührung zwischen dem Materiellen und dem Immateriellen lebt.
Hermann Haindl geriet 1945 als Siebzehnjähriger in die Wirren der letzten Kriegsmonate. Fast ein Kind noch, wurde er für kurze Zeit Soldat und für vier lange Jahre Kriegsgefangener in Rußland. Zugehörig dieser Generation: weggerissen und weggeworfen. Verbrecherischer ist noch selten eine Generation junger Menschen geopfert worden. Es fällt schwer, darin einen schöpferischen Sinn zu erkennen. Hundertsiebzig junge Burschen zogen als eine Kompanie hinaus; drei von ihnen blieben übrig. Einer davon ist Hermann Haindl.
In seiner eigenen Lebensgeschichte aber war diese Zeit in der ständigen Nähe des Todes wohl die wichtigste überhaupt. In der Phase, in der der Mensch bewußt seine Identität bildet, fand er sich an den Rand der physischen und psychischen Existenz geschleudert. In dieser Zeit wuchs in ihm die zutiefst religiöse Überzeugung an das Durchdrungensein der menschlichen Existenz mit jener Energie, die wir Gott nennen. Dies gab ihm die

Kraft zum Überleben durch alle Fährnisse und Schrecken hindurch. Aus dieser nicht versiegenden Quelle heraus lebt er sein Leben bis heute, oft unbequem für andere, demütig und aufrecht zur gleichen Zeit.

Wenn Leiden einen Sinn im individuellen Schicksal hat, wurden Hermann Haindls Leben und Schaffen davon geprägt, was keine Rechtfertigung ist für den Wahnsinn, durch den er zu diesen Erfahrungen kam. Der Einsatz für den Frieden und für eine Aussöhnung mit der Natur ist für ihn selbstverständlich.

Lange Stunden unseres bisherigen gemeinsamen Lebens hat er zu mir von den Jahren in der Gefangenschaft gesprochen, wo die Erfahrungen mit dem Tode alltäglich waren. Einmal mußte er sein eigenes Grab schaufeln, viele Male retteten ihm unbekannte Menschen das Leben. Zwischen der Hoffnung auf nichts anderes als das pure Überleben und dem Erkennen eines höheren Lebensprinzips lagen viele kleine Begegnungen mit der Natur, mit anderen Menschen und mit sich selbst, die ihn für sein Leben prägten, ihm ein inneres Wachstum möglich machten, so daß sich in ihm ein eigenes Lebensgesetz ausbildete, das ihn unabhängig machte von der Meinung anderer.

Im Mittelpunkt einer der immer wiederkehrenden Erinnerungen an die Zeit der Gefangenschaft steht ein kleines Birkenbäumchen. Die Ödnis des riesigen Gefangenenlagers bei Kiew war mit hohen Stacheldrahtzäunen, mit Wachposten umgeben. An Entkommen war nicht zu denken. Flüchtige, denen die Flucht schon bis nach Deutschland gelungen war, waren zurückgebracht und vor den Augen der Mitgefangenen erschossen worden. Die Zukunft lag im dunkeln. Wer aber aufgab, der starb.

Eines Tages, so hat Hermann mir das oft erzählt, entdeckte er zwischen den Stacheldrahtzäunen einen winzigen Birkensprößling. Von Tag zu Tag mehr streckten sich die verkrumpelten Blättchen ins Licht. Aus dem Keimling wuchs im Verlauf des Frühlings und Sommers ein kleines Bäumlein. Viele Stunden habe er einfach dagesessen und auf die Pflanze geschaut. Sonne und Regen fielen gleichermaßen auf die kleine Birke und auf den Stacheldraht, und der kleine Baum wurde inmitten einer

Umgebung aus Elend und der Zerstörung menschlicher Würde zu einem Symbol der Wiedergeburt und des Lebens.
Ein kleiner Birkensprößling ist eigentlich etwas ganz Alltägliches, aber seine Botschaft an den jungen Menschen hinter dem Stacheldraht war fundamental: »Lebe! Glaube aus deiner Mitte heraus, so wie ich, an eine kosmische Energie, die uns Kraft und Fülle verleiht.«
Der Weg zurück als Flüchtling in die sich inzwischen gebildete Alltagswelt des Nachkriegsdeutschland von 1949 war für Hermann Haindl lang und schwierig. Aber immer blieben da die grünen Blätter des kleinen Baumes in der Erinnerung, oftmals verdeckt von realen Alltagssorgen ums Neubeginnen. Aber einmal gewonnen, blieb das Geheimnis des Zusammenhangs von Tod und Leben eine unverlierbare Kraftquelle für ihn.
Das Ende der sechziger Jahre bedeutete für ihn nicht nur eine künstlerische Krise. Ungestümer Fortschrittsglaube hatte Wohlstand für viele gebracht; 1968/69 brachen erstmals in der Gesellschaft der Bundesrepublik Deutschland tief verdrängte Ängste und Verzweiflungen und, daraus resultierend, auch Hoffnungen auf. Hermann Haindl arbeitete zu dieser Zeit schon lange am Theater in Frankfurt am Main als Bühnenbildner und Leiter der künstlerischen Werkstätten. Diese Arbeit war für ihn in einer außergewöhnlichen Intensität über die künstlerische Arbeit hinaus zum gesellschaftlich wirkenden Handeln geworden. Das Malen von abstrakten Bildern verlor für ihn angesichts der sich zeigenden gesellschaftlichen Turbulenzen seinen Sinn; er rührte ein ganzes Jahr weder Leinwand, Pinsel noch Farben an.
Als er sich dem künstlerischen Arbeiten wieder zuwandte, war er ein anderer Mensch geworden. Die in Rußland unter extremen Bedingungen gewonnenen Erfahrungen des Lebens, auch in den Formen des Leidens, leuchteten durch alle Aktivitäten seines übervollen Arbeitsalltags hindurch, wurden als Prinzip immer dominierender. So entstand 1970 das Bild »Das Auge«. Es kennzeichnet den Beginn einer neuen Schaffensperiode, die achtzehn Jahre später in den vorliegenden Tarot-Karten einen Höhepunkt erreicht hat.

1985 lebte Hermann Haindl seit dreißig Jahren in Hofheim und mit mir zusammen. In einer Laudatio zu einer Ausstellung anläßlich dieses Jubiläums sagte Ingrid Mössinger: »Das erste Bild nach dieser inneren Emigration hieß bezeichnenderweise ›Auge‹, als das Fenster des neuen Bewußtseins. Hatte sich Hermann Haindls Blick für Umwelt ursprünglich an ihrer Oberfläche festgesaugt, um sich bis 1968 in immer abstraktere Formen zu verlieren, wandte er sich Umwelt und Natur ab 1970 erneut und intensiver zu als je zuvor. Der Unterschied zwischen Früh- und Spätwerk ist, daß nicht mehr der mit dem Wahrnehmungsorgan Auge faßbare Ausschnitt festgehalten wird, sondern die Darstellungsabsicht auf das Wesen der Natur abzielt. Interessant ist nicht mehr, was das individuelle, physiologische Auge wahrnimmt, wichtig wird das, was archetypisch an der Natur ist. Hermann Haindl blickt sozusagen mit dem archaischen Auge der Natur in die Seele ... Hermann Haindl wendet sich ... mit der Stimme seiner Bilder gegen die Normierung und das entwurzelte Denken in Rastern und plädiert für das ungehinderte Wuchern in der Natur« (Ingrid Mössinger: *Hermann Haindl, 30 Jahre in Hofheim,* Katalog zur Ausstellung 1985).

Ein Ausschnitt aus diesem Bild, das am Anfang des neuen Beginns steht, ist zum Leitmotiv für die 78 Tarot-Karten geworden. Das Auge blickt von der Rückseite der Karte uns an; es ist nicht das zeitlos blickende Auge eines göttlichen Wesens, sondern dieses Auge ist gekennzeichnet von Leiden. In der ansonsten makellosen Schönheit und Ruhe muß ein Geschwür erduldet werden, Symbol dafür, daß wir vielleicht nur durch Leiden auf eine höhere Stufe unseres Bewußtseins gelangen, auf der uns die Sprache und die Botschaft einer Birke verstehbar wird.

Der Haindl-Tarot hat aber auch eine ganz konkrete Entstehungsgeschichte, die sich als eine weitere Stufe im Leben von Hermann Haindl verstehen läßt.

Hermann Haindl hatte 1980 – nach, auf den Tag genau, dreißigjähriger Tätigkeit – das Theater verlassen und arbeitete freiberuflich. Es war an einem Freitagnachmittag, als ich die Nachricht erhielt, daß eine mir für mehrere Jahre fest zugesagte

berufliche Tätigkeit aus Gründen, die nichts mit mir zu tun hätten, hinfällig geworden sei. Das war ein ziemlicher Schock für mich; Hermann tröstete mich. Zwei Stunden später erhielt er einen Anruf, daß ein großer Auftrag, mit dem wir bisher immer fest rechnen konnten, an jemand anders vergeben worden war.
Eine echte »Turm«-Situation!
Ich werde diesen Nachmittag nicht vergessen. Aus der Tiefe des unvermuteten Zusammenbruchs unserer materiellen Sicherheit auftauchend, meinte Hermann Haindl: »Das soll so sein. Jetzt habe ich endlich Zeit, meine eigenen Tarot-Karten zu malen.«
So begann eine der spannendsten Phasen unseres gemeinsamen Lebens. In unvorstellbarer Intensität entstand eine Karte der Großen Arkana nach der anderen – eine schöner und aufregender als die andere.
Lange, intensive Gespräche füllten die Tage und Wochen. Mit unerbittlicher Intensität zog der Künstler alle ihm nahestehenden Menschen in den Sog dieses stetig wachsenden Werkes.
Die erste Karte, die entstand, war das »Schicksalsrad«. Das hatte uns wahrlich hochgewirbelt in jeglicher Hinsicht. Diese erste Karte, die sehr zurückhaltend in den Farben ist, zeigt konsequent das Lebensprinzip von Hermann Haindl: Die Achse des Lebensrades ist das Zentrum des eigenen Lebens, aber die Gewißheit, in der eigenen Mitte zu sein und aus der eigenen Mitte heraus zu leben, ist mit Leiden verbunden. Das ist eben nicht nur ein theoretisches, philosophisches Lebenskonzept, sondern selbst erlebtes und erlittenes Leben, denn als Folge von Krieg und Gefangenschaft sind fast tägliche Schmerzen und eingeschränkte Lebensmöglichkeiten von ihm zu ertragen.
Es ist eine Grunderfahrung unseres bisherigen gemeinsamen Lebens, daß immer in Fülle eintrifft, was geschehen soll. Nun erwiesen sich nicht nur die Bilder, die seit 1970 entstanden waren, sondern auch all die Reisen der letzten Jahre nach Irland, nach Schottland und England, nach Indien, die vielen Kontakte zu Indianern nach Nordamerika und so fort als »Unterwegssein« zu dem Tarot-Deck. Das Puzzle fügte sich

zusammen und gehörte schon immer zusammen, nur war dies unserem Erkennen-Können bis dahin verborgen geblieben.
Ein letzter, sehr bewußter Schritt hat diese Reihe abgeschlossen: eine Reise im Februar und März 1988 nach Ägypten. Die Annäherung an diese Kultur und das Angerührtwerden von ihr waren unbegreiflich und überwältigend. Nut und Ra, Osiris und Isis: aus der Erhabenheit einer fünftausendjährigen Geschichte tauchten in der lebendigen Fülle der Menschen der Gegenwart, die uns in den Städten und Dörfern überall umgab, oftmals Gesichter auf, die von der zeitlosen Schönheit der Götter gekennzeichnet waren. Sie gingen an uns vorüber und gingen auch ein in uns, in unsere Gefühle und unser Erkennen, und sie ließen kollektive Menschheitserfahrungen in uns anklingen, die in jedem von uns tief verborgen liegen, überlagert von all den bewußten Lebenserfahrungen, die nicht dorthin zurückreichen können, wohin jedoch unser Vorbewußtsein Zugang hat. Der kulturelle Schock, der Europäer in Ägypten wohl immer trifft, wenn die Sicherheit unserer eigenen Kultur abhanden kommt, macht aber auch offen für die geheime Sprache der Symbole, in der sich zeitlose Weisheiten vermitteln.
Die zuletzt gemalte Karte in der Gesamtheit der 78 Karten war die der Tochter des Südens, war die Karte der Isis. Vergleichbar der Karte der Tochter des Nordens, der Keltin Brigid, zeigt die Karte der Isis, relativ groß im Verhältnis zu den anderen Darstellungen der vier ägyptischen Hofkarten, den Kopf einer Frau, ausgestattet mit den Symbolen höchster Spiritualität.
Für mich ergibt sich aus diesem Abschluß der gesamten Arbeit mit dem Bildnis einer Frau die Quintessenz der Gesamtarbeit. Denn wie ein roter Faden zieht sich von der ersten Karte des Schicksalsrades bis zur letzten Karte der Isis die Sehnsucht nach einer Gesellschaft, die wieder ihre innere Harmonie findet in der Rückkehr zur Gleichwertigkeit der Gegensätze, also auch und nicht zuletzt zu der Gleichwertigkeit zwischen Mann und Frau, den weiblichen und den männlichen Energien – in einer so männlich dominierten Welt wie der unsrigen fast eine Utopie.
Jetzt, vergleichbar einer dritten Stufe in dem Gesamtablauf,

steht Hermann Haindl mit der Veröffentlichung der Tarot-Karten an jener Schwelle, wo er sein Werk loslassen muß, soll es in die Welt zu anderen Menschen hingehen.

Die Nationen dieser Erde werden nicht aufhören, sich weiter in Kriegen gegenseitig zu zerstören; die Erde und unsere Nahrung, die Luft zum Atmen werden in einer sich weiterhin aus der Balance wegbewegenden Gesellschaft vergiftet werden; diese Tarot-Karten werden daran nichts Wesentliches verändern.

Und dennoch – in dem großen Netzwerk derjenigen, die angefangen haben, nicht, wie bisher üblich, gegen das Lebensfeindliche selbst zu kämpfen, sondern es anders versuchen und die Waagschale des geistigen Lebens mehr anfüllen, ist mit diesem Tarot-Deck von Hermann Haindl gewissermaßen eine Reihe weitergewebt worden. Viele Menschen werden diese Karten anschauen, werden davon bewegt werden. So werden die Erfahrungen und Erkenntnisse, die in dieser wunderbaren Fülle von medial gewonnenen Bildern von Hermann Haindl eingewoben wurden, wirksam werden und – vergleichbar dem Hauch einer Feder – auf die Harmonie der Waagschalen einwirken.

Danksagung

Ich möchte diese Tarot-Karten meiner Frau Erika widmen, mit der ich in dem Jahr, in dem diese Karten ihren Weg in die Öffentlichkeit beginnen, seit 33 Jahren zusammenlebe:

3   = Die Herrscherin
3+3 = Die Liebenden
3×3 = Der Eremit.

Mein Dank gilt auch und vor allem Rachel Pollack, die dieses Buch schrieb, Günter Cherubini, dem ich den Zugang zum Tarot verdanke und der uns zusammen mit Barbara Meyer zu vielen alten Kultplätzen in Irland begleitete.
Peter Müller möchte ich sehr herzlich danken für die vielen Jahre gemeinsamer Interessen. Ich durfte eine Weile zusammen mit ihm in einem ehemaligen Rhada-Tempel in Vrindervan in Indien leben.
Auch Herta und Wolfgang Biersack möchte ich danken. Sie waren Weggefährten in Ägypten, wo ich Nut und Ré, Isis und Osiris fand.
Sehr große Dankbarkeit empfinde ich für alle unsere Freunde in den USA: Regina Eastman, Brave Buffalo, Martin High Bear, Janes Mc'Cloud-Yetsi Blue und Craig und nicht zuletzt Sandy Lofquist, die alle Erika und mir Gastfreundschaft und viele lange Gespräche über indianische Weltsicht gewährten. Wir durften an den heiligen Ritualen teilnehmen, ein Teil davon sein. Ich verdanke meinen indianischen Freunden sehr viele Hilfen für dieses Tarot.
Mein Dank auch an Zoltán Szabó für seine Hilfe, die Runenreihe für die zweiundzwanzig Großen Arkana zu richten.
Dank auch meinen Freunden Joachim Faulstich, Gundula Mohr, Christiane Gerhards und Thomas Petzold, die mich auf dieser Reise in eine andere Welt von Anfang an begleitet haben.
Mein Dank gilt Dr. Diane Battung für die Fülle ihres spirituel-

len Wissens; mein Dank auch an Gerhard Riemann, den Herausgeber der esoterischen Reihe des Knaur-Verlags, in dem dieses Buch und die Tarot-Karten erscheinen. Aus der gemeinsamen Arbeit wurde eine Freundschaft – das ist eines der Geheimnisse des Tarot: Alles, was man braucht, bekommt man in Fülle.

Ich möchte mich auch bei meinen beiden Müttern bedanken und bei meinen Söhnen, denn das bewußte Erleben des Eingebundenseins in die Zeit vom Gestern hin zum Morgen gehört mit zu den Erfahrungen, aus denen heraus dieses Tarot entstanden ist. In der Gestalt des jungen, ins Leben hinausdrängenden Herrschers sehe ich die Verkörperung der Söhne der nach mir kommenden Generation. Und so, wie der Herrscher im Tarot aus der unbekümmerten Kraft seiner Jugend im Laufe der Großen Arkana zum Leidenden und Erkennenden wird, ist für jede Generation »Raum« gegeben für die eigenen Lebenserkenntnisse.

Eingebunden in den Kreis des Lebens braucht jeder von uns nicht nur den Dialog mit sich selbst, sondern vor allem auch mit anderen Menschen. Aus der Fülle der Freundschaft und Liebe, die ich erhalten darf, kommt mein Dank, auch an alle diejenigen, die hier nicht genannt worden sind und Anteil hatten an dieser Arbeit.

Dank dem Großen Geist.

Hermann Haindl
Castagneto Carducci 1988